394 B 192 4

Institut für Betriebswirtschaftslehre des Außenhandels * WIRTSCHAFTSUNIVERSITÄT WIEN

AF860081

A. Ghanie Ghaussy
Das Wirtschaftsdenken im Islam

»Beiträge zur Wirtschaftspolitik« Band 42
Herausgegeben von Professor Dr. Egon Tuchtfeldt

314.737 – M

A. Ghanie Ghaussy

Das Wirtschaftsdenken im Islam

Von der orthodoxen Lehre bis zu den heutigen Ordnungsvorstellungen

Wirtschaftsuniversität Wien
...thek
25. FEB. 2025
...SCHIEDEN
UB-WU WIEN
J34766000X

Verlag Paul Haupt Bern und Stuttgart

2015: 2094

UNIVERSITÄTSBIBLIOTHEK WU WIRTSCHAFTSUNIVERSITÄT WIEN

CIP-Kurztitelaufnahme der Deutschen Bibliothek

Ghaussy, Achmed Ghanie:
Das Wirtschaftsdenken im Islam:
von d. orthodoxen Lehre bis zu d.
heutigen Ordnungsvorstellungen/
A. Ghanie Ghaussy. –
Bern; Stuttgart: Haupt, 1986.
(Beiträge zur Wirtschaftspolitik; Bd. 42)
ISBN 3-258-03519-9
NE: GT

Alle Rechte vorbehalten
Copyright © 1986 by Paul Haupt Berne
Herstellung im Rombach: Druckhaus KG, Freiburg
Printed in Germany

G 0140 - 9.1.15

Inhaltsverzeichnis

Vorwort

Diese Studie wurde durch einen Forschungsfreiraum ermöglicht, den ich 1983 von meiner Hochschule erhielt. Der damit verbundene Aufenthalt in den USA trug wesentlich dazu bei, Materialien und Literaturquellen zu sichten, die in starkem Maße die Basis der vorliegenden Abhandlung bilden. Einige erste und auch in diesem Buch diskutierten Gedankengänge sind bereits in wissenschaftlichen Zeitschriften veröffentlicht worden. In der vorliegenden, im Februar 1985 abgeschlossenen Studie wurden diese ersten Überlegungen wesentlich ausgeweitet und vertieft.

Obwohl über den Bereich »Islam und Wirtschaft« zahlreiche Veröffentlichungen überwiegend islamkundiger Wissenschaftler erschienen sind, fehlt es meines Erachtens an einer systematischen Abhandlung, in der Fragen des Wirtschaftsdenkens und der Wirtschaftsordnung im Islam aus der Sicht eines mit dem Islam vertrauten Wirtschaftswissenschaftlers detailliert analysiert werden. Der vorliegende Beitrag soll zur sachlichen Auseinandersetzung mit den historischen und insbesondere in der jüngsten Vergangenheit bestehenden ökonomischen Problemen in islamischen Staaten beitragen.

Die Anregung zur Niederschrift dieses Buches erhielt ich von meinem verehrten Lehrer, Herrn Prof. Dr. *E. Tuchtfeldt*, der sich nicht nur bereit erklärte, die Studie in seine Reihe »Beiträge zur Wirtschaftspolitik« aufzunehmen, sondern mich auch während der Entstehung tatkräftig unterstützte und durch seine kritischen Bemerkungen und wertvollen Hinweise sehr zum Gelingen dieses Projekts beitrug. Dafür bin ich ihm zu besonderem Dank verpflichtet. Ebenso danke ich Herrn Dr. *Max Haupt*, der das Erscheinen dieses Buches in seinem Verlag ermöglichte.

Die Veröffentlichung wurde dankenswerterweise wesentlich erleichtert durch Zuschüsse, die ich von der *Rudolf Siedersleben'sche Otto*

Wolff-Stiftung sowie von der *Gesellschaft der Freunde und Förderer der Hochschule der Bundeswehr Hamburg e. V.* für die Drucklegung erhielt.
Schließlich gilt mein besonderer Dank meinen beiden wissenschaftlichen Mitarbeitern, Herrn Dipl.-Volkswirt *H.-P. Pammesberger* und Herrn Dipl.-Volkswirt *D. Fritz-Aßmus,* für ihr großes Engagement bei der Korrektur des Manuskripts, für kritische Vorschläge und für die Erstellung des Personen- und Sachregisters. Stellvertretend für alle anderen, die zum Gelingen des Buches beigetragen haben, gilt mein besonderer Dank Frau *F. Helmers.*
Dem Buch ist ein Glossarium beigefügt, das dem Leser das Verständnis der verwendeten arabisch/persischen Fachausdrücke erleichtern soll. Die Umschrift dieser Ausdrücke lehnt sich an die übliche Transkription des Deutschen Orient Instituts an. Ausgenommen sind Ausdrücke, die eingedeutscht sind beziehungsweise deren Gebrauch gängig geworden ist. Bei Namen und Zitaten aus englischen beziehungsweise französischen Publikationen wird die in den jeweiligen genannten Werken verwendete Schreibweise beibehalten, so daß dieselben Namen und Begriffe im folgenden unterschiedliche Schreibweisen aufweisen können.
Dieses Buch widme ich meiner lieben Frau, die durch ihren Verzicht, ihre Geduld und ihre aktive Unterstützung zum Gelingen der Arbeit beigetragen hat.

Glinde, im März 1985

Einleitung

In zunehmendem Maße rückten während der letzten Jahre im Bereich der Wirtschaftswissenschaften Fragen der Wirtschaftslehre und der Wirtschaftsordnung islamischer Staaten in den Vordergrund. Die wachsende Aufmerksamkeit vor allem westlicher Länder ist dabei aus zwei wichtigen Gründen erklärlich: Zum einen wegen der engen wirtschaftlichen Beziehungen der Industriestaaten zu Staaten des islamischen Einflußbereichs und der damit zusammenhängenden ökonomischen Bedeutung besonders der Nah- und Mittelostländer sowohl als Absatzmärkte als auch insbesondere als Lieferanten des wichtigsten Energieträgers Öl. Zum anderen wegen der Gefährdung der politischen und ökonomischen Stabilität in einer Region, die durch den Antagonismus zwischen Fundamentalismus und Säkularismus einerseits sowie Fundamentalismus und sozialistischen beziehungsweise kommunistischen Strömungen andererseits Ausgangspunkt von Konflikten ist und ein internationales Krisengebiet darstellt.
Die zunehmende »Revitalisierung«[1] des Islams bei gleichzeitiger Betonung seiner fundamentalistischen Komponente verstärkt das Interesse an der Frage nach den wirtschaftspolitischen Vorstellungen des Islams, die bis Ende der sechziger Jahre kaum in Erscheinung traten. Die Besonderheiten des islamischen Wirtschaftsdenkens, die sich aus dem islamischen Rechtssystem, der *Schari'a,* und der daraus bedingten Verschmelzung von Religion, Staat und Wirtschaft ergeben, sind

[1] Der häufig verwendete Begriff der »Reislamisierung« ist grundsätzlich mißverständlich und irreführend, da der Islam in keinem der betroffenen Länder durch eine andere Glaubensrichtung ersetzt worden war. Auch das islamische Rechtssystem war in keinem Land, mit Ausnahme der Türkei, trotz säkularer Bestrebungen völlig abgeschafft worden. Zumindest Teile des alten Rechtssystems waren auch bei Einführung neuer Gesetze intakt geblieben.

jedoch nach den Kategorien des modernen Wirtschaftsdenkens nur schwer erfaßbar. Der *erste Teil* dieser Arbeit widmet sich deshalb zunächst dem Ziel, diese Zusammenhänge und die sich daraus ergebende islamische Wirtschaftsethik und Wirtschaftslehre darzustellen.

Die sich bei dieser Darstellung ergebenden Schwierigkeiten basieren auf der Entwicklung und dem inhaltlichen Wandel des *Schari'a*-Rechts. In der klassischen Zeit des Islams konnte sich das *Schari'a*-Recht infolge seiner damals noch vorhandenen Flexibilität an die Anforderungen eines expandierenden Imperiums anpassen. Die archaischen Wirtschaftsvorstellungen der islamischen Anfangszeit wurden in dieser Phase aufgegeben und durch Wirtschaftsvorstellungen der ökonomisch weiterentwickelten Hochkulturen der eroberten Gebiete ersetzt. Dadurch war es möglich, die Lehren des *Korans* und der *Sunna* in einer Weise zu interpretieren, die eine reibungslose und für die damalige Zeit dynamische Funktionsfähigkeit der Wirtschaft sicherte. Diese Möglichkeit der Interpretation dauerte solange, bis sie wegen der Gefahr einer zunehmenden Sekten- und Schulenbildung unterbunden wurde. Damit war gleichzeitig das *Schari'a*-System für die Zukunft unabänderlich verfestigt und die darauf basierende Wirtschaftsstruktur in der Folgezeit erstarrt. Erst ein im Laufe der Jahrhunderte endogen und exogen bedingter Wandel im wirtschaftlichen, sozialen und politischen Bereich führte, wenn auch mit erheblichen Schwierigkeiten verbunden, in den islamischen Ländern zu einer allmählichen Loslösung der wirtschaftspolitischen Vorstellungen von der engen Auslegung der *Schari'a.* Dieser Prozeß des Wandels in den islamischen Staaten wird im *zweiten Teil* der Arbeit beschrieben.

Beschleunigt und in bestimmte Richtungen gelenkt wurde dieser Wandel insbesondere mit dem Eindringen des europäischen Fortschrittsdenkens und der modernen Technologie. Aus Europa wurden neben dem Liberalismus auch vielfältige andere geistige Strömungen und Werte »importiert«, die letztlich zur Zerstörung der Einheit der islamischen Gemeinschaft führten und infolge ihrer Dynamik eine Heterogenität der islamischen Wirtschaftsgesellschaft verursachten. Der mit dieser Transformation verbundene Dualismus in den islamischen Staaten hatte eine Polarisierung zur Folge, deren Überwindung naturgemäß Gegenstand verschiedener ordnungspolitischer Vorstellungen wurde. Diese unterschiedlichen wirtschaftspolitischen Ordnungsvorstellungen werden im *dritten Teil* dieser Arbeit exemplarisch anhand einiger islamischer Länder dargestellt.[2] Hierbei wird zu zeigen sein, daß Versuche, aus den vielfältigen Ordnungsvorstellungen in Verbindung mit der islamischen Lehre eine autochthone Wirtschaftsordnung zu konzipieren, von vornherein zum Scheitern verurteilt waren, weil die Gegensätze zwischen den übernommenen europäischen Wirtschaftsvorstellungen und denjenigen des Islams kaum überwindbar sind.

Auch die Diskussion über eine spezifisch islamische Wirtschaftsordnung, in der von islamischen Autoren fast übereinstimmend die aus der islamischen Lehre übernommenen Werte herausgestellt und zum Grundsatz für das ökonomische Handeln erklärt werden, ist als Erklärungsansatz einer Wirtschaftsordnung kaum fruchtbar, weil sie zum einen das Verhalten der Wirtschaftssubjekte nicht durchgängig erklären kann und weil sie zum anderen die für eine Wirtschaftsordnung wichtigen Fragen der Eigentumsordnung, der Allokation und der Effizienz völlig vernachlässigt. In der Realität sind zudem die Wirtschaftsordnungen in der islamischen Welt wie in allen anderen nichtislamischen Staaten immer Mischordnungen geblieben. Zur grundlegenden Klärung dieser kontrovers diskutierten Konzeption einer islamischen Wirtschaftsordnung ist es deshalb erforderlich, die wesentlichen konstitutiven Elemente einer Wirtschaftsordnung zu betrachten, um daraus eine für die islamische Wirtschaft zutreffende Ordnungstypologie herauszuarbeiten. Dieser in der islamischen Wirtschaftsordnungsdebatte völlig vernachlässigte, jedoch entscheidende Gesichtspunkt ist schließlich Gegenstand des abschließenden *vierten Teils* der vorliegenden Arbeit.

[2] Bei diesen exemplarischen Fällen beschränken sich die Ausführungen auf die »islamischen Kernländer«, die Länder der Mittelostregion. Eine Ausweitung der Beispiele auf die Länder Afrikas sowie Süd- und Südostasiens erscheint für die Fragestellung dieser Arbeit aufgrund der dort vorherrschenden vielfältigen anderen kulturellen und gesellschaftlichen Einflüsse wenig ergiebig. Ein Sonderfall bleibt Pakistan, in dem die Fragen der künftigen Wirtschaftsgestaltung seit Mitte der siebziger Jahre und in jüngster Zeit in verstärktem Maße sehr kontrovers diskutiert werden. Hier scheint eine fundamentalistisch orientierte Gesinnung die eher säkulare und mehr marktwirtschaftlich orientierte Wirtschaftspolitik zu verdrängen.

Erster Teil

Die islamische Wirtschaftsethik und Wirtschaftslehre

I. Die islamische Wirtschaftsethik

Wenn wir, *Max Weber* folgend, unter »Wirtschaftsethik« »die in psychologischen und pragmatischen Zusammenhängen der Religionen begründeten praktischen Antriebe zum Handeln«[1] verstehen, so läßt sich feststellen, daß diese im Islam eine besondere Eigengesetzlichkeit aufweisen.

Der Islam expandierte so rasch, daß er innerhalb einer kurzen Periode eine ganze Reihe von Ländern mit erheblich unterschiedlichen geographisch und geschichtlich determinierten Gegebenheiten erfaßte, die wiederum in besonderer Weise »die praktischen Antriebe zum Handeln« der in diesem Raum tätigen Wirtschaftseinheiten und -subjekte bestimmten. Dabei wurde das religiöse Element der Lebensführung so stark, daß es durch die Schaffung einer spezifischen Rechts- und Wirtschaftsverfassung die im islamischen Staat lebende heterogene Bevölkerung weitgehend vereinheitlichte. Trotz Beibehaltung einiger Eigentümlichkeiten einzelner Bevölkerungsteile in den vom Islam beherrschten Ländern, die sich – historisch bedingt – später zu einer Art Gewohnheitsrecht *('Ādat)* entwickelten, kristallisierten sich bestimmte Verhaltensweisen und Wertnormen heraus, die sich von einer individualistisch-rationalen Verhaltensweise abgrenzten und ihren Niederschlag in anders motivierten, nach den islamischen Prinzipien vorgegebenen Verhaltensnormen fanden.[2]

[1] *M. Weber:* Gesammelte Aufsätze zur Religionssoziologie, Bd. I, Tübingen 1920, S. 238 (im folgenden zitiert als *Weber:* Gesammelte Aufsätze).

[2] »The Islamic Individual draws upon his moral resources and acts in accordance with the ultimate ethical values provided by his faith in the Islamic Scriptures (the Holy Qoran and the Hadith) where as the economic man indulges in his preference motivated by self-interest.« *S. M. Ghazanfar:* Development, Ethics and Economics: Socio-Economic Justice in Islam. In: Journal of South Asian and Middle Eastern Studies, Bd. 5, Nr. 2 (1981), S. 20. Auch im Schlußdokument des Symposiums des International Institute for Labour Studies wird das ethische Element des Islams stärker betont als das rein ökonomische Element. »As Islam is a total system

In diesem Zusammenhang kommen in der europäischen Literatur namhafte Wissenschaftler zu dem Schluß, daß eine »ökonomische Rationalität«, wie sie für die Entwicklung des späteren Kapitalismus in Europa als entscheidend betrachtet wurde, der islamischen Gesellschaft »wesensfremd« ist. Dabei wird unterstellt, daß nur die europäische Mentalität durch einen entsprechend hohen Grad an Rationalität gekennzeichnet ist, wie es die Entstehung eines »rationalen Staates« erfordert. »Man finde in Europa, und nur in Europa einen rationalen Staat, der auf einem Fachbeamtentum basiere und auf einem sehr rationalen Recht, dem Römischen Recht, der das ›formal-juristische Denken‹ hervorgebracht hat, zum Nachteil des sich auf ›materielle Prinzipien‹, wie dem der Nützlichkeit und der Billigkeit, gründenden Rechts.«[3] *Rodinson* weist jedoch auch darauf hin, daß die meisten Beispiele, die für diesen Rationalismus angeführt werden, aus einer späteren als jener Epoche stammen, in der sich das okzidentale Europa sehr entschieden auf den Weg des modernen Kapitalismus begab.[4]

Um einen realistischen Vergleich durchführen zu können, müßten eigentlich die wirtschaftsethischen Aussagen der Vorscholastik denen des Islams gegenübergestellt werden. Tut man das, so ist sogar eine weitgehende Gemeinsamkeit zwischen den wirtschaftsethischen Aussagen dieser Lehren festzustellen, worauf neuerdings *Nienhaus* mit Nachdruck hinweist.[5] So wird die vielzitierte These von *Weber*, die die Entstehung vom modernen Kapitalismus auf die »protestantische Ethik« zurückführt, von *Rodinson* bestritten, da »diese protestantische Ethik genau in dem Augenblick auftrat, als die Wirtschaft im modernen Sinne kapitalistisch wurde«. Nach *Rodinson* ist es nämlich keineswegs bewiesen, daß nicht sie selbst von dieser wirtschaftlichen

with a philosophy, in which ethics dominates over economic considerations, there is no obsession in Islam with growth rates.« *International Institute for Labour Studies:* Islam and a New International Economic Order – The Social Dimension. Genève 1980, S. 156 (im folgenden zitiert als IILS: Islam).

[3] *M. R. Rodinson:* Islam und Kapitalismus. Frankfurt 1971, S. 114, (im folgenden zitiert als *Rodinson:* Islam).

[4] *Rodinson:* Islam, a. a. O., S. 114.

[5] Vgl. *V. Nienhaus:* Katholische Sozial- und islamische Wirtschaftslehre – Gemeinsamkeiten, Unterschiede, Gegensätze, CIBEDO-Texte, Nr. 7, Köln 1981. In anderen Schriften stellt *Nienhaus* fest: »Es mag zunächst überraschen, daß sich die islamische Wirtschaftsethik nicht nur formal in einer für die Behandlung der (vorscholastischen) Wirtschaftsethik des cleristischen Altertums entworfenen Gliederung darstellen läßt, sondern sich auch inhaltlich zahlreiche Gemeinsamkeiten finden lassen.« *V. Nienhaus:* Islamische Ökonomik-Entwicklungen, Inhalte und Pro-

Orientierung abhängt.[6] In diesem Zusammenhang unterstreichen die islamkundigen Wissenschaftler, daß generell eine religiös bedingte Nichtrationalität im Islam nicht festzustellen sei, indem sie sich ausdrücklich auf Stellen im *Koran* (Qur'ān) berufen, aus denen die Forderung des »Vernunftsurteils« als Gebot der islamischen Lehre hervorgeht.[7]

Nun reichen das bloße »intellektuelle Verstehen der Wahrheit«, das »Vernunftdenken« und ein naiver Rationalismus, der von dem kommerziellen Denken der Mentalität der Araber zur Geburtsstunde der islamischen Religion gerade in den Handelsstädten von Mekka und Medina stark geprägt war, sowie die Übertragung dieser Rationalismen auf die vor- und nachindustrielle Zeit nicht aus, um mit der wirtschaftlichen Entwicklung in Europa – dem modernen Kapitalismus – in Einklang gebracht werden zu können. Wenn auch der »Rationalismus« im Islam im Vergleich zu den Ideologien des Alten und Neuen

bleme. In: Wirtschaftspolitische Chronik, 30. Jg., Heft 3 (1981), S. 263 (im folgenden zitiert als *Nienhaus:* Islamische Ökonomik). *Nienhaus* beruft sich dabei auf die Ausführungen *I. Seipels* über die wirtschaftsethischen Lehren der Kirchenväter, dessen Systematik er sogar für die Darstellung der Wirtschaftslehren des Islams übernimmt. Vgl. *Nienhaus:* Islamische Ökonomik, a. a. O., S. 263.

6 *Rodinson,* Islam, a. a. O., S. 115.

7 Als Nachweis werden mindestens 13 verschiedene Stellen in den Suren des *Korans* zitiert. Vgl. *Rodinson:* Islam, a. a. O., S. 117. Es geht beim Handeln nach dem »intellektuellen Urteil« erstens darum, zur religiösen Rechtfertigung der islamischen Lehre das »christliche Trinitätsdogma« zu widerlegen. Zum anderen scheint sich der Rationalismus des *Korans* »nicht direkt und unilaterial an den hellenistischen Rationalismus anzulehnen. Er stellte sich in den Rahmen einer Geisteshaltung, die den Mekkanern gemeinsam ist; auch die Kaufleute der *Qurais,* denen sich Mohammed widersetzt, waren Rationalisten. Aber sie waren Anhänger eines naiven, realistischen Rationalismus, der sich nicht als ein Lehrgebäude analog zur hellenistischen Philosophie darstellt.« *Rodinson:* Islam, a. a. O., S. 130. Im Islam wird dieser naive Rationalismus der Vormoslemzeit in Mekka als »Barbarenrationalismus« bezeichnet. Demgegenüber wird der »kultivierte Rationalismus« des Islams, der – wenn auch vorwiegend kommerziell – auf Schriftgelehrten und Kontakt mit dem Judentum basierte, als ein grundlegender Fortschritt empfunden. Auch *Tibi* weist auf den *universellen* Charakter der Prinzipien der Aufklärung hin, der nicht als »genuin europäisch« gedeutet werden kann. Vgl. *B. Tibi:* Die Krise des modernen Islam. Eine vorindustrielle Kultur im wissenschaftlich-technischen Zeitalter, München 1981, S. 30 (im folgenden zitiert als *Tibi:* Die Krise).

Testaments als nicht geringer einzustufen ist,[8] so kann dennoch nicht der hemmende Einfluß der traditionellen beziehungsweise der vom Fundamentalismus geprägten Religion auf die wirtschaftliche Entwicklung verneint werden, denn trotz des nachweislichen Bestehens des »intellektuellen« und »kommerziellen« Rationalismus im Islam konnte selbst in der Blütezeit der islamischen Reiche eine auf industrieller Technik basierende moderne wirtschaftliche Entwicklung nach westlich-kapitalistischem Vorbild nicht entstehen. Hierzu gibt es übrigens auch Parallelen. *Müller-Armack* hat zum Beispiel dargelegt, wie die Ostkirche in der »Andersartigkeit ihrer wirtschaftlichen Haltung« und »der geistigen Tradition« die wirtschaftliche Leistungsfähigkeit dieser Länder beeinträchtigt hat.[9]

Ein wesentlicher Grund, der dem Geiste moderner wirtschaftlicher Entwicklung im islamischen Herrschaftsbereich entgegensteht, wird bisweilen in dem islamischen Glauben der *Prädestinationslehre*, ja sogar in der Magie gesehen. Während die Magie in der Tat in einigen Suren des *Korans* vorkommt,[10] wird sie nach dem obersten Gesetz des

[8] Vgl. hierzu *Rodinson:* Islam, a. a. O., S. 125 ff. »Wenn Max Weber recht hätte, wenn der Kapitalismus sich im Islam nicht entwickelt hätte, weil die in der mohammedanischen Welt herrschende Ideologie dem für diese Entwicklung notwendigen Rationalismus entgegenstand, dann läge die Ursache dafür nicht im Islam selbst, sondern in all denjenigen Faktoren, auf denen diese Ideologie basiert: in dem gesamten sozialen Leben der mohammedanischen Welt, den voraufgegangenen Ideologien einschließlich des Christentums in seiner orientalischen Form.« *Rodinson:* a. a. O., S. 145.

[9] Vgl. *A. Müller-Armack:* Religion und Wirtschaft. Geistesgeschichtliche Hintergründe unserer europäischen Lebensform, 3. unveränderte Auflage, Bern und Stuttgart 1983. Was *Müller-Armack* über den Zusammenhang zwischen der Wirtschaft und der Religion des Ostens schreibt, kann über die wirtschaftlichen Haltungen der islamisch geprägten Länder, die dem Osten wesentlich näher stehen als dem Westen, angeführt werden. »Man kann das Beiseitestehen in der technisch-wirtschaftlichen Entwicklung nicht mit intellektuellen Fähigkeiten zusammenbringen.« »Was dem Südosten fehlte, war nicht die Befähigung zu technisch-wissenschaftlicher Produktivität, sondern vielmehr die geistige Tradition, die zu solcher Betätigung in jahrhundertelanger Pflege die notwendigen Wachstumsbedingungen zu schaffen hat.« Ebenda, S. 366. Daß es an intellektuellen Fähigkeiten in islamischen Ländern nicht fehlte, kann nicht bestritten werden. Die Werke von *Al-Fārābi* (gest. 870), *Al-Kindī* (gest. 950), *Ibn Sinā* (Avicenne, gest. 1037) und *Ibn Ruschd* (Averroes, gest. 1198) sind dafür exemplarische Zeugnisse. Vgl. hierzu im einzelnen: *A. A. Ghaussy:* Der Begriff Philosophie und Wissenschaft bei Al-Fārābi, Al-Kindī und Ibn Sinā, Hamburger Diss. 1959.

[10] In der Sure 2, Vers 102, Sure 7, Verse 117 f., Sure 10, Verse 76–81, Sure 20, Verse 37–49. Vgl. Der Koran, Übersetzung von *Rudi Paret*, 2. Auflage, Stuttgart 1980 (im folgenden zitiert als *Paret:* Der Koran).

Islams dem Willen Gottes untergeordnet. Diese Ergebenheit in den Willen Gottes und die sich daraus ableitende Determinationslehre, zu der sich, wie *K. Mommsen* schildert, sogar Goethe zugeneigt fühlte,[11] ist zwar im *Koran* verankert, gleichzeitig wird dort jedoch an mehreren Stellen die aktive Mitwirkung der Gläubigen gegen die Prädestination – zuweilen durch Erbittung göttlicher Gnade – vorgetragen. Islamwissenschaftler weisen diesbezüglich nicht nur auf die Besonderheit der vormekkanischen und nachmekkanischen Suren im *Koran* hin, in denen der Widerspruch zwischen dem Fatalismus und der aktiven Selbstgestaltung des Lebensumfeldes zum Teil geklärt wird und nicht nur auf die im *Koran* explizit geforderte aktivere Gestaltung des Lebens der Moslems, sondern auch auf die Tatsache, daß der Prophet den Fatalismus der präislamischen Ideologie anprangert, und daß er ferner als ein tief religiöser Mensch »die irdischen Vorgänge aus einem Zusammenwirken himmlischer und menschlicher Tätigkeit«[12] erklärt hat. Der führende und kritische Islamwissenschaftler *Cahen* stellt fest, daß Fatalismus, verstanden als eine Macht, die den Menschen zur Passivität verführt, dem Wesen des Islams fremd ist. »Der Glaube an eine göttliche Vorbestimmung hat nicht notwendig eine fatalistische Lebensführung zur Folge.«[13] Auch die Forderung *Mohammeds* zu aktiver Selbstgestaltung des freien Willens und der

[11] *Mommsen* führte dafür einige Beispiele aus den späteren Jahren *Goethes* an, der von seiner Schicksalsergebenheit gern unter Berufung auf den Islam sprach. Vgl. *K. Mommsen:* Im Islam leben und sterben wir alle – Goethes Verhältnis zur muslemischen Religion und ihrem Propheten Mohammed. In: Mitteilung der Alexander von Humboldt-Stiftung, Heft 40 (1982), S. 17 f.

[12] *Rodinson:* Islam, a. a. O., S. 132. Zum reichhaltigen Quellennachweis vgl. die bei *Rodinson* angeführte Literatur. Zum Konflikt zwischen der Vorsehungslehre und der freien Willensentscheidung im Islam vgl. besonders *W. M. Watt:* Free Will and Predestination in Early Islam, London 1948. In diesem Zusammenhang sei bemerkt, daß man in den heiligen Büchern anderer mit dem Islam vergleichbarer Religionen wie Christentum und Judentum zur möglichen »Entwicklung einer Tendenz zum Fatalismus und zur Inaktivität ebenso viele, wenn nicht mehr Quellen zu ihrer Rechtfertigung finden kann als im Islam«. *Rodinson:* Islam, a. a. O., S. 136.

[13] *Cahen* zieht hier eine Parallele zum Fatalismus der calvinistischen Protestanten, der nach seiner Meinung zu der Entwicklung des modernen Kapitalismus erheblich beigetragen hat. Er führt den mangelnden technologischen Fortschritt in der islamischen Welt auf andere »wirtschaftliche Umstände« zurück. Die weit verbreitete Ansicht, daß die Suche nach wirtschaftlichem Fortschritt dem Wesen des Islams widerspricht, wird von ihm entschieden zurückgewiesen. »Der Widerspruch zwischen manchen Aspekten und Auffassungen der islamischen Lehre und der wirtschaftlichen Denk- und Lebensweise im Islam ist nicht größer und nicht geringer als beim Christentum, das ja auch in bestimmten Phasen seiner Geschichte seine Lehre der allgemeinen wirtschaftlichen und gesellschaftlichen Entwicklung anpassen mußte

auf dem *Koran* basierenden Befolgung der sozialen Tugenden und der individuellen Enthaltsamkeit beim Konsum hat die islamische Gesellschaft nicht zu einer »Calvinistischen Askese« geführt,[14] wie sie *Max Weber* in seinem bekannten Werk zur protestantischen Ethik dargelegt hat.[15] Vielmehr führt die islamische Wirtschaftsethik zu einer Abkehr vom materiellen Akkumulationsdenken und vom Streben nach materieller Entfaltung und überhöhtem Gewinn, denn dies wird mit den vom Islam propagierten ethischen Normen als unvereinbar betrachtet. Der Islam setzt vielmehr nach übereinstimmender Ansicht angesehener Islamwissenschaftler auf den rechtmäßigen Erwerb der Güter, der auf dem Prinzip des Verdienstes nach der Arbeitsleistung und der sozialen Verpflichtung basiert. Ebenso setzt er auf jegliche das Gemeinwohl berücksichtigende Verwendung der Güter, was im Prinzip als Kernpunkt der Solidarität des einzelnen gegenüber der islamischen Gemeinschaft gilt.[16]

und konnte.« *C. Cahen:* Der Islam I. Vom Ursprung bis zu den Anfängen des Osmanenreiches, Frankfurt 1982, S. 165 (im folgenden zitiert als *Cahen:* Der Islam I).

14 Eine besondere Variante der »innerweltlichen Askese« führte im Islam zur Entwicklung der islamischen Mystik, dem *Sūfismus.* Sie ist gekennzeichnet durch eine völlige Abkehr vom materiellen Zielstreben, das im Wohlleben und Sittenverfall der herrschenden Klasse entartet war, sowie durch ein Streben nach Entsagung und nach einer völligen Hingabe dem Willen Gottes. Vgl. hierzu die Arbeit von *A. J. Arberry:* Sufism: An Account of the Mystics of Islam, London u. a. 1979. Die religiösen Hintergründe der Entstehung des *Sūfismus* sind in den »unfruchtbaren Gelehrtenstreitigkeiten« zu suchen. Die *Sūfis* brachten durch ihre Lebensführung zum Ausdruck, »daß wahrer Glauben allein in Ergebenheit des Herzens besteht, die sich um solche Nichtigkeiten (Gelehrtenstreitigkeiten, d. Verf.) nicht kümmert. Gegenüber der Askese eines traurigen Verzichtes erhofften und empfinden diese Mahner die Freuden der Vereinigung mit Gott. Diese sehr persönliche Glaubenserfahrung findet bei manchen ihren Ausdruck in glühenden Dichtungen, deren Bilder sich in irdischer Liebe und Trunkenheit zeigen und die Symbole und Gleichnisse eine Theorie des mystischen Lebens, der Auslöschung des Ichs im göttlichen Sein, vermitteln.« *Cahen:* Der Islam I, a. a. O., S. 220 f.

15 Hinzuweisen ist in diesem Zusammenhang auf seine Ausführungen über die »Vermeidung des unbefangenen Genießens« sowie auf das Bestehen des modernen Unternehmertums auf eine eigene Dynamik, die sich durch den Wunsch nach »Geld und immer mehr Geld« äußert. Vgl. *M. Weber:* Die protestantische Ethik und der Geist des Kapitalismus. In: *Weber:* Gesammelte Aufsätze, a. a. O., S. 35.

16 *Vgl. Rodinson:* Islam, a. a. O., S. 151. Auf diese Art von Erwerb und von der Verwendung der materiellen Güter im Islam wird von den modernen islamischen Autoren immer wieder hingewiesen. Sie sind auch aufgenommen worden in die Islamische Deklaration des Islamic Council of Europe von 1980. Vgl. *Islamic Council of Europe* (Hrsg.): Universal Islamic Declaration – Politisch-religiöse Grundsatzerklärung, CIBEDO-Texte, Nr. 4, Ziff. 4.2.6 und 4.2.7, Köln 1980, S. 13.

II. Die rechtlich-institutionellen Grundlagen

1. *Die islamische Staatsauffassung*

Für das Verständnis der islamischen Staats- und Wirtschaftsphilosophie ist es zunächst wichtig festzustellen, daß der Islam nicht als eine Religion im üblichen Sinne, nämlich als eine kirchliche Einrichtung, die sich nur auf ihre religiös-weltanschaulichen Aufgaben konzentriert, zu verstehen ist. Ebenfalls ist eine Übertragbarkeit von Staatsauffassungen, deren Ursprung und Funktion nach den wissenschaftstheoretischen und politischen Aussagen der im Westen entwickelten Vorstellungen abgeleitet worden ist, auf die islamischen Staaten nicht möglich. Um den besonderen Eigenheiten der »islamischen« Staatsauffassung gerecht zu werden, soll diese Vorstellung zunächst auf der Basis des dem Islam inhärenten Dualismus behandelt werden, der sich einmal aus der Rolle des Islams als eine streng monotheistische Religion ergibt, die wie alle Religionen eine verbindliche Glaubenslehre darstellt, zum anderen aus der Rolle des Islams als »staatstragende Ideologie«, wobei der Islam durch seine verbindlichen Wertnormen und Verhaltenskodizes dem Staat sein spezifisch islamisches Gepräge vermittelt.[17] Die islamische Staatsidee, die sich aus einer solchen eigenständigen Vorstellung entwickelt und im Rahmen der Revitalisierungsbestrebungen in jüngster Vergangenheit eine Renaissance erfahren hat, soll im Anschluß daran wegen ihrer historischen Besonderheit kurz skizziert werden.

[17] Vgl. *W. M. Watt:* Islamic Political Thought. The Basic Concepts, Edinburgh 1968, S. 28 f. (im folgenden zitiert als *Watt:* Islamic Thought).

1.1 *Der Doppelcharakter des Islams*

Die bereits angeführte Auffassung vom »islamischen Staat« unterscheidet sich grundlegend von hellenistischen, christlichen und jenen modernen Auffassungen, die insbesondere seit der Zeit der Aufklärung in den westlichen Ländern verbreitet sind. Der Grund dafür ist, daß in den islamischen Ländern nicht in dem Maße die »Säkularisierung des Denkens« erfolgte, wie dies in den europäischen Staaten während der »Renaissance« und des »Humanismus« der Fall gewesen war.[18] Darüber hinaus unterscheidet sie sich ebenfalls von der in den kommunistischen Ländern verbreiteten Staatsauffassung, in denen entsprechend der dort vorherrschenden Ideologie die Verschmelzung von Partei und Staatsführung im Vordergrund steht. Im Gegensatz dazu werden – wie der bekannte Islamforscher *von Grunebaum* bemerkt – die gesamten Handlungen und Lebensformen des Moslems vom Islam beherrscht.[19] Für den Moslem ist »die Religion nicht nur ein Bezirk des geistigen Lebens, sondern darüber hinaus unmittelbare Gestaltung der politisch-sozialen Wirklichkeit. Er sieht in dem Zusammenschluß der Bekenner seiner Religion nicht eine von der staatlichen Sphäre gelöste Gemeinschaft, im Staate nicht die politische Organisation eines Volkstums, die von der religiösen grundsätzlich verschieden ist, sondern der Staat ist für ihn die politische Organisation der religiösen Gemeinschaft«.[20] Damit versteht sich der Islam als eine

[18] Vgl. *E. Pritsch:* Die islamische Staatsidee. Ein geschichtlicher Überblick. In: Zeitschrift für vergleichende Rechtswissenschaft, Bd. 53 (1939), S. 33.

[19] Vgl. *G. von Grunebaum:* Studien zum Kulturbild und Selbstverständnis des Islams, Zürich 1969, S. 94 f. (im folgenden zitiert als: *von Grunebaum:* Studien).

[20] *Pritsch,* a. a. O., S. 35. Nicht nur die weltlichen Islamwissenschaftler, sondern auch die orthodoxen ebenso wie die modernen Moslems betonen diesen besonderen Charakter des Islams. So schreibt *Algar* beispielsweise, daß »die Verschmelzung des weltlichen und geistlichen in ein einziges, Gott gewidmetes Gefüge« für die Geschichte der islamischen Staaten und Völker bestimmt gewesen ist. »Alle Bereiche des täglichen Lebens, wie tägliche Sitten, Dichtung und Kunst, geistiges und kulturelles Schaffen, Handel und Gewerbe, Politik und Wirtschaft, sind mehr oder weniger eng mit der Religion verbunden gewesen, so daß keine Trennung zwischen dem Weltlichen und dem Geistlichen zustande gekommen ist. »*H. Algar:* Zur Frage des Säkularismus in der islamischen Welt. In: *A. Falaturi, W. Strolz* (Hrsg.): Glauben an den einen Gott, Freiburg 1975, S. 134. Da in der Welt des Islams das Weltliche dem Geistlichen untergeordnet ist, spielt die religiöse Weltanschauung des Islams eine besondere Rolle für die islamische Staats-, Gesellschafts- und Wirtschaftsauffassung. Im Schlußdokument eines Symposiums, das von der *IILS* im Jahre 1980 veranstaltet wurde, und an dem namhafte Vertreter der islamischen

Einheit von Religion und Staat. Ähnlich wie beim Judentum ist auch im Islam »die religiöse Lehre in einem allumfassenden auf Gottes Offenbarung ruhenden Gesetz ausgedrückt. Dieses verpflichtet Gemeinde und Einzelne auf einem durch Ge- und Verbote umschriebenen Weg durchs Leben«.[21] Die göttliche Offenbarung, aus der sich primär die verbindlichen Glaubenslehren ableiten lassen, führt somit zu einem Gesetz, das sowohl die ethischen »Grundsätze und Verhaltensregeln als auch gesetzliche Bestimmungen im strengen Sinne umfaßt, welche alle Gebiete des menschlichen auf Gott gerichteten Lebens in Staat und Gesellschaft einschließt«.[22]
Obwohl die Einheit der politischen und religiösen Gemeinschaft sowohl in der Antike als auch im Christentum bis zur Aufklärung sowie im Judentum eine enge Verflechtung zwischen Staat und Religion aufweist, ist zwischen ihnen und dem Islam ein grundlegender Unterschied zu beachten. In der Antike ist »die politische Organisation des Volkes das Primäre; die religiöse Ordnung ist nur ein Teil der staatlichen«.[23] Im islamischen Staat ist jedoch »die Religion das staatsbildende Prinzip; der Staat ist durch religiösen Impuls auf religiöser Grundlage erwachsen, der religiöse Zusammenschluß hat sich in staatlicher Form vollzogen. Dort ist die Religion Staatsreligion, hier ist der Staat Religionsstaat. Dadurch hat der islamische Staat einen ganz anderen Charakter als in der Antike«.[24]

Wissenschaft teilnahmen, wurde festgestellt, daß »the uniqueness of Islam lies in the fact that, unlike the capitalist and socialist systems, the Islamic system stresses spiritual involvement and is covered by a total value system which emanates from the Qoran«.. Ferner wurde betont, daß »the harmony and integration engendered by the Islamic value system influences and effects all attitudes motives, behavior and institutional and policy changes from the basis of the same set of values precluding both schism situation in society and the fragmentation on man into economic order«. *IILS:* Islam, a. a. O., S. 156.

21 *E. I. J. Rosenthal:* Politisches Denken im Islam. Kalifatstheorie und politische Philosophie. In: Saeculum, Bd. 23 (1972), S. 148 (im folgenden zitiert als *Rosenthal:* Politisches Denken im Islam I).

22 *Rosenthal:* Politisches Denken im Islam I, a. a. O., S. 149.

23 *Pritsch,* a. a. O., S. 36.

24 *Pritsch,* a. a. O., S. 36. Der Staat im Islam ist »Träger der religiösen Idee und damit eine religiöse Institution. Als solche ist er eine Schöpfung Gottes und mit dem Schimmer der Heiligkeit umkleidet. In erster Linie hat der Staat die Aufgabe der Gottesverehrung; die Ausübung des Kults ist seine religiöse Pflicht, zu deren Erfüllung er staatliche Kulturbeamte verwendet. Im Zusammenhang damit stehen als staatliche Aufgaben die Sorge für die religiöse Unterweisung und für die Verbreitung der Religion. Aber auch soweit sie nicht unmittelbar der Religion dienen, erhalten die Funktionen des Staates religiöse Bedeutung. Das Recht ist in divinum

Die aus der Verbindung der Staatsidee mit der Religion abgeleiteten Gesetzeslehren haben in der Regel immer religiöse Prägung. Obwohl sich aus diesem Tatbestand der islamischen Theokratie eine Ähnlichkeit mit dem jüdischen, zum Teil aber auch mit dem kanonischen Recht der Kirche im Mittelalter ableiten läßt,[25] sind auch hier grundlegende Unterschiede festzustellen. Die islamische Theokratie weicht von der entsprechenden jüdischen zum einen darin ab, daß der Islam im Gegensatz zum orthodoxen Judentum kein Priestertum kennt, weil dem Islam die Idee »eines Mittlers zwischen Gott und Mensch« fremd ist,[26] und zum anderen darin, daß der jüdische Staat zugleich ein Nationalstaat ist, in dem die Religion als »primäres Prinzip der Gemeinschaftsbildung« und »das Volkstum« besonders hervorgehoben wird,[27] während im Islam der national-arabische Charakter des Staates zugunsten einer übernationalen Staatlichkeit aufgegeben wurde. Der Islam hat vielmehr wie das Christentum universelle Züge, die sich auf Nationalitäten und Volkstum nicht beschränken.[28] Doch auch im Vergleich zum Christentum unterscheidet er sich dadurch, daß er die im Christentum »tief verwurzelte Zweiteilung von *regnum* und *sacerdotium*«[29] nicht kennt. Während also die christliche Gemeinschaft in der Institution »Kirche« zusammengefaßt ist, ist für die »islamische Gemeinschaft« nicht die Kirche, sondern der »islamische Staat« das die religiöse und weltliche Gemeinschaft umfassende Element.

und hat den Charakter einer religiösen Pflichtlehre wie Moral- und Kultusgebot; Rechts- und Kulturvorschriften bilden zusammen den Inhalt des islamischen religiösen ›Gesetzes‹, der Scharia.« *Pritsch,* a. a. O., S. 36 f.

[25] Vgl. *Rosenthal:* Politisches Denken im Islam I, a. a. O., S. 149.

[26] Im Gegensatz zum jüdischen Priester ist der moslemische Theologe »Prediger, Religionslehrer, Schriftgelehrter, Richter und Kultusdiener«. Alle diese Funktionen entspringen der islamischen Vorstellung der Einheit von Staat und Religion, wonach »die Pflege der Religion Staatsaufgabe« darstellt. Vgl. *Pritsch,* a. a. O., S. 40.

[27] Vgl. *Pritsch,* a. a. O., S. 40.

[28] Vgl. *B. Tibi:* Die Krise, a. a. O., S. 76. Obwohl der Islam zweifellos von den Arabern geprägt und verbreitet wurde, konnte die Entwicklung des islamischen Rechts- und Verwaltungssystem durch nicht-arabische Persönlichkeiten sowie die Erweiterung und Ausbreitung der islamischen Reiche im Namen Gottes außerhalb arabischer Grenzen – größtenteils durch nicht-arabische Heerführer und Sultane – nur wegen der Akzeptanz des universalistischen Charakters des Islams begründet werden.

[29] *B. Lewis:* Der Islam von den Anfängen bis zur Eroberung von Konstantinopel, Zürich 1981, S. 14 (im folgenden zitiert als *Lewis:* Der Islam). *Lewis* betont mit Recht, daß »selbst Wortpaare wie geistlich und weltlich, laizistisch und kirchlich, religiös und säkular . . . in den klassischen Sprachen der islamischen Völker keine Äquivalente« haben. Ebenda, S. 14.

1.2 *Die islamische Staatsidee*

Im Vordergrund der islamischen Staatsidee steht die Verschmelzung der Staatsidee mit der Einheitsidee Gottes. Gott hat letztlich nicht nur das Heil des Moslems im Jenseits versprochen,[30] sondern bestimmt auch das irdische Leben der moslemischen Gemeinde ebenso wie das individuelle Verhalten ihrer Mitglieder. Gott ist das Oberhaupt der moslemischen Gemeinde, der *Umma.* Der Prophet hat als sein »Gesandter auf Erden« (Rassul) eine Vermittlungsfunktion. Er vermittelt die »offenbarten« Lehren Gottes, den *Koran,* als »irdischer Statthalter« an die Gemeinde und erhält damit als Gesandter Gottes die religiöse und politische Macht über die Gemeinde. Er ist zugleich der ideale Herrscher und der geistige und politische Führer der in der islamischen Gemeinschaft lebenden Bürger.[31] Während sich die *Umma* aus den Moslems im ersten islamischen Stadtstaat Medina zusammensetzte, war der Begriff der Gemeinschaft etwas weiter zu verstehen. Sie umfaßte auch die nichtmoslemischen Bürger.[32] Dabei hatten die

[30] Der totale Anspruch Gottes wird aus mehreren *Koran*versen abgeleitet, besonders aus Sure 14, Vers 2, Sure 25, Vers 2, Sure 67, Verse 2 und 3. Vgl. zu den Texten die Übersetzung des *Korans* von *R. Paret:* Der Koran, a. a. O.

[31] Während *Mohammed* in seiner mekkanischen Zeit ein Kritiker der dort vorherrschenden Ordnung war, schuf er erst nach seiner Auswanderung nach Medina (Hidjr 622 nach Chr.) die neue Ordnung der *Umma.* Als Haupt dieser Gemeinschaft »regierte er, sprach er Recht, zog er Steuern ein, führte er Krieg, schloß er Frieden. In Mekka predigte er, in Medina handelte er.« *Lewis:* Der Islam, a. a. O., S. 13. Hier erst vereinigte er seine religiös-moralischen Grundsätze mit der weltlichen Gestaltung der Gemeinde, in denen »Gebote« zu »Gesetze« wurden. Vgl. ebenda, S. 13.

[32] Nach dem ersten Vertrag von Medina verpflichteten sich die mit *Mohammed* aus Mekka ausgewanderten Anhänger (Muhādjirūn) und die zum Islam bekehrten Bewohner von Medina, die Helfer (Ansār), aber auch verschiedene Gruppen der dort ansässigen Juden zu gegenseitigem Schutz und zur Verteidigung gegen den Angriff auf diese neue islamische Gemeinschaft. Dieser Vertrag bildete die Grundlage der politischen Ordnung von Medina, die später als »Verfassung« bzw. »Gemeindeordnung von Medina« bezeichnet wurde. Zu dieser Ordnung vgl. im einzelnen *Watt:* Islamic Thought, a. a. O., S. 9 ff.; *ders.:* Mohammad at Medina, Oxford 1956, S. 221 ff. (im folgenden zitiert als *Watt:* Mohammad at Medina) sowie *C. A. O. Nieeuwehuize:* The Umma. An Analytical Approach. In: Studia Islamica, Bd. 10 (1959), S. 5 ff. Als sich später jedoch die Juden weigerten, den neuen Glauben zu akzeptieren, ihn sogar kritisierten, kam es zum Bruch mit den Juden. Die Folge davon war, daß sie entweder verbannt oder getötet wurden. Zum politischen Hintergrund dieses Bruches mit den Juden, der in der Folgezeit die Einstellung der Moslems gegenüber Juden entscheidend bestimmte, vgl. besonders *Watt:* Mohammad at Medina, a. a. O., S. 208 ff.

moslemischen Mitglieder der *Umma* die vollen Rechte und Pflichten in diesem islamischen Staat, während die nichtmoslemischen Bürger zwar Pflichten erhielten, zum Beispiel Heeresfolge, jedoch nicht als vollberechtigte Mitglieder der Gemeinschaft galten. Der Tatbestand, daß dieser Gemeinschaft nicht nur Moslems angehörten, sondern auch Nichtmoslems, verdeutlicht, daß auch die erste islamische Stadtgemeinschaft nicht eine ausschließlich religiöse Gemeinschaft war, sondern sich zu einem staatlichen Gebilde entwickelt hatte, worin die Angehörigen verschiedener Religionen (Buchreligionen) leben und wirken konnten. Diese Praxis war auch als Vorbild für die spätere Entwicklung islamischer Reiche wichtig. Mit der Ausdehung des Islams über Persien und Byzanz hinaus umfaßten die islamischen Reiche immer mehr Gebiete, in denen Nichtmoslems lebten. Nach dem Vorbild der Gemeinschaft von Medina wurden die nichtmoslemischen Bürger entweder zum Islam bekehrt, so daß sie als gleichberechtigte Mitglieder wirken konnten, oder sie behielten ihre Religion bei und wurden als politische Minderheiten mit weitgehender Selbstverwaltung unter den Schutz des islamischen Staates gestellt, wobei sie für diese Schutzrechte zur Zahlung besonderer Steuern *(Djisya)* oder im Vergleich zu den Moslems höherer Grundsteuern *(Kharadj)* verpflichtet wurden.[33]

Mit dem Tode *Mohammeds* im Jahre 632 n. Chr. wurde die Leitung des Gemeindestaates von Medina und dem sich nunmehr auf andere Teile Arabiens ausweitenden Staatsgebilde insofern zum Problem, als nun der Gesandte Gottes beziehungsweise der »irdische Statthalter Gottes«, der unmittelbar die »Offenbarungen« Gottes an die Gemeinde weitergab, nicht mehr existierte. Das Problem der Nachfolgeschaft wurde durch die Wahl des Nachfolgers durch ein Wahlmännergremium[34] gelöst. Diese Praxis bestand bis zur Ermordung des 4. Kalifen (661)[35] und wird von den Moslems als die Zeit der vier »rechtsgeleite-

[33] Vgl. hierzu näher S. 52 ff. dieser Arbeit.

[34] Dieses bestand aus einem kleinen Kreis der engsten Freunde und Mitarbeiter des Propheten, der sich durch besondere Verdienste in der Gemeinde hervorgetan hatte.

[35] Der erste Kalif war *Abū-Bakr* (632–634), der Nachfolger des Gesandten Gottes. Ihm folgte *'Omar ibn al Chattāb* als »Nachfolger« des Nachfolgers des Gesandten Gottes. Er wurde 644 ermordet. Der dritte Kalif wurde *'Othmān ibn 'Affān* (644–656), nach dessen Ermordung *'Ali-Ibn Abi Tāleb* Kalif wurde, der 661 ebenfalls ermordet wurde.

ten Kalifen« (632–661) verherrlicht, weil sie der Gemeindeordnung von Medina am ehesten entsprach. Der Kalif war auch in dieser Zeit nicht nur das Oberhaupt der religiösen Gemeinde, sondern gleichzeitig auch der weltlichen Gemeinschaft, also des Staates.[36]

Ein Wandel in der Kalifats- und Imamatstheorie erfolgte bereits in der *Umaiyādenzeit.* Offenbar spielte hierbei der politische Ehrgeiz und das Machtstreben des ersten umaiyādischen Kalifen *Muʿāwiya ibn Abūsūfiān* (661–668) sowie seiner Nachfolger ebenso eine Rolle wie die byzantinische Idee des »Kaisertums« und der persische Brauch des »Königtums«. Die weltliche Herrschaft trat in den Vordergrund der Aufgaben des Kalifen. Das Amt des Kalifats wurde in der nachfolgenden Praxis vererbbar. Da jedoch das dynastische Prinzip von islamischen Juristen theoretisch nicht anerkannt wurde, weil sie nach dem Vorbild der ersten vier Kalifen auf die Wahl des qualifiziertesten Nachfolgers[37] und seiner Huldigung *(baiʿa)* durch die *Umma*, vertreten durch die islamischen Rechtsgelehrten, die *ʿUlamā*, in der Öffentlichkeit bestanden, mußte als Kompromißlösung die Formel gefunden werden, daß der Kalif sich von islamischen Rechtsgelehrten zu beraten und in seiner Politik leiten zu lassen hatte. Dieser Anspruch wurde damit begründet, daß die *ʿUlamā* die Erben der Propheten seien.[38] Eine solche Formel bedeutete eine zusätzliche Stärkung der Macht der *ʿUlamā* in einem islamischen Staat. Sie war andererseits auch bedeutsam für die Sicherung der Einheit der *Umma* in einer sich ständig wandelnden Zeit.

Die Diskussion um die Kalifatstheorie beziehungsweise um den idea-

[36] Der *Amīr al-Muminīn* (Beherrscher der Gläubigen), der praktisch das Oberhaupt des Staates bildete, und der *Imām* (Vorsteher der betenden Gemeinde), der die leitende Funktion des religiösen Kultes ausübte, wurden ab der Zeit des 2. Kalifen zur regelmäßigen Institution. Die religiöse sowie die weltliche Führung der Gemeinde in einer Person blieb in dieser Periode nach wie vor erhalten. Die Rechtmäßigkeit der Führung der vier rechtsgeleiteten Kalifen ist zumindest aus *sunnitischer* Sicht unumstritten. Die *Schiʿiten*, die Parteigänger *ʿAlīs (schiʿat ʿAlī)*, stellen aber diese Rechtmäßigkeit in Frage und anerkennen als den ersten rechtmäßigen Nachfolger des Propheten seinen Schwiegersohn und Vetter, *ʿAlī*, den späteren 4. Kalifen. Zur Literatur vgl. S. 115 ff. dieser Arbeit.

[37] Dabei wurde für den Kalifen eine Reihe von Fähigkeiten, Eigenschaften und Pflichten genannt, deren Erfüllung faktisch jedoch ein unerreichbares Ideal blieb. Vgl. hierzu *Rosenthal:* Politisches Denken im Islam I, a. a. O., S. 154 f. und S. 156 f. sowie *Lewis:* Der Islam, a. a. O., S. 250 ff.

[38] Vgl. *Rosenthal:* Politisches Denken im Islam I, a. a. O., S. 154 f.

len Herrscher in einem islamischen Staate blieb während der klassischen Zeit der islamischen Kultur sehr intensiv, da sich hiermit nicht nur islamische Rechtsgelehrte beschäftigten, sondern vielmehr auch Philosophen, die auch die hellenistische Philosophie und Staatslehre kannten und folglich eine Verschmelzung der besonderen Eigenheiten der islamischen Staatsauffassung mit der politischen Philosophie *Platons* und *Aristoteles'* zu vereinbaren suchten.[39] Der Höhepunkt dieser geistigen Auseinandersetzung über den idealen islamischen Staat, über seine Verfassungen, seine Funktionen und über das Verhalten des »idealen Herrschers« ebenso wie das der in einem solchen Staate lebenden Individuen wurde in den Ausführungen von *Al-Fārābī*, *Ibn Ruschd* (Averroes) und *Ibn Khaldūn* erreicht. Diese beschränkten sich nicht nur auf die bis dahin herrschende Kalifats- und Imamatstheorie im Islam, sondern differenzierten in Anlehnung an *Platon* die verschiedenen möglichen »unvollkommenen« Staatsformen (Timokratie, Oligarchie, Tyrannei usw.).[40]

Dennoch blieb nach der strengen islamischen politischen Theorie das Kalifats- und Imamatsprinzip nach den Forderungen und Prinzipien des hier entwickelten ideal-staatlichen Systems beibehalten, obwohl sich in der Praxis ein Wandel vollzog, der damit verbunden war, daß die Idee des Herrschertums Gottes, die Wahleigenschaft des Kalifen und ihre religiösen Funktionen zugunsten des mit politischen Aufgaben verbundenen stark anwachsenden Reiches und der dynastischen Erbfolge in den Hintergrund rückte. Als Folge davon mußte die Ge-

[39] Während eine Gruppe von islamischen Denkern wie *Al-Ghazālī*, *Al-Mawardī*, *Ibn Taimīya* usw. hinsichtlich der Eigenschaften des Kalifen und des »idealen Herrschers« von ethischen Normen des Islams ausging und aus einer solchen Perspektive das Verhältnis des Herrschers zur »idealen Gemeinde« und zum islamischen Staat zu begründen versuchte, ging eine weitere Gruppe von mit griechischer Philosophie vertrauten islamischen Philosophen wie *Ibn Ruschd (Averroes)*, *Al-Fārābī*, *Ibn Badjidja* (Aveimpace), *Ibn Sinā* (Avicenne) und *Ibn Khaldūn* darüber hinaus und versuchte, die griechische politische Wissenschaft (Platon, Aristoteles) und Staatslehre mit der islamischen Tradition zu verbinden. Vor allem *Al-Fārābī*, der in der Welt des Islams als der »zweite Lehrer« – nach *Aristoteles* – bekannt ist, übernahm aus der platonischen Theorie des idealen Herrschers und des Idealstaates Eigenschaften, die er teilweise auf den islamischen Gesetzgeber und den Imām überträgt. Vgl. hierzu im einzelnen *Rosenthal:* Politisches Denken im Islam I, a. a. O., S. 154 ff.; ferner *Lewis:* Der Islam, a. a. O., S. 250 ff.

[40] Zu diesen Auseinandersetzungen vgl. besonders die Ausführungen von *E. I. J. Rosenthal:* Politisches Denken im Islam. Die Entwicklung von Averroes bis Ibn Khaldūn. In: Saeculum, Bd. 23 (1972), S. 295 ff.

setzgebung an das nach wie vor theoretisch gültige und unumstrittene Kalifatsprinzip angepaßt werden. Diese Anpassung erfolgte insbesondere seit der Entstehung und Erstarkung der islamischen Teilbereiche dadurch, daß das Kalifenamt und die Person des Kalifen mit »religiösem Schimmer« umkleidet wurde, dieser sich von politischen Ämtern des Staates zurückhielt und die entsprechenden Aufgaben von anderen Ämtern und Organen übernommen wurden.[41] Durch Schwächung des Kalifats und zunehmende Machtstellung der Statthalter, die ihre Unabhängigkeit und die Rechtmäßigkeit ihres Herrschaftsanspruchs als »von Gottes Gnaden erhalten« erklärten, zuweilen sogar aus der islamischen Staatsauffassung die Absetzung des Kalifen legitimierten, verlor dieser seine alte Bedeutung. Damit ging gleichzeitig die Einheitlichkeit der *Umma* verloren. Obwohl die Einzelstaaten sich immer noch als »Abbilder« der *Umma* betrachteten, bildeten sie nur noch eine religiöse Gemeinschaft, die jedoch mit der gesamten islamischen Religionsgemeinschaft nicht identisch war. Der Titel »Sultan«, der sich im Gegensatz zu dem Begriff »Kalif« im wesentlichen auf die politischen Funktionen bezieht, und das Amt des »Sultanats«, das als »eine von Gott eingesetzte Institution« interpretiert wird, erhielt eine überragende Stellung.[42] Der Sultan beanspruchte – zumindest im osmanischen Reich – als Amtsträger des Kalifats und als weltlicher und politischer Herrscher die Führung der gesamten islamischen Welt. Dennoch wurde offiziell die Bezeichnung des Kalifats während der gesamten Periode der osmanischen Herrschaft bis zur Gründung der Türkischen Republik (1924) beibehalten.[43]
Mit den Reformbestrebungen des 18. und 19. Jahrhunderts im Osmanenreich und mit dem Eindringen europäischer Kolonialmächte in die arabischen Staaten wurde versucht, die Einheit von religiösen und weltlichen Gesetzen aufzuheben.[44] Die Modernisierung der Staatsverwaltung nach europäischem Muster und der aufkommende Nationalismus führten im überwiegenden Teil der islamischen Staaten zu den

[41] Vgl. *Pritsch,* a. a. O., S. 46 f.

[42] Vgl. ebenda, S. 48.

[43] Erst nach der Gründung der Republik ging die Souveränität, die mit dem Kalifat verbunden war, auf das Volk über. Damit erfolgte auch der Bruch mit der islamischen Idee der Einheit von Staat und Religion und mit dem *Scharīʿa*-Recht.

[44] Im Osmanenreich wurden die *Scharīʿa*-Gesetze dem *Scheichul-Islām,* sozusagen als Überbleibsel des Kalifatgedankens, unterstellt, während die »weltlichen« Angelegenheiten dem »Großwesir« bzw. dem zuständigen Amtsträger der Staatsverwal-

neueren, von europäischen Gedanken beeinflußten Konzeptionen des modernen Staatswesens. Die mit dem Nationalismus verbundene Idee der Nationalstaatlichkeit bedeutete ferner faktisch den Bruch mit dem universellen Anspruch des islamischen Staates, da erstens »die islamische *Umma* ein arabischer Nationalstaat gewesen war, daß folglich Religion und Volkstum als staatsbildende Prinzipien einander nicht ausschließen«,[45] und da zweitens der Islam als Staatsreligion in fast allen islamischen Nationalstaaten in den Verfassungen verankert wurde.[46] Die heutigen Auffassungen über die Staatsform in islamischen Ländern werden von unterschiedlichen Anschauungen geprägt:

1. von *Säkularisten,* die den Islam durchaus als Staatsreligion ansehen und ihn deutlich auf den religiösen Bereich beschränken wollen. Da nach dieser Auffassung die Souveränität vom Volke ausgeht, entscheidet der Volkswille über die Staatsform. Dabei wird kein Widerspruch zwischen Religion und Regierungsform gesehen, da der Islam praktisch jede Form der Regierung zuläßt. Dieser Vorstellung steht die modernistische westliche Staatsformentheorie Pate. Während die extrem säkularistische Vorstellung zeitweilig in der Türkischen Republik von 1924 bis 1950 durchgesetzt wurde und in der syrischen Bath seit 1963 praktiziert wird, versucht der gemäßigte Säkularismus, die islamische Tradition mit den modernen, aus dem Westen übernommenen Begriffen der Staatsformen in Einklang zu bringen.[47] Diese gemäßigten Vorstellungen finden heute nicht nur in der Türkei, sondern auch bei den Intellektuellen und dem Mittelstand der meisten islamischen Staaten einen großen Anhängerkreis. Sie schließen dabei sowohl liberal-säkulare Vorstellungen ein, die zum Beispiel in der heutigen Türkei, in Ägypten vor der *Nāsser*-Ära und im Iran bis zum Ende der *Pahlawī*-Ära sowie in Pakistan bis zur Machtübernahme der Militärregierung praktiziert wurden, als auch die an sozialistische Modelle angelehnten Versuche, mit denen durch die Errichtung von

tung übertragen wurden. Nach der Gründung der Türkischen Republik, besonders nach der Verfassungsnovelle von 1929, ging auch diese Trennung verloren, da der türkische Staat sich als ein laizistischer Staat verstand. Vgl. hierzu die Ausführungen auf den Seiten 135 ff. dieser Arbeit und die dort angeführte Literatur.

45 *Pritsch:* a. a. O., S. 57.

46 Zur Stellung des Islams in den Verfassungen einzelner arabischer Staaten und deren Theologie vgl. besonders *M. Tworuschka:* Die Rolle des Islams in den arabischen Staatsverfassungen, Walldorf 1976.

47 Vgl. hierzu *H. A. R. Gibb:* Modern Trends in Islam, Chicago 1947; *ders.:* Constitu-

Einheitsparteien und einer vermeintlichen republikanischen Staatsform die Konformität mit dem »islamischen Einheitsideal« herzustellen versucht wird, wie dies aus den Verfassungen einiger arabischer Staaten wie Ägypten (1953, 1956 und 1964),[48] Libyen (1969) und Somalia (1969) hervorgeht.

2. von *Konservativen* und *Fundamentalisten,* deren Staatsauffassungen von der ersten Gruppe konträr abweichen. Hier wird der Islam nicht nur als eine staatstragende Religion verstanden, sondern es wird darüber hinaus auch versucht, zu dem System des klassischen islamischen Staates nach dem Vorbild der *Umma,* das heißt zum Kalifat und zum Imamat zurückzukehren. Sie betrachteten die in Europa entwickelten Staatstheorien und die darauf aufbauenden Systeme des Kapitalismus und des Sozialismus für islamische Staaten als wesensfremd. Gerade wegen des Scheiterns dieser Modellversuche in den islamischen Staaten wird das Heil der islamischen Staatengemeinschaften in der zunehmenden Anerkennung der alten, traditionellen Formen, also in der islamischen Orthodoxie gesucht. Auch hier wird zwischen dem gemäßigten Konservativismus und der radikalen Orthodoxie unterschieden. Während der gemäßigte Konservativismus im Kreise der islamischen Reformisten, der Nationalisten und der fortschrittlich gesinnten *ʿUlamā,* in Teilen der Führungsschicht und im gebildeten Mittelstand verbreitet ist, eine Gruppe, die vorwiegend die Vereinbarkeit des Islams mit den Erfordernissen der modernen Zivilisation bejaht und deshalb ihre Beteiligung am Staatsgeschehen zwecks Durchsetzung ihrer Ziele anstrebt, betonten die Vertreter der zweiten Gruppe der orthodoxen Konservativen und Fundamentalisten die völlige Unvereinbarkeit der islamischen Staatsauffassung mit den modernen europäischen Anschauungen. Neben den genannten Fundamentalisten im Iran und in Pakistan gehören hierzu vor allem die Moslem-Bruderschaften in Ägypten und in anderen islamischen Staaten. Bei den Moslembruderschaften steht dabei das nationalstaatliche Element keineswegs im Vordergrund. Aufgrund der im Islam fehlenden rassischen und völkischen Gedanken und der Betonung der

tional Organization. In: *M. Khadduri, H. J. Liebesny* (eds.): Origin and Development of Islamic Law, Washington 1955 (im folgenden zitiert als *Gibb:* Modern Trends).

[48] Vgl. hierzu *R. Büren:* Die Arabische Sozialistische Union, Opladen 1970, S. 223 f.

Einheitlichkeit der islamischen Gemeinschaft wird deshalb die theokratische Vorstellung von einem übernationalen islamischen Religionsstaat nicht nur propagiert, sondern mit allen zur Verfügung stehenden Mitteln durchzusetzen versucht. Die Revitalisierungsbestrebungen des Islams und die positive Resonanz auch in den einfachen Volkskreisen innerhalb der islamischen Staaten zeigen, daß das Ideal der Errichtung eines islamischen Staates keineswegs aufgegeben ist.

2. *Die islamische Rechtsauffassung*

Die islamische Rechtsauffassung basiert auf dem islamischen *Schari'a*-Recht, das »nicht ein tatsächliches Gesetz ist, sondern das ideale Gesetz, wie Gott es den Menschen verkündet, auch wenn die tatsächliche Rechtspraxis der islamischen Staaten in unterschiedlichem Ausmaß der *Schari'a* nahekommen mag«.[49] Dieses grundsätzlich als »göttlich« verstandene Recht stellt die gesamten Normen des islamischen Geistes dar, die das Verhalten und die »islamische Lebensweise« des gläubigen Moslems bestimmen.[50] Dieses »Law of God« ist dabei »der Gemeinschaft und dem Staat« vorgeordnet.[51] Insofern ist »der Wirkungsbereich« der *Schari'a,* wie *Watt* bemerkt, viel größer als der eines Gesetzes.[52] Genauer genommen sind in diesen Gesetzesvorschriften die »gemeinschaftlichen Reflexionen des Islams«[53] stärker berücksichtigt worden als im orthodoxen Dogma. Das *Schari'a*-Recht ist – wie noch zu zeigen sein wird – aus den Offenbarungen, den Aussagen des Propheten und anderen Rechtsquellen, die sehr ins Detail gehen und insgesamt das komplizierte islamische Rechtssystem bilden, entwickelt worden. Seine Übermittlung liegt in den Händen der islamischen Theologiejuristen, der *'Ulamā.*[54] Die *'Ulamā* hatten –

[49] *W. M. Watt, A. T. Welch:* Der Islam, Bd. 1, Stuttgart 1980, S. 233 (im folgenden zitiert als: *Watt, Welch:* Der Islam).

[50] Vgl. *J. Schacht:* Pre-Islamic Background and Early Development of Jurisprudence. In: *M. Khadduri, H. J. Liebesny* (eds.): Law in the Middle East, Washington 1955, S. 28 f. (im folgenden zitiert als *Schacht:* Pre-Islamic Background).

[51] Vgl. *H. A. R. Gibb:* The Heritage of Islam in the Modern World (I). In: International Journal of the Middle Eastern Studies, Bd. 1, Nr. 1 (1970), S. 7 (im folgenden zitiert als *Gibb:* The Heritage).

[52] *Watt, Welch:* Der Islam, a. a. O., S. 233.

[53] *Cahen:* Der Islam, a. a. O., S. 77 f. Vgl. *H. A. R. Gibb:* Mohammedanism, 2nd ed., New York 1955, S. 73.

[54] Vgl. *von Grunebaum:* Studien, a. a. O., S. 94. Während die auf Offenbarung und

und haben in einigen Denkrichtungen noch immer – die Verantwortung für die Weiterentwicklung dieses Rechtssystems durch Studium und Interpretationen beziehungsweise Auslegungen des Quellenmaterials zu sorgen.[55]
Dabei werden die einzelnen Vorschriften des *Schari'a*-Rechts und seine »Kasuistik« durch die *»Fiqh«*-Lehre interpretiert, die sich zur islamischen Rechtswissenschaft entwickelt hat.[56] Die *Schari'a* ist also das oberste islamische Gesetz, »the supreme law«,[57] eines islamischen Staates. Soweit historisch in den islamisierten Staaten nichtkoranische, meist auf Gewohnheitsrecht und Sitten basierende Vorschriften existierten, wurden sie entweder abgeschafft, eingeschränkt oder mit der *Schari'a* in Einklang gebracht, teilweise ihr sogar völlig untergeordnet.[58]
Aus dem *Schari'a*-Recht können dabei aus der Summe der »göttlichen« und »weltlichen« Rechte *zwei* Bereiche herauskristallisiert werden. Der erste Bereich, *»al-'Ibādāt«*, regelt die Beziehungen vom Einzelnen zu Gott und den Mitmenschen. Der zweite Bereich umfaßt die

prophetischer Tradition basierende Lehre eine »Norm« bedeutet, der die Regierung »kein Jota hinzufügt oder sie aufhebt«, hängt das Weiterleben des Islams als einer unter Gott organisierten Gemeinde von dem Bestreben einer den Anforderungen gewachsenen Körperschaft von *'Ulamā* ab. Die Eingliederung in seine Gemeinde ist auch unverzichtbar, wenn der einzelne Gläubige das rechte Leben zu führen wünscht, wie es die Schrift einschärft und der Konsens der Gelehrten bestimmt. Vgl. ebenda, S. 94. Auch der bekannte Islamwissenschaftler *Gibb* betont, daß die für die Moslems einwandfreie Beweisgrundlage nur in *Koran-* und *Hadīth*-Texten zu suchen ist.

55 Vgl. hierzu *J. Schacht:* Islamic Religious Law. In: *J. Schacht, E. Bosworth* (eds.): The Legacy of Islam, 2nd ed., Oxford 1974, S. 392 ff. sowie *Cahen:* Der Islam I, a. a. O., S. 77.

56 Die Gelehrten, die sich damit befassen, werden als *»Fuqahā«* bezeichnet.

57 Insofern ist der islamische Staat an das *Schari'a*-Gesetz gebunden, und keine Gesetzgebung könnte im islamischen Staat legitimiert werden, die gegen das *Schari'a*-Recht gerichtet ist. Vgl. *F. A. Faksh:* Basic Characteristic of an Islamic State. In: Journal of South Asian and Middle Eastern Studies, Bd. V, Nr. 2 (1981), S. 15. »The Muslim state cannot be above the law and is charged with administering its own affairs in accordance with the laws. The unique feature that distinguishes the islamic state from other modern states is that it is limited in its legislativ power to the extent that it cannot legislate against *Shari'a.*« Ebenda, S. 15.

58 Da aber das *Schari'a*-Recht nicht alle Aspekte eines Staates erfaßt, weil in den verschiedenen Teilbereichen der islamischen Welt auch das Gewohnheitsrecht ein herrschendes Element der Rechtsordnung wurde, werden spezielle Gesetze zulässig, die allerdings dem Geiste des *Schari'a*-Rechts nicht widersprechen sollten. Mit Recht stellt *Tibi* fest: » Der einheitliche Islam existiert noch nicht in der islamischen normativ ausgerichteten Rechtslehre *(Schari'a)* und erst recht nicht in der ge-

staatlichen und wirtschaftlichen Regeln der islamischen Gesellschaft, die im Begriff *»al-Mu'āmalāt«* ihren Niederschlag finden.[59] Wenn auch für die Ausarbeitung der wirtschaftspolitischen Inhalte der zweite Bereich interessanter ist, soll in diesem Zusammenhang erwähnt werden, daß innerhalb der islamischen Religion weder in der Auslegung der »normativ ausgerichteten« Rechtslehre *(Schari'a)* noch in der gesellschaftlichen Realität der islamischen Gesellschaft Einheitlichkeit besteht.[60] Denn im Laufe der historischen Entwicklung und der Islamisierung nichtarabischer Völker erfolgte ein Wandel sowohl in der Methodologie der Rechtsprechung als auch in der Rechtspraxis, die insbesondere in Teilbereichen des islamischen Rechtswesens und dort vor allem im Wirtschafts- und Verwaltungsrecht von einander abweichen. Diese Diskrepanz resultierte vor allem daraus, daß einmal die sozialethischen Werte sowie die unterschiedlichen Struk-

sellschaftlichen Realität. Der Islam wurde an die jeweiligen Kulturen assimiliert, von denen er aufgenommen wurde.« *B. Tibi:* a. a. O., S. 114. Im osmanischen Reich, das in seiner Blütezeit den größten Teil der islamischen Länder umfaßte, beruhten deshalb »die gesetzlichen und gewohnheitsrechtlichen Grundlagen« der Gesellschaft sowohl auf dem *Schari'a*-Recht als auch auf dem öffentlichen Recht (Qānūn). Während das *Schari'a*-Gesetz »als ein von Gott stammendes Corpus politischer, sozialer und moralischer Vorschriften und Prinzipien galt, das sämtliche Aspekte des Lebens umfassen« sollte, jedoch nur »in jenen Bereichen des persönlichen Verhaltens hoch entwickelt« war, die vom *Koran* den *Hadīthe* im Detail behandelt worden waren, gab es für den Bereich der Organisation und Verwaltung des Staates nur generelle Prinzipien, »so daß den weltlichen Autoritäten für die Interpretation und die Gesetzgebung in spezifischen Dingen genügend Raum blieb. Die muslemischen Rechtsgelehrten des osmanischen Reiches erkannten darum das Recht des Sultans an, in Angelegenheiten, die vom *Seri'at* nicht im Detail geregelt waren, die Initiative zu ergreifen und Gesetze zu erlassen.« *S. J. Shaw:* Das osmanische Reich nach dem Fall von Konstantinopel, Frankfurt 1971., S. 96 f. Die *Qānūne* mußte jedoch von islamischen Rechtstheologen in Form eines Rechtsgutachtens beurteilt werden *(Fetwā)* in dem sie bescheinigten, »daß diese Qānūne nicht im Widerspruch zu Einzelvorschriften oder Prinzipien des Seri'at standen«. *S. J. Shaw:* Ebenda. Im Grunde erhielten dann die *'Ulamā* einmal das Recht, jedes so erlassene Gesetz außer Kraft zu setzen, indem sie sich auf die Unvereinbarkeit dieses Gesetzes mit dem *Schari'a*-Recht beziehen konnten. Zum anderen wurden die *'Ulamā* vom Sultan eingesetzt und konnten damit praktisch kaum gegen ihn agieren, so daß der Sultan eine relativ große Freiheit hatte, »Institutionen und Verfahrensweisen je nach den Bedürfnissen der Situation durch Gesetze zu ändern«. *Shaw,* a. a. O., S. 97. Im Grunde wurde dieses Verfahren auch in allen anderen islamischen Staaten in gleicher Weise immer wieder praktiziert, was bis heute üblich ist.

[59] Vgl. *Azis Alkazaz:* Die wirtschaftspolitische Orientierung eines islamischen Staates. In: *Friedrich-Ebert-Stiftung* (Hrsg.): Ursachen und mögliche Perspektiven der Entwicklung im Iran, Bonn 1979, S. 12 ff.

turelemente der einzelnen, vormals in sich festgefügten Gemeinschaften im Islam integriert wurden.
Dennoch bewirkte die Anwendung der *Schari'a* im religiösen und sozialen Leben der islamischen Völker durch die Verschmelzung der religiösen Anschauung mit den realen politischen, sozialen und ökonomischen Gegebenheiten einen gewissen Grad an »Uniformität« der sozialen Organisationen[61] und der Verhaltensweisen der innerhalb dieser Organisationen lebenden Bevölkerung. Sie alle haben deshalb, trotz einzelner im Laufe des historischen Wandels entstandener Unterschiede, ein gemeinsames historisches Fundament, das sich insbesondere in Zeiten des klassischen Islams durch die besondere Betonung des islamischen Rechtswesens und seiner Akzeptanz bei der Bevölkerung gebildet hat. Um diese grundlegende Gemeinsamkeit zu verstehen, dennoch aber die Unterschiede der sozioökonomischen Realität erklären zu können, sollen im folgenden die islamischen Rechtsquellen und die aus ihrer unterschiedlichen Interpretation hervorgegangenen Rechtsschulen näher betrachtet werden.

2.1 *Quellen des islamischen Rechtssystems*

Die Hauptquelle des islamischen Rechtssystems, das auch die Grundlage für das Wirtschaftsdenken bildet, ist das *Schari'a*-Recht. Dieses Recht wird abgeleitet aus den originären Rechtsquellen, dem *Koran*,

[60] Vgl. *B. Tibi*, a. a. O., S. 114. Im Unterschied zum *Schari'a*-System, das den Weg der »Rechtsgelehrten« darstellt, demzufolge der Begriff heute für die Gesamtheit der aus der Religionsgeschichte hergeleiteten Normen, kurz der Islam der *'Ulamā*, ein alle Bereiche des Lebens regulierendes Gesetz steht und deshalb von *Tibi* in Anlehnung an *Khalid* mit »Rechtsislam« bezeichnet wird, stellt der *Tariqa*-Islam den »Weg der mystischen Gotteserkenntnis« dar, der etwa gleichbedeutend ist mit »religiöser Bruderschaft«. *Khalid* bezeichnet ihn als »Volksislam«. Er versteht sich häufig »als einer unter vielen möglichen Wegen zum Heil«. Die *Tariqa* suchen diesen Weg durch »einen direkten Zugang zu Gott durch ethisches Handeln«. *D. Khalid:* Das Wiedererstarken des Islam als Faktor sozialer Umwälzung. In: Aus Politik und Zeitgeschichte, Bd. 10 (1979), S. 3* sowie *ders.:* Der Islam als politische Ideologie. In: *Friedrich-Ebert-Stiftung* (Hrsg.): Ursachen und Perspektiven der Entwicklung im Iran, a. a. O., S. 186 ff.; vgl. ferner *W. Ende:* Der schiitische Islam im gesellschaftlichen System Irans. In: *Friedrich-Ebert-Stiftung* (Hrsg.): Ursachen und Perspektiven der Entwicklung im Iran, a. a. O., S. 77 ff. sowie *Tibi*, a. a. O., S. 114. Auf die Darstellung der Lehrinhalte der letztgenannten Gruppe sowie andere Erscheinungsformen des *Tariqa*-Islams wird verzichtet, da sie für die weitere Betrachtung nicht relevant ist.

[61] Vgl. hierzu *Gibb:* The Heritage, a. a. O., S. 5.

dem *Hadīth* und dem Konsens der Rechtsgelehrten, *Idjmā'*. Als sekundäre Quellen gelten der Analogieschluß, *Qīyās,* sowie der Brauch und das Gewohnheitsrecht, *'Urf* und *'Ādat.* Als zusätzliche Ergänzungsquellen dienen *Istiḥsān* und *Istislāh.*

Der *Koran,* der als »Offenbarung« Gottes an den Propheten verstanden wird, hat eine fundamentale Bedeutung für die Rechtsauffassung. Er stellt keine sachlich oder chronologisch geordnete systematische Abhandlung dar und wurde erst in der Zeit des dritten Kalifen *'Othmān* (644–656) in seiner heutigen Form zusammengestellt. Diese Zusammenstellung erfolgte unter Rückgriff sowohl auf die zu Lebzeiten des Propheten schriftlich festgehaltenen »offenbarten« Abschnitte als auch auf die von den Gefährten des Propheten auswendig gelernten Texte. Diese Fassung hat sich bis heute nicht geändert.[62]

Die rechtlichen und wirtschaftlichen Aussagen des *Korans* müssen aus den in den einzelnen Suren niedergelegten Versen abgeleitet werden. In einigen Einzelfragen sind jedoch eindeutige Interpretationen dieser Verse angesichts ihres äußerst knapp gehaltenen Inhalts kaum möglich. Deshalb hat sich sowohl in der islamischen Welt als auch bei den Islamforschern im Ausland die »Koranexegese« entwickelt, um die besonderen Umstände der »Offenbarung« und eine einheitliche Auswertung der *Koran*verse zu ermöglichen. Dies gilt in besonderem Maße für die *Koran*übersetzungen. »Bei der historischen Auswertung des Korans, ist immer darauf zu achten, daß nur wenige Suren in sich einheitlich sind. Es fragt sich von Fall zu Fall, wo man Zäsuren anzusetzen hat.«[63] Der *Koran* beinhaltet als »Buch der religiösen Rechtsleitung« nur wenige Vorschriften und Anweisungen zu allgemeinen

[62] Um die wortgetreue Wiedergabe der Texte abzusichern, wurden die Originalmanuskripte mit den auswendig gelernten Texten verglichen. Die so fertiggestellte Fassung wurde vom Kalifen *'Osmān* verbreitet. Vgl. zu Einzelheiten *S. Ramadan:* Das islamische Recht. Theorie und Praxis, Wiesbaden 1980 (im folgenden zitiert als *Ramadan:* Das islamische Recht), S. 38 ff.; ferner *J. Schacht:* An Introduction to Islamic Law, Oxford 1979, S. 10 f. (im folgenden zitiert als *Schacht:* An Introduction). Zur koranischen Terminologie vgl. besonders *R. Paret:* Mohammed und der Koran, 4. Aufl., Stuttgart 1976, S. 72 f. (im folgenden zitiert als *Paret:* Mohammed).

[63] *Paret:* Mohammed, a. a. O., S. 152. Zu den *Koran*exegesen vgl. besonders *Th. Nöldecke:* Geschichte des Korans, 2. Aufl., I. Bd., Leipzig 1909; *A. J. Arberry:* The Koran Interpreted, London 1955; zur deutschen Übersetzung des *Korans* vgl. *Paret:* Der Koran, a. a. O.; vgl. *ders.:* Der Koran. Kommentar und Konkordanz, 2. Aufl., Stuttgart 1981 (im folgenden zitiert als *Paret:* Der Koran. Kommentar). Dieser Kommentar soll dem Leser nicht nur das historische Verständnis des *Korans* er-

Rechtsfragen, insbesondere auch zu den Fragen der Wirtschaft und der Finanzen.[64] Es ist daher kaum möglich, für die vielfältigen Erscheinungen des Rechtslebens und der Wirtschaft auf die Vorschriften des *Korans* zurückzugreifen. Deshalb hat sich als originäre Rechtsquelle neben dem *Koran* die *Sunna* entwickelt.

Die *Sunna*, die praktisch den Weg des Propheten bezeichnet, wird aus allen Handlungen, Billigungen, Aussagen und Aussprüchen des Propheten abgeleitet. Die authentischen Überlieferungen dieser Handlungen und Aussagen durch seine Gefährten beziehungsweise Zeitgenossen, die *Hadīthe*[65], sind nach dem *Koran* für die Moslems rechtsverbindlich. Dabei kommen insbesondere jene *Hadīthe* in Frage, die von den Gefährten und Begleitern des Propheten wiedergegeben und deren Authentizität zumindest aus der Sicht islamischer *Hadīth*-Wissenschaftler mit großer Wahrscheinlichkeit nachweisbar ist. Da aber auch die Überlieferungen nicht alle Fragen des Rechts- und

möglichen, sondern »das herausinterpretieren, was Mohammed ursprünglich in einer durch bestimmte Zeitumstände und Milieuverhältnisse gegebenen Situation damit sagen wollte«. *Paret:* Der Koran. Kommentar, a. a. O., S. 5; ferner *G. Goldziher:* Die Richtungen der islamischen Koranauslegung, 2. Aufl., Leiden 1952.

64 In Anlehnung an *A. W. Khallaf:* Ūsūl al Fiqh, 7. Aufl., Kairo 1956, führt Ramadan an, daß der *Koran* in Fragen der Wirtschafts- und Finanzordnung nur 10 Anweisungen enthält. Vgl. *Ramadan:* Das islamische Recht, a. a. O., S. 40.

65 Die Fragen der Authentizität der *Hadīthe* war immer Gegenstand von Kontroversen. Da diese Aussagen größtenteils auf mündlichen Überlieferungen basieren, die teilweise Widersprüche aufzeigen, wurde ihre Überprüfung Gegenstand wissenschaftlicher Analyse von islamischen Theologen und Rechtswissenschaftlern. Sie versuchten anhand von »Überlieferungsketten« *(Asnād)*, die Echtheit der Tradition zu untersuchen, die vorhandenen Widersprüche zu klären und sie zu integrieren. Daraus entstanden umfassende *Hadīth*-Sammlungen, die für die Entwicklung der islamischen Rechtswissenschaft eine besondere Bedeutung erlangten. Die umfassende Systematik findet sich bei *Al-Buchārī* (gest. 870) und *Muslim* (gest. 875), die im 9. Jahrhundert versuchten, Schwachstellen der Überlieferung zu überprüfen und sie insgesamt zu ordnen. Vgl. *Mohammad ibn Ismā'īl Al-Buchārī:* Kitābel-Djāmi'as-Sahīh., Kario 1378 (n. H.). Die Sammlung von *Al-Buchārī* und *Sahīh* wurde bald ergänzt durch vier weitere Werke, die nach *Watt* ebenfalls als »kanonisch« anerkannt wurden. Es sind die Bücher von *Abū Dawūd (gest. 889), Ibn-Mādja* (gest. 886), *at-Tirmisī* (gest. 892) und *An-Nasā'ī* (gest. 915). Vgl. *Watt, Welch:* Der Islam I, a. a. O., S. 236. Aus der reichhaltigen Literatur zum *Hadīth* vgl. *A. Guillaume:* The Tradition of Islam. An Introduction to the Hadith Literature, Oxford 1944; *J. Schacht:* An Introduction, a. a. O., S. 57 ff. und S. 62; *H. A. R. Gibb:* Mohammedanism, a. a. O., S. 64 f. Zu bemerken ist hierbei, daß *Goldziher* und *Schacht* die Authentizität der meisten *Hadīthe* mit Skepsis betrachten, sie zum Teil sogar in Frage stellen. Vgl. neben den zitierten Arbeiten genannter Autoren ferner *Watt, Welch:* Der Islam, a. a. O., S. 238 f. sowie *A. J. Wensinck:* A Handbook of Early Mohammadan Tradition, Leiden 1971.

Wirtschaftslebens erfassen, wurde in der Rechtsprechung des Islams als eine weitere Hauptquelle des islamischen Rechts der *Idjmā'* entwickelt.

Der *Idjmā'* ist der Konsens der Gelehrten in der Anwendung einer Rechtsauslegung. Er beruht auf einem Ausspruch des Propheten, der geäußert haben soll, daß seine »Gemeinde . . . in einem Irrtum nicht übereinstimmen (wird)«.[66] Es wurde somit davon ausgegangen, daß die Gemeinde als Ganzes in der Auslegung des *Korans* und der *Sunna* keine Fehler machen würde, was im Prinzip Einigkeit voraussetzt, wenn es auch im einzelnen Meinungsunterschiede gegeben haben mag.[67] Nachdem sich diese Übereinstimmung zunächst auf die Mitglieder der Gemeinde *Mohammeds* beschränkte, entwickelte sich daraus später in den Rechtsschulen der Grundsatz, daß in konkreten Sachverhalten der Konsens *aller* Schriftgelehrten *('Ulamā)* der moslemischen Gemeinschaft in der Anwendung einer Rechtsauslegung als eine verbindliche Rechtsquelle zu betrachten sei.[68]

Der Analogieschluß *(Qīyās)* ist die nächste sekundäre Rechtsquelle des islamischen Rechts. Das Urteil aufgrund des Analogieschlusses bezieht sich auf die Fälle, die eine Ähnlichkeit mit einem »vorliegenden Fall aufweisen und dadurch ihre Anwendbarkeit im vorliegenden Fall rechtfertigt«.[69] Er kam früher bei den *Ahl ar-Ra'y* vor, bei denjenigen, die diese Befugnis in Anspruch nehmen konnten, und wurde als *Idjtihād ar-Ra'y,* das heißt »unabhängiges personelles Urteilen«, bezeichnet. Da eine solche Konzeption dem Urteil eines einzelnen großen Spielraum läßt, wurde deshalb entschieden, daß der *Idjtihād* »nur durch strengen Analogieschluß betrieben werden könnte, das heißt zwischen dem Fall, der entschieden werden mußte, und der exi-

[66] Zitiert nach *Watt, Welch:* Der Islam, a. a. O., S. 245.

[67] Vgl. ebenda.

[68] Die Bedingungen zum Konsens der Gelehrten sind allerdings sehr streng, denn diese Übereinstimmung muß »einstimmig« und »unwiderruflich« sein. Vgl. *A. Th. Khoury:* Das islamische Rechtssystem, CIBEDO-Texte, Nr. 8, Köln 1980, S. 18. Somit hat die Erlangung des Konsenses der Gelehrten, soweit er historisch nicht bereits feststeht, eine nur theoretische Bedeutung. – Die Interpretation, daß der einzig relevante Konsens derjenige der ganzen islamischen Gemeinde sei, wird auf *Al-Schāfi'ī* zurückgeführt. Vgl. *Watt, Welch:* Der Islam, a. a. O., S. 244 f. Zur Fragen des Konsenses aus der Sicht der *Sunna* vgl. besonders *G. F. Hourani:* The Basis of Authority of Concensus in Sunnite Islam. In: Studia Islamica, Bd. 21 (1964), S. 13 ff.

[69] *Vgl. Khoury:* Das islamische Rechtssystem, a. a. O., S. 18 f.

stierenden Regel beziehungsweise dem Präzedenzfall mußten Parallelen bestehen«.[70]
Als ergänzende Rechtsquelle bedeutet der *Istihsān*, das heißt die »Entscheidungsfälle nach dem Gutdünken«, »die Abweichung von der Regel eines Präzedenzfalles zugunsten einer anderen Regel, die sich unter gewissen Umständen aufgrund einer größeren rechtlichen Relevanz als notwendig erweisen kann«.[71] Er ergab sich früher dann, wenn die Rechtsgelehrten »keinen Präzedenzfall oder keine Analogie finden konnten«.[72] In der späteren Zeit, als sich einzelne Rechtsschulen entwickelten, wurde zwar der *Istihsān* im Sinne einer Abweichung von der strikten Analogie als Rechtsprinzip für zulässig erklärt,[73] war aber dennoch Gegenstand kontroverser Meinungen zwischen den einzelnen islamischen Rechtsschulen.[74]
In ähnlicher Form wurde hinsichtlich des Prinzips des *Istislāh*, einer weiteren ergänzenden Rechtsquelle, argumentiert. Dieses Prinzip, das sich auf den Begriff *Maslaha*, das heißt das Gemeinwohl, stützt, bedeutet die »Abweichung von der Regel eines Präzedenzfalles zugunsten einer anderen Regel, die sich aufgrund einer größeren rechtlichen Relevanz als notwendig erweisen kann«.[75] Diese Abweichung von der strikten Analogie ist insbesondere dann zulässig, wenn sich ihre Nichtanwendung gegen das Interesse der Allgemeinheit richten würde. Auch dieses Prinzip ist in den einzelnen Rechtsschulen Gegenstand von Kontroversen.[76]
Neben den genannten primären, sekundären und ergänzenden Rechtsquellen hat sich in der islamischen Rechtspraxis auch der Brauch *ʻUrf* und das Gewohnheitsrecht *ʻĀdat* entwickelt. Beides kommt jedoch nur bei den Fällen zur Anwendung, die mit Hilfe der autorisierten Quellen des Gesetzes nicht eindeutig gelöst werden können.[77] Der Brauch und das Gewohnheitsrecht »koexistierten« mit

[70] *Watt, Welch:* Der Islam, a. a. O., S. 244.
[71] *Ramadan:* Das islamische Recht, a. a. O., S. 31.
[72] *Watt, Welch:* Der Islam, a. a. O., S. 245.
[73] Vgl. ebenda.
[74] Vgl. *Schacht:* An Introduction, S. 60; vgl. zu Einzelheiten ferner *R. Paret:* Istihsan and Istislah. In: The Encyclopaedia of Islam, new ed., Leiden und London 1960 ff.
[75] *Ramadan:* Das islamische Recht, a. a. O., S. 31.
[76] Vgl. *Schacht:* An Introduction, a. a. O., S. 60.
[77] Vgl. *Khoury:* Das islamische Rechtssystem, a. a. O., S. 19.

der »idealen Theorie des islamischen Rechts«, blieben jedoch außerhalb dieses idealen Rechtssystems.[78] Sie wurden anerkannt als ein »restrictive element in disposition and contracts and as a principle in interpreting declarations«[79] und dienten ferner gelegentlich als Basis für Entscheidungsfindungen nach den Prinzipien des *Istislāh* und *Istihsān*, worauf besonders *Schacht* hinweist.[80]
Während die primären Rechtsquellen im islamischen Rechtssystem eindeutig als rechtsverbindlich anerkannt werden, sind die sekundären und ergänzenden Quellen bezüglich ihrer Gültigkeit innerhalb einzelner Rechtsschulen in ihren Detailfragen umstritten.[81]

2.2 *Die Entwicklung der islamischen Rechtsschulen*

In den Anfängen der Verbreitung des Islams, das heißt von der Zeit der rechtsgeleiteten Kalifen *(Cholafā al-Rāschidūn)* bis zum Kalifat der *Umaiyāden*, bedurfte es nicht einer Entwicklung separater Rechtsschulen, da aus den Offenbarungen, den Aussagen des Propheten und dem Konsens der islamischen Gemeinde die religiöse sowie weltliche Kontrolle der Gemeinde überschaubar blieb. Erst während der relativ langen Periode der *Umaiyāden* mußten die Kalifen sowie die von ihnen bestellten Provinzgouverneure die aus der Zeit des Propheten und der *Cholafa al-Rāschidūn* vorgegebene, relativ einfache Gesetzesstruktur den neuen Gegebenheiten anpassen, die aus der Verwaltung des neuen Reiches erwuchsen. Hierbei entwickelte sich die Rechtsdoktrin, die unter zwei Aspekten berücksichtigt wurde. Einmal

[78] Vgl. *Schacht:* An Introduction, a. a. O., S. 62.
[79] Vgl. ebenda. Zu weiteren Einzelheiten vgl. besonders *F. J. Ziadeh:* Urf and Law in Islam. In: *J. Kritzeck, R. B. Winder* (eds.): The World of Islam, London 1959. S. 60 ff.
[80] Vgl. ebenda.
[81] Auf die Einzelheiten der Interpretation dieser Rechtsquellen und ihres verbindlichen Charakters für den Verhaltenskodex der Moslems kann hier nicht näher eingegangen werden. Vgl. hierzu und zur Entwicklung des islamischen Rechtssystems neben den angegebenen Quellen insbesondere *Gibb:* Mohammedanism, a. a. O.; *ders.:* The School of Law and Later Development of Jurisprudence. In: Law and the Middle East, Washington 1955, S. 57 ff.; *J. Schacht:* Pre-islamic Background, a. a. O.; *ders.:* The Origin of Mohammadan Jurisprudence, Oxford 1950; *D. Pearl:* A Textbook on Muslim Law, London 1979. Zu weiteren Einzelaspekten des Rechtssystems in den islamischen Staaten vgl. den Sammelband von *A. Khadduri, H. J. Liebesny* (eds.): Law in the Middle East, Washington 1955.

wurde »retrospektiv« versucht, den Weg der *Sunna*, ihre Praxis und die alten beziehungsweise etablierten Präzedenzfälle zu berücksichtigen. Gleichzeitig wurde aber auch versucht, die theoretischen oder »idealen Elemente« der normativen *Sunna* einzubeziehen.[82] Die religiös orientierten Richter und Gelehrten in den einzelnen Zentren versuchten dabei, die Bestimmungen des *Korans*, die Anwendung der *Sunna* und den Konsens auf neue, bislang nicht bekannte Fälle zu übertragen. Daraus entwickelten sich in den einzelnen geistlichen Zentren unterschiedliche Rechtsdoktrine und damit auch die »alten Rechtsschulen«.[83] Während in diesen Schulen bei der Anwendung der primären Rechtsquellen ein Grundkonsens bestand, entzweiten sie sich in der Frage der Interpretation der *Hadīthe*, des *consensus prudentum* der Schriftgelehrten *(Idjmā')* und hinsichtlich der Frage nach dem »selbständigen Urteilen« *(Ra'y)*. Die Verwissenschaftlichung von Analyse und Anwendung der einzelnen Rechtsquellen führte zur Entwicklung der islamischen Rechtsdisziplin, *Fiqh*, die bis heute in den islamischen Staaten Gegenstand des Rechtsstudiums ist.[84]
Die beiden Hauptgruppen der heutigen islamischen Welt, die *Sunna* und die *Schī'a*, gehen grundsätzlich von dem in den alten Schulen entwickelten islamischen *Scharī'a*-Recht aus. Während man die *Sunna* als »orthodoxe Rechtsschule« des Islams beschreiben kann, steht die *Schī'a* für den in seiner Systematik eigentlich viel später entwickelten »heterodoxen Islam«.[85] Die Unterscheidung zwischen der *Sunna* und der *Schī'a* basierte nicht nur auf der Frage der Nachfolgeschaft des

[82] Vgl. *Schacht:* An Introduction, a. a. O., S. 29 f. sowie *ders.:* The Origin, a. a. O.

[83] Vgl. im einzelnen *Schacht:* An Introduction, a. a. O., S. 30, ferner *Watt, Welch:* Der Islam, a. a. O., S. 240 f. sowie *E. Sachau:* Zur älteren Geschichte des Mohammedanischen Rechts, Wien 1870.

[84] Die bekannteste Systematik der Grundsätze des *Fiqh* (Ūsūl al Fiqh) stammt von *Mohammad ibn Idrīs al Schāfi'i.*

[85] Die Anhänger der *Sunna*, die *Sunniten*, die etwa 80% der islamischen Bevölkerung ausmachen, anerkennen die historisch vollzogene Nachfolgeschaft der vier Kalifen. Sie sahen als Rechtsnorm die verbindlichen Präzedenzfälle in Handlungen der Propheten und der 4 rechtsgeleiteten Kalifen. Die *Schiiten*, Anhänger der Partei *'Alīs* bzw. der Familie des Propheten, die weniger als 10% der islamischen Bevölkerung ausmachen und vorwiegend im Iran leben, sehen im 4. Kalifen *'Alī* den rechtmäßigen Nachfolger des Propheten. Eine weitere Gruppe, die ursprünglich zwischen den *Sunniten* und *Schiiten* eine Kompromißlösung suchte, sind die *Mu'taziliten.* Diese Gruppe hatte in den Anfängen der *Abbāsiden*herrschaft (Kalif Al-Mā'mūn, 803–813) große politische Bedeutung. Ihre Kerngedanken bestehen darin, »die Offenbarung zu verstehen, um sie zu rechtfertigen«. Ihre Dogmatik gründet auf der »menschlichen Vernunft«. Dieser Wille zum »rationalen Denken« führte

Propheten,[86] sondern auch auf der Interpretation der Rechtslehre, insbesondere auf der Anwendung des *consensus prudentum* der Schriftgelehrten *(Idjmā')*. Während die Rechtsschulen der *Sunna* – wie später noch zu zeigen sein wird – schon frühzeitig die »Pforte des Idjtihāds«, das heißt die selbständige Interpretation und Urteilsfindung in theologisch-rechtlichen Fragen, basierend auf der Lehre des *Korans* und der Tradition des Propheten *(Hadīth)*, geschlossen hatten, weil vermieden werden sollte, daß weitgehend religiöser Liberalismus entstehen und dieser in seiner Folgewirkung zum Sektierertum führen könnte, akzeptiert die *Schi'a* eben diese Institution des *Idjtihāds*. Nicht selten wird der *Schi'a* aus diesem Grunde eine gewisse Flexibilität eingeräumt.[87]

Innerhalb der *Sunna* entwickelten sich vier Rechtsschulen, die zwar bei der Anwendung von Rechtsquellen in einigen Fragen unterschiedliche Auffassungen vertreten, die aber von allen Sunniten gleichsam anerkannt und akzeptiert werden. In der Praxis dominieren jedoch die Entscheidungen, die auf den Regeln derjenigen Rechtsschulen basieren, in deren Wirkungskreis der gläubige Moslem lebt. Die bedeu-

sie zum Studium der antiken griechischen Wissenschaften und »zur Auseinandersetzung mit der hellenistischen Tradition«. Der *Koran* wird als »geschaffen« betrachtet. Aus dem »Vernunftglauben als Kriterium der Wahrheit« ergibt sich eine Opposition gegen die »zeitgemäßen Anhänger des *Hadīth*, ja gegen die Vertreter der *Idjmā'* überhaupt«. Da aber das Vernunftdenken in der religiösen Lehre der *Mu'taziliten* gefürchtet war, weil es »dem einfachen Gläubigen für die Bedürfnisse des täglichen Lebens nichts zu geben vermochte«, ging man bald – vor allem unter dem großen Einfluß von *Ibn Hanbal* – dazu über, die Offenbarungstexte »so gelten zu lassen wie sie waren«. *Cahen:* Der Islam I, a. a. O., S. 91. Auch fand die Rückkehr zum *Idjmā'* statt. Damit war die Ära der *Mu'taziliten* vorüber. Die Denkrichtung lebte in einigen islamischen Gegenden jahrhundertelang weiter und beeinflußte mehrere religiöse Richtungen und Sekten. Politisch wurden sie als Theologieketzer bekämpft. Vgl. hierzu *Cahen:* Der Islam I, a. a. O. S. 91 ff.

86 Zur Frage der Nachfolgeschaft vgl. im einzelnen *T. Nagel:* Staat und Glaubensgemeinschaft im Islam, Bd. 1, Zürich und München 1981, S. 81 ff. (im folgenden zitiert als *Nagel:* Staat I).

87 Zu beachten ist allerdings, daß der *Schī'ismus* erst mit der Machtübernahme der *Safawiden* (1500–1722), zur Staatsreligion im Iran erhoben wurde, so daß die Grundlage für die Einheit der religiösen und weltlichen Macht in der Hand einer absoluten religiösen Autorität *(Faqih)* in einem *schī'itischen* Staat (Iran) schon damals gelegt wurde. Zur weltlichen und religiösen Bedeutung der *Schi'a* innerhalb des Islams sei verwiesen auf *R. Strothmann:* Schiiten und Charidschiten. In: Handbuch der Orientalistik, Bd. 8, Leiden-Köln 1961. Zum Geschichtsbild und der Lehre der *Schi'a* vgl. besonders *W. Ende:* Der schiitische Islam. In: *W. Ende, U. Steinbach (Hrsg.):* Der Islam in der Gegenwart, München 1984, S. 70 ff. (im folgenden zitiert als *Ende:* Der schiitische Islam).

tendsten dieser Rechtsschulen sollen im folgenden kurz skizziert werden.

1. Die älteste Rechtsschule ist die der *Hanafiten.* Der Begründer der Schule war *Abū Hanīfa,*[88] der in der Methodologie der Rechtsfindung und ihrer Anwendung eine im Vergleich zu den anderen Rechtsschulen flexible Haltung vertrat. Er befürwortete als qualifiziertester Rechtsgelehrter *(Ahl ar-Ra'y)* die selbständige Rechtsfindung und die Entscheidung nach dem *Istihsān*-Prinzip.[89] Später führten seine Schüler *Abū-Jūssuf* und *Al-Schibānī* die Verbreitung seiner Lehre fort, wobei insbesondere *Al-Schibānī* eine strikte Analogie und ein systematisches »reasoning«[90] befürwortete. Diese Rechtslehre ist in Afghanistan, Pakistan, Zentralasien, der Türkei, im Irak, in Syrien und in Jordanien vorherrschend.

2. Eine weitere Schule, die der Doktrin der Medina-Tradition folgt, ist die *mālikītische* Rechtsschule. Ihr Begründer war *Mālik ibn Anas,* der in der Stadt Medina wirkte.[91] Er unterstrich das Prinzip des Konsenses der Gelehrten von Medina *(Idjmā')* und war im Vergleich zur *hanafitischen* Schule eher konservativ. Sein eigenes Denken und Urteilen war in den meisten Fällen inspiriert »by material considerations, by practical expediency, and by the tendency to ›Islamicise‹«.[92] Die Rechtsfindung nach dem Prinzip des *Istislāh* ist der der *Hanafiten* ähnlich und weicht von der strikten Analogie der *Schāfi'īten* ab.

[88] *Abū Hanīfa,* geboren 699, lebte als Seidenhändler in Kufa, wo er bis zu seinem Tode 767 seine Lehre verbreitete. Die Gründung der *hanafītischen* Schule geht auf seine Schüler *Abū Jūssuf* (gest. 795) und *Mahammad ibn Hassan al-Schibānī* (gest. 805) zurück.

[89] Vgl. *Watt, Welch:* Der Islam, a. a. O., S. 247.

[90] Vgl. *Schacht:* An Introduction, a. a. O., S. 45. *Schacht* bemerkt hierzu: »Shaybani used his personal opinion to the extent common in the ancient schools of law, but most of his reasoning that appears in this guise is in fact strict analogy or systematic reasoning.« *Schacht:* An Introduction, a. a. O., S. 45.

[91] Er wurde 715 geboren und starb 795 in Medina. Sein von seinen Schülern zusammengestelltes Werk »Al-Muwatta« stellt eine Zusammenfassung seiner Rechtslehre dar. Die Verbreitung der Schule erfolgte im wesentlichen durch die Arbeiten seiner beiden Schüler *Al-'Utaqī* und *Sahnūn* (Kairuan, Tunesien) und herrscht insbesondere in den Ländern Nord- und Westafrikas vor. Vgl. *Watt, Welch:* Der Islam, a. a. O., S. 248.

[92] *Schacht:* An Introduction, a. a. O., S. 43.

3. Die dritte bedeutende Rechtsschule ist die *schāfiʿītische* Schule. Der Begründer war *Muhammad ibn Idrīs al-Schāfiʿī*[93], der in Medina zunächst bei *Mālik ibn Anas,* dann im Irak bei dem *Hanafiten Al-Schibānī* studierte. Mit den Lehren beider Schulen eng vertraut, entwickelte er in seinem wichtigsten Werk *»Ūsūl al Fiqh«* (Prinzipien des Rechts) die vier Prinzipien, denen nach seiner Lehre als Quellen der Rechtsfindung entscheidende Bedeutung zukommt: der *Koran,* die *Sunna* des Propheten *(Hadīth),* der Analogieschluß *(Qīyās)* und der Konsens der moslemischen Gemeinde *(Idjmāʿ).* Neben dem *Koran* wird die besondere »Autorität der Hadīthe« betont, die als die an *Mohammed* herabgesandte »göttliche Weisheit« zu befolgen und dem *Koran* unterzuordnen sei.[94] In der Frage des Analogieschlusses anerkannte *Schāfiʿī* nur die »strikte Analogie« *(Qīyās)* und das nach diesem Prinzip durchzuführende *Idjtihād.* Insofern unterscheidet er sich sowohl von den *Hanafiten,* die das Prinzip des *Istihsān* befürworten, als auch von den *Mālikiten,* die aus Gründen des Gemeinwohls (Maslaha) das *Istislāh*-Prinzip anwenden. Obwohl sich die *schāfiʿītische* Lehre im Gegensatz zu den früheren Lehren durch ihren formal-logischen und systematischen Aufbau auszeichnet, führte eben dieser strikte Formalismus langfristig zu einer Inflexibilität hinsichtlich einer Weiterentwicklung dieser Rechtstheorie.[95] Die Lehre dieser Schule ist in starkem Maße in Ägypten, Südarabien, Ostafrika und Indonesien verbreitet.

4. Die vierte anerkannte Rechtsschule ist die *hanbalitische* Schule. Ihr Begründer *Ahmad ibn Hanbal,*[96] der sowohl die Lehre der *Hanafiten* von *Abū-Jūssuf* als auch die Lehre der *Schafiʿiten* kannte, vertrat die Ansicht, daß der *Koran* und die *Sunna* (Hadīth) die einzigen anzuer-

[93] Geboren 767 in Gaza, starb *Schāfiʿī* 820 in Ägypten.

[94] Vgl. *Watt, Welch:* Der Islam, a. a. O., S. 244.

[95] Vgl. im einzelnen *Schacht:* An Introduction, a. a. O., S. 46 f.

[96] Geboren 780 in Baghdad, wirkte *Hanbal* dort bis zu seinem Tode im Jahre 855. Er ist in besonderem Maße bekannt geworden durch seine Haltung gegen die Inquisition des Kalifen *Al-Maʾmūn.* Der Streit entbrannte um die Frage, ob der *Koran* als »geschaffenes« oder »ungeschaffenes, offenbartes Wort Gottes« zu verstehen sei. Da in der Regierungszeit *Al-Maʾmūns* (813–833) die Lehre der *Muʿtasila* verbreitet wurde, die den *Koran* als »geschaffen« ansah, wurden die Gegner, die im *Koran* die Offenbarung, das »ungeschaffene Wort Gottes«, verstanden, durch die staatliche Inquisition (Mihna) verfolgt, der auch *Hanbal* zum Opfer fiel. Seine Lehre durfte in dieser Zeit nicht verbreitet werden.

kennenden Quellen des Rechts seien. Er gehörte damit zu den Traditionalisten des *Ahl-al-Hadīth,* weil er die Position bezüglich der Anwendung der vier Rechtsquellen *(Koran, Sunna, Qīyās und Idjmā')* deutlich zum Ausdruck brachte.[97] Im Gegensatz zu *Hanafiten* und *Schafi'iten* lehnte er den Analogieschluß und den *Idjmā›* strikt ab, soweit dieser über den Konsens der Gemeinde von Medina hinausging. Diese Rechtsdoktrin, die von *Zahiriten* (abgeleitet aus Zahir, dem wörtlichen Inhalt des Korans und der Hadīthe) vor allem durch *Ibn Hasm* (gest. 1065) weiter verbreitet und von dem *Hanbaliten Ibn Taimīya* (gest. 1328) in etwas abgemilderter Form übernommen wurde,[98] führte zu einem strengen traditionalistischen Formalismus, der den Weg zu Neuerungen und zu einer weitgehend flexibleren Deutung der Rechtsquellen versperrte. Dies war auch ein Grund dafür, daß sich die *hanbalitische* Schule nicht in dem Maße durchsetzen konnte wie die *hanafitische* und die *schafi'ītische* Schule. Die *hanbalitischen* Zentren befanden sich in Baghdad, in Damaskus und in Persien, bevor es *schi'ītisch* wurde.

Zu erwähnen ist in diesem Zusammenhang, daß die strenge Lehre der *Hanbaliten,* insbesondere die von *Ibn Taimīya,* die religiöse Basis der *Wahābiten* bildet. Die *wahābitische* Bewegung zeichnete sich in Fragen der Auslegung des islamischen Rechts durch eine sehr orthodoxe und intolerante Haltung gegenüber anderen Schulen aus, so daß sie in der Anfangszeit ihrer Bewegung als »Häretiker« galten.[99] Erst später, durch Erlangung politischer Macht auf der arabischen Halbinsel, erhielten sie Bedeutung. Die *Hanbaliten* sind heute in Saudi-Arabien, in den Golf-Staaten und im indischen Subkontinent verbreitet.

Wie bereits angeführt, bildeten diese vier Rechtsschulen die Grundlagen für die Rechtsprechung in der islamischen Welt, vor allem bezüglich der Anwendung primärer und sekundärer Rechtsquellen. Sie können alle als orthodoxe *sunnitische* Schulen verstanden werden, die sich gegenseitig tolerieren. Die Unterschiede hinsichtlich der Anwendung von Analogie und *Idjmā'* hatten allerdings je nach der Verbreitung der Schulen und der Einstellung der politischen Machthaber in den einzelnen Regionen einen unterschiedlichen Stellenwert. Theoretisch kann jeder *sunnitische* Moslem einer dieser Schulen angehören,

[97] Vgl. *Watt, Welch:* Der Islam, a. a. O., S. 249.
[98] Vgl. *Schacht:* An Introduction, a. a. O., S. 64.
[99] Vgl. ebenda.

deren Rechtsauslegung er dann untersteht. Während die orthodoxen Theoretiker eine Kombination aller Schulen ablehnen, sind die Modernisten in dieser Frage offen. Zwar entwickelten sich in späterer Zeit weitere Rechtsschulen, die jedoch letztlich von den vier genannten Schulen absorbiert und damit politisch bedeutungslos wurden.[100] Wie aus den Darlegungen ersichtlich, wurde im Rahmen der einzelnen Rechtsschulen in den ersten zwei Jahrhunderten der Ausbreitung des Islams das bis heute gültige *Schari'a*-Recht entwickelt. Dabei konnte jeder anerkannte islamische Gelehrte *(Ahl ar-Ra'y)* auf der Grundlage des *Korans*, der *Sunna* und des *consensus prudentum* zu einer eigenen Urteilsbildung bei der Interpretation der Rechtsdoktrin kommen *(Idjtihād al-Ra'y)*. Aber auch das Gewohnheitsrecht und das Brauchtum in Arabien und den eroberten Gebieten konnten in diese unabhängige Rechtsprechung einbezogen werden. Die Anwendung des *Idjtihāds* hatte gegenüber der Anwendung der strikten Regeln des islamischen Rechts ursprünglich den Vorteil, daß hierdurch die tatsächlichen Umstände in den islamischen Ländern besser erfaßt, erklärt und geregelt werden konnten. Dies bewirkte auch, daß es nicht nur zur Bildung von einzelnen Schulen kam, sondern gleichzeitig zum Sektierertum. Deshalb bestand unter den *'Ulamā* die Übereinstimmung, den Terminus *»Idjtihād«* von seiner früheren Verbindung bezüglich des eigenen Urteilens *(Ra'y)* zu lösen und ihn auf die Urteilsbildung zu beschränken, die aufgrund der gültigen Schlußfolgerung, abgeleitet aus *Koran, Sunna, Idjmā'* und dem Analogieschluß *(Qīyās)*, zustande kam. Es entstand also schon während der *Abbāsiden*-Periode bei den *'Ulamā* sämtlicher Schulen der Konsens, daß alle grundlegenden Probleme bereits ausführlich diskutiert und gelöst seien und daß fortan die Entscheidung aufgrund eigener Interpretation der Rechtsquellen nicht mehr zulässig war.[101] Die *Schari'a* erreichte damit in den *sunnitischen* Schulen ihre »endgültige« und »unabänderliche« Form. In der Terminologie des islamischen Rechts war damit das »Tor des Idjtihāds« geschlossen.[102] Die »Schließung der

[100] Auf die Einzelheiten kann hier nicht eingegangen werden. Vgl. hierzu die Arbeiten von *Schacht:* An Introduction, a. a. O., S. 57 ff.; *ders.:* The Origin, a. a. O., *ders.:* The Schools of Law and Later Development of Jurisprudence. In: *M. Khadduri, H. J. Liebesny*, a. a. O., S. 57 ff. sowie *Watt, Welch:* Der Islam, a. a. O., S. 249 f.

[101] Vgl. *Schacht:* An Introduction, a. a. O., S. 70 f.

[102] Diese Terminologie »closing of the gate of independent reasoning« bzw. »closing the door of ijtihād« geht auf *Schacht* zurück. Vgl. *Schacht:* An Introduction, a. a. O., S. 70 f.

Pforte des Idjtihāds« führte zum *»Taqlīd«*[103] (Nachahmung), was praktisch bedeutete, daß die jeweilige Doktrin der vier etablierten und anerkannten Schulen in der Rechtspraxis als Vorbild zu befolgen war.[104] Die hierzu im Rahmen der islamischen *Fiqh*-Wissenschaft (islamische Rechtswissenschaft) entwickelten Schriften enthalten die Regeln, die die besondere Bedeutung der Jurisprudenz im Islam deutlich unterstreichen.

Die Auseinandersetzungen über die Legitimität des *Idjtihāds* und des *Taqlīds* sind – wenn zunächst auch nur in unfruchtbarer Form – fortgesetzt worden. Neben denjenigen, die die Ansicht vertraten, daß der *Idjtihād* nie zu existieren aufgehört hat,[105] gingen andere von verschiedenen Formen des *Idjtihāds* aus. Während orthodoxe Theoretiker einige Formen des *Idjtihāds* als grundsätzlich problematisch betrachteten, verstrickten sich andere in fruchtlose Formalismusdebatten. Die späteren Modernisten wiederum forderten die Einführung eines »freien *Idjtihād*«, was in völligem Gegensatz zu den rechtlichen Vorstellungen der orthodoxen Theorie stand.[106] Diese Forderungen hatten jedoch keinerlei Erfolg.

Der Wandel der politischen, sozialen und ökonomischen Bedingungen ermöglichte es dennoch, daß in die *sunnitische* Richtung über den *»Fetwā«* (förmliches religiöses Gutachten der *ʿUlamā*) neue gesellschafts- und wirtschaftspolitisch notwendig gewordene Gesetze *(Qānūn)* eingebracht werden konnten. Gleichzeitig wurde versucht, die Konformität dieser neuen Gesetze mit den traditionellen religiösen Gesetzen herzustellen, ein Vorgehen, das zwar die *Scharīʿa* durch »religionsneutrale Bestimmungen« ergänzte, aber auch häufig zum politischen Mißbrauch führte. Islamische Juristen fanden aber auch

103 Hinsichtlich der Regeln des *»Taqlīds«* ist zu bemerken: »the doctrin must not be derived independently from Koran, sunna, and ijmāʿ, but it must be accepted as it is being taught by one of the recognized schools which are, of course, themselves covered by consensus. Again, the official doctrin of each school is to be found not in the works of the old masters, even though these had been qualified in the highest degree to exercise ijtihād, but in those works which the common opinion of the school recognizes as the authoritative exponents of its current teaching.« *Schacht:* An Introduction, a. a. O., S. 71.

104 Allerdings ist dieser Weg nicht einheitlich und blieb auch unter den späteren *ʿUlamā* umstritten.

105 Vgl. *W. M. Watt:* The closing the door of *igtihad.* In: *J. M. Barral* (Hrsg.): Hispanica, Leiden 1974, S. 675 ff.

106 Vgl. *Watt, Welch:* Der Islam, a. a. O., S. 258.

Wege, die Starrheit der orthodoxen Lehre zu umgehen, so zum Beispiel über das Privileg des jeweiligen Herrschers die Kompetenzen des Gerichts selbst zu bestimmen oder den Weg des »Eklektizismus« zu wählen, das heißt, »daß unter all den Mehrheits- und Minderheitsmeinungen aller Schulen die Ansicht gewählt wurde, die auf die gegenwärtigen Verhältnisse am besten paßte«.[107] Andere Methoden waren die »Neuinterpretation des alten Textes«, die »administrative Anordnung zur Durchführung einiger Reformen«, die als nicht gegen die *Schari'a* gerichtet angesehen wurden, und »das Einbringen von Reformen durch richterliche Präzedenzfälle«.[108] Die späteren Modernisierungs- und Säkularisierungsbewegungen beruhten häufig auf dieser Vorgehensweise. Damit sollten neue politische, ökonomische und soziale Vorstellungen, deren Durchsetzung angestrebt wurde, legitimiert werden. Diese Methoden hatten jedoch mit der grundsätzlichen Frage der legitimen Wiedereinführung des Prinzips des *»Idjtihāds«* und des *»Taqlīds«* nichts zu tun.[109]

Im Hinblick auf die Abweichung des *schi'itischen* Rechtsdenkens von den orthodoxen *sunnitischen* Rechtsschulen und wegen ihrer Bedeutung für einen Teil der islamischen Welt, nämlich der *Schi'a,* sollen die Grundkonzeptionen dieser Rechtsschule etwas näher dargelegt werden.

Die *schi'itische Jurisprudenz* unterscheidet sich von den vier *sunnitischen* Rechtsschulen dadurch, daß sie die Prinzipien des Konsenses *(Idjmā')* und des *Idjtihāds* gänzlich anders verstehen.[110] Der *Idjtihād*

107 Ebenda, S. 260.

108 Ebenda.

109 In diesem Zusammenhang muß erwähnt werden, daß einige Schulen, beispielsweise die *zahiritische* Schule sowie die *imamitische Schi'a*, die spezifische Form der von den vier genannten Rechtsschulen konzipierten Rechtsquellen *Ra'y, Idjtihād* und *Istihsān* ablehnten. Die Anhänger der *zahiritischen* Schulen waren in Andalusien und sind heute in Nordafrika verbreitet.

110 Vgl. *J. R. Cole:* Imami Jurisprudence and the Role of Ulama: Mortaza Ansari on Emulating the Supreme Exemplar. In: *N. R. Keddie* (ed.): Religion and Politics in Iran. New Haven and London 1983, S. 35. Dabei ist zu bemerken, daß sich die Lehre der Fünferschi'iten, der *Zaiditen*anhänger, die im Nordjemen verbereitet sind, von den Lehren der *sunnitischen* Rechtsschulen kaum unterscheidet. Die Unterschiede sind jedoch besonders deutlich in der Lehre der Siebenerschi'iten und der *imamitischen* Zwölferschi'iten. Die Siebenerschi'iten gehen in der Frage der Nachfolgeschaft des Propheten bis zum siebenten *Imām.* Sie akzeptieren also die Imamatlehre bis zum sechsten, mit den Zwölferschi'iten gemeinsamen Imām *Ja'far as-Sādiq* (gest. 765 n. Chr.). Für eine Gruppen der »Siebener« ist der siebente *Imām* nicht mehr *Mūsā al-Kāsim* (gest. 799), sondern *Ismā'īl.* Andere Anhänger der Siebe-

ist nach den Zwölferschi'iten »eine auf Vernunft gegründete Methode der selbständigen Wahrheitsfindung überall da, wo als echt anerkannte Hadīthe einander zu widersprechen oder mit Aussagen des Korans im Widerspruch zu stehen scheinen«.[111] Die Rechtsansicht der *Ūsūlīya-* oder *Mudjtahidīya*-Richtung betont dabei, daß nicht jeder einzelne Gläubige die Fähigkeit und das Recht zum *Idjtihād* besitzt, sondern vielmehr nur die anerkannten *Mudjtahids.*[112] In der anfänglichen Entwicklung des *Schi'ismus* wurde theoretisch die juristische Notwendigkeit der Interpretation wie beim Konsens der Gelehrten im *Sunnismus* nicht gesehen, weil nach der Imamatslehre des *Schi'ismus* nur die *Imāme* (die aus schi'itischer Sicht rechtmäßigen Nachfolger des Propheten) in der Lage wären, eine korrekte und »fehlerfreie« Beurteilung in religiös-rechtlichen Angelegenheiten zu geben. Mit der Verborgenheit des zwölften *Imāms* entstand eine Situation, in der die Instanz einer fehlerlosen, legalen Entscheidung verschwand. Um dieser Situation zu begegnen, wurde in der *schi'itischen* Rechtsdoktrin im Laufe der Zeit die Instanz des *Mudjtahid* entwickelt, der zwar in seiner religiös-legalen Beurteilung nicht wie die *Imāme* fehlerfrei, jedoch aufgrund seiner umfassenden Schulung sowie seiner intellektuellen Fähigkeiten zum *Idjtihād* berechtigt war.

In der späteren Entwicklung, besonders nach dem Ende der *Safawiden*-Herrschaft im Iran, hat sich in der *Zwölferschi'a* die Rechtsschule

nerschi'iten sind die anfänglich radikale Gruppe der *Assāssīnen* sowie der *Fātimīden.* Die letzte Gruppe entfaltete in Ägypten (969–1171) eine bedeutende politische, ökonomische und kulturelle Macht.

111 *Ende:* Der schiitische Islam, a. a. O., S. 80.

112 Bei den Zwölferschi'iten steht die *Ūsūlīya*-Schule der *Akhbārīya*-Schule gegenüber. Die *Akhbārīya*-Schule setzt die Akhbār (die Äußerungen bzw. Mitteilungen der *Imāme)* als die traditionelle Grundlage für das Verständnis des *Korans* und der *Hadīthe* voraus und lehnt deshalb die Anwendung der Vernunft als Maßstab für die Verwendbarkeit der *Hadīthe* ab. Im Falle eines scheinbaren Widerspruchs zwischen zwei *Hadīthe* soll nach dieser Richtung sowohl die eigene Entscheidung als auch die Befolgung eines anderen *Mudjtahids* unterlassen werden. Die *Ūsūlīya-Schule,* die sich in Fragen der *Hadīthe* an den vier Grundlagenwerken (al Usūl al-Arba'a) orientiert, akzeptiert demgegenüber eine »weitergehende, rationalistische Klassifizierung und Interpretation des in den genannten vier Grundlagenwerken enthaltenen Materials«. Ebenda, S. 80 f. Zu den Einzelheiten der schi'itischen Rechtsdoktrin vgl. ferner besonders *H. Löschner:* Die dogmatischen Grundlagen des schiitischen Rechts, Köln 1971. Zur historischen Entwicklung des *Schi'ismus* vgl. *N. R. Keddie:* Roots of Revolution. An Interpretive History of Modern Iran. New Haven and London 1981, S. 57 ff. (im folgenden zitiert als *Keddie:* Roots of Revolution).

der *Ūsūlīya* weitgehend durchgesetzt,[113] so daß der oberste *Mudjtahid* in der Lage ist, den *Idjtihād* durchzuführen. Die Befolgung *(Taqlīd)* des obersten *Mudjtahid*, des *Marja'e Taqlīd«*, ist danach zulässig, womit seine besondere Autorität als Stellvertreter des zwölften verborgenen *Imāms* akzeptiert wird.[114] Das »Tor des Idjtihād« ist zwar deshalb innerhalb dieser heute besonders im Iran vorherrschenden Schule der *Schi'iten* nicht geschlossen, in der Praxis bestehen jedoch erheblich strengere Regelungen, den *Idjtihād* anzuwenden, als dies bei den früheren *sunnitischen* Schulen je der Fall gewesen war.[115]
Zusammenfassend ist über die islamische Rechtsauffassung festzustellen, daß die Rechtsentwicklung in ihren Anfängen vornehmlich in den ersten zwei Jahrhunderten besonders im *sunnitischen* Islam durchaus in der Lage war, sich den geänderten Gegebenheiten anzupassen. Diese Dynamik ging jedoch mit der Beendigung der Diskussion bei der Anwendung der Rechtsquellen und der äußerst restriktiven Bedingungen des Konsenses, der den *Idjtihād* praktisch völlig abschuf, verloren. Somit wurde die *Schari'a* in ihrer orthodoxen Form als unabänderlich sakralisiert und war deshalb nicht mehr in der Lage, den sich weiterhin wandelnden Gegebenheiten des Staates, der Gesellschaft und der Wirtschaft in der islamischen Welt anzupassen. Im Laufe der späteren Entwicklung mußten entweder die Herrscher über besondere Gesetzgebungen die rigiden Bestimmungen der *Schari'a* modifizieren oder sogar umgehen, was vor allem in den Bereichen leichter möglich war, in denen die Bestimmungen des traditionellen *Schari'a*-Rechts nicht genügend spezifiziert waren und neuere

[113] Dies geht auf den Einfluß *M. Bāqer Behbehānīs* (1705–1791), *M. Hassan Nadjafīs* (1788–1850), *Mortasā Ansārīs* (1800–1864) und *M. M. Hassan Schīrāzīs* (gest. 1894) zurück. Vgl. hierzu neben dem Aufsatz von *Cole:* Imami Jurisprudence, a. a. O., besonders *M. Motahharī:* Idjtihād dar Islam. In: *M. H. Tabātabāī* (Hrsg.): Bahs dar Bāra e Marja 'iyat wa Ruhānīyat (Diskussion über die religiöse Instanz und die Geistlichkeit), Teheran 1962.

[114] *Cole* schreibt zu der sich aus dieser Lehre entwickelten Ideologie insbesondere in Fragen des Konsenses der einzelnen *Mudjtahids* und ihres gegenseitigen Wetteiferns sowie zum Vergleich mit dem Katholizismus: »The keynote here (im Schi'ismus) are charisma rather than formally derived power, compromise and negotiation rather than strict ability to alternate between a Roman Catholic-type model where in there was one supreme, recognized authority and a more Eastern Othodox model, where in there were several coequal leaders.« *Cole:* Imami Jurisprudence, a. a. O., S. 46.

[115] Vgl. ebenda, S. 36.

Regelungen weitgehend zuließen, wie etwa in Fragen des Handels und der Wirtschaft. In anderen Bereichen, in denen die *Schari'a* detailliertere Bestimmungen vorsah, zum Beispiel beim Familien- und Strafrecht, mußten Änderungen erst durch neuere, dem *Schari'a*-Recht widersprechende säkulare Gesetzgebungen vorgenommen werden, die allerdings nicht selten erheblichen Widerstand der *'Ulamā* und der Bevölkerung provozierten.[116]

[116] Diese Fragen sollen in späteren Abschnitten einer näheren Betrachtung unterzogen werden, vgl. den 2. und 3. Teil dieser Arbeit.

III. Die Inhalte der orthodoxen islamischen Wirtschaftslehre

Die orthodoxe Doktrin der islamischen Wirtschaft umfaßt insbesondere das System der Besteuerung, den Zins und das Kreditwesen sowie Umverteilung und soziale Gerechtigkeit.

1. *Das System der Besteuerung*

In der Frage der Besteuerung unterscheidet die orthodoxe Doktrin grundsätzlich zwischen der Besteuerung des Moslems und des Nichtmoslems. Die Nichtmoslems waren in der islamischen Gesellschaft als »*Dimmis*«[117] akzeptiert. Als Gegenleistung für den Schutz ihrer persönlichen Freiheit und Sicherheit sowie ihres Eigentums hatten sie besondere Abgaben zu entrichten, die sich von den Abgaben der moslemischen Bevölkerung unterschieden. Diese Abgaben waren insbesondere die *Djisya*[118] (Kopfsteuer) und der *Kharadj*[119] (besondere Bodensteuer).

Die Besteuerungsgrundsätze der moslemischen Gemeinschaft können hinsichtlich ihrer praktischen Anwendung in folgende Besteuerungsarten unterschieden werden:

[117] Als *Dimmis* wurden Nichtmoslems bezeichnet, die unter der Obhut des islamischen Staates standen.

[118] Die *Djisya* wurde anfangs nach Vereinbarung mit den nichtmoslemischen Stämmen als Pauschalsatz oder als Pro-Kopf-Abgabe erhoben. Im Falle eines Übertritts zum islamischen Glauben konnte diese Steuer jedoch erlassen werden. Sie hat ihren Ursprung in der Sure 9, Vers 29 des Korans. Der *Djisya*-Betrag wird darin jedoch nicht genau fixiert. Erst in der Zeit der »rechtsgeleiteten Kalifen« wurde die Rate der *Djisya* genauer festgelegt, wobei die Frage der Zahlungsfähigkeit der nichtmoslemischen Gruppen Berücksichtigung fand. Während der Kalifenherrschaft betrug der Abgabebetrag jährlich 48 Dirham für die Reichen, 24 Dirham für die Mittel-

1.1 *Zakāt*

Die Einführung eines *Zakāts*, in etwa gleichzusetzen mit einer Vermögenssteuer, war ursprünglich mit dem Ziel verbunden, dem Umverteilungsprinzip gerecht zu werden. *Zakāt* gilt als eine der *fünf* individuellen religiösen Grundpflichten des Moslems.[120] Die Zahlung von *Zakāt*[121] ist im *Koran* in verschiedenen Suren erwähnt.[122] Diese Pflicht beinhaltete zunächst nur freiwillige Leistungen der begüterten Moslems, wobei als Begründung die Pflicht des Moslems gegenüber den ärmeren Mitgliedern und der Gemeinschaft der Moslems als Ganzes diente.[123] Basierend auf dem koranischen Grundsatz wurde *Zakāt* jedoch bald in eine Steuer umgewandelt, die an den islamischen Staat zu entrichten war. Die Zahlung dieser Steuer stand wesentlich mit der

schicht und 12 Dirham für die Armen. Diese festen Sätze führten zu einer ungleichmäßigen Belastung der nichtmoslemischen Bevölkerungsschichten, weshalb später die Rate flexibler gestaltet werden mußte. Vgl. hierzu *M. Aghnides:* Mohammedan Theories of Finance, New York 1916, S. 403. Eine Befreiung von dieser Steuerzahlung war allerdings bei Frauen, Kindern, Armen und denjenigen, die zahlungsunfähig waren, schon zur Zeit des 2. Kalifen vorgesehen. Vgl. hierzu *M. Khadduri:* International Law, a. a. O., S. 363 sowie *M. Hamidullah:* Muslim Conduct of State, Lahore 1953, S. 106 f.

119 Der *Kharadj* wurde neben dem Entgeltargument der Schutz- und Sicherheitsgarantie für Nichtmoslems insbesondere damit begründet, daß er als Ersatz für militärische Dienstleistungen, die für Nichtmoslems zunächst nicht erlaubt waren, anzusehen sei. Auch diese Steuer wurde bei Übertritt zum islamischen Glauben, später zudem bei Übernahme von Verteidigungsaufgaben, erlassen.

120 Die fünf obligatorischen Pflichten des Moslems sind: 1. *Schahāda* (Bekenntnisformel), 2. *Salāt* (das tägliche fünfmalige Gebet), 3. *Zakāt*, 4. Fasten während des Monats Ramadān und 5. die Pilgerfahrt nach Mekka (einmal im Leben).

121 Die Übersetzung von *Zakāt* als Almosensteuer und ihre jüngste Interpretation als Kirchensteuer geht an dem Inhalt des Begriffs *Zakāt* vorbei. *Zakāt* ist umfassender, obwohl aus der Liste der *Zakāt*empfänger auch sein caritativer Zweck hervorgeht. Die *Zakāt*empfänger sind nach Sure 9 des *Korans* die Armen, die Bedürftigen, die hoffnungslos Verschuldeten, die freigekauften Gefangenen, die Reisenden, die bedürftigen Konvertiten, die Islamkämpfer und schließlich auch die *Zakāt*-Verwaltungen. Diese lange Liste führte früher und führt bei den Fundamentalisten – vor allem in Pakistan – noch heute zu moderner Interpretation dieser *Zakāt*-Leistungen. Vgl. im einzelnen hierzu *D. Khalid:* Die politische Rolle des Islams im Vorderen Orient, Hamburg 1979, S. 148 f. Vgl. ferner *M. A. Choudhury:* Principles of Islamic Economics. In: Islamic Studies, Bd. XXI, Nr. 2 (1982), S. 105.

122 Vgl. z. B. die Suren 9, 13 und 25.

123 Ursprünglich beinhaltete *Zakāt* nicht Leistungen an die Regierung oder an die Steuereintreiber. Zu diesem Problem vgl. den Artikel von *J. Schacht:* Zakāt. In: Encyclopaedia of Islam, Leiden 1934.

wachsenden Ausdehnung des Islams in Verbindung, denn nicht nur die Erfüllung der Gemeinschaftsaufgaben, sondern auch die Finanzierung der ständigen Kriege, die mit der Expansion des Islams verbunden war, machten sie als Einnahmequelle unentbehrlich. Dennoch ist in der traditionellen Lehre die Freiwilligkeit und Nichtfreiwilligkeit bei der Zahlung dieser Steuer Gegenstand von Kontroversen geblieben. Im Verlauf der Entwicklung setzte sich aber das Prinzip durch, daß diese Steuer, wenn sie nicht freiwillig gezahlt wird, vom Staat zwangsmäßig einzutreiben ist.[124] Maßgebend hierfür ist auch die Interpretation aller vier Rechtsschulen der *Mālikī*, der *Hanbalī*, der *Schafi'ī* und der *Hanafī*, die eine Besteuerung in Höhe von 1/40 des Vermögens fordern. Die Entrichtung dieser Steuer wurde sowohl in Form von Naturalien als auch von Wertabgaben festgesetzt, wobei auch hier nach Warenarten bestimmte Mindestvermögens- und Freigrenzen *(Nisāb)* akzeptiert wurden. Der Eigenart der Beduinen- und Nomadenwirtschaft zufolge umfaßten die Steuern neben der Besteuerung von Gold-, Silber- und anderen Handelswaren auch die Viehsteuer.[125]

Die Proportionalität dieser Steuer hatte zur Folge, daß Personen mit geringem Einkommen und Vermögen entsprechend ihrer Leistungsfähigkeit stärker belastet wurden. Eine solche unterschiedliche Belastung ist grundsätzlich mit der Gerechtigkeitsvorstellung nicht zu vereinbaren. Deshalb ist zur Verwirklichung einer solchen Gerechtigkeitsvorstellung, zu der sich der Islam ausdrücklich bekennt, eine Einkommensumverteilungspolitik notwendig. Die wirksame Durchführung einer solchen Redistribution erfordert somit die Einführung einer steuerlichen Progression und damit eine relativ höhere Belastung der Besitzer höherer Einkommen und von Vermögen.[126] Ein weiterer Nachteil des *Zakāt*s ist der nicht ganz eindeutige Charakter

[124] So erfolgte beispielsweise die zwangsweise Eintreibung des *Zakāts* durch den 1. Kalifen *Abū Bakr* bei Stämmen, die sich nach dem Tode des Propheten weigerten, den *Zakāt* freiwillig zu zahlen. Vgl. *Aghnides:* a. a. O., S. 302.

[125] Zur näheren Ausgestaltung dieser einzelnen Steuern vgl. *M. Aghnides:* a. a. O., S. 216 f. sowie *Z. Ahmad:* Nisab of Zakat. In: Islamic Studies, Bd. 20, Nr. 3 (1981), S. 239 ff.

[126] Die Begründung der Steuerprogression ist in der Finanzwissenschaft ausgiebig diskutiert; vgl. hierzu besonders *H. Haller:* Finanzpolitik, 2. Aufl., Tübingen, Zürich 1961; *H. Kolms:* Finanzwissenschaft, Bd. IV, Berlin 1964; *R. A. Musgrave:* The Theory of Public Finance, New York 1959.

dieser Steuer. Wie bereits erwähnt wurde, war er zwar als grundlegende religiöse Pflicht des Moslems konzipiert worden, die allerdings auf dem Prinzip der Freiwilligkeit basierte, so daß ihre ökonomische Bedeutung für den Staat in den Anfängen seiner Entstehung insgesamt gering blieb.[127] Auf der anderen Seite verlieh die zwangsmäßige Eintreibung dem *Zakāt* den Charakter einer allgemeinen Steuer. Angesichts seiner geringen Höhe (2,5 %) konnte er jedoch die wachsenden Staatsaufgaben nicht decken.[128] Nicht zuletzt diesem Tatbestand ist es zuzuschreiben, daß der *Zakāt* im Laufe der Zeit an Bedeutung verlor und statt dessen säkulare Steuern nach modernen finanzwissenschaftlichen Gesichtspunkten eingeführt wurden.

1.2 *Boden- und Ertragssteuern*

Da im Zuge der Eroberung immer neuer Länder nicht nur die Verwaltung zum Problem wurde, sondern der Staat mit der sehr schnell fortschreitenden Ausdehnung seiner Grenzen ebenfalls erhebliche Finanzmittel benötigte, wurden bereits zur Zeit des zweiten Kalifen neue Steuern erhoben und vor allem in der *Umaiyāden*- und *Abbāsiden*zeit ein relativ komplexes Steuersystem eingeführt.
Die wichtigsten Quellen der Staatseinnahmen waren die *Bodensteuer* und die Besteuerung der *Erträge aus dem Landbesitz*. Beim letzteren galt die Regel, daß erstens nur die Erträge und nicht das Land selbst besteuert wurden, was ansonsten einer zusätzlichen Vermögenssteuer gleichgekommen wäre. Zweitens staffelte sich die Höhe der Ertragssteuern *(ʿUshr)* nach der Qualität des Bodens. Sie betrug 5 % bei irrigiertem und 10 % bei nicht künstlich bewässertem Land.
Die *Boden*- und *Ertragssteuern* sind zwar im *Koran* nicht explizit erwähnt, eine zusätzliche Besteuerung für das Wohl der islamischen Gemeinde ist jedoch im *Koran* auch nicht ausgeschlossen. Der Staat konnte zudem auf diese für die damalige Zeit höchst attraktive Steuer

[127] Grundsätzlich anders ist in diesem Zusammenhang die *Saddaqa*, die häufig mit *Zakāt* verwechselt wird, zu beurteilen. Sie ist eine rein freiwillige Verpflichtung des Moslems und soll in Form von Almosenspenden, je nach Einkommenshöhe und Vermögen der Spender, gezahlt werden.

[128] So trug der *Zakāt* etwa zur Finanzierung der islamischen Expansion wenig bei. Deshalb waren die Moslems schon in den Anfängen des Islams verpflichtet, zusätzlich durch Dienstleistungsabgaben die islamische Gemeinschaft, den *Dar-ul-Islām*, zu schützen.

nicht verzichten, zumal deren Höhe nach dem Urteil der *'Ulamā* jederzeit geändert werden konnte und deshalb eine dem Finanzbedarf des Staates angepaßte Variabilität zeigte. Begründet wurde die Einführung dieser Steuern ebenfalls mit dem Hinweis, daß im moslemischen Idealstaat, das heißt in der Zeit der rechtsgeleiteten Kalifen *(Cholafāe Raschidin),* eine Bodensteuer eingeführt und Bestandteil der Besteuerung des Staates war.[129]

Schon in der *Umaiyāden*zeit wurde bereits die nächste Form der *Bodensteuer,* nämlich der *Kharadj,* eingeführt, dessen Besteuerungssatz wie bei der *'Ushr* von der Qualität des Bodens, von der Art der Bebauung und von der Produkt- und Bewässerungsart abhing. Der Steuersatz betrug prinzipiell das Doppelte von *'Ushr,* ging jedoch in vielen Fällen bis zu einem Maximalsatz von 50% des Ertrages.[130] Verpflichtet, den *Kharadj* zu zahlen, war zunächst die nichtmoslemische Bevölkerung, die in den Herrschaftsbereich des islamischen Staates kam beziehungsweise dort ansässig war und die Bebauung des Landes nach wie vor vornahm. Auch eroberte Staats- und/oder private Ländereien, die neu parzelliert und als Erbpacht an prominente Moslems zur Verwaltung und Nutzung verteilt wurden, unterlagen dieser Grundsteuer. Während jedoch für Nichtmoslems ein wesentlich höherer Steuersatz galt, wurden die Erbpächter zur Zahlung von nur 10% des Ertrags verpflichtet. Dabei war die Differenz zwischen den Abgaben der Erbpächter und den Abgaben, die diese von den landbebauenden Pächtern erhielten, ihre Nettoeinnahme,[131] die zwar nicht zusätzlich besteuert wurde, jedoch nach wie vor dem freiwillig zu leistenden *Zakāt* unterlag. In der Praxis kam es sehr häufig vor, daß die nichtmoslemische Bevölkerung zwar zum Islam überwechselte, die *Kharadj*-Abgaben jedoch weiterhin zahlen mußte,[132] da die Minderung der Steuereinnahmen verhindert werden sollte.

[129] Die Bodensteuer wurde zuerst in der Zeit des Kalifen *'Omar* (634–644) eingeführt. Vgl. dazu *Aghnides:* a. a. O., S. 378; ferner *Hamidullah:* a. a. O., S. 145.

[130] Vgl. *Cahen:* Der Islam I, a. a. O., S. 45 f. und S. 100 f. Vgl. ferner hierzu *Aghnides:* a. a. O., S. 378 ff.

[131] Vgl. *Cahen;* ebenda, S. 46.

[132] Auf die Besonderheiten und Detailbeschreibungen dieser Abgabeart in der *Umaiyāden-* und *Abbāsiden*zeit vgl. *Cahen:* Der Islam I, a. a. O., S. 45 ff. und S. 108 ff. Vgl. ferner besonders *F. Løkkegard:* Islamic Taxation in the Islamic Period, Copenhagen 1950, S. 73 ff.

Die *Kharadj*-Abgaben wurden in fixe und variable Abgaben unterteilt.[133] Als Bemessungsgrundlage für die fixen Abgaben galt eine nach bestimmten Bewertungskriterien festgelegte Bodeneinheit.[134] Die variablen Abgaben differierten zwischen 20–25 % des Ertrags.[135] Diese erhebliche Steuerlast hatte zur Folge, daß die Landbewirtschaftung zunehmend unrentabler wurde, so daß in starkem Maße Landflucht einsetzte. Die Frage, warum diese Landflucht, die nicht nur die nichtmoslemische Bevölkerung und die Konvertiten, sondern schließlich auch moslemische Bauern umfaßte, nicht zu einer Industrialisierung in Ballungszentren führte, bleibt offen. Bereits in der Blüte der *Umaiyāden-* und *Abbāsiden*zeit konnte eine starke Bevölkerungsballung in den Hauptstädten des islamischen Reiches und später auch in den Zentren der östlichen und westlichen islamischen Folgereiche, die zum Teil erhebliche Ausmaße annahmen (Damaskus, Baghdad, Kairo, Fes, Kairuan usw.), festgestellt werden. Trotz der Unterdrükkung von Bauernaufständen und der Reduzierung der Landflucht mußten Sklaven importiert werden, um die Landbebauung, die in einigen Gebieten Plantagenwirtschaftsformen erreicht hatte, weiterhin sicherstellen zu können.[136] Offensichtlich hat der Reichtum an Arbeitskräften, besonders aber das große Potential an Sklaven, eine Technisierung und damit die Entstehung von Industrien behindert.

Zusammenfassend kann über die *Boden-* und *Landertragssteuern* gesagt werden, daß sie, obwohl sie im *Koran* nicht ausdrücklich erwähnt sind, einen wichtigen Bestandteil des klassischen, sogar des orthodoxen Islams bilden, da sie auf dem eindeutigen *consensus pruden-*

[133] Die Bewertungskriterien waren beispielsweise eine bestimmte Fruchtart oder die Anzahl der auf dieser Bodeneinheit gepflanzten Bäume. Vgl. *J. Th. Cummings, H. Askari* und *A. Mustafa:* Islam and Modern Economic Change. In: *J. L. Esposito* (ed.): Islam and Development, Religion and Sociopolitical Change, Syracuse 1980, S. 10; vgl. hierzu ferner *Aghnides:* a. a. O., S. 385.

[134] Dies hatte vor allem für die in der Mittelostregion blühenden Gartenkulturen erhebliche Bedeutung.

[135] Vgl. *Aghnides,* a. a. O., S. 385.

[136] Besonders zu erwähnen sind dabei die Zuckerplantagen im Irak, die infolge des Zuckerbedarfs der inländischen Bevölkerung und angesichts des bereits damals ausgeprägten internationalen Handels der Araber von erheblicher ökonomischer Bedeutung waren. In den Plantagen kam es nicht selten zu Aufständen, die aus der *Abbāsiden*zeit bekannt sind und grausam niedergeworfen wurden. Zu nennen ist dabei die *Zang*-Revolte des *ʿAlī ibn Muhammad* (869–883). Vgl. hierzu besonders *Cahen:* Islam I, a. a. O., S. 137 f.

tum der *'Ulamā*, das heißt des *Idjmā'*, beruhen, der von allen islamischen Rechtsschulen akzeptiert wurde. Daß dabei diese Steuern später zu Ungerechtigkeiten führten, ist dem aus dem Expansionsdrang einzelner islamischer Staaten resultierenden, wachsenden Finanzbedarf zuzuschreiben. Dennoch waren die traditionellen *Zakāt-*, *Boden-* und *Ertragssteuern* in den Staaten, in denen später Handwerk, Manufaktur und Handel schwungvoll betrieben wurden, kaum ausreichend. Es hätte daher einer modernen und säkularen Entwicklung im Finanz- und Steuerwesen bedurft, um die Grundlagen für einen modernen Staat zu schaffen. Insofern kann aus ökonomischer Sicht die Forderung der neueren fundamentalistischen Richtungen nach einer Reislamisierung auf Basis traditioneller Steuerprinzipien als höchst problematisch bewertet werden.

1.3 *Besteuerung von Bergbau und Bodenschätzen*

Obwohl im *Koran* die Besteuerung des Bergbaus und der Bodenschätze nicht vorgesehen ist, gelten die Bestimmungen des *Zakāts*, da sie sich im Prinzip auf alle Vermögensformen erstrecken, auch für die Erträge aus dem Bergbaubereich. Im Zuge der Ausdehnung des islamischen Machtbereichs, der sich bereits in den ersten zweihundert Jahren vom Indus bis zum Atlantik erstreckte, wurden auch Gebiete erfaßt, die reich an Bergbauprodukten und Edelmetallen waren.
Die einzelnen Schulen innerhalb der *Sunna* sind in der Frage der Besteuerung von Bergbau und Bodenschätzen geteilter Ansicht. Die *Schafi'ī-* und in ähnlicher Form die *Hanbalī*-Richtung verlangten eine solche Besteuerung nach den Bestimmungen des *Zakāts* (2,5 %). Die *Hanafī*-Richtung dagegen beanspruchte von den Eigentümern einen Steuersatz von einem Fünftel des Besitzes.[137] Dabei wurde unterschieden zwischen Erzen, aus denen pures Metall wie Gold, Silber, Blei usw. gewonnen werden konnte, und anderen Bergbauprodukten wie etwa Kohle. Erstere Produkte unterlagen der Besteuerung, während der Abbau und die Gewinnung von Kohle nicht besteuert wurden.[138]

[137] Vgl. *Aghnides*, a. a. O., S. 414.
[138] Vgl. *Cummings, Askari, Mustafa*, a. a. O., S. 31.

1.4 *Das Muqāṭa'a-System*

Zur Erschließung weiterer Einnahmequellen diente das *Muqāṭa'a*-System,[139] das sowohl in der *Umaiyāden*- und *Abbāsiden*- als auch später in der osmanischen Zeit üblich war. Es wurde allerdings in den einzelnen islamischen Herrschaftsbereichen in unterschiedlicher Form praktiziert. Während die *Umaiyāden*- und *Abbāsiden*kalifen in *Muqāṭa'a* und *Qabāla* ein Verfahren der häufig unbegrenzten »kollektiven Steuerzahlung«[140] entwickelten, das auf einige Dukaten angesetzt wurde und die Einnahmen des Staates und/oder des Kalifen bildete, entwickelten daraus die osmanischen Herrscher Steuern, die allen Untertanen *(Ra'ya)* auferlegt, und die dem Sultan beziehungsweise den Mitgliedern der herrschenden Klasse zuteil wurden.[141] Das *Muqāṭa'a*-System wurde im osmanischen Reich in die drei Kategorien *Tīmār*, *Emānat* und *Iltisām* klassifiziert. Während die erste Form dem Lehnssystem des europäischen Feudalismus ähnlich war, wobei der Lehnsherr die Einnahmen behielt und dafür dem Staat (dem Sultan) zu Diensten verpflichtet war, bildete die zweite Form die Einnahme aus den treuhänderisch verwalteten Gütern, die gegen Entgelt an den Staat übertragen wurden. Die dritte Form des *Muqāṭa'a*-Systems war die Steuerpacht, wobei der Steuerpächter *(Amīn)* einen Teil der Steuern für sich behalten durfte und den Rest an den Staat abführen mußte.[142] Diese Systeme führten nicht selten zur völligen Ausbeutung der davon betroffenen Gebiete beziehungsweise Untertanen, die von orthodoxen Moslems mit Recht als Auswüchse der in den islamischen Steuergesetzen vorhandenen Flexibilität gedeutet wird.

139 Abgeleitet aus dem arabischen Begriff *»qaṭ'a«*, was eine »Abtrennung«, hier eine Abtrennung von Teilen der Einkünfte für den Herrscher (Sultan) bedeutet. Zu der Zeit des Propheten kannte man zwar dieses spezielle System nicht. Die späteren Herrscher konnten sich aber auf die Einkünfte berufen, die dem Propheten auch als »weltlichem Herrscher« aus der eroberten Beute zugebilligt wurden. Nach dem *Koran* (Sure 8, Vers 41) beträgt dieser Anteil 25 % der Beute. »Und ihr müßt wissen: Wenn ihr irgendwelche Beute macht, gehört der fünfte Teil davon Gott und dem Gesandten und den Verwandten (w. den Verwandten), den Waisen, den Armen und dem, der unterwegs ist ...«, *Paret:* Der Koran, a. a. O., S. 128. Zur näheren Verwendung dieses Anteils, der dem *Imām* ebenfalls zusteht, vgl. *Aghnides,* a. a. O., S. 465.

140 Vgl. *Cahen:* Der Islam I, a. a. O., S. 110 f.

141 Vgl. *S. J. Shaw:* Das osmanische Reich, a. a. O., S. 93 f.

142 Die Steuer konnte pauschaliert werden. Normalerweise wurden die Steuerpachten auktioniert; als Steuerpächter kam jedoch nur ein bestimmter Personenkreis in Frage. Zu den Einzelheiten vgl. besonders *S. J. Shaw:* Das osmanische Reich, a. a. O., S. 95 f.

1. 5. *Zollabgaben, Verbrauchs- und Verkehrssteuern*

In der orthodoxen islamischen Lehre sind keine speziellen Bestimmungen über Zollabgaben, Verbrauchs- und Verkehrssteuern aufgeführt, da diese in der Regel mit der jährlichen *Zakāt*-Abgabe abgegolten wurden.

Es wurde bereits darauf hingewiesen, daß das Wohl der Gemeinde grundsätzlich spezielle Maßnahmen rechtfertigen kann, selbst wenn sie nicht im *Koran* oder in der *Sunna* ausdrücklich vorgesehen sind, vorausgesetzt, daß sich diese Maßnahmen nicht gegen die Prinzipien des *Korans* und der *Sunna* richten.

In bezug auf Importe sollten nach dem *Fiqh* Importabgaben entrichtet werden, deren Höhe von der jeweiligen Konfession des Importeurs abhing. Dabei sollte der ausländische Nichtmoslem 10%, der inländisches Nichtmoslem 5% und der Moslem 2,5% vom Warenwert als Abgabe entrichten, was in etwa den Bestimmungen des *ʿUshr* und des *Zakāts* entsprach. Wenn auch bei Moslems diese Zahlung mit der Entrichtung von *Zakāt* abgegolten werden konnte, war dennoch die Praxis verbreitet, daß Kaufleute auf Handelswaren, Fracht und Registrierung je nach Warenart und dem Umsatz des Kaufmanns Abgaben in Höhe zwischen 20% und 30% an den Staat abzuführen hatten.[143]

Die Rechtfertigung dafür lag in der Gebräuchlichkeit, die Interpretation des *Zakāt*prinzips auszuweiten. Aber auch die Übernahme des byzantinischen Brauchs der Importabgaben, die von Moslems in Höhe von 10% des Warenwertes erhoben wurden, konnte einmal als Anwendung des Gewohnheitsrechts verstanden werden, da Byzanz teilweise dem islamischen Reich angegliedert war. Zum anderen konnte die Einführung eines an den Reichsgrenzen einheitlich erhobenen Satzes von 10% auf alle importierten Güter[144] gegenüber der moslemischen Bevölkerung wie auch gegenüber den Nachbarstaaten mit dem Hinweis auf die von nichtislamischen Staaten ebenfalls erhobenen Importsteuern gerechtfertigt werden.

[143] Vgl. *Cahen:* Der Islam I, a. a. O., S. 153.
[144] Vgl. *Cahen,* ebenda, S. 192.

2. *Zins und Kreditwesen*

Schon vor der islamischen Zeit war der Handel ein wichtiges Tätigkeitsfeld der Bewohner von Mekka und Medina. Grundsätzlich wurde der Handel und damit auch die Erzielung von Gewinn vom Propheten nicht nur wohlwollend bejaht, sondern auch als eine respektable wirtschaftliche Tätigkeit angesehen. Schließlich war der Prophet selbst in seinen jüngeren Jahren Kaufmann gewesen.[145] Dasselbe gilt auch für den großen islamischen Interpreten und Begründer der *Hanafī*-Schule, *Imām A'sam Abū Hanīfa,* der sich ursprünglich seinen Lebensunterhalt mit Textilienhandel verdiente. In dieser Zeit waren Geldverleih und Kreditfinanzierung von Handelsgeschäften gegen Zinsen üblich.[146]

Das Verbot des Zinses ist daher eine der heftigsten Kontroversen im Islam. Ein wesentlicher Grund dafür ist die Definition des Zinsbegriffes, wie sie in der Zeit des Propheten festgelegt[147] und später Gegenstand der Interpretation verschiedener islamischer Schulen wurde.

Das Zinsverbot wird auf den arabischen Begriff *Ribā* zurückgeführt, wonach dem gläubigen Moslem Zinsgewinne untersagt sind;[148] dies

145 Aus der Fülle der Literatur über die Zeit Mohammeds sei besonders verwiesen auf die Arbeiten von *W. M. Watt:* Mohammad at Mecca, Oxford 1973 sowie *ders.:* Mohammad at Medina, a. a. O.

146 Dies gilt allerdings nicht für gewisse Handelstatigkeiten, die sowohl im *Koran* als auch in der Tradition *(Hadīth)* verboten sind, wie etwa für betrügerischen Handel mit vom Islam verbotenen Waren (Wein, Schweine usw.) und den Handel mit Waren, die Gemeingut darstellen *(Beit ul-Māl).*

147 In dieser Zeit war es üblich, ein Darlehen (Geld oder Naturalien) zu verdoppeln, wenn es bei Fälligkeit nicht zurückgezahlt werden konnte. Zum Begriff *Ribā* und seine Interpretation vgl. *J. Schacht:* Riba. In: Encyclopaedia of Islam I, 2. Aufl., Leiden und London 1960.

148 Allerdings wird in der neuen Literatur darauf verwiesen, daß bereits der 2. Kalif '*Omar* gesagt haben soll, daß der letzte Vers des *Korans*, der offenbart wurde, den *Usury* (Wucherzins) betraf, der Prophet jedoch unmittelbar danach starb, so daß er den Inhalt des Begriffes *Ribā* nicht mehr erklären konnte. Vgl. *Qureshi:* Islam and the Theory o Interest, a. a. O., S. 70.

ist in verschiedenen Suren des *Korans* festgelegt.[149] Die Interpretation von *Ribā* ist jedoch sowohl in der älteren als auch in der neueren islamischen Wirtschaftsliteratur höchst umstritten.
Nahm *Ribā* als Zins für Konsumtivkredite den Charakter von Wucherzinsen an, führte er also zum Ruin der Kreditnehmer, weil sich schon bei Nichtrückzahlung die Schulden verdoppelten oder gar vervielfachten, so war dieser Zins – auch im Einklang mit dem »kanonischen Zinsverbot« anderer Religionen – den Moslems strengstens untersagt. *Ribā* wäre dann mit dem Begriff *Usury* gleichgesetzt.[150] Wenn aber der Zins – sei er Geld- oder Naturalzins – als Rate des Profits verstanden wird, wird er von den angesehenen Schulen ebenso wie von allen modernen ökonomisch ausgebildeten Islamwissenschaftlern als mit den islamischen Gesetzen vereinbar betrachtet.[151] Interessant ist in diesem Zusammenhang die Interpretation des *Imām Rāsī* (gest. 925), wonach eine Zinszahlung auf Geschäftsdarlehen akzeptiert werden kann. Danach ist es nicht immer gesagt, daß der Profit allein durch die Anlage beziehungsweise durch Investitionen der Geldmittel

[149] Vgl. Sure 2, Vers 275 f.: »Diejenigen, die Zins nehmen (w. verzehren), werden (dereinst) nicht anders dastehen als wie einer, der vom Satan erfaßt und geschlagen ist (so daß er sich nicht mehr aufrecht halten kann). Dies (wird ihre Strafe) dafür (sein), daß sie sagen: ›Kaufgeschäfte und Zinsleihe sind ein und dasselbe‹. Aber Gott hat (nun einmal) das Kaufgeschäft erlaubt und die Zinsleihe verboten. Und wenn zu einem eine Ermahnung von seinen Herren kommt (wie z. B. die, das Zinsnehmen zu unterlassen) und er dann aufhört (zu tun, was ihm verboten wurde), so sei ihm (belassen), was bereits geschehen ist! Und die (letzte) Entscheidung über ihn steht bei Gott. Diejenigen aber, die es (künftig) wieder tun, werden Insassen des Höllenfeuers sein und (ewig) darin weilen. 276. Gott läßt den Zins (des Wucherers) dahinschwinden, aber er verzinst die Almosen (mit himmlischem Lohn) ..."
Paret: Der Koran, a. a. O., S. 41. Im Vers 3, 130 steht: »Ihr Gläubigen! Nehmt nicht Zins (indem ihr) in mehrfachen Beträgen (wiedernehmt, was ihr ausgeliehen habt)! ...". Ebenda, S. 53.

[150] *Samiullah* zitiert mehrere *Hadīthe,* die den *Usury* strengstens getadelt und verboten haben. Vgl. *M. Samiullah:* Prohibition of Riba (Interest) in the Light of Islam. In: Islamic Studies, Bd. 21, Nr. 2 (1982), S. 62. In der Praxis war es jedoch trotz Verbots üblich, Konsumtivkredite mit Wucherzinsen zu belegen, eine Kreditform, die bis zum gegenwärtigen Zeitpunkt noch weit verbreitet ist.

[151] In Übereinstimmung mit den traditionellen Schulen des Islams lehnen jedoch die Anhänger der fundamentalistisch orientierten moslemischen Wirtschaftswissenschaftler, deren Vertreter heute im Iran und in Pakistan sehr zahlreich sind, nach wie vor diese Zinsart ab. Vgl. hierzu besonders *M. A. Choudhury:* The Rate of Capitalisation in Valuation Models in an Islamic Economy. Paper prepared for the Follow up Seminar on the Monetary and Fiscal Economics of Islam, Islamabad 1981 sowie *M. Samiullah:* Prohibition of Riba (Interest), a. a. O., S. 53 ff.

im eigenen Geschäft möglich ist. Die Möglichkeiten des Gewinns wie auch des Verlustes sind bei Investitionen des Kapitalbesitzers in seinem eigenen Betrieb ebenso vorhanden wie bei alternativen Anlagen, beispielsweise in Form von Beteiligungen an anderen Unternehmungen. Insofern beinhaltet nach moderner ökonomischer Interpretation ein solches Darlehen »Opportunitätskosten« für den Darlehnsgeber, das heißt den Verzicht auf den Gewinn, den der Kreditgeber hätte erreichen können, wenn er das Geld anderweitig investiert hätte.[152] Die Höhe dieser Opportunitätskosten bestimmt sich dann nach den Gegebenheiten des Marktes. Sie entspricht mit geringer Abweichung der realen Rate der gewinnbringenden Investitionen.[153]
Auch im Bereich des Handels wurden solche Gewinnbeteiligungen als zulässig angesehen, zumal hier die Möglichkeiten des Gewinns ebenso wie diejenigen des Verlustes eingeschlossen waren. Die traditionellen Interpreten des Islams haben dafür den Begriff *Mudāraba* eingeführt, der im Grund zwar das Darlehen in Geld oder als eine Geldbeteiligung in einem Geschäft vorsieht, wie es bereits vor dem islamischen Zinsverbot in Arabien praktiziert worden war, der aber Darlehen in Form von Waren nicht zuließ. Die Rückzahlung konnte jedoch sowohl in Geld als auch in Waren erfolgen.[154] Wichtig war dabei, daß mit dem Darlehen Einkommen durch »Arbeit« (wirtschaftliche Betätigung) geschaffen werden mußte, weil Zinsen für Darlehen ohne Arbeit, das heißt ohne einkommenschaffende Zirkulation, verboten waren.[155] Insofern wird von modernen Apologeten der islami-

[152] Vgl. *S. Noorzoy:* Islam Laws on Riba and their Economic Implications. In: International Journal of Middle East, Bd. 14, Heft 2 (1982), S. 4 f.

[153] Fälschlicherweise wird diese Rate von einigen islamischen Autoren mit dem von *Keynes* eingeführten Begriff der Grenzleistungsfähigkeit des Kapitals gleichgesetzt. Damit wird versucht, das Keynessche Konzept als Rechtfertigung für den im Islam erlaubten realen Zins (Ertragsrate) theoretisch zu untermauern, so beispielsweise von *Choudhury:* Principles, a. a. O., S. 101.

[154] *Cahen* weist darauf hin, daß in der *Umaiyāden-* und *Abbāsiden*zeit die *Mudāraba* »dem Risiko des Kaufmanns besser als den entsprechenden Verfahren der Byzantiner oder Juden« gerecht wurde. »... jüdische Kaufleute legten oft Wert auf die Feststellung, daß sie islamische Vertragsformen benützten. Man ersieht daraus, daß sogar Nichtmoslimen das islamische Gesetz und die islamische Praxis zuweilen als ein Fortschritt gegenüber früheren Zeiten bzw. umliegenden Ländern erschien.« *Cahen:* Der Islam I, a. a. O., S. 194.

[155] Vgl. hierzu die sehr ins Detail gehende Analyse von *S. Noorzoy:* Islamic Laws on Riba, a. a. O., S. 100 f.; ferner *M. A. Choudhury:* Principles, a. a. O., S. 100 f.

schen Zinsverbotstheorie die Institution von *Mudāraba* als eine Art Preis für die »Allokation von Geld« verstanden, die gewinnschaffend nur in »realen Investitionen« sowohl im privaten als auch im öffentlichen Sektor möglich ist.[156] In gleicher Weise kann nach überwiegender Mehrheit der Interpreten der islamischen Wirtschaftslehre das im Islam vorgesehene Prinzip der *Muschāraka* verstanden werden, welches nichts anderes als eine Beteiligung an Kapitalgesellschaften, Genossenschaften und anderen Beteiligungsformen darstellt. Es war und ist laut herrschender Ansicht mit den islamischen Gesetzen vereinbar und wurde in allen islamischen Gesellschaften seit jeher praktiziert. Es ist dabei zu unterscheiden zwischen einer stillen und einer aktiven Beteiligung, deren Formen vertraglich festgelegt werden können.

Da *Ribā*, definiert – wie in der Wirtschaftstheorie allgemein üblich – als »Preis für die Inanspruchnahme von Geldkapital«, im *Koran* verboten ist, können zwar Erträge aus den investierten Mitteln im Handels- und Dienstleistungsbereich, in den handwerklichen und industriellen Sektoren sowie in der Landwirtschaft realisiert werden, nicht hingegen aus Geldanlagen wie zum Beispiel Sicht-, Termin- und Spareinlagen,[157] festverzinslichen Wertpapieren, Geldmarktpapieren[158] und weiteren Arten sonstiger Finanzierungspapiere. Die strikte Befolgung einer solchen Politik würde der nationalen Geldpolitik keinen Spielraum lassen. Auch im internationalen Rahmen müßten nach diesem Zinsverbotsprinzip die Einnahmen aus ausländischen Anlageformen der inländischen Banken und Firmen verboten sein, ein Tatbestand, der angesichts der zur Zeit gewaltigen Überschüsse islamischer Öllländer und deren Anlagen in ausländischen Banken, insbesondere im Euro-$ und Euro-DM-Markt, zu Bedenken Anlaß gibt, da durch solche Regelungen erhebliches Kapital ungenutzt bliebe. In der neueren islamischen Wirtschaftsliteratur werden zwar immer wieder die Möglichkeiten der Einführung von »zinslosen Banken« disku-

[156] Diese Betrachtung rechtfertigt zwar die produktive Anlage des Geldes, sie vernachlässigt aber die arbeits- und einkommensschaffenden Aspekte des Konsumdarlehens, das in der modernen ökonomischen Theorie einen festen Platz hat.

[157] Hier zu verstehen als Einlagen in Geschäftsbanken, soweit sie keine Beteiligungs- und Investitionsbanken darstellen und den Einlegern feste Zinsen zahlen.

[158] Das sind kurz- und mittelfristige Titel wie Schatzwechsel, Schatzanweisungen usw.

tiert,[159] die bei den »Reislamisierungsversuchen« in einigen islamischen Ländern teilweise bereits realisiert wurden.[160] Ihre weitere Verbreitung würde aber eine völlig neue Gesetzgebung und eine Abkehr von der klassischen Geschäftspolitik moderner Banken, nämlich von kurz- und mittelfristigen Kreditgeschäften, Kontokorrent, Wechsel, Lombard, Hypotheken und Kleinkrediten bedeuten. Auch die Möglichkeit der kurz- und mittelfristigen Refinanzierung der Banken bei der Zentralbank wäre, wenn nicht ganz unterbunden, so doch in erheblichem Maße eingeschränkt. Das in mühevoller und jahrhundertelanger Arbeit entwickelte und bewährte zwei- oder mehrstufige Bankensystem wäre somit völlig in Frage gestellt und würde seine grundlegende Bedeutung als Kapitalsammelstelle verlieren.

159 Aus der stark anwachsenden Zahl der islamischen Literatur über die zinslosen Banken sei in diesem Zuammenhang auf das Modell von *A. El-Naggar* verwiesen. Danach sollen Sicht-, Termin- und Spareinlagen bei den Banken nicht a priori verzinst werden, sondern der Beteiligung und Finanzierung der von der Bank geförderten Investitions- und Dienstleistungsprojekte dienen. Erst aus den Gewinnen dieser Projekte, die der Bank zufließen, könnte dann nach Abzug der Verwaltungskosten der Bankgewinn ermittelt und dieser Gewinn nach bestimmten Schlüsseln an die Bankeinleger und Kapitaleigner in Form von Dividendenausschüttungen verteilt werden. *A. El-Naggar:* Islamic Bank. A Model and the Challenge. In: *A. Gauhar* (ed.): The Challenge of Islam, London 1978, S. 220 ff. *El-Naggar* hat seine Ideen im Nildelta und im Sudan in die Praxis umgesetzt. In Saudi-Arabien werden sie in umfangreicher Form durch die Association of Islamic Banks in Jedda praktiziert, die er z. Z. als Generalsekretär leitet. Nach seinen dem Verfasser gegenüber ausgeführten Darlegungen scheiterte hingegen sein Versuch in Somaliland wegen der dortigen politischen Entwicklung. Diese Alternative entspricht zwar den im Islam anerkannten Prinzipien *Mudāraba* und *Muschāraka,* man geht allerdings ebenfalls von der Vorstellung aus, daß solche Banken Gewinne abwerfen. Daß bei einem solchen System nicht nur Verrechnungsprobleme auftauchen, sondern auch ein kostspieliger und aufgeblähter Verwaltungs- und Kontrollapparat erforderlich ist, sei unterstrichen. Vgl. hierzu besonders *Nienhaus:* Islamische Ökonomik, a. a. O., S. 288; *ders.:* Islamische Banken suchen Dialog mit dem Westen. In: Die Industrie, Jg. 81, Nr. 23 (1981), S. 18 f. Zu diesem Problemkreis vgl. ferner *V. Nienhaus* und *H. Schmelzer:* Kredit nach dem Koran. In: Wirtschaftswoche, 25. Jg., Nr. 27 (1981), S. 58 ff.; ferner *M. N. Siddiqi:* Banking without Interest, Lahore 1973; sowie *M. Uzair:* Some Conceptual and Practical Aspects of Interest-Free-Banking. In: Islamic Studies, Bd. 15 (1976), S. 247 ff.

160 Hierzu sind beispielsweise Ägypten, Bahrain, Dubai, Kuwait, Jordanien, Pakistan, Jemen, die Vereinigten Arabischen Emirate und neuerdings auch der Iran zu zählen. Die in diesen Ländern gegründeten Banken zeichnen sich durch eine Vielfalt unterschiedlicher Organisationen und Geschäftsarten aus. Vgl. den von *G. G. Klöwer* zusammengefaßten Bericht des Internationalen Symposiums der Deutschen Stiftung für internationale Entwicklung (Hrsg.): Islamic Banks and Strategies for Economic Cooperation, Baden-Baden 1981.

Ein weiteres Argument, das den Befürwortern des Zinsverbotes dient, besteht hinsichtlich des spekulativen Charakters in Portfolioanlagen.[161] Nicht nur die traditionellen Schulen, sondern auch einige neuere Islamwissenschaftler sehen in allen Spekulationen einen deutlichen Verstoß gegen die Wirtschaftsprinzipien des Islams.[162] Die Folgen eines solchen Zinsverbots sind für den Monetisierungsgrad der Wirtschaft, die Entwicklung der intermediären Finanzinstitutionen und somit für die finanzielle Infrastruktur und die gesamte wirtschaftliche Entwicklung eines Landes kaum überschaubar.[163]

In diesem Zusammenhang soll nicht unerwähnt bleiben, daß das Spekulations- und Zinsverbot in den islamischen Ländern zur Umgehung der orthodoxen Rechtsvorschriften führte, in denen die Regierungen, durch das Urteil *(Fetwā)* angesehener Rechtsgelehrter abgesichert, den Zins einfach als Dividende definierten, ihn anderweitig uminter-

[161] Unter dem Portfoliomanagement wird die alternative Entscheidung verstanden, Geld entweder in Form von Kasse zu halten oder in Vermögensformen wie Bankeinlagen, festverzinslichen Wertpapieren usw. anzulegen. Diese alternativ zur Kasse zu haltenden Aktiva beinhalten die Vorteile des Ertrages ebenso wie die Risiken des Kursverlustes der Papiere, wobei sie jedoch mit einem gewissen Grad der Spekulation verbunden sind. Dies gilt auch für die reinen Geld- und Devisengeschäfte, die zwischen den Banken getätigt werden, ohne daß dabei das Geld in Handels-, Dienstleistungs- und Industrieunternehmungen investiert worden wäre, und aus deren Kursgewinnen bei Devisenanlagen der Devisenbestand erhöht werden kann. Dem islamischen Spekulationsverbot zufolge sind diese reinen Wechselkursgeschäfte an den Devisenbörsen sowie alle Formen von Termin- und Swapgeschäften sowie Zins- bzw. Devisenarbitrage unzulässig.

[162] Vgl. *Choudhury,* a. a. O., S. 68 ff. Zur Rettung des islamischen Spekulationsverbots wird neuerdings zwischen »stabilisierenden« und »destabilisierenden« Spekulationen unterschieden. Während bei Spekulationen, die den Marktpreis stabilisieren, das Spekulationsverbot nicht einheitlich interpretiert wird, handelt es sich bei den destabilisierenden Spekulationen um spekulative Eingriffe in den Markt, die zwecks kurzfristiger Erlangung von Gewinnen Mangelerscheinungen auf dem Markt bewirken und somit den Marktpreis künstlich in die Höhe treiben. Solche Spekulationen fallen nach herrschender Auffassung eindeutig unter das Spekulationsverbot des Islams. Vgl. *Noorzoy:* Islamic Laws on Riba, a. a. O., S. 11.

[163] Die erhebliche Bedeutung einer solchen finanziellen Infrastruktur für die wirtschaftliche Entwicklung der Länder der Dritten Welt ist in der Entwicklungsliteratur allgemein anerkannt. Aus der Fülle der Literatur sei verwiesen auf *R. W. Goldsmith:* Financial Structure and Development, New Haven 1969; *R. J. Mc Kinnon:* Money and Capital in Economic Development, Washington 1973 und *J. G. Gurley:* Financial Structure and Economic Development. In: Economic Development and Cultural Change, Bd. 15 (1966/67).

pretierten[164] oder darauf verwiesen, daß die Kreditnehmer sehr häufig in die Abhängigkeit der fremden beziehungsweise nichtmoslemischen Banken gerieten, weil eigene Banken, die die Kreditfunktion hätten übernehmen können, nicht existierten. Wesentlich schlimmer war allerdings die Abhängigkeit der Kreditschuldner vom nichtorganisierten Kreditmarkt, von den Geldverleihern etwa, die in der Regel Zinssätze von 40 bis 50% p. a., in vielen Fällen sogar bis zu 100% p. a. nahmen.[165] Diese in den Handelszentren ebenso wie in der ländlichen Wirtschaft verbreitete Praxis der kurz- und mittelfristigen, häufig aus der Not geborenen Konsumtivkredite führte mangels organisierter Kreditmärkte vielfach zum Ruin der Kreditnehmer. Dies führte im wesentlichen dazu, daß die das Wachstum fördernden produktiven Investitionen ausblieben.

Da sich das Bankwesen mit Einlagen- und Kreditgeschäften in den islamischen Ländern bis Ende des 19. Jahrhunderts aufgrund des Zinsverbotes nicht entwickeln konnte, florierte es nur dort, wo mit der Übernahme von europäischen Gesetzen – meist in den bereits kolonisierten Gebieten – die Gründung von Banken und sonstigen Finanzinstitutionen ermöglicht wurde. Das erklärt das Entstehen moderner Banken in Indien und Ägypten. Wegen der unverändert bestehenden

[164] Das *Fetwā* war allerdings meist nicht sehr aussagekräftig, da bei der Urteilsfindung nicht immer feststellbar war, ob der Zinszahlung bei Kreditnahme eine wirtschaftliche Tätigkeit vorausging oder ob sie als Dividende anzusehen ist, die dann den als legal angesehenen Prinzipien *Mudāraba* und *Muschāraka* nicht entsprochen hätte. Ungeachtet dieser Schwierigkeiten konnte das *Fetwā* aber auch nur dort erwirkt werden, wo die Rechtsgelehrten mit der Regierung kooperierten bzw. als »verlängerter Arm« der staatlichen Institutionen fungierten. Beispiele dafür gab es im späteren Osmanenreich, wo die Einführung des Handelsrechts die Grundlagen für die Gründung der ersten Banken in einem moslemischen Staat schuf. Um die Kompatibilität der Zinsen und Gebühren der Banken mit der islamischen Lehre zu erklären, wurde im Jahr 1906 in Indien von der moslemischen Gemeinschaft in Punjab schlicht festgestellt, daß bei der Einlage des Geldes bei Banken das Ziel nicht Zinseinahme sei, sondern eine Sicherung des Besitzes des Einlegers. Die von der Bank empfangene Kommission sei »ein Honorar, ein Lohn und kein Zins«. Zitiert nach *Rodinson*, a. a. O., S. 198. Im streng konservativ-islamischen Afghanistan wurde der Bankzins bei der Gründung der ersten Bank in diesem Lande 1933 einfach als *»Tikketpûlî«*, eine Art Stempelgebühr, erklärt. Diese Bezeichnung ist dort bis heute üblich.

[165] Ungeachtet des islamischen Zinsverbotes sind Darlehen mit solchen Zinsen vorwiegend in der ländlichen Wirtschaft der Mittelostregion bis heute weitverbreitet. In der Regel sind es dabei die Großgrundbesitzer und Händler, die solche kurzfristigen Kreditfunktionen wahrnehmen.

Gesetze erlebten dort die Banken einen immensen Aufschwung, so daß sie einen entscheidenden Beitrag zur inländischen Investitionsförderung und zur Finanzierung von Exporten leisten konnten. Eine angestrebte Rückkehr zum System der zinslosen Banken wird in Pakistan aus der Sicht des islamischen Zinsverbotes zwar verständlich, erfordert aber starke staatliche Eingriffe bzw. die völlige Verstaatlichung von Banken.[166]

3. *Umverteilung und soziale Gerechtigkeit*

Das gesellschaftliche und ökonomische Ziel der »sozialen Gerechtigkeit«[167] wird an sich als »raison d'être« des Islams angesehen, unabhängig davon, ob es nun in den islamischen Staaten tatsächlich verwirklicht wird oder nicht. Als Idealbild der sozialen Gerechtigkeit wird von gläubigen Moslems die »gerechte Gesellschaft« der ersten Periode, nämlich der Zeit des Propheten und der vier rechtsgeleiteten Kalifen (632–661) angesehen. Nach der moslemischen Darstellung waren Solidarität, Gleichheit und Gerechtigkeit in dieser Zeitspanne voll verwirklicht.

In der Lehre des Islams wird dabei die Gerechtigkeit sowohl als ökonomisches als auch als gesellschaftliches Axiom verstanden. Der ökonomische Aspekt der sozialen Gerechtigkeit, die als *justitia distributiva* umverteilende Korrekturen des Einkommens und Vermögens[168] durch eine Umverteilungspolitik beinhaltet, kann sowohl aus dem *Koran* als auch aus der *Hadīthe* und dem *Scharī'a*-Recht abgeleitet

[166] In Pakistan wie auch im Iran sind mittlerweile die Großbanken seit der »islamischen Revolution« 1979 verstaatlicht. Entsprechend der orthodox interpretierten islamischen Lehre sind dabei auch die Zinsen abgeschafft und durch Gewinnbeteiligung nach dem *Mudāraba*- und *Muschāraka*-Prinzip ersetzt worden.

[167] Zum Begriff der »Gerechtigkeit«, zu seinem Wandel im Laufe der historischen Entwicklung und seinen Formen vgl. die systematische Darstellung von *E. Tuchtfeldt:* Der Wandel des Gerechtigkeitsbegriffs. In: Mitteilungen der Gesellschaft der Freunde der Universität Mannheim e. V., Jg. 33, Nr. 2 (1984), S. 33 ff. (im folgenden zitiert als *Tuchtfeldt:* Der Wandel). Zur »distributiven« und »sozialen« Gerechtigkeit vgl. ferner das grundlegende Werk von *F. A. v. Hayek:* Die Illusion der sozialen Gerechtigkeit, Landsberg 1981.

[168] Vgl. *Tuchtfeldt:* Der Wandel, a. a. O., S. 36.

werden.[169] Außerdem betonen sowohl die älteren Schriften als auch die neueren Erklärungen der islamischen Juristen und Wirtschaftswissenschaftler die soziale Gerechtigkeit der *koranischen* Lehre.[170] Bei näherer Betrachtung ergibt sich der Umverteilungsprozeß im Grunde aus dem im Islam verankerten »absoluten« Eigentumsrecht und dem »abgeleiteten« Eigentumsrecht – verstanden als sekundäres Nutzungsrecht–, aus den Bestimmungen der Lehre vom *Erbrecht, Zakāt* und *Saddaqa* sowie den Forderungen über die Vermeidung von Wucherzinsen, von Luxuskonsum und von Verschwendung. Daraus könnte gefolgert werden, daß dem Staat die Aufgabe zufällt, im Interesse des Gemeinwohls den über die individuellen Bedürfnisse des einzelnen hinausgehenden Anteil der Überschüsse umzuverteilen und die die Masse benachteiligenden Praktiken zu unterbinden.

[169] So insbesondere in Sure 2, Verse 43, 110, 177; Sure 4, Vers 135; Sure 5, Verse 16–20; Sure 9, Vers 60; Sure 51, Vers 19; Sure 59, Verse 7–9 sowie Sure 92, Vers 18.

[170] Moslemische Autoren heben den Grundsatz der Solidarität, der sozialen Gerechtigkeit und der Gleichheit im Islam immer wieder hervor; sie verweisen auf das Idealbild des Islams, das die umfassende Schaffung einer Gesellschaft ohne Unterschiede des sozialen Standes und über die ökonomischen Grenzen hinaus vorsieht. So bemerkt z. B. *Kotb:* „When Islam seeks to establish a complete social justice, it sets it on a higher level than a more economic justice, and on a more elevated plan that can be attained merely by legislative measures; thus it establishes a comprehensive human justice, established on two strong foundations: First, the human conscience, working within the spirit of man; and second, a system of religious law, working in the social sphere.« *Kotb:* Social Justice in Islam, Washington D. C. 1953, S. 69. Diese individuelle sowie gesellschaftliche Verpflichtung, die als eine Umverteilung des Einkommens und Vermögens für soziale Zwecke ohne Diskriminierung des Geschlechtes und der Rasse dokumentiert ist, wird ebenfalls in der schon mehrfach zitierten »Universal Islamic Declaration« unterstrichen. Vgl.: *Universal Islamic Declaration;* a. a. O., S. 5, 8 und 13. Kritische Autoren – wie z. B. *Rodinson* – betonen demgegenüber jedoch, daß der Islam zwar wie jede Religion »fundamentale Forderungen der Humanität« aufgestellt hat und daß er auch eine »Gesetzgebung« geschaffen hat, die jedoch für ein »kleines Gemeinwesen im embryonalen Zustand« gedacht war, in dem die genannten Prinzipien der Solidarität und der Gleichheit leicht geregelt werden konnten. »Es war keine Institution vorgesehen, die über den institutionellen Horizont der arabischen Stämme hinausging, keine, die die Bildung oder das Fortbestehen von privilegierten Schichten oder ihre ›natürliche‹ Tendenz, in ihren Händen das Maximum an Reichtum und Macht zum Nachteil von anderen zu vereinigen, behindern oder gar unterbinden konnte.« *Rodinson:* Islam, a. a. O., S. 237. In der Tat konnten die Privilegien, die in den islamischen Ländern noch bis heute existieren, den ethischen Grundforderungen des Islams nie entsprechen, weil den generell religiös-moralischen Axiomen offenbar Institutionen und Handlungsmöglichkeiten fehlen, sie auf breiter Grundlage zu verwirklichen.

Der *gesellschaftliche* Aspekt der sozialen Gerechtigkeit, die als *justitia legalis* die gesetzlich-formale Gleichheit der Bürger vor dem Gesetz beinhaltet,[171] wird im islamischen Gemeinwesen auf die Mitglieder der moslemischen Gemeinschaft beschränkt. Nach seinen Gesetzen kennt der Islam »keine sozialen Unterschiede des Standes, und ebenso fremd sind ihm volksmäßige Unterscheidungen im diskriminierenden Sinn«.[172] Allerdings muß in diesem Zusammenhang unterschieden werden zwischen dem formalen und dem materiellen Aspekt der Gleichheit. »Der formale Aspekt der Gleichheit beschränkt sich auf den rechtlichen Status. Er schließt damit ökonomisch-soziale Ungleichheit nicht aus, wie sie für die Realität charakteristisch ist. Die materielle Gleichheit meint nun gerade die Verringerung eben dieser Unterschiede im wirtschaftlich-sozialen Status.«[173] Das Idealbild der islamischen Ordnung berücksichtigt zwar den formalen Aspekt der Gleichheit, es schließt aber nicht aus, daß in der Praxis islamischer Herrschaften – mit nur wenigen Ausnahmen – verschiedene Formen sozialer Ungerechtigkeit[174] und Ungleichheit weit verbreitet waren. Sie kennzeichneten sich durch eine immer größer werdende Kluft zwischen Armen und Reichen, zwischen Herrschenden und Beherrschten, so daß sich »revisionistische und reformistische Bewegungen« verbreiteten, die naturgemäß dort besonders stark waren, wo Minderheiten über die Mehrheiten herrschten. Das gilt für die Herrschaft der arabischen Minderheit über die nichtarabische Mehrheit in der Anfangszeit des Islams ebenso wie für die spätere Zeit, in der der türkische Sultan über die arabischen Völker herrschte. Insbesondere die Sklaverei nahm einen ebenso breiten Raum ein wie die diskriminierenden Praktiken konfessioneller Art, obwohl nichtislamische Konfessionen unter dem Schutz des islamischen Staates standen. Daher ist die Frage gerechtfertigt, ob dieser Tatbestand etwa in den laxen Bestimmungen der islamischen Idealvorstellungen begründet lag, in der Nichtbefolgung islamischer Prinzipien oder in dem natürlichen menschlichen Streben nach der Ausübung und Ausdehnung von

[171] Vgl. *Tuchtfeldt:* Der Wandel, a. a. O., S. 35.

[172] *Cahen:* Der Islam I, a. a. O., S. 138.

[173] *E. Tuchtfeldt:* Freiheit und Gleichheit. In: Hamburger Jahrbuch für Wirtschafts- und Gesellschaftspolitik, 27. Jg. (1982), S. 22.

[174] Zu den kritischen Schriften über die soziale Gerechtigkeit im Islam vgl. *D. E. Smith:* Religion and Political Development, Boston 1970.

Macht und Besitzstand sowie der Maximierung des wirtschaftlichen Nutzens der jeweils herrschenden Schichten.[175]
Die Anhänger des orthodoxen Islams weisen allerdings darauf hin, daß diese in den islamischen Ländern bis heute ausgeübte Praxis[176] der reinen Lehre des Islams völlig entgegensteht und eine Entartung der islamischen Gleichheits- und Gerechtigkeitsprinzien bedeutet. Die Unterstützung der verschiedenen Sklavenaufstände durch kleine Gruppen von Moslems sind dafür ebenso Beispiele[177] wie die Forderung der modernistisch eingestellten Moslems nach einem Minderheitenschutz, die in der Islamischen Deklaration aufgestellt wurde.[178]

[175] Eine besonders kritische Haltung nimmt diesbezüglich der bekannte marxistische Islamwissenschaftler *Rodinson* ein. »Wie alle moralischen und religiösen Doktrinen kann er (der Islam, d. Verf.) im Höchstfall bei einer gewissen Anzahl von Mächtigen und Reichen die Tendenz, ihre Macht zu mißbrauchen, begrenzen. Vielleicht lassen sich in dieser Fähigkeit zu bremsen, je nach der Ideologie Unterschiede feststellen. Die islamische Geschichte zeigt jedoch, daß sie hier von der gleichen Größenordnung ist wie in den konkurrierenden Ideologien, d. h. ziemlich schwach.« *Rodinson,* a. a. O., S. 108.

[176] Trotz seiner kritischen Einstellung gesteht *Rodinson* der Praxis zu, daß die religiöse Argumentation, besonders die der *Sunna,* die »fundamentalen Grundlagen der Wirtschaftsepoche« nicht in Frage stellte. *Rodinson,* a. a. O., S. 111 f.

[177] Beispielsweise die Unterstützung des *Zang*-Aufstandes in der *Abbāsiden*zeit.

[178] Vgl. *Universal Islamic Declaration,* a. a. O., S. 8.

IV. Die islamische Eigentumslehre, das Erb- und Vertragsrecht

Weitere kontroverse Fragen, die für das Wirtschaftsdenken im Islam besonders relevant sind, bestehen im Zusammenhang mit der Besitz- und Eigentumslehre sowie dem Vertrags- und Erbrecht.

1. *Die Lehre vom Eigentum*

Zunächst kann festgestellt werden, daß das Privateigentum im Islam grundsätzlich anerkannt ist. Dies ergibt sich eindeutig aus dem *Koran,* aus der *Sunna* und aus dem *Scharī'a*-Recht.[179]

Wenn auch generell nach dem islamischen Grundsatz des »*Tauhīd*«, das heißt der Einheit und der Allmächtigkeit Gottes, das absolute und oberste Eigentumsrecht Gott vorbehalten bleibt,[180] so bedeutet dies keineswegs das Verbot des Privateigentums des einzelnen, sondern es wird vielmehr als ein »religiös-mystischer« Gedanke aufgefaßt, der »dem Stifter des Islams dazu diente, einerseits dem Recht der Moslemen auf ein durch die Gnade Gottes verliehenes Gut eine religiöse Weihe zu geben«,[181] andererseits aber auch »dem Beherrscher der Moslemen eine Macht über jedes Land in Form eines Religionsdogmas zu geben«.[182] Daraus zu folgern, das individuelle Privateigentum im Islam sei nicht erlaubt, ist unzulässig. Das Privateigentum wird im

[179] Vgl. hierzu *Schacht:* An Introduction, a. a. O., S. 195 ff.
[180] *B. von Tornauw:* Das Eigenthumsrecht nach moslemischem Recht. In: Zeitschrift der deutschen morgenländischen Gesellschaft, Bd. 36 (1882), S. 293.
[181] Vgl. Sure 6, Vers 162 und Sure 63, Vers 7.
[182] *von Tornauw,* a. a. O., S. 293.

Gegenteil nicht nur im *Koran* ausdrücklich erwähnt, sondern ist auch im *Schari'a*-Recht nachdrücklich verankert. Danach sind alle Güter, die der Mensch durch seine Hand geschaffen oder rechtmäßig erworben hat, sein privates Eigentum. Die Übertragung des individuellen Rechts auf solche Güter kann ohne seine Einwilligung nicht geschehen. Es ist im *Schari'a*-Recht so tief verankert, daß nicht einmal das Kriegsrecht das Recht des Moslems auf Privateigentum umstößt.[183] Ökonomisch interessant ist in diesem Zusammenhang, daß kein Gläubiger, selbst bei einem ihm verpfändeten Gut, seine Forderung befriedigen kann, indem er sich Güter aneignet, oder aus deren Erlös seine Ansprüche befriedigt. »So lange der Pfänder sein Gut dem Gläubiger nicht abtritt, bleibt es sein Eigentum. Auch das Überschreiten des Schuldtermins hat darauf keinen Einfluß, da das Pfand nicht zur Sicherung der Schuld, sondern nur zum Beweis einer zwischen dem Gläubiger und dem Schuldner bestehenden Schuldverbindlichkeit dient.«[184]

Das legitim erworbene Eigentum entsteht nach der islamischen Lehre erstens durch die Leistung des Eigentümers selbst und zweitens durch Vererbung, Schenkung usw., wobei hinsichtlich der Vererbung im islamischen Recht bestimmte Regeln entwickelt worden sind.[185]

Trotz der Betonung des Rechts auf privates Eigentum im *Koran* und in der *Sunna* bestehen insofern Einschränkungen, als es nach der islamischen Lehre nicht zulässig ist, das Eigentum über die Befriedigung der individuellen Bedürfnisse des Eigentümers hinaus zu verwenden, sofern hierdurch der Gemeinschaft Schaden zugefügt wird. Diese Einschränkung der Eigentumsverwendung ergibt sich wiederum aus dem Kerngedanken des Glaubens, wonach das »absolute Recht an Eigentum« Gott allein vorbehalten bleibt. Daraus kann gefolgert werden, daß das abgeleitete Privateigentumsrecht ökonomisch gesehen nur ein »sekundäres Nutzungsrecht« darstellt und die Menschen

[183] Vgl. *von Tornauw,* a. a. O., S. 292. Eine Einschränkung unter dem Kriegsrecht ist nur bei Gütern derjenigen zulässig, die durch Waffen bezwungen sind. Vgl. ebenda, S. 292.

[184] Vgl. *von Tornauw,* a. a. O., S. 292.

[185] Vgl. hierzu näher S. 80 ff. dieser Arbeit.

»Verwalter« dieses Eigentums sind, deren Besitz und Verfügung dem Wohl der islamischen Gemeinschaft unterliegt.[186]
Genauer betrachtet unterscheidet in diesem Zuammenhang das islamische *Schari'a*-Recht zwischen dem Eigentum an »beweglichen« und an »unbeweglichen« Gütern. Bei den *beweglichen Gütern* steht das uneingeschränkte Privateigentum – soweit das Gut rechtmäßig erworben wurde – außer jeglichem Zweifel. Nur bei *unbeweglichen Gütern* kann es sich ergeben, daß – bedingt durch Eroberungen neuer Gebiete durch die Moslems – gewisse Einschränkungen bezüglich des Eigentums an Grund und Boden eintreten können. Hier wurde generell zwar festgestellt, daß gemäß dem *koranischen* Glaubensbekenntnis Gott als »Herr der Menschen« zu verstehen ist, dem schließlich alles gehört,[187] daß aber gleichzeitig das Recht der Verteilung und Verleihung an Eigentum seinem »Schatten auf Erden«,[188] dem Propheten und dessen Stellvertretern, zu übertragen ist. Da der Prophet und seine rechtmäßigen Stellvertreter gleichzeitig die weltlichen Herrscher der Moslems waren, mußten sie schon aus »staatsökonomischen Rücksichten«[189] das Recht auf Grund- und Bodenbesitz anerkennen.

Nach klassischer moslemischer Auffassung wurde das Recht auf Grund und Boden in drei Kategorien eingeteilt:[190]

a) Die Ländereien des *Dār-ul-Islām*, das heißt das Land der Moslems beziehungsweise der Stammesmoslems, wo das *Schari'a*-Recht gilt

[186] Diese Auffassung wird vor allem von islamischen Fundamentalisten unterstrichen. So schreibt beispielsweise *Kotb:* »The individual must realize that he is no more than the steward of this property, which is fundamentally the possession of society; this must make him accept the restrictions which the system lays upon his liberty, and the bounds which limit his rights of disposal.« *Kotb:* Social Justice in Islam, a. a. O., S. 106. Diesbezüglich bemerkt auch *Ghazanfar* folgendes: »Islam views the right to private ownership as not absolute; certain basic human rights must precede rights to property. Ultimate ownership is God's; man is surely a trustee.« *Ghazanfar:* Development Ethics, a. a. O., S. 21.

[187] Vgl. Sure 6, Vers 162.

[188] Der Prophet, als »Schatten Gottes« auf Erden, und die rechtmäßigen Stellvertreter (nach Schi'iten die Imāme).

[189] *von Tornauw,* a. a. O., S. 294.

[190] Diese Einteilung geht auf *Al-Mawardī zurück. Vgl. A. Al-Mawardī:* Kitab al-Ahkam as Sultanijah, Kairo 1327 n. H.

und die Befolgung der entsprechenden Gesetze vom Moslem-Herrscher überwacht wird.[191]

b) Die Ländereien der *Dār-ul-'Ahd* beziehungsweise der *Dār-ul-Sulh*, Gebiete, deren Bewohner, ohne sich zum Islam zu bekehren, ihr Grundeigentum gegen Zahlung von *Kharadj*[192] beziehungsweise *Djisya* sichern und die mit deren Übertritt zum Islam zum *Dār-ul-Islām* werden.

c) Die Ländereien der *Dār-ul-Harb*, mit denen die Moslems Krieg führen, deren Bewohner »Ungläubige« sind und weder tributpflichtig sind noch zur Zahlung von Kopfsteuern verpflichtet werden können.

Während die Eigentümer der ersten Länderkategorie im vollen Besitz ihrer Eigentums- und Verfügungsrechte blieben und nur zur Zahlung der den Moslems auferlegten Steuer *'Ushr* (1/10) verpflichtet waren, galten für die Ländereien der zweiten und dritten Kategorie andere Prinzipien der Verfügungsgewalt und der Steuerzahlung.[193]

Betrachten wir das Eigentumsrecht der genannten ersten Kategorie *(Dār-ul-Islām)*, das ja für die islamischen Länder besonders von Interesse ist, so sind zwei Hauptgruppen zu unterscheiden: Die *Mulk*-Ländereien und die *Waqf*-Ländereien (Weihgüter, Ländereien der Stiftungen).

[191] Nach *Abū Yūssuf* war dies das Land der arabischen Halbinsel, deren Bewohner zur Zeit des Propheten und der rechtmäßigen Kalifen zum Islam übergetreten waren. Vgl. *A. von Kremer:* Kulturgeschichte des Orients unter den Chalifen, Wien 1875; vgl. ferner *E. Pröbster:* Privateigentum und Kollektiveigentum im Mohammedanischen Liegenschaftsrecht, insbesondere des Maghrib. In: Islamica, Bd. 4 und Bd. 5 (1931), S. 362.

[192] Gebiete, deren Bewohner mit dem islamischen Herrscher durch eine Vereinbarung *('Ahd)* oder durch Frieden *(Sulh)* verbunden und zu Sonderabgaben verpflichtet waren. Die *Kharadj*-Abgaben sind dabei in der Regel wesentlich höher als die Abgaben, die der *Dār-ul-Islām* zu entrichten hat. Sie erreichten 25 bis 50 % der Bodenerträge.

[193] Im Zuge der Eroberung und Annektierung dieser Gebiete wurden die beweglichen Güter als Kriegsbeute *(Ghanima)* angesehen. Der Grund und Boden, der in den Anfängen des Islams zunächst als Weihgut *(Waqf)* dem Wohle der gesamten islamischen Gemeinschaft dienen sollte und deshalb nicht der Verteilung unter den Moslems unterlag, wurde später in den islamischen Reichen der Verteilung, der Verleihung und dem Besitz durch den weltlichen Herrscher zugänglich gemacht. Auf eine weitere Kategorisierung dieser Gebiete kann hier nicht eingegangen werden, da sie den Rahmen dieses Beitrages sprengen würde. Zu den Einzelheiten vgl. *Pröbster,* a. a. O., S. 362 ff. sowie *von Tornauw,* a. a. O., S. 297 ff. sowie *Schacht:* An Introduction, a. a. O., S. 141 ff.

Das *Mulk*-Land ist nach dem *Scharī'a*-Recht ein jederzeit veräußerliches und vererbbares Land. Diese Ländereien sind entstanden durch das Recht des ersten Besitzes, durch Kauf beziehungsweise Verkauf nach den rechtlichen Bestimmungen der *Scharī'a*-Verträge, durch Erbrecht, durch Verleihung und schließlich durch das von islamischen Eroberern in den eroberten Gebieten urbar gemachte *Mawāt*-Land.[194] Das *Waqf*-Land ist einmal entstanden durch die Umwandlung eines Teils des privat genutzten *Mulk*-Landes in eine Stiftung, die vornehmlich für religiöse oder dem Gemeinwohl dienende Zwekke verwendet werden sollte; zum anderen durch die im Zuge der Eroberung herrenlos gewordenen Ländereien der Unterworfenen, die der Gemeinschaft der Moslems zugute gekommen sind.[195] Die Erträge der Letzteren sind an die Gemeinschaftskasse des moslemischen Staates *(Beit ul-Māl)* abzuführen.[196]
Das *Waqf*-Eigentum beschränkt sich jedoch nicht nur auf Grund- und Bodenbesitz. Ursprünglich wurde es so konzipiert, daß »die Substanz« – auch der beweglichen Güter – zu »immobilisieren« ist[197] und die Erträge lediglich zu einem speziellen, in der Regel wohltätigen Zweck, der vom Stifter in der Stiftungsurkunde im voraus festgelegt wurde, verwendet werden können. Die Beaufsichtigung soll dabei durch den *Imām* beziehungsweise durch die Geistlichkeit erfolgen. Das Eigentumsrecht verbleibt zwar beim Stifter *(Wāqif)*, es wird jedoch »unvererblich, unveräußerlich und unverschenkbar«.[198] Die Nutzungsrechte und Erträge *(Manāfa'a)* sollen zum Nutzen der islamischen Gemeinschaft oder für im *Waqf*vertrag ausdrücklich vorgesehene Zwecke wohltätiger Art verwendet werden.[199] Da jedoch das

194 Das *Mawāt*-Land ist noch nicht urbar gemachtes Wüsten- und Steppenland.

195 Vgl. *Pröbster,* a. a. O., S. 362.

196 Die *Waqf*-Ländereien können durch die Imāme grundsätzlich zur befristeten Verleihung *(Iqtā'āt)* verwendet werden, wobei sie, solange die *Kharadj*-Abgaben bezahlt werden, im Besitz der bisherigen Besitzer verbleiben können. Vgl. *Pröbster,* a. a. O., S. 362 f.

197 Vgl. *von Tornauw,* a. a. O., S. 300; *Pröbster,* a. a. O., S. 359, sowie *Schacht,* a. a. O., S. 96 f.

198 *Pröbster,* a. a. O., S. 362.

199 Daraus entstanden später neben dem Gewohnheits*waqf* (*Waqf* Ādat), das die Erträge dem Stifter überließ, Familienstiftungen, insbesondere das *Waqf-Awalād,* dessen Erträge den Nachkommen des Stifters zugute kamen und das *Waqf-Ibn,* dessen Erträge den Söhnen zufließen. Vgl. *von Tornauw,* a. a. O., S. 300 f.

Eigentumsrecht der *Waqf* nach wie vor unverletzlich und unantastbar blieb, kam es im Laufe der Entwicklung insbesondere zur Gründung von Familienstiftungen. Obwohl im *Schari'a*-Recht diesbezüglich exakte Bestimmungen vorhanden sind[200], wurde mit solchen Gründungen sehr häufig das *Schari'a*-Recht mißbraucht, da die Stifter angesichts der großen Rechtssicherheit der *Waqf* versuchten, mit diesen Gründungen das Eigentum vor den Willküreingriffen der weltlichen Herrscher beziehungsweise des Staates zu schützen.[201]

Trotz des im islamischen Recht eindeutig verankerten Rechts auf Privateigentum ist das Fehlen einer »klaren Scheidelinie zwischen öffentlichem und privatem Recht«[202] im klassischen islamischen Staat besonders problematisch. Dennoch können, trotz grundsätzlicher Anerkennung des Nutzungsrechtes, über das Eigentum gewisse Einschränkungen bestehen, die allerdings nicht in Widerspruch zu den Regelungen im *Koran* und in der *Sunna* stehen müssen. Diese Einschränkungen betreffen einmal den rechtmäßigen Erwerb des Eigentums, dessen Legitimation durch eigene Arbeitsleistung ebenso gegeben ist (das Recht des ersten Besitzes) wie durch alle Verträge, die in Übereinstimmung mit den *Schari'a*-Verordnungen vollzogen worden sind, durch das Erbrecht und durch Verleihung seitens des weltlichen Herrschers.[203] Zum anderen wird eine Einschränkung des Privateigentums mit der Verwendung des Eigentums nach dem Prinzip des *Maslaha* begründet. Danach sollen gemäß den einzelnen klassischen Rechtsschulen durch die Verwendung des Eigentums über die Befriedigung der individuellen Bedürfnisse hinaus der Gemeinschaft als Ganzes keine Schäden zugefügt werden. Der soziale Imperativ der

[200] Privatbesitz des zu stiftenden Objektes, Bestimmung des Zwecks der Stiftung bei der Gründung, volles Eigentum des Stifters, Übertragung des *Waqf*gegenstandes auf diejenigen, die nach dem Recht dazu befugt sind, die Dauerhaftigkeit des *Waqfs* und Korrektheit der rechtlichen Formalitäten. Zu den Einzelheiten dieser Bestimmungen vgl. *B. von Tornauw:* Das Moslemische Recht, Leipzig 1855, Neudruck Amsterdam 1970, S. 155 ff.

[201] Im früheren Britisch-Indien führte der Mißbrauch soweit, die Erträge den Begünstigten der Familienstiftungen und den »Generationen noch ungeborener Nachkommen« des Stifters zu widmen. Nach einem Gerichtsurteil wurde deshalb die Gründung solcher Stiftungen verboten. Um einen solchen Mißbrauch zu verhindern, wurde 1913 verlangt, die Rechtsbestimmungen der *Schari'a* für die rechtmäßige Gültigkeit der Familienstiftungen wieder einzuführen und sie strikt einzuhalten. Vgl. *Schacht,* a. a. O., S. 97.

[202] *Pröbster,* a. a. O., S. 354.

[203] Vgl. *von Tornauw,* a. a. O., S. 334.

Solidarität und die Gerechtigkeit in der Gemeinschaft verpflichtet dabei den Eigentümer, bei Gebrauch und Nutzung seines Eigentums dem Prinzip des sozialen Ausgleichs Rechnung zu tragen. Dieser Ausgleich soll nach der islamischen Lehre auf freiwilliger Basis erfolgen.

In diesem Zusammenhang muß ferner erwähnt werden, daß Bodenschätze und andere Naturreichtümer, insbesondere Wald und Wasser, in erster Linie kollektives Eigentum der Gemeinschaft sind. Als Begründung dafür werden der *Koran* (Sure 2, Vers 29) und der Spruch des Propheten zitiert, der geäußert haben soll, daß »Wasser, Feuer und Gras« jedem Menschen zugänglich zu machen seien. Nach der Interpretation des *Schari*'a-Rechts gehören die genannten Güter der Menschheit als Ganzes, selbst wenn sie in privatem Besitz sind.[204] Da Wasser für die ariden Mittelostländer jedoch immer eine besondere Rolle spielte, haben sich dafür in der Praxis besondere Wassernutzungsrechte entwickelt. So können beispielsweise beim Bau von Kanälen und Bewässerungsanlagen trotz gemeinschaftlichen Eigentums private Nutzungsrechte entstehen, deren Änderung individuell jedoch nicht zulässig ist. Von Fundamentalisten und orthodoxen Anhängern des Islams wird sogar die Ansicht vertreten, daß, falls der Einzelne mit seinen privaten Naturreichtümern dem Gemeinwohl nicht dient, sein Eigentum entweder einem anderen Mitglied der Gesellschaft oder dem Staat zu übertragen sei.[205] Diese Restriktion spielte eine grundsätzliche Rolle bei der Frage, inwieweit Eigentum an Produktionsmitteln gestattet ist, eine Frage, die zwischen den orthodoxen

[204] Vgl. ebenda, S. 291. Ökonomisch interessant ist aus heutiger Sicht, daß einige islamische Rechtsgelehrte sogar an der Zulässigkeit der Vergabe des Nutzungsrechts solcher Güter (Bodenschätze) ausschließlich an Private durch den weltlichen Herrscher zweifeln. Aus dieser Sicht würde die Erteilung der Konzessionen an Privatpersonen oder private Firmen zur »privatwirtschaftlichen Nutzung« rechtlich fragwürdig erscheinen. Der Streit um die Vergabe von Konzessionen an ausländische Gesellschaften in den islamischen Staaten war nicht nur politisch bedingt, sondern auch aus einer solchen religiösen Sicht erklärbar.

[205] Vgl. *Kotb*, a. a. O., S. 110; ferner *A. H. A. Abu-Suleyman:* The Theory of the Economics of Islam. In: Contemporary Aspects of Economic Thinking in Islam. Proceedings of the Third East Coast Regional Conference of the Muslim Students Association of the USA and Canada, o. O. 1968. In ähnlicher Weise wird die Frage der Naturreichtümer und Bodenschätze in der *Universal Islamic Declaration* gesehen, die diese Reichtümer als ein dem Menschen von Gott »treuhänderisch« anvertrautes Gut ansieht, dessen Gebrauch für das Gemeinwohl bestimmt ist. Vgl. *Universal Islamic Declaration*, a. a. O., S. 13.

Moslems und den säkular-liberal ausgerichteten, besonders aber bei den sozialistisch orientierten Modernisten zu heftigen Kontroversen geführt hat.[206] Während die orthodoxen Anhänger des Islams Eigentum aller Art bejahen, seine Verwendung jedoch als eine Sozialverpflichtung des Eigentümers ansehen,[207] fordert die stark anwachsende Zahl der Autoren des sozialistischen Lagers die Verstaatlichung des Eigentums, besonders des Eigentums an Rohstoffen, Bodenschätzen und anderen Produktionsmitteln. Dabei ist zu bemerken, daß sich eine solche Forderung weder im Frühislam noch im späteren säkularistischen Islam stellen konnte, da revolutionäre Umverteilungsprozesse in den islamischen Ländern aus Mangel an Industrialisierung nicht möglich waren.

2. *Erb- und vertragsrechtliche Regelungen*

Ziel der islamischen Erbbestimmungen und insbesondere der Erbteilung ist eine breitere Verteilung des Vermögens und somit die Vermeidung einer Akkumulation des Vermögens.

[206] Es ist in diesem Zusammenhang darauf hinzuweisen, daß diese Frage weder im *Koran* noch vom Propheten *Mohammed* beantwortet wurde. Vgl. *Rodinson,* a. a. O., S. 38.

[207] Sie befürworten beispielsweise, daß der Staat, wenn z. B. *Zakāt* für die Befriedigung der sozialen Bedürfnisse nicht ausreicht, andere Formen von Steuern erlassen kann, um seinen Verpflichtungen nachkommen zu können.

2.1 *Erbrechtliche Regelungen*

Das islamische Erbrecht ist aus den Geboten des *Korans* entwickelt worden,[208] zu denen islamische Rechtsgelehrte ausführliche Interpretationen mit exemplarischen Fällen entwickelt haben.[209] Besonders hervorzuheben ist, daß nach den islamischen Geboten eine gleichmäßige Verteilung des hinterlassenen Vermögens zwischen den männlichen und weiblichen Personen nicht vorgesehen ist. So bestimmt der *Koran* beispielsweise, daß den Söhnen das Doppelte von dem Erbe der Töchter zusteht, oder daß der Ehemann das Doppelte von dem der Ehefrau erhält. Diese Regelungen verstoßen zwar gegen die in der modernen Zivilisation angestrebte Gleichberechtigung von Mann und Frau, bedeuteten aber für die damalige patriarchalische Gesell-

[208] So wird in der Sure 4, Vers 11 und 12, folgendes ausgesagt: »11: Gott verordnet auch hinsichtlich eurer Kinder: Auf eines männlichen Geschlechts kommt (bei der Erbteilung) gleichviel wie auf zwei weiblichen Geschlechts. Wenn es (ausschließlich) Frauen sind (und zwar) mehr als zwei (oder zwei und mehr?), stehen ihnen zwei Drittel der Hinterlassenschaft zu; wenn es nur eine ist, die Hälfte. Und den beiden Eltern steht jedem ein Sechstel der Hinterlassenschaft zu, wenn der Erblasser Kinder (oder: ein Kind) hat. Wenn er jedoch kinderlos ist und seine Eltern ihn beerben, steht seiner Mutter ein Sechstel zu (Das alles) nach (Berücksichtigung) einer (etwa) vom Erblasser (w. von ihm) getroffenen testamentarischen Verfügung oder einer von ihm hinterlassenen Schuld. – Ihr wißt nicht, wer von euren Vätern und Söhnen auch im Hinblick auf (den) Nutzen (den ihr von ihm habt, oder: den sie von euch haben) am nächsten steht. (Das gilt) als Verpflichtung von seiten Gottes. Gott weiß Bescheid und ist weise. 12: Und von der Hinterlassenschaft eurer Gattinnen steht euch die Hälfte zu, falls sie kinderlos sind. Falls sie jedoch Kinder (oder: ein Kind) haben, steht euch ein Viertel davon zu. (Auch dies) nach (Berücksichtigung) einer (etwa) von ihnen getroffenen testamentarischen Verfügung oder einer (von ihnen hinterlassenen) Schuld. Und euren Gattinnen (w. ihnen) steht ein Viertel zu von dem, was ihr (Männer) hinterlaßt, falls ihr kinderlos seid. Falls ihr jedoch Kinder (oder: ein Kind) habt, ein Achtel. (Auch dies) nach (Berücksichtigung) einer (etwa) von euch getroffenen testamentarischen Verfügung oder einer (von euch hinterlassenen) Schuld. Und wenn ein Mann oder eine Frau von seitlicher Verwandtschaft beerbt wird und er (bzw. sie) einen (Halb)bruder oder eine (Halb)schwester hat, steht jedem von den beiden ein Sechstel zu. Wenn es mehr (als zwei) sind, teilen sie sich in ein Drittel (und zwar) nach (Berücksichtigung) einer (etwa) getroffenen testamentarischen Verfügung oder einer (hinterlassenen) Schuld. Dabei soll niemand schikaniert werden. (Das gilt) als Verordnung von seiten Gottes. Gott weiß Bescheid und ist mild.« *Paret:* Der Koran, a. a. O., S. 61.

[209] Zu näheren Bestimmungen vgl. *Schacht:* An Introduction, a. a. O., S. 169 ff.

schaftsordnung der Araber eine revolutionäre soziale Reform, da Frauen zum ersten Mal erbberechtigt wurden.[210]
Ein weiterer Aspekt des islamischen Erbrechts, in dem von orthodoxen Moslems ebenso wie von modernen Autoren der Gedanke der sozialen Gerechtigkeit gesehen wird, ist, daß nach dem *Schari'a*-Recht nicht mehr als ein Drittel des Vermögens testamentarisch im voraus festgelegt werden kann. Eine solche Feststellung ist nur dann zulässig, wenn die über ein Drittel hinausgehende Summe reinen Wohltätigkeitszwecken dient. Ein Testament zugunsten nur eines einzigen Erben – falls weitere Erben existieren – ist verboten, da es den Geboten des *Korans* widerspricht. Mit der vorgeschriebenen Verteilung des Erbvermögens an alle Erben wird zwar das in der islamischen Lehre postulierte Primat der Gerechtigkeit aufrechterhalten, die Erbteilung auf mehrere Personen hatte jedoch zur Folge, daß wegen der wiederholten Teilung und Streuung des Vermögens ökonomisch gesehen die Kapitalbildung und damit Investitionen sowie die Einführung des technischen Fortschritts gehemmt wurde. Zu ökonomisch schwerwiegenden Konsequenzen mußten darüber hinaus die Bestimmungen des Erbrechts insbesondere bei der Bodenbewirtschaftung führen, weil durch die wiederholte Teilung des Landes eine weitgehende Parzel-

[210] Bemerkenswerterweise wird die mögliche Behandlung der Frau nach diesem Erbrecht in den islamischen Konferenzen oft damit begründet, daß in den islamischen Gesellschaften der Mann die Verantwortung für den Unterhalt der Familie trägt. Bezeichnend ist folgende Aussage von *Yasseen* anläßlich des internationalen Symposions des *IILS*, der sich auf den prominenten Vertreter des »islamischen Sozialismus« *Schaltut* beruft: »The reason for this is that under the Islamic social und economic system the whole responsibility for the maintenance of the family rests upon the husband and not upon the wife, even should it happen, as is sometimes the case, the wife has larger income in her own right than the husband, the legal responsibility for the maintenance of the family still rests upon the husband. The wife is under no legal obligation to make any contribution toward family expenses.« *Sh. Sh. Yasseen:* Woman in Islamic society. Social, Economic and Legal Rights. In: *IILS:* Islam, a. a. O., S. 67. *Khalid* weist in diesem Zusammenhang darauf hin, daß nicht zuletzt aus diesem Grund diese Gesetze in Gesellschaften, in denen mutterrechtliche Regelungen vorherrschten, nicht durchgesetzt werden konnten. In Indien beispielsweise kam es deshalb gelegentlich zu Rekonversionen. Vgl. *Khalid:* Die politische Rolle des Islams, a. a. O., S. 152. In Somalia wurde nach der Verabschiedung der Revolutionscharta von 1969 und 1971 die Gleichstellung der männlichen und weiblichen Erben des gleichen Grades eingeführt. Das islamische Erbgesetz, wonach weibliche Erben die Hälfte des Erbanteils des vergleichbaren männlichen Erben erhalten, wurde damit aufgehoben. Vgl. *K. Dilger:* Tendenzen der Rechtsentwicklung. In: *W. Ende, U. Steinbach* (Hrsg.): Der Islam in der Gegenwart, a. a. O., S. 180.

lierung des Bodens unvermeidbar war. Wegen der deshalb zunehmenden Verkleinerung des bewirtschaftbaren Bodenbesitzes wurden Mechanisierungen und die Anwendung weiterer ertragssteigernder Aufwendungen kaum rentabel, so daß die Erträge trotz zunehmender Bodennutzung sanken. Um dies zu vermeiden, waren die Grundbesitzer und die bäuerlichen Familien häufig gezwungen, die erbrechtlichen Bestimmungen zu umgehen. Diese Praxis war allerdings nur bei der ersten, eventuell noch bei der zweiten Erbgeneration möglich, danach jedoch kaum noch zu realisieren. Ein Ansatz, diesen negativen ökonomischen Folgen der Erbteilung entgegenzutreten, wurde zwar durch die Bodenrechtsreformen und die Bildung von Genossenschaften verfolgt.[211] Beides war aber derart spezifisch, daß für die Verwirklichung eine grundlegend neue, häufig mit islamischen Gesetzen in Konflikt stehende Gesetzgebung erforderlich wurde.[212]

2.2 *Vertragsrechtliche Regelungen*

Vertragsrechtliche Bestimmungen im Islam sind in starkem Maße von wirtschaftsethischen Prinzipien beeinflußt. Obwohl die Vertragsfreiheit, wie sie im Wirtschaftsliberalismus verstanden wird, nämlich als ein Grundrecht, sich frei zu entscheiden, mit wem, in welcher Form und in welchem Umfang (Abschlußfreiheit, inhaltliche Gestaltungsfreiheit) irgendwelche Vertragsvereinbarungen einzugehen sind, im Islam in gleicher Weise nicht bekannt ist, erlaubt der Islam dennoch vertragsrechtliche Regelungen, die auf die Verantwortlichkeit der vertragschließenden Parteien abzielen und innerhalb ihrer Grenzen freie Vertragsabschlüsse ermöglichen. Dabei wird dem Primat des Gerechtigkeitsgrundsatzes gefolgt, so daß im Vergleich zum liberalen Grundsatz der Freiheit der Verträge im Islam gewisse Einbußen an Freiheiten bei der Vertragsgestaltung in Kauf genommen werden müssen. Diese Einschränkungen der Vertragsfreiheit sind im Islam

[211] Zu den Formen und ökonomischen Problemen solcher Genossenschaften vgl. *A. G. Ghaussy:* Das Genossenschaftswesen in den Entwicklungsländern, Freiburg 1964, S. 145 ff.

[212] So z. B. während der 50er und 60er Jahre in Ägypten, im Irak, im Iran und in Pakistan. Der Widerstand der Geistlichkeit in den betreffenden Ländern gegen die Bodenreformprogramme war aus diesem Grunde verständlich. Zu massiven Reaktionen und zu heftigem Widerstand des Klerus führten besonders die Bodenreformprogramme im Iran. Vgl. hierzu auch S. 158 f. und 222 ff. dieser Arbeit.

größer als in den modernen Staaten und orientieren sich zudem an anderen Normen.[213]

Wenn auch das generelle Prinzip der Vertragsfreiheit und der Einhaltung der abgeschlossenen Verträge im *Koran* verankert ist, so existieren angesichts der im *Koran* wenig detaillierten beziehungsweise sehr flexibel zu handhabenden Ausführungen in der *Sunna* weitergehende Bedingungen für den Vertragsabschluß und seine Einhaltung. Der Vertrag ist nach dem islamischen Recht grundsätzlich zunächst eine bilaterale Vereinbarung, die aufgrund eines Angebots *(Idjāb)* und einer Akzeptanz *(Qabūl)* der vertragschließenden Parteien zustande kommt. Die Bedingungen der Gültigkeit des Vertrages werden jedoch von Gerechtigkeits- und Verantwortlichkeitsgrundsätzen diktiert. So sollen beispielsweise die Vertragspartner erwachsen und handlungsfähig sein. Sie sollen nicht unter Zwang stehen. Sie sollen keine betrügerischen Absichten verfolgen sowie nicht falsche Maße und Gewichte verwenden. Die zu handelnden Güter sollen ferner legal in den Besitz des Verkäufers gelangt sein und auf den Markt gebracht werden. Es sollte der Preis für die zu handelnden Güter auf dem Markt bestimmt werden, damit keiner der Marktpartner aus der Unwissenheit des anderen Kapital schlagen kann.[214] Darüber hinaus sind ungerechtfertigte Bereicherungen oder die Erlangung von monetären Vorteilen ohne wertentsprechende Gegenleistung verboten, wozu *Schacht* als Spezialfall auch das Zinsnehmen *(Ribā)* rechnet. Nach dem islamischen Vertragsrecht soll darüber hinaus das Vertragsobjekt *(Maʿlūm)* eindeutig bekannt sein, damit kein Zweifel über die nach dem Vertrag zu übernehmende Verantwortung bei den Vertragsparteien besteht. Auch die Garantie der Verträge beziehungsweise des einen Vertragspartners (Schuldners) durch einen Dritten, der die Bürgschaft übernimmt *(Dāmin)*, ist im islamischen Vertragsrecht bis ins

[213] In diesem Zusammenhang soll erwähnt werden, daß selbst in den modernen, vom Wirtschaftsliberalismus geprägten Staaten die Einschränkungen der Vertragsfreiheit nach Art und Umfang der Verträge unter Berücksichtigung ihrer »verfassungsrechtlichen Zulässigkeit« üblich sind. Sie ergeben sich aus dem »Wesen« und der Funktion der Vertragsfreiheit. Vgl. hierzu *H. C. Nipperdey, H. Stumpf:* Wirtschaftsrecht. In: Handbuch der Wirtschaftswissenschaften, Bd. II, 2. Aufl., Köln und Opladen 1966, S. 708 f.

[214] Nach *Sahib al-Buchārī*, dessen Werk in englischer Übersetzung herausgegeben wurde von *Sh. M. Ashraf* (ed.): Traditions of the Sayings and Doings of the Prophet Mohammad as narrated by his Companions, Bd. III, Lahore 1976, S. 793 f.

Detail geregelt, wobei diese Bürgschaft sowohl durch eine Person oder mehrere Personen erfolgen kann.[215]
Diese Bestimmungen, die beim Warenhandel in der klassischen Zeit der islamischen Welt gut funktionierten, vernachlässigen sicherlich einige wesentliche Bereiche von Geschäftsmöglichkeiten, für die das islamische Vertragsrecht keine übereinstimmenden Aussagen und Regelungen beinhaltet, so beispielsweise bei Warentermin- und Devisentermingeschäften oder bei Versicherungsverträgen.[216] Da es aber diesbezüglich im *Schari'a*-Recht keine besonderen Gebots- und Verbotsregelungen gibt, da diese modernen Geschäftsarten während der Entwicklung des *Schari'a*-Systems noch nicht bekannt waren, mußten die diesbezüglichen vertragsrechtlichen und gesetzlichen Regelungen im Rahmen der Einführung von neuen Gesetzen und Rechtsreformen aus dem Ausland übernommen und den islamischen Rechtsprinzipien angepaßt werden.[217]

[215] Vgl. hierzu im einzelnen *Schacht:* An Introduction, a. a. O., S. 144 ff. sowie *von Tornauw:* Das moslemische Recht, a. a. O., S. 123 f.
[216] Vgl. hierzu *Nienhaus:* Islam und Moderne Wirtschaft, a. a. O., S. 92 f.
[217] Vgl. hierzu den 2. Teil dieser Arbeit.

V. Zusammenfassung

Die Analyse der traditionellen islamischen Lehre, deren Befolgung von den Vertretern der Reislamisierungs- und Revitalisierungsbestrebungen der islamischen Länder angestrebt wird, wirft die Frage auf, warum es anscheinend nicht möglich war, die in der Blütezeit des klassischen Islams (vom Beginn des Islams bis zum Zerfall der islamischen Teilreiche) erreichten Hochkulturen mit ihren erheblichen Wirtschaftsaktivitäten zu erhalten beziehungsweise weiterzuentwickeln.

Solange die islamische Gemeinde klein war und sich ihre Ausdehnung auf die arabische Halbinsel beschränkte, waren die Handlungen der Mitglieder der Gemeinde nach den von *Mohammed* festgelegten Prinzipien noch überschaubar. Auch die wirtschaftliche Tätigkeit beschränkte sich auf begrenzte Formen der Selbstversorgung und des Handels.[218]

Mohammed und nach ihm die rechtsgeleiteten Kalifen konnten sämtliche Funktionen des Staates (Prophetie, Imāmat, Richtertum und militärischer Oberbefehl) in einer Person vereinigen, so daß die islamischen Gebote auch im Hinblick auf ihre wirtschaftspolitischen Aussagen kontrollierbar blieben. Mit der Ausdehnung des Reiches und der Eroberung wirtschaftlich und kulturell überlegener Weltreiche (Römische Provinzen, Persien, Byzanz usw.) mußten jedoch schon in der *Abbāsiden*zeit zumindest einige dieser Funktionen voneinander getrennt werden, da weder die Kalifen noch später die Sultane und Könige in der Lage waren, die gesamte religiöse und weltliche Macht selbst auszuüben. Die Übertragung der militärischen Funktionen an

[218] Der internationale Handel war allerdings damals schon recht beachtlich, weil die Städte *Mekka* und *Medina*, bedingt durch ihre günstige geographische Lage, eine besondere Bedeutung für den damaligen internationalen Handel hatten.

Oberbefehlshaber beziehungsweise Großwesire, der geistig-religiösen Funktionen an die *Imāme* und der Rechtsprechung an die islamischen Rechtstheologen war unausweichlich.[219] Da das Ziel aber nach wie vor die Ordnung der Gemeinde von *Mohammed* und der rechtsgeleiteten Kalifen blieb, wurde nun versucht, »die Ordnung der Gemeinde in die Ordnung des Imperiums umzusetzen«.[220] Dazu mußten nach den Offenbarungen des *Korans* und den Überlieferungen von *Mohammed*, nach denen »Staat«, »Wirtschaft« und »Religion« untrennbar miteinander verflochten bleiben müssen, diejenigen Gelehrten, die nicht nur das Wort, sondern auch den Geist der Offenbarungen und Überlieferungen interpretieren konnten, nämlich die *ʿUlamā*, die erwähnten Rechtssysteme und Gesetzgebungen (Schariʿa) schaffen, mit Hilfe derer die vielfältigen neuen Probleme politischer, sozialer und wirtschaftlicher Art geregelt werden konnten.
Mit der Entwicklung des *Schariʿa*-Rechts als Grundlage für die sozioökonomische Rahmenordnung der Moslems war damit ein Prozeß in Gang gesetzt worden, der gegenüber der Ursprungszeit einen bedeutenden Wandel herbeiführte. Dieser Prozeß kam jedoch nicht nur an den verschiedenen *Schariʿa*-Schulen bald zum Stillstand, sondern scheiterte auch prinzipiell daran, daß unter den *ʿUlamā* der Konsens entstand, den *Idjtihād* nicht mehr für zulässig zu erklären. Die *Schariʿa* hatte damit ihre endgültige und unabänderliche Form erhalten.
Die Bedeutung dieses Konsenses liegt darin, daß eine »bindende und verpflichtende« Auslegung des *Korans* und der *Sunna* nach den bereits festgelegten Grundsätzen nicht mehr möglich war, so daß die erneute Einführung des *Idjtihād* unter den formulierten Bedingungen des *Idjmāʿ* der Gelehrten nach wie vor eine »Idealvorstellung« bleibt.[221] Aus theologisch-juristischer Sicht konnte deshalb der *Idjmāʿ* kaum in die Praxis umgesetzt werden.

[219] Vgl. *F. Büttner:* Islamische Reform. In: *F. Büttner* (Hrsg.): Reform und Revolution in der islamischen Welt. Von der osmanischen Imperialdoktrin zum arabischen Sozialismus, München 1971, S. 54 (im folgenden zitiert als *Büttner:* Islamische Reform).

[220] Ebenda, S. 55; vgl. ferner *D. Pearl:* A Textbook on Muslim Law, a. a. O.

[221] Zur Begründung sei verwiesen auf *Khoury:* Das islamische Rechtssystem, a. a. O., S. 17.

Diese Regelung, die im orthodoxen Islam den Weg zu weitergehenden Änderungen versperrte, war für die spätere Entwicklung der islamischen Staaten von großer Bedeutung. Die *ʿUlamā* konnten bis dahin immer die vage gehaltenen allgemeinen Aussagen des *Korans* und der *Sunna* sowie auch ihre Widersprüche durch Neuinterpretationen lösen und darüber hinaus sogar in neue Gebiete vorstoßen. So war es erst mit der Entwicklung der *Scharīʿa* möglich geworden, die *koranischen* Aussagen über *Zakāt* und *Saddaqa* zu ergänzen und im Zuge der Reform der Verwaltung und der Sicherung der Existenzfähigkeit des wachsenden islamischen Staates ein differenziertes System von Einnahmen einzuführen. Die Bodensteuern, die Besteuerung von Bergbau und Bodenschätzen, die Einführung von Zöllen und anderen Importabgaben, von Umsatz- und Ertragssteuern, die Interpretationen von *Ribā* und von vertragsrechtlichen sowie gesellschaftsrechtlichen Bestimmungen konnten davor durch die Interpretation islamischer Rechtsgelehrter in konkreter Form entwickelt werden. Die Anwendung des Prinzips des *Maslaha* beziehungsweise des *Istihsān* ließ bei einigen Schulen sogar das »Tor« für weitergehende Änderungen offen. Mit dem Fortbestehen des *Idjtihāds* wäre es möglich gewesen, für die mit der zeitlichen Entwicklung verbundenen neuartigen Fragen Lösungen zu finden und damit weitere Problemfelder zu erschließen. Dies wurde aber durch die konservativen *ʿUlamā* aufgrund ihrer immer stärker gewordenen Machtstellung mit dem de facto unmöglich gemachten *consensus prudentum* unterbunden. Damit konnten sie jede Änderung und Reform des orthodoxen *Scharīʿa*-Rechts verhindern. Die islamischen Juristen, die in der Anfangsphase *(Umaiyāden-* und *Abbāsiden*zeit) mit besonderer wissenschaftlicher Akribie das *Scharīʿa*-Recht verfeinert hatten, mußten sich unter dem Druck der besonderen Machtstellung der konservativen geistlichen Führung lediglich auf die formalen Gesichtspunkte des bislang entwickelten Rechtssystems beschränken. Versuche der klassischen islamischen Philosophen, über die Vereinigung der vom Hellenismus geprägten Wissenschaften mit der islamischen Lehre zu einer Neuordnung zu gelangen, in der die religiöse Dogmatik des Islams im Lichte der wissenschaftlichen Erkenntnisse neu interpretiert werden könnte, blieben aus. Daran konnte auch die Entwicklung einer neuen islamischen Soziallehre wenig ändern, da sie die festgefügten Prinzipien des *Scharīʿa*-Rechts nicht antasten konnte.

Der Wandel innerhalb des Islams blieb also zunächst sehr gering. Wie in den folgenden Ausführungen zu zeigen sein wird, konnte der Weg zu entscheidenden Veränderungen in einer Reihe von gesellschaftlichen und wirtschaftlichen Fragen und ihre Loslösung von der Orthodoxie der *Schari'a* allmählich erst durch die Konfrontation mit der westlichen Wissenschaft und Technologie sowie dem gesellschaftlichen Zwang zur zunehmenden Säkularisierung geebnet werden, ein Prozeß, der im Zuge der Modernisierung islamischer Staaten nicht mehr aufgehalten werden konnte. Im ökonomischen Bereich, wo im *Schari'a*-System deutliche Lücken existieren und folglich Abweichungen von der orthodoxen Lehre am ehesten möglich und notwendig erscheinen, sind die ersten Ansätze zu Veränderungen im islamischen Wirtschafts- und Sozialdenken erkennbar.

Zweiter Teil

Der historische Wandel der islamischen Wirtschaft und Gesellschaft in den Ländern der Mittelost-Region

I. Erste Ansätze des Wandels im Frühislam

Aus den dargelegten Ausführungen wurde ersichtlich, daß die orthodoxe islamische Lehre nicht in der Lage ist, den Anforderungen der sozialen Umwelt und der Vielfalt wirtschaftlicher Tätigkeiten in den vom Islam beherrschten Gebieten gerecht zu werden. Neben den primären Rechtsquellen *(Koran* und *Sunna)* blieben die sekundären und ergänzenden Quellen des Rechts, vor allem das Gewohnheitsrecht *(ʿUrf* und *ʿĀdat)*, ein wichtiger Bestandteil des Handelns im islamischen Reich. In besonderer Weise spielte dabei – wie zu zeigen sein wird – das Zusammenwirken von Gewohnheitsrecht und orthodoxer Lehre, insbesondere in den nichtarabischen Staaten, eine wichtige Rolle. Kulturelle, nationalistische und panislamische Bewegungen waren dabei für die abweichende Haltung reformistischer und modernistischer Entwicklungen innerhalb des Staatswesens, der Wirtschaft und der Gesellschaft im Spätislam maßgebend. Die Komplexität der Wirtschafts- und Sozialstruktur mußte allmählich zu Erneuerungen und zum schrittweisen Wandel der Grundlagen der Wirtschaft und Gesellschaft islamischer Staaten führen.

1. *Die Umaiyādenzeit*

Die Umaiyādenzeit ist gekennzeichnet durch die militärische Ausdehnung des islamischen Machtbereichs (661–750), der sich vom Kernland Arabien auf Teile der römischen Ostprovinzen, auf Byzanz und auf das gesamte *Sassanīden*reich im Hochland des Irans, bis zum Industal und Transoxanien im Osten sowie bis Nordafrika und über Spanien bis nach Europa erstreckte. Er erfaßte somit Völker der unterschiedlichsten Religionsgemeinschaften (Judentum, Christentum,

Zarathustralehre, Hinduismus und Buddhismus). Damit mußte einerseits ein Anpassungsprozeß der islamischen Eroberer an die spezifischen Lebensbedingungen, die in den eroberten Gebieten herrschten, eingeleitet werden, andererseits mußte aber auch die wirtschaftliche Basis des expandierenden islamischen Staates gefestigt werden.
Erste Ansätze zur Erweiterung der orthodoxen Lehre waren bereits mit der Schaffung eines Finanzverwaltungssystems und mit der Ausdehnung der Besteuerung auf Nichtmoslems sowie auf die zum Islam übergetretene Bevölkerung der eroberten Gebiete gegeben. So wurden die in der orthodoxen Lehre vorgesehenen Steuern, etwa die Landbesteuerung wie *'Ushr* und *Kharadj,* in detaillierter Form klassifiziert. Ebenso wurden die Bestimmungen von *Zakāt, Saddaqa* und *Djisya* von verschiedenen Schulen detailliert ausgelegt.[1]
Darüber hinaus wurden durch die Vereinheitlichung des Münzwesens in der Zeit des Kalifen *'Abdul-Malik ibn Marwān* (685–705) die Grundlagen des internationalen Handels geschaffen.[2] Die Grundsätze der orthodoxen islamischen Wirtschaftslehre, die gerade in dieser Zeit entwickelt wurden, blieben indessen weitgehend beibehalten.

2. *Die Abbāsidenperiode*

Die nachfolgenden *Abbāsiden* (749–1258) versuchten, die von den *Umaiyāden* geschaffenen Grundsätze des Steuer-, Verwaltungs- und Finanzwesens für das gesamte Reich zu vereinheitlichen.[3] Sie bemühten sich vor allem bezüglich des Steuersystems, die Bestimmungen des *Djisya, Zakāt, Saddaqa* und *Kharadj* als Einnahmequellen des Staates

[1] Vgl. hierzu besonders *Aghnides:* a. a. O., S. 323 ff. Vgl. auch S. 52 ff. dieser Arbeit.

[2] So wurden der *Dinār,* eine Goldmünze mit einem Feingewicht von 4,5 g, und der *Dirham,* eine Silbermünze mit einem Feingewicht von 2,57 g, geprägt. Sie dienten in der *Umaiyāden*zeit als Bezugssystem für die gesamte islamische Welt. Die beiden Münzarten konnten sich im Reich schnell durchsetzen. Da der *Dinār* noch unangefochtener als der byzantinische *Solidus* wurde, übernahm er im internationalen Zahlungsverkehr die Funktion einer »Leitwährung«. Vgl. *Cahen:* Der Islam I, a. a. O., S. 42.

[3] Die Grundsätze entsprechen weitestgehend der orthodoxen Lehre, die im einzelnen im 1. Teil dieser Arbeit dargelegt wurden.

technisch zu verbessern,[4] um damit höhere Staatseinnahmen zu erhalten. Gleichzeitig bemühten sie sich, Richtlinien aufzustellen, die »sowohl den Grundsätzen als auch den Präzedenzfällen des Islams gerecht wurden«.[5] Darüber hinaus wurden Reformen bezüglich der Berechnungsgrundlage und der Erhebungstechnik durchgeführt. Die Berechnung der Bodensteuern erfolgte beispielsweise entweder entsprechend dem Bodenertrag. Dabei variierte der Steuersatz nach der Qualität ebenso wie nach der Art der Bewirtschaftung des Bodens. Diese Steuer, *Muqāsama* (Teilung) genannt, berücksichtigte die Leistungsfähigkeit der Steuerpflichtigen. Oder die Steuerleistung wurde nach der Flächeneinheit beziehungsweise nach dem Ertrag einer bereits vermessenen Bodenfläche erhoben.[6] Die Berechnung der Bodensteuer nach der Flächeneinheit, *Misāha* (Vermessung) genannt, wurde für die Hauptprovinzen des Reiches als vorrangige Steuerart eingeführt. Der Übergang zum System der Steuerpacht gehört ebenfalls zu den Neuerungen gegenüber der *Umaiyāden*zeit. Von diesem Pachtsystem, *Taldjīya* genannt, profitierten die privilegierten Personen des Reiches, die die Steuern meist in Naturalien eintrieben.[7]
Weitere Neuerungen bildeten die Abgaben auf Großhandelsumsätze, auf Mieteinnahmen für Ladenbesitzer, auf private und staatliche Monopole, die vor allem in den vormals byzantinischen Landesteilen eine besondere Rolle spielten, sowie Zollabgaben.
Ferner erschlossen die *Abbāsiden* neue Einnahmequellen, wie etwa die Abführung von 1/5 der Schatzfunde, Abgaben auf Schenkungen und die Besteuerung höherer Einkünfte. Darüber hinaus wurden auch Erbschaftssteuern eingeführt. Letztlich setzten sie die Tradition

[4] Der Steuersatz dieser Besteuerungen wurde nicht geändert. Bei der Erhebung von *Djisya* – die Kopfsteuer der Nichtmoslems – wurde nach dem Wohn- und Aufenthaltsort der Steuerpflichtigen vorgegangen. Die hierzu erforderliche Registrierung der Steuerpflichtigen sollte die Steuerflucht vermeiden helfen. Vgl. hierzu besonders *D. C. Dennett:* Conversion and the Poll-tax in Early Islam, Cambridge, Mass. 1950.

[5] *Cahen:* Der Islam I, a. a. O., S. 108.

[6] Dies erforderte die Einführung und Ordnung eines Katasterwesens, das bereits von den *Umaiyāden* und der Praxis des *sassanīdischen* Staates in Ansätzen übernommen und nun von den *Abbāsiden* weiterentwickelt und verfeinert wurde.

[7] Vgl. *Cahen:* Der Islam I, a. a. O., S. 109.

der Abführung von 1/5 des Beuteguts aus Eroberungszügen an die Staatskasse fort.[8]

Diese Vielfalt an Steuerarten erforderte eine neue Gesetzgebung *(Qānūn)* und insbesondere die Schaffung eines effizienten Finanzverwaltungssystems *(Diwān)* sowie die Errichtung von staatlichen Kassenstellen und Magazinen.[9]

Die genannten Steuern waren in den einzelnen Reichsteilen je nach deren Entwicklungsstand, deren Ertragsfähigkeit und deren Stellung im internationalen beziehungsweise interregionalen Handel von unterschiedlicher Bedeutung. In den dadurch relativ stärker belasteten Reichsteilen ergaben sich nicht nur Widerstände gegen diese differenzierten Steuerbelastungen, sondern sie wurden auch von den Rechtstheologen häufig als illegal gebrandmarkt, da sie der Willkür des Herrschers beziehungsweise der Provinzgouverneure zur Belastung von Untertanen Tür und Tor öffnen konnten. Der Konflikt mit den orthodoxen Bestimmungen war damit unausweichlich.

Auf dem Gebiet des Geld- und Zahlungswesens änderte sich gegenüber der *Umaiyāden*zeit grundsätzlich nur wenig. Das bestehende Münzmonopol existierte weiter. Lediglich das Wertverhältnis zwischen Golddinār und Silberdirham wurde neu festgesetzt. Der Umlauf beider Münzarten führte zu einem »doppelten Monometallismus«, einer Entwicklung, die sich den bereits bestehenden Gegebenheiten des Reiches anpaßte.[10]

[8] Dabei beriefen sich die Kalifen auf die Tradition des Propheten *Mohammed,* dem ein bestimmter Anteil der Beuteeinnahmen zustand. Dieser Anteil diente den persönlichen Ausgaben des Kalifen, die in Form von Schenkungen, Spenden und für andere Wohltätigkeitszwecke und kulturelle Leistungen bedeutsam waren. Diese Tradition setzte sich auch in den Nachfolgereichen (Osmānen) und in abgewandelter Form in einigen islamischen Staaten bis heute fort. Vgl. *Cahen,* ebenda, S. 113.

[9] Die staatlichen Kassenstellen und Magazine *(Beit ul-Māl)* unterschieden sich von den privaten Kassen des Kalifen, die aus den gerichtlichen Strafgeldern, Konfiskationen und den Waqf-Einnahmen religiöser Stiftungen gespeist wurden.

[10] In den traditionellen Goldländern (Ägypten, Byzanz und Nordafrika) herrschte die Goldwährung vor, während in den reichen Silberländern des östlichen Reichsteils (Afghanistan, Iran und Irak) Silbermünzen als Zahlungsmittel verbreitet waren. In der Reichshauptstadt Baghdad waren beide Zahlungsmittel vertreten. Der Wechselkurs bestimmte sich nach dem festgelegten Verhältnis zwischen Gold und Silber (1 Dirham = 7 % des Golddinārs). Um den reibungslosen Wechsel zu ermöglichen, wurden kleinere Münzen (Halb- und Vierteldināre), die *Habba* (1/60 oder 1/70 Dinār) und die Kupfer- bzw. Bronzemünzen, die *Fulūs,* geprägt. Das Wechseln einzelner Münzarten war in den gutentwickelten Basaren *(Sūq)* durch den Wechsler *(Sarāf)* gegen Agio bzw. Disagio leicht möglich. Vgl. *Cahen:* Der Islam I, a. a. O., S. 118 f. und S. 192 f.

Da der Handel, eine Tätigkeit, die der Prophet vor der Offenbarung selbst ausübte, im Grunde traditionsbedingt war, und deshalb sowohl in der orthodoxen islamischen Wirtschaftslehre als auch in der islamischen Rechtswissenschaft, dem *Fiqh*, kaum mit Sanktionen belegt wurde,[11] bedurfte er keiner nennenswerten Reformen. Die Folge war, daß es sowohl in der *Umaiyāden*- als auch in der *Abbāsiden*zeit zu verschiedenen Formen des bargeldlosen Zahlungsverkehrs kam. Scheck-, Wechsel-, Überweisungs- und sogar Clearingsysteme entstanden somit in den islamischen Handelszentren noch bevor sie in den europäischen Staaten bekannt waren.[12]
Da Banken nicht entstehen konnten, weil Zinseinnahmen nach islamischem Recht untersagt waren, hätten moslemische Bankiers ihre Aufwendungen aus Gewinnen, die bei Geldanlagen im Handels- und Beteiligungsgeschäft *(Mudāraba* und *Muschāraka)* anfielen und dem orthodox-gesetzlichen islamischen Verbot nicht unterlagen, decken müssen. Da diese und ähnliche erlaubte Geschäfte jedoch keine festen Zinssätze für die Einlagen gewährleisten konnten, entsprachen sie nicht dem gesunden kaufmännischen Rentabilitätskalkül der Moslems. Die Folge davon war, daß das reine Geld- und Bankengeschäft – wie auch aus den europäischen Staaten des Mittelalters bekannt ist – den jüdischen Bankiers vorbehalten blieb, deren Einfluß daher in der blühenden Wirtschaft des Reiches besonders zunahm.[13]
Im Grunde blieben die Wirtschaftsgrundsätze der *Scharīʿa* für die nachfolgenden islamischen Teilreiche maßgebend, obwohl sie in keinem, nicht einmal im orthodox-islamischen Teilreich der Nachkalifenzeit, voll verwirklicht wurden. Gerade in den Bereichen des Handels und des Geldwesens wurde fast immer das Zinsverbot unterlaufen, da dieses Verbot trotz seines hohen ethischen Stellenwertes an sich nicht praktikabel, folglich wirklichkeitsfremd blieb. Der Aufschwung des Handels im Mittelalter – er bot im Vergleich zu handwerklichen und landwirtschaftlichen Tätigkeiten kurzfristig hohe Ge-

11 Gegenteiliger Meinung hingegen waren die islamischen Mystiker, die aus ihrer asketischen Haltung heraus jedes Besitz- und Gewinnstreben verurteilten.

12 *Cahen* berichtet sogar von einem Verrechnungssystem in der Handels- und Hafenstadt Basra im Irak, das wie bei einer modernen Bank Einlagengeschäfte kannte. Durch die schriftliche Überweisung konnte die Zahlung auch an Dritte erfolgen, wobei sie einer beglaubigten Anordnung bedurfte. Vgl. *Cahen:* Der Islam I, a. a. O., S. 193.

13 Eine interessante Darstellung der Formen und Arten des Handels im Orient gibt *J. DeSomogyi:* A short History of Oriental Trade, Hildesheim 1968, S. 59 ff.

winne, machte jedoch auch Kreditfinanzierungen erforderlich – mag hierfür einer der Gründe gewesen sein.

Reformansätze der *Schari'a* im Frühislam beschränkten sich daher fast ausschließlich auf religiöse Bestimmungen und auf die Auslegungen der mittlerweile gefestigten *Schari'a*; so beispielsweise bei *Ibn Ruschd* (Averroes, gest. 1198),[14] *Ibn Taimīya*[15] (gest. 1328), *Ibn Khaldūn*[16] (gest. 1406) und anderen Autoren. Zwischen der *Schari'a*-Orthodoxie und der Praxis des wirtschaftlich-sozialen Lebens blieben nach wie vor erhebliche Unterschiede bestehen. Die *'Ulamā* (Rechtsgelehrten) hatten mit dem Zerfall des Kalifats im Osten des islamischen Machtbereichs eine starke Stellung und weitgehende Autonomie erhalten, so daß grundlegende Änderungen nicht mehr möglich erschienen.

[14] *Ibn Ruschd* (Averroes) vertrat in Anlehnung an die griechische wissenschaftliche Tradition eine Trennung der wissenschaftlichen Erkenntnis von der Religion. Vgl. hierzu die Übersetzung seines Werkes durch *S. van den Bergh:* Averroes' Tahafut al-Tahafut (The Incoherence of the Incoherence), 2 Bde., London 1954.

[15] Vgl. den Übersetzungstext aus seiner Reformschrift »Alkawākib ad-darāri«, in *J. Schacht:* Der Islam. Mit Ausschluß des Qor'āns. Religionsgeschichtliches Lesebuch, Bd. 16, hrsg. v. *A. Bertholet,* Tübingen 1931, S. 148 ff.

[16] In seinem Werk »Muqaddima«. Vgl. A. R. *Ibn Khaldūn:* The Muqaddima. An Introduction to History, 3 Bde., London 1958.

II. Der Prozeß des Wandels im Osmanischen Reich

1. *Die Entwicklung bis zur Tanzīmātperiode*

Im osmanischen Reich, das dem Kalifat, das sich mit dem Niedergang des *Abbāsiden*reiches und anderer islamischer Teilreiche aufgelöst hatte, nachfolgte, sollte die islamische Weltordnung auf der Basis der *Scharī'a* stabiliert und weiterentwickelt werden.
Für die islamischen Rechtsgelehrten galten zu Anfang der osmanischen Reichsgründung die Sultane als Vollstrecker der *Scharī'a*-Ordnung, deren Wirtschaftspolitik deshalb in starkem Maße vom *Scharī'a*-Recht bestimmt war.
Die Verwaltung des Staates, die Ausgaben der Sultane und die militärische Expansion des osmanischen Reiches erforderten jedoch bald erhebliche zusätzliche Finanzmittel, so daß von Sultan *Muhammad Fāteh* (der Eroberer) neben der Straffung der Staatsverwaltung auch neue Steuern, die sich nicht strikt nach den Gesetzen der *Scharī'a* richteten, eingeführt wurden, wobei sich auf das bereits herrschende Gewohnheitsrecht (*'Urf*) berufen wurde.[17] Dazu wurden Erlasse (*Qānūn*) verkündet, die Abgaben auf Verbrauchsgüter und getätigte Umsätze (Verkäufe von Gütern) usw. vorsahen.[18] Der Staat griff von daher generell in die Wirtschaft ein. Die Ausgabe von neuen, mit geringerem Feingehalt geprägten Münzen, die Konfiszierung des Privatbesitzes, der Ländereien der religiösen Stiftungen (*Waqf*) und der Güter der Kaufleute ohne Entschädigung, die Schaffung und Verpachtung von staatlichen Monopolen (Salz, Seife, Wachs) sowie die

[17] In ähnlicher Form wurde die Verpflichtung der Bewohner zur Abgabe von Steuern aus dem Gewohnheitsrecht (Takālife 'Urfīya) abgeleitet.

[18] Vgl. hierzu *H. A. R. Gibb, H. Bowen:* Islamic Society and the West, Bd. 1, New York, London 1950, S. 2.

Einführung von neuen Steuern brachten erhebliche Mehreinnahmen[19]. Diese Maßnahmen verursachten aber auch Preissteigerungen und zogen Produktion und Handel in Mitleidenschaft.
Ein Wandel vollzog sich auch im bereits besprochenen Muqāta'a-System,[20] das zwar auch unter den *Umaiyāden* und *Abbāsiden* fester Bestandteil der Besteuerung des islamischen Staates war, jedoch bei den Osmanen im Zuge der Reorganisation der Verwaltung des Reiches in detaillierter Form neu interpretiert wurde. Dieses System wurde zunächst von den *Seldschuken (Seldjuken)*[21] übernommen, dann aber in das Regierungssystem der Osmanen integriert. Im Rahmen des Zweiklassensystems der Osmanen – die herrschende Klasse einerseits und die gesamten Untertanen *(Ra'ya)* andererseits[22] – diente das *Muqāta'a*-System als eine Kombination von verschiedenen Besteuerungsquellen, um dem Sultan beziehungsweise den Mitgliedern seiner herrschenden Klasse Einnahmen zu verschaffen. Drei Arten von *Muqāta'a* wurden unterschieden: Das *Timārsystem*, das *Emānatsystem* und das *Iltisāmsystem.*[23]
Beim *Timārsystem*, das in etwa dem europäischen Lehnsystem entspricht, wurden die gesamten Einnahmen eines eroberten, in *Timār* aufgeteilten Gebietes nicht dem Staatsschatz überführt, sondern den Inhabern der *Timār* überlassen. Als Gegenleistung verpflichteten sie sich zu Dienstleistungen gegenüber dem Sultan, indem sie die osmanische Armee mit Kavallerie und Bodentruppen versorgten und zur

[19] Vgl. *Shaw:* Das osmanische Reich, a. a. O., S. 60 f.

[20] Vgl. S. 59 dieser Arbeit.

[21] Eine türkisch-tatarische Dynastie, die vom 11. bis 13. Jahrhundert weite Gebiete des islamischen Kernlandes regierte. Als Anhänger des *sunnitischen* Islams traten sie als Beschützer der *abbāsidischen* Kalifen auf. Eine Seitenlinie der *Seldschuken* eroberte die byzantinischen Gebiete in Kleinasien und gründete in Konya die »Rum-Seldschuken« (1097). Sie brachten Kleinasien zu wirtschaftlicher und kultureller Blüte, bis sie von den *Mongolen* ab 1243 unterworfen wurden. Vgl. zu Einzelheiten besonders *J. A. Boyle* (Hrsg.): The Saljuk and Mongol Periods, London 1968, *C. Cahen:* Pre-Ottoman Turkey, London 1968 sowie *ders.:* Der Islam I, a. a. O., S. 284 ff.

[22] Die Untertanen wurden nach einzelnen Nationalitäten *(Millet)* bezeichnet und diese wiederum nach konfessioneller Zugehörigkeit unterteilt.

[23] Die Ausführungen folgen der Darstellung von *Shaw:* Das osmanische Reich, a. a. O., S. 94 f. sowie *ders.:* Between Old and New: The Ottoman Empire under Sultan Selim III, 1789–1807, Cambridge/Mass. 1971 (im folgenden zitiert als *Shaw:* Between Old and New). Vgl. hierzu ferner *K. H. Karpat:* The Land Regime, Social Structure, and Modernization in the Ottoman Empire. In: *W. R. Polk, R. L. Chambers* (eds.): Beginnings of Modernization in the Middle East, Chicago and London 1968, S. 69 ff.

Finanzierung der in den eroberten Gebieten stehenden Armeen beitrugen.

Beim *Emānatsystem* handelt es sich um die Bestellung eines Treuhänders, eines *Amīns,* für die Verwaltung der Güter. Dieser mußte die festgelegten Abgaben sowie sonstige Einnahmen, die aus der Verwaltung der Güter resultieren, an den Staat abführen, wofür er vom Staat entlohnt wurde.

Das *Iltisāmsystem* war ein Steuerpachtsystem, das eine Mischung aus *Timār-* und *Emānatsystem* darstellte. Der Inhaber der Steuerpacht war für die Eintreibung der Steuern – wie beim *Emānatsystem* – verantwortlich. Er mußte aber anders als beim *Timārsystem* einen Teil dieser Einnahmen an den Staat abführen; der Rest war sein Gewinn. Der Steuerpächter bekam also nicht wie ein *Amīn* ein Gehalt vom Staat, sondern wurde mit einem Teil seiner Einnahmen aus der Steuerpacht entlohnt. Die Steuerpachten konnten im Auftrag des Sultans in Auktionen nur an bestimmte Personen für eine bestimmte Zeit versteigert werden. Die hieraus entstandenen Erträge flossen dem Sultan als persönliche Einkünfte zu.[24]

Die Grundlage dieser Systeme bildeten die Verpflichtungen, die den einzelnen Nationalitäten (Millet) auferlegt wurden. Sie beruhten einmal auf dem grundlegenden *Schari'a*-Recht, zum anderen auf dem Gewohnheitsrecht. Während das *Emānatsystem* mit dem modernen Finanzverwaltungssystem verglichen werden kann, führte das *Timārsystem* meist zur Ausbeutung der eroberten Gebiete, da dieses System letztlich die Kriege finanzieren mußte. Das Steuerpachtsystem war mit einer erheblich stärkeren Ausbeutung der Untertanen verbunden, da die jeweiligen Pächter versuchten, innerhalb der festgelegten Pachtzeit ein Maximum an Einnahmen zu realisieren. Diese Pacht wurde deshalb Ende des 17. Jahrhunderts in eine Verpachtung auf Lebenszeit umgewandelt,[25] die dann zu weitgehenden Dezentralisierungstendenzen führte mit der Folge, daß, verglichen mit der Macht der Zentralregierung, die einzelnen Steuerpächter in den verschiedenen Reichsteilen an Stärke gewannen und somit weitgehend unabhängig von der Zentralregierung agieren sowie die Steuereinnahmen

[24] Vgl. *Shaw:* Das osmanische Reich, a. a. O., S. 95 f.

[25] 1699 nach dem Frieden von Karlowitz. Der Verfall des Osmanenreiches hatte mit dem Verlust der reichen Provinzen bereits begonnen. Zur ausführlichen Darstellung vgl. das Standardwerk von *N. Berkes:* The Development of Secularism in Turkey, Montreal 1964, S. 24 ff.

ausschließlich für sich beanspruchen beziehungsweise verwenden konnten.

Erste Anzeichen modernistischer Reformen wurden im Osmanenreich nach den Niederlagen in den Schlachten auf dem Balkan sichtbar. Der Fortschritt der Wissenschaft, der Technologie und des Militärs in Europa veranlaßte das osmanische Reich, den Kontakt mit dem Westen zu suchen.[26] Eine Abordnung des *Ibrāhīm Pāschā* (1717–1730) erarbeitete nach dem Besuch am Hofe Ludwigs XV. ein Memorandum in Gesprächsform.[27] Es führte zwar zu einer entsprechenden Änderung in der Lebensweise und Hofhaltung der Osmanen, bewirkte aber keine modernistischen Reformen, die das vom Zerfall bedrohte Reich brauchte. Reaktionäre Gegenbewegungen, noch von der Blüte des Reiches träumend, waren zu stark. Deshalb konnte es in den darauffolgenden 50 Jahren nicht zu einer Reform der *Schari'a*-Gesetze kommen, obwohl der Einfluß des von *Ibrāhīm Pāschā* protegierten ungarischen Konvertiten *Ibrāhīm Mutefferiqa* auf die späteren Generationen nachhaltig einwirken sollte.[28]

Der erste Versuch, den institutionellen Wandel auf verschiedenen Ebenen durchzuführen, erfolgte unter den Sultanen *Selim III.* und *Mahmūd II.* in den Jahren 1789 bis 1826. Dieser Wandel brachte nach dem Erlaß der neuen Ordnung *(Nizām-i Cedid)* reformistische Ansätze in bezug auf die Reorganisation des Militärs und der Verwaltung. Hinsichtlich der *Schari'a* wurde die schon zuvor von *Ahmad Razmī* propagierte Aufgabe des *Djihād* (heiliger Krieg) aufgenommen. Zum Zwecke der Finanzierung der Armee wurden neue Steuern auf bisher

[26] Vgl. *B. Lewis:* The Emergence of Modern Turkey, London u. a. 1961 (im folgenden zitiert als *Lewis:* The Emergence).

[27] Vgl. *S. Mardin:* The Mind of the Turkish Reformer 1700–1900. Ursprünglich als Aufsatz erschienen, wurde der Beitrag wieder abgedruckt in: *S. A. Hanna* and *G. H. Gardner:* Arab Socialism. A Documentary Survey, Leiden 1969, S. 25 ff.

[28] *Mutefferiqa* konnte in dieser als »Tulpenzeit« bekannten Periode (1717–1730), in der auch die Druckerpresse erstmals eingeführt wurde, seine Abhandlung »Usūl ul Hikm fī Nizām ul-ümem (Wissenschaftliche Grundsätze für die Ordnung der Völker) publizieren, in der er zwar keine Reform der *Schari'a* forderte, aber beschrieb, wie die Europäer die verschiedenen Probleme statt mit ihrer Religion mit wissenschaftlicher Begründung und mit Vernunft lösten. Vgl. *Mardin*, a. a. O., S. 28. Eine ausführliche Übersicht über diese Reformen gibt *Berkes:* The Development, a. a. O., S. 25 ff. und S. 36 ff.

unbesteuerte Einkommensquellen eingeführt sowie teilweise die *Tīmārs* konfisziert.[29]
Nach einer Zeit der konservativ-islamischen Widerstände im Innern des Reiches, der Aufstände auf dem Balkan (Serbien 1804/06, 1815–1817, Griechenland 1821–1830) und der Niederlagen gegen Rußland (1806–1812) begannen mit der Zerschlagung der *Janitschāren*revolte (1826)[30] durch Sultan *Mahmūd II.* die modernen Reformbemühungen. Vor allem die Liquidierung der *Janitschāren* bedeutete das Ende traditionell-konservativer Widerstände. Die Überzeugung hatte sich nunmehr durchgesetzt, daß »der einzige Weg zu wichtigen Veränderungen der alten Institutionen und Verfahrensweisen und deren Ersetzung durch neue aus dem Westen importierte oder doch zumindest von westlichen Vorbildern beeinflußte Formen führen mußte«.[31] Damit begannen im Jahre 1831 grundlegende Veränderungen im Bereich der Verwaltung sowie die Säkularisierung des Erziehungs- und des Rechtswesens.
Im ökonomischen Bereich wurden die Pachten in Staatsdomänen umgewandelt. Die Schaffung einer zentralen Verwaltung, der die Einkünfte der religiösen Stiftungen *(Awqāf*-Besitz) nunmehr zuflossen, konnte die Rechte und den Machtbereich der islamischen Rechtsgelehrten, der *'Ulamā*, in wirksamer Form begrenzen.[32] Dieser Reformansatz wurde letztlich vom neuen Sultan *Abdulmedjīd* übernommen.

2. *Von der Tanzīmātperiode bis zu den liberal-säkularen Reformen der Türkischen Republik*

Die Reformarbeiten von *Selim III.* und *Mahmūd II.* bildeten die Grundlage für die umfangreiche semi-konstitutionale Gesetzgebung, die vom Großwesir *Mustafa Resid Pasa* betrieben und durch Erlaß des *Hatt-i Serīf von Gulhana* (1839) (»Großherrliches Schreiben«) sowie

[29] *Shaw:* Between Old and New, a. a. O.
[30] Die *Janitschāren*, die besonders konservativ-reaktionär waren und aufgrund ihrer Machtstellung gewissermaßen einen »Staat im Staate« bildeten, widersetzten sich lange Zeit erfolgreich den Reformbestrebungen. Zur Bedeutung der *Janitschāren* im einzelnen vgl. *J. Frhr. von Hammer-Purgstall:* Geschichte des Osmanischen Reiches, 10 Bde., Nachdruck Graz 1963; vgl. ferner *Berkes:* The Development, a. a. O.
[31] *Shaw:* Das Osmanische Reich, a. a. O., S. 119.
[32] Vgl. *von Sivers:* Die Imperialdoktrin, a. a. O., S. 37; vgl. ferner *Lewis:* The Emergence, a. a. O., S. 91 f.

durch das Edikt des *Hatt-i Humayum von Gulhana* (1856) legitimiert wurde. Diese Reformen wurden in der *Tanzīmāt*-Periode durchgeführt (1839–1876).[33]

Die wesentlichen Inhalte dieses Reformkonzeptes waren hinsichtlich der institutionellen und rechtlichen Rahmenbedingungen:

1. die Reorganisierung der Armee und die Zentralisierung ihrer Verwaltung sowie ihre Kontrolle durch die Staatsgewalt nach französischem Vorbild;
2. die Abschaffung des *Muqāta'a*-Systems, des *Tīmārs* und aller anderer Formen der Steuerpacht sowie die Einführung eines neuen Landeinteilungssystems, wonach zwischen dem »Milkland«, dem »Mīrīland« und dem »Waqfland« unterschieden wurde;[34]
3. die Einführung des Zivilrechts, die *Megelle,* in dem erstmalig die Rechte und Pflichten des Sultans, die Zuständigkeit der Beamten nach Verwaltungsvorschriften und die Rechte der Untertanen (Gleichheit aller zur *Millet*-Bevölkerung zählenden Personen) kodifiziert wurden;
4. die Abschaffung der *Schari'a*-Gerichtshöfe und die Beschränkung des *Schari'a*-Rechts auf Ehe-, Erb- und Scheidungsrecht;
5. die Einführung des säkularen Schulsystems und die Bekämpfung der alten *Medressen* (religiös ausgerichtete Schulen), die von den *'Ulamā* kontrolliert wurden und

[33] Aus der Fülle der Literatur zu den Reformen der *Tanzīmātperiode* sei verwiesen auf *N. Berkes:* Reform in the Ottoman Empire, 1856–76, Princeton 1963; *Z. Y. Hershlag:* Introduction to the Modern Economic History of the Middle East, 2nd ed., Leiden 1980; *S. Mardin:* The Genesis of Young Ottoman Thought, Princeton 1962 sowie *ders.:* The Mind of Turkish Reformer, In: *S. A. Hanna, G. H. Gardner:* Arab Socialism, Leiden 1969, S. 24 ff. *Mardin* hat in seinen Arbeiten primär türkische Literatur verarbeitet. *B. Lewis:* The Ottoman Empire in the Mid-Nineteen Century: Review. In: Middle Eastern Studies, Bd. 1 (1965), S. 282 ff.; *ders.:* The Emergence, a. a. O., S. 104 ff.; *von Sivers:* Die Imperialdoktrin, a. a. O., S. 37 ff.; *Shaw:* Das Osmanische Reich, a. a. O., S. 128 ff.; *W. S. Vucinich:* The Ottoman Empire: Its Record and Legacy, Princeton 1965.

[34] Während das »Milkland« das gesamte Land erfaßte, das im Laufe der Zeit in den privaten Besitz übergegangen war, umfaßte das »Mīrīland« sämtliche Ländereien, die sich im Staatsbesitz befanden und größtenteils den Bauern gegen Zahlung von Abgaben zur Bewirtschaftung überlassen wurden. Das »Waqfland« war nach wie vor Landbesitz der religiösen Stiftungen. Die Abgaben für den privaten Besitz des gesamten Reiches wurden zunächst einheitlich auf 10 % des Ertrages (1840), gegen Ende des 19. Jahrhunderts auf 12,63 % der Bruttoeinnahmen festgelegt. Vgl. *Z. Y. Hershlag:* Introduction, a. a. O., S. 40.

6. die Einführung des Handelsrechts nach französischem Muster (1850 und 1860).[35]

Mit der Abschaffung und Säkularisierung einiger auf der *Schari'a* basierender Gesetze wurde die Anpassung der Türkei an die moderne Entwicklung angestrebt. Die erlassenen Gesetze, die insbesondere den Handel, die Geld- und Kreditwirtschaft sowie das Finanzsystem regelten, standen mit der orthodoxen islamischen Lehre nicht immer in Einklang. Dies galt insbesondere für die Gründung von Banken,[36] deren Statuten die Einlagenverzinsung, Kreditzinsen, die Gründung von religiösen Regeln nicht entsprechenden Assekuranzen, die Aufnahme von Staatsanleihen gegen Zinsen und sogar staatlich festgelegte Zinssätze auf dem privaten Sektor vorsahen und somit eine substantielle Abkehr vom islamischen Zinsverbot einleiteten.

Die Einführung neuer Steuern, die Änderung des Landbesteuerungssystems sowie die Abschaffung von *Djisya* bewirkten Änderungen in der Struktur der Staatseinnahmen im Osmanenreich.[37]

Die Säkularisierungsbestrebungen waren zwar im Zivil- und öffentlichen Recht erfolgreich – eine Reihe veralteter islamischer Institutionen wurden abgeschafft –, sie führten jedoch nicht dazu, den Einfluß der islamischen *'Ulamā*, die vorwiegend auf dem Lande das Schul- und Erziehungssystem beherrschten und ihre *Medressen* weiterhin betrieben, ganz abzuschaffen. Der Staat hatte somit keine Möglichkeit und ausreichenden Mittel, entsprechende Reformen auf breiter Ebene durchzusetzen, mit der Folge, daß ein Dualismus im Erziehungs- und Bildungswesen entstand. Der Widerstand der *'Ulamā* hielt sich dadurch, daß ihre Würdenträger in die Rechtsprechung integriert wurden, in Grenzen.

[35] Die Handelsgerichtsbarkeit verlagerte sich damit vom *Schari'a*-Recht, das unter der Verantwortung des *Scheich ul-Islāms* stand, auf das neugeschaffene Handelsministerium.

[36] Die Ottomanen-Bank wurde 1856 gegründet.

[37] Bis zum Beginn der Jungtürkischen Regierung (1910/11) sank beispielsweise der Anteil der Land- und Vermögenssteuern, der 1853/54 etwa 27,7 % der staatlichen Einnahmen betrug, auf 10,1 %. Der Anteil der Zollabgaben (Import- und Exportzölle) erhöhte sich hingegen im entsprechenden Zeitraum von 11,1 % auf 16,5 % ebenso wie der Anteil der indirekten Steuern, der von 20,8 % auf 42,0 % stieg (Lizenzen, Stempelgebühren, Verbrauchssteuern, Straßen- und Brückenabgaben, Abgaben auf Salz und Fischereiprodukte, Bergbaukonzessionen). Vgl. für die absoluten Zahlen *Hershlag:* Introduction, a. a. O., S. 56 f.

Die zunehmenden Aktivitäten nichtmoslemischer Nationalitäten auf wirtschaftlichem Gebiet – teilweise aufgrund der mit den oben erwähnten Reformen verbundenen Privilegien – bewirkten bei gleichzeitiger Reduktion der »muslimischen *Schari'a*-Institutionen« ein allmähliches Schwinden der »islamischen Sozialbasis«.[38] Trotz der anfänglichen Begeisterung der Bevölkerung für die Säkularisierung begann später der Widerstand durch die »Jungosmanen« gegen die *Tanzīmāt*gesetze, die sie als eine Despotie des Sultans ansahen. Das Schwinden der Machtstellung und die Aufgabe der Privilegien spielten eine ebenso große Rolle wie auch liberale Gedanken der neuen Intellektuellen, die von der modernen Entwicklung in Europa beeinflußt waren. Unter dem geistigen Einfluß des Poeten *Sinasi Efendi* bildete sich eine Allianz, die von einflußreichen Jungosmanen wie *Mustafa Fazil*, *Namik Kemal* und *Ahmad Midhat Efendi* geführt wurde.[39] Sie wiesen – teilweise vom Ausland aus – in ihren Schriften auf den Verfall des Osmanenreiches und seine wirtschaftliche Schwäche, seine geringe technologische Entwicklung gegenüber den europäischen Mächten, seine mangelnde patriotische Erneuerung, seine moralische Dekadenz usw. hin.[40] Aber auch Ansätze einer fundamentalistischen Richtung gehen aus diesen Schriften besonders bei *Namik Kemal* hervor. Die *'Ulamā* nutzten die konservativen Bewegungen zu Ende der *Tanzīmāt*zeit, die mit der politischen Krise der Osmanen[41] verbunden waren, für eigene, oft fundamentalistisch orientierte Zielsetzungen aus.

Mit der Verkündung der Verfassung von 1876 und der Einsetzung des *'Abdulhamid II.* als Sultan wurde zwar die Souveränität nach dem Grundsatz der *Schari'a* dem Sultan übertragen. Da aber der Sultan nach der Ideologie des »konstitutionellen Absolutismus«[42] regierte, wurde durch seine Machtfülle auch die *Schari'a* zurückgedrängt. Die ins Stocken geratenen Reformen der späten *Tanzīmāt*zeit wurden nun größtenteils in rascher Folge fortgesetzt.

[38] *von Sivers:* Die Imperialdoktrin, a. a. O., S. 41.

[39] Vgl. hierzu besonders *Berkes:* The Development, a. a. O., S. 208 ff.; ferner *Lewis:* The Emergence, a. a. O., S. 133 ff.

[40] Die Übersetzung einiger Passagen von Texten der Jungosmanen findet sich bei *Mardin:* The Mind of the Turkish Reformer, a. a. O., S. 40 f.

[41] Sie ging wiederum mit verlustreichen Kriegen auf dem Balkan und gegen Rußland einher.

[42] *Berkes:* The Development, a. a. O., S. 209 ff. und S. 153 ff.

Die hiermit verbundene Weiterentwicklung von Industrie und Handel sowie von Verkehrs- und Kommunikationsmitteln bewirkte ein zunehmendes Engagement ausländischen Privatkapitals. Am Ende des Osmanenreiches wurde die Entwicklung durch die folgenden vier Strömungen maßgeblich beeinflußt:[43]

1. Die Bewegung des *Osmanismus,* dessen Ideologie auf der Gleichheit aller Nationalitäten im Osmanischen Reich basierte, um den Zusammenbruch des Vielvölkerstaates zu vermeiden. Dazu waren die *Osmanisten* bereit, mit den Minoritäten zusammenzuarbeiten, ihnen sogar innerhalb eines konföderativen Systems Autonomie zuzugestehen. Aus der Sicht der religiösen Reformen waren sie säkular.
2. Der *türkische Nationalismus,* der als Gegenstück zum *Osmanismus* auf die nationale Identität der Türkei pochte und den Nationalismus der Nichtmoslemvölker des Reiches bekämpfte. Die Vertreter des *türkischen Nationalismus* strebten nach einem zentralistischen, von türkischer Tradition und Kultur beherrschten osmanischen Staat. Sie betrachteten den orthodoxen Islam als fortschritthemmend.
3. Der *Modernismus,* der die »Verwestlichung« anstrebte, um den Entwicklungsstand westeuropäischer Staaten zu erreichen. Diese Bewegung erforderte tiefe Eingriffe in rechtlich-institutionelle Rahmenbedingungen.
4. Der *Panislamismus,* der eine Wiederbelebung des Islams anstrebte, weil er den Zerfall des Reiches auf Übernahme westlicher Ideologien und Institutionen zurückführte. Die *Panislamisten* vertraten die Ansicht, daß der Islam durchaus der westlichen Entwicklung angepaßt werden könne, wozu einmal eine Wiederbesinnung auf die Ideologie des Islams und seine Werte erforderlich sei und zum anderen der Islam selbst reformiert werden müsse, da seine Struktur durch die Praxis der despotischen islamischen Herrscher zu sehr erstarrt sei. Sie forderten eine Vereinigung islamischer Völker

[43] Auf die Einzelheiten dieser Bewegungen kann hier nicht eingegangen werden. Die Grundideen der Bewegungen werden insofern skizziert, als sie für den Wandel in Richtung einer liberal-säkularen Entwicklung entscheidend waren. Zur ausführlichen Darstellung vgl. *Berkes:* The Development, a. a. O., S. 253 ff.; ferner *Hershlag:* Introduction, a. a. O., S. 51 ff.; *Shaw:* Das Osmanische Reich, a. a. O., S. 136 ff.; *Mardin:* The Mind of Turkish Reformer, a. a. O., S. 39 ff. sowie *von Sivers:* Die Imperialdoktrin, a. a. O., S. 43 ff.

gegen den im islamischen Staatenbereich sich rasch verbreitenden europäischen Kolonialismus.[44]

Im Osmanenreich konstituierte sich aus den vier genannten Bewegungen schließlich das »Komitee für Fortschritt und Einheit« (Ittihad we Terraqi Gemiyyetti), das in Europa unter der Bezeichnung der »Jungtürken« bekannt ist. Die Vorstellungen der Jungtürken liefen zwar in verschiedene Richtungen; allen gemeinsam waren jedoch ihre Gegnerschaft zur absolutistischen Diktatur des Sultans *'Abdulhamid II.* und die Befürwortung der Wiederherstellung der parlamentarischen Verfassung von 1876.[45] Mit dem Sturz und der Abdankung des Sultans versuchte nun dieses die Regierungsgewalt übernehmende Komitee (1908–1918), eine völlig säkulare Entwicklung der Wirtschaft und Gesellschaft einzuleiten. Die restlichen Einflüsse der *Schari'a* in Bezug auf die Rechtsprechung und Erziehung wurden durch die Trennung von Staat und Religion beseitigt. Das Zivilrecht wurde eingeführt, die religiösen Schulen durch öffentliche Schulsysteme ersetzt, die Nationalbank sowie andere Banken und Genossenschaften gegründet. Auf allen politischen, wirtschaftlichen und gesellschaftlichen Ebenen wurde mit der Reformierung nach westeuropäischem Muster begonnen.[46] Die Jungtürken setzten damit nicht nur die in Ansätzen verwirklichten Reformen der *Tanzīmāt*periode fort, sondern legten den Grundstein für den späteren türkischen Nationalismus und Säkularismus. Ab 1924 wurden die Reformen mit der Abschaffung des Kalifats und des Sultanats sowie der Errichtung der Türkischen Republik von *Mustafa Kemal Atatürk* energisch fortgeführt.

[44] In diesem Zusammenhang muß erwähnt werden, daß die *panislamistische* Bewegung bereits in anderen Teilen des Reiches eine sehr starke Anhängerschaft hatte. Sie wurde von dem bekannten *Panislamisten* und islamischen Reformator *Saiyed Djamāluddīn al-Afghānī* initiiert, der bereits in Ägypten, im Iran, in Afghanistan, in der Türkei selbst und sogar in Europa den Verfall des Islams und seiner Macht verurteilte. Auf diesen Zusammenhang, der einen bedeutenden Wandel im islamischen Denken ermöglichte, wird später näher eingegangen.

[45] Vgl. *Berkes:* The Development, a. a. O., S. 304 ff.

[46] Im einzelnen vgl. ebenda sowie *Lewis:* The Emergence, a. a. O., S. 222 ff.

III. Der Wandel im arabischen Islam: Ägypten

Im arabischen Sprachraum, in dem die arabisch-islamische Tradition der *Sunna* am stärksten ausgeprägt war, spielte der Wandel in der islamischen Lehre und in der Wirtschaft eine erhebliche Rolle.

In Ägypten dominierte bereits in der *Umaiyāden-* und *Abbāsiden*zeit zunächst die *Māliki-*, dann die *Schāfi'ī*-Schule der *Sunna,* die unter der *Tūlūniden*herrschaft zur Blüte gelangte.[47] Die *Fātimiden,* eine schi'itische Dynastie, die ihre Abstammung von der Tochter des Propheten *Fātima* und Gattin des 4. Kalifen *Ali* ableiteten, verdrängten jedoch mit ihrer Machtentfaltung in Nordafrika die sunnitische Richtung, so daß die *Schi'a* die vom Staat bevorzugte Religion wurde.[48] Erst nach dem Sieg des Sultans *Saladin (Salāhuddīn) Ayūbī* über die *Fātimiden* im Jahre 1171 wurde die sunnitische Rechtsschule für Ägypten wieder maßgebend.[49]

Die nachfolgenden *Mamluken* konnten zwar das Land straff organisieren, unterdrückten jedoch die bäuerliche Bevölkerung durch ihre harten Besteuerungs- und Lehnsysteme, die sich allerdings vom System anderer islamischer Herrschaften nicht grundsätzlich unterschieden. Die Einnahmen aus den Lehen *(Iqta')* wurden vorwiegend für den Unterhalt der Truppe (2/3) und für den Lehnsherrn (1/3)

[47] *Ahmad ibn Tūlūn* wurde vom *'Abbāsīden*kalifen zunächst als Gouverneur von Ägypten eingesetzt. Er war der Begründer der Tūlūnīdenherrschaft in Ägypten (869–906).

[48] Die *Fātimīden* (909–1171) verweigerten den *'Abbāsīden* den Kalifatsanspruch. Ursprünglich gelang es ihnen, ihre Macht in Maghreb zu behaupten, sie verlegten jedoch mit der Eroberung Ägyptens ihren Sitz von Maghreb nach Kairo (969).

[49] Die *Al Azhar*-Moschee, die Hohe Schule des Islams und Geburtsstätte der späteren ersten Universität im Islam, gegründet zunächst von *Fātimīden,* wurde dann die Hochburg der traditionellen islamischen Rechtsschule der *Sunna,* deren Einfluß auf die islamische Rechtstheologie bis heute ungebrochen geblieben ist.

verwendet. Die Eroberung durch die *Osmanen*[50] brachte Ägypten die die eigene Herrschaft sichernde Politik der *divide et impera.*[51] Die orthodoxe islamische Lehre vollzog sich dabei in der Verwaltung und in der Wirtschaft weitgehend nach dem osmanischen Muster. Das Osmanische Reich erhielt Tributzahlungen aus Ägypten. In den eroberten Gebieten, wo die Untertanen zu *Kharadj*-Abgaben verpflichtet waren, wurden diese Abgaben in Lehnsysteme vorwiegend des *Iltisām* umgewandelt. Die herrschende Klasse in Ägypten, die *Mamlukenbeys,* vom osmanischen Sultan als *Multasims* bestellt, holten sich ihre Einnahmen wiederum durch die Ausbeutung der Land- und Stadtbewohner.

Mit dem langsamen Verfall des Osmanenreiches erhielten die *Mamlukenbeys* zwar weitgehende Autonomie, die anteilige Zahlung der Einnahmen jedoch mußte bis zur Eroberung Ägyptens durch Napoleon weiterhin geleistet werden.[52]

1. *Neue Reformansätze*

Durch die Kontakte mit dem Westen (Frankreich und England) einerseits, und durch die zunehmenden Auflösungstendenzen des Osmanenreichs andererseits kamen reformistische und modernistische

[50] Eine türkische Sklavendynastie im Dienste der *Ayūbiden,* die 1250 in Kairo selbst die Macht übernahm. Die *Seldschuken* errichteten eine elitäre Militäraristokratie. Mit dem Verfall der Wirtschaft (Gewürzhandel, Gold) und der Öffnung des Seeweges um Afrika sowie den langandauernden Kriegen außerhalb ihrer Machtgrenzen wurden sie geschwächt. Im Jahre 1517 wurden sie schließlich durch den Osmanen-Sultan *Selim* unterworfen. In der Osmanenzeit blieben sie im Dienste des Sultans und genossen als Gouverneure, Militärs, Steuerpächter und Verwalter in Ägypten und Syrien weiterhin Ansehen und Macht.

[51] Vgl. hierzu *A. L. al Sayyid Marsot:* Die ostarabische Welt von Ägypten bis zum Irak einschließlich des Sudans. In: Der Islam II. Die islamischen Reiche nach dem Fall von Konstantinopel, Frankfurt 1971, S. 326 ff. (im folgenden zitiert als *Marsot:* Die ostarabische Welt). Vgl. ferner *A. E. Crouchley:* The Economic Development of Modern Egypt, London 1938; *Ch. Issawi:* Egypt. An Economic and Social Analysis, Oxford 1947.

[52] Dieser Anteil schwankte zwischen 15 und 25% der Einnahmen des *Multasims.* Durch die Verschuldung wegen der harten Besteuerung und unter dem Druck der Zinslasten – obwohl nach islamischer Lehre verboten – verloren die Bauern ihr Land zumeist an die als Kreditgeber auftretenden *Multasims.* Vgl. hierzu *Hershlag:* Introduction, a. a. O., S. 79.

Bewegungen in Gang, die insbesondere durch den Nationalismus geprägt wurden. Zwei Strömungen waren deshalb für das Bestreben des Modernisierungsprozesses maßgebend: Zum einen der *ägyptische Nationalismus* und zum anderen der *islamische Reformismus.*
Der *ägyptische Nationalismus* strebte nach der Unabhängigkeit Ägyptens. Er zielte zunächst auf die Beendigung der osmanischen und der europäischen Herrschaft gegen Ende des 19. beziehungsweise zu Anfang des 20. Jahrhunderts.[53] Der durch den Nationalismus bedingte Wandel zum Modernismus in Ägypten zielte in erster Linie auf eine Verbesserung der Grundlagen für die wirtschaftliche Entwicklung. Die Unterdrückung der Landbevölkerung, die durch das *Iltisām*-System der Türkenherrschaft mitverursacht worden war, wurde in den Jahren 1804 bis 1914 durch *Mohammed ʿAlī Pāschā* beseitigt, der ein neues Besteuerungssystem sowie eine Landreform mit neuen Landnutzungsrechten einführte.[54] Darüber hinaus wurden von ihm und seinen Nachfolgern nach westlichem Muster Bestrebungen in Gang gesetzt, die zur Verbesserung und Weiterentwicklung der Landwirtschaft, des Verlagssystems, der Konsumgüterindustrie (Tabak, Textilindustrie) sowie des Verkehrswesens (Eisenbahnbau, Brücken und Suez-Kanal) dienten. Der islamische Reformismus strebte eine übereilte, teilweise rücksichtslose Modernisierung an. Die spätere Abschaffung der *Djisya*-Steuer und nicht zuletzt wohl auch die verfolgte Strategie einer Isolierung der *ʿUlamā* durch die Ablehnung ihrer traditionellen Beteiligung an dem Staatsrat sowie durch eine Verminderung ihrer ökonomischen Macht führten zu einem grundlegenden so-

[53] Er wird im Rahmen dieser Untersuchung ausgeklammert, da er, obwohl für die politische Entwicklung wichtig, für die Beantwortung unserer Fragestellung jedoch nicht unmittelbar relevant ist. Zu bemerken ist lediglich, daß sich der Nationalismus in Ägypten nicht nur gegen die Beendigung der Osmanenherrschaft, sondern auch gegen die absolutistische Machtausübung der eigenen *Khedive* richtete. Die Herrschaftsperiode von *Mohammed ʿAlī Pāschā* (1805–1849) bildete dabei den Höhepunkt der politischen und sozioökonomischen Reformbewegung. Sie war nicht nur für die spätere Entwicklung Ägyptens von besonderer Bedeutung, sondern für die gesamte arabische Welt.

[54] Die Beseitigung des *Iltisām*-Systems konnte allerdings die Entstehung neuer Klassen nicht verhindern. Die Vergabe von *ʿAbādīya*-Land (vom Kataster nicht erfaßtes Land) und von *Uduriye*-Land (zehntverpflichtetes Land) führte zur neuen Klasse der Grundbesitzer. Darüber hinaus mußte mit der Landflucht der Bauern, die durch die hohen Abgaben verursacht wurde, die Konzentration des Landbesitzes in den Händen der Großgrundbesitzer unvermeidlich werden.

zioökonomischen Wandel und zu einer Zerstörung der religiösen Institutionen.[55] Sie lösten deshalb den Widerstand der *'Ulamā* aus, die in den Reformen von *Mohammed 'Alī Pāschā* die islamischen *Schari'a*-Gesetze gefährdet sahen. Da jedoch die *'Ulamā* in der Herrschaftsperiode von *Mohammed 'Alī* und seinem Sohn stark unterdrückt wurden, konnten sie erst später – unter der Herrschaft von *Khedive Ismā'īl* (1863–1879) – auf eine Wiederbelebung islamischer Institutionen drängen.[56] Um einen Rückfall in die orthodox-konservativen Grundsätze zu vermeiden, versuchte die Regierung mit einer Doppelstrategie, den Einfluß der *'Ulamā* zu minimieren. Auf der einen Seite wurden die religiösen Einrichtungen gefördert, andererseits wurde aber auch versucht, durch die Schaffung von konkurrierenden Institutionen die liberal-säkularistischen Einrichtungen zu forcieren, allerdings mit dem Ziel, den Einfluß der *Schari'a*-Institutionen allmählich völlig abzubauen. Die Folge einer solchen Politik war die Schaffung eines institutionellen Dualismus: Auf der einen Seite existierte das *Schari'a*-Recht, das traditionelle Schulsystem (Medressen und Koranschulen) und das auf persönliche Beziehungen beschränkte Privatrecht (Ehe-, Scheidungs- und Erbrecht). Auf der anderen Seite existierte das säkulare Rechtssystem, das moderne, nach europäischem Muster aufgebaute Schulwesen und das Zivilrecht. Der traditionelle Sektor beharrte auf der islamischen Orthodoxie; der moderne Sektor versuchte, sie zu verdrängen.[57] Im Grunde besteht dieser Dualismus nicht nur in Ägypten oder in den arabischen Staaten, sondern in allen

[55] Vgl. hierzu besonders *G. Baer:* Social Change in Egypt. 1800–1914. In: *P. M. Holt* (ed.): Political and Social Change in Modern Egypt, London 1968.

[56] Vgl. hierzu *A. L. S. Marsot:* The Beginning of Modernization among the Rectors of al-Azkar, 1798–1879. In: *W. R. Polk, R. L. Chambers* (eds.): Beginning of Modernization in the Middle East. The Nineteenth Century, Chicago, London 1968, S. 267 ff.

[57] Vgl. *D. Crecelius:* The Course of Secularization in Modern Egypt. In: *J. L. Esposito (ed.):* Islam and Development. Religion and Sociopolitical Change, Syracuse 1980, S. 59.

islamischen Nationen bis zum gegenwärtigen Zeitpunkt, wobei wechselweise die orthodoxen oder die modernistischen Kräfte überwiegen.[58]

Diese Gegensätze konnten ansatzweise dadurch überwunden werden, daß modernistische beziehungsweise reformistische Strömungen, die infolge des islamischen Totalitätsanspruchs im Sinne der Einheitlichkeit der *Umma* nicht nur auf die arabischen Länder beschränkt blieben,[59] sondern sich auf die gesamte islamische Welt erstreckten, eine panislamische Richtung einschlugen.

2. *Panislamistischer Modernismus*

Der erste Ansatz zur Reformierung des Islams, der nicht nur auf den arabischen Sprachraum beschränkt blieb, geht auf *S. Djamālud-dīn al-Afghānī*[60] und seinen Schüler *M. ʿAbduh* zurück und wurde später von *M. Raschīd Riḍā* weitergeführt. Er war von politisch- und geistig-religiösen Grundelementen bestimmt.

[58] In diesem Zusammenhang ist zu erwähnen, daß auch eine andere Art von Dualismus des Rechtswesens für Ägypten typisch war. Durch den großen Einfluß des Auslands (Frankreich und England) wurde 1873 die Mischgerichtsbarkeit in Ägypten eingeführt. Unter dieses »Mixed Law« fielen alle Dispute zwischen den Ägyptern und Ausländern und zwischen den Ausländern untereinander, wobei wegen der Mehrheit der ausländischen Vertreter in allen Rechtsinstanzen ihre Interessen sehr kontrolliert wurden. Diese Situation bestand bis kurz vor dem Ersten Weltkrieg, als Ägypten offiziell zum britischen Protektorat deklariert wurde. Ägypten hatte somit ein Nebeneinanderbestehen des Zivilrechts, das nach dem osmanischen Zivilrecht (Hatte Humayun) geregelt wurde, des *Scharīʿa*-Rechts, die religiöse Gerichtsbarkeit der Nichtmuslime, und des genannten, die Interessen der Ausländer und des Auslands wahrnehmenden Konsularrechts. Vgl. *Hershlag:* Introduction, a. a. O., S. 116 f. Zur weiteren Literatur sei verwiesen auf den Sammelband *P. M. Holt* (ed.): Political and Social Change in Modern Egypt, London 1968. Sehr anschaulich wird die Situation beschrieben von *A. E. Crouchley:* The Economic Development, a. a. O.

[59] Vgl. zur näheren Erläuterung *A. Hourani:* Arabic Thought in the Liberal Age 1798–1939, New York, London 1962.

[60] *Al-Afghānī* (1839–1897) wirkte in Afghanistan (1892–1897), im Iran (1886 und 1889–1891), in der Türkei, in Ägypten (1871–1879) und in Indien (1879–1883). Zusammen mit Scheich *Mohammad ʿAbduh* (1849–1905) gab er in Paris 1884 die Zeitschrift »Urwa al-Wathqa« (Das unauflösliche Band) heraus, in der die panislamistische Idee der Einheit aller islamischen Staaten vertreten wurde. Zum politischen Werdegang *Al-Afghānīs* vgl. besonders *H. Pakdaman:* Djamal-ed Din Assad Abadi dit Afghani, Paris 1969.

Auf *politischer Ebene* wurde versucht, die Einheit der islamischen Staaten, die im wesentlichen durch den Verlust der »Mobilisierungsfunktion« des Islams verlorengegangen war, wiederzugewinnen. Die Erfahrungen aus den Konfrontationen mit den überlegenen europäischen Mächten, die aus den fortwährenden Niederlagen der islamischen Staaten während der Kolonial- und Imperialzeit (Osmanenreich, Ägypten und Nordafrika sowie Indien) gewonnen worden waren, bildeten bestimmende Elemente ihrer Agitation.[61] Dazu versuchten sie, die Idee der Einheit der islamischen Gemeinschaft, wie sie beispielsweise in der frühislamischen Gemeinde verwirklicht gewesen war, zu verherrlichen und zu reaktivieren. Aufgrund der unterschiedlichen dynastischen Interessen der islamischen Herrscher, der unterschiedlichen Staatsinteressen, der unterschiedlichen nationalistischen Strömungen in der islamischen Welt und schließlich aufgrund der unterschiedlichen religiösen Grundlagen *(Sunnismus* und *Schi'ismus)* konnte die panislamische Idee von einer Einheit islamischer Staaten jedoch nur eine Wunschvorstellung bleiben. Diese Gedanken übten dennoch auf die späteren moslemischen Denker und Politiker sowie auf nationalistische Bewegungen einen nachhaltigen Einfluß aus.

Auf *geistig-religiöser Ebene* wurde zunächst versucht, der verbreiteten Idee, wonach der Islam als hemmender Faktor für soziale und politische Entwicklungen zu betrachten sei, entgegenzuwirken. Sie bemühten sich nicht nur darum, die Vereinbarkeit zwischen der islamischen Lehre und der modernen Wissenschaft zu erklären, sondern darüber hinaus die Überlegenheit des Islams gegenüber anderen religiösen Ideologien zu demonstrieren. Die Diskrepanz zwischen dem orthodoxen Islam und dem modernen Fortschritt wurde zu überwinden versucht.[62] So ist einerseits die Begeisterung für europäische Wissenschaft und Technologie, sogar für den Individualismus, der den sozialen Fortschritt in Europa ermöglicht hatte, zu erklären, andererseits aber auch die Anprangerung der einseitig an der orthodoxen Tradition ausgerichteten Lehre der *'Ulamā,* die sich auf das individu-

[61] Vgl. hierzu besonders *N. Keddie:* An Islamic Response to Imperialism. Political and Religious Writings of *Sayyid Jamal ad-Din »al-Afghani«,* Berkeley, Los Angeles 1968 (im folgenden zitiert als *Keddie:* An Islamic Response); *E. Kedourie:* Afghani and Abduh. An Essay on Religious Unbelief and Political Activism in Modern Islam, London 1966 sowie *A. Hourani:* Arabic Thought, a. a. O.

[62] Vgl. hierzu besonders *Büttner:* Islamische Reformen, a. a. O., S. 76.

elle sowie soziale Verhalten der Moslems negativ auswirkte, sowie einer Anspassung an die moderne Entwicklung des 19. Jahrhunderts entgegenstand. *Afghānī,* aber in noch stärkerer Form *M. ʿAbduh,* machten nicht zu Unrecht die *ʿUlamā* in besonderem Maße für das Schicksal der islamischen Völker verantwortlich, weil diese eine die Massen stark beeinflussende Erziehungsfunktion ausübten,[63] die ihrerseits von einer erstarrten Orthodoxie bestimmt war. Merkwürdigerweise konnte *Afghānī* zur Überwindung der Orthodoxie der *ʿUlamā* keine Alternative aufzeigen.[64] Die Diskussion über eine Wiederbelebung des Prinzips des *Idjmāʿ* und des *Idjtihāds*[65] wäre angesichts veränderter Verhältnisse in den islamischen Ländern ein Ansatz gewesen, die islamische Lehre von der strengen Orthodoxie, zunächst in ihren Teilbereichen, zu lösen. Das gleiche gilt in Bezug auf *Idjmāʿ* auch für *M. ʿAbduh* und für *Raschīd Ridā.* Allerdings betrachteten diese es als legitim, in Fragen des Gemeinwohls *(Maslaha)* das Instrument des *Idjtihāds* anzuwenden und damit in einer entscheidenden Frage das *Schariʿa*-Recht zu reformieren. »Sie verfolgten dabei das Ziel, die traditionellen vier Rechtsschulen zu überbrücken und ein einheitliches, modernes System des islamischen Rechts zu schaffen sowie auch das islamische Erziehungswesen und die politischen Institutionen den Gegebenheiten ihrer Zeit anzupassen.«[66] Die Wiedereinführung des *Idjtihāds* – und damit eine Teilrückgängigkeit der *Schariʿa,* die bis dahin als unabänderlich galt – war in Ägypten, das auf andere arabische Nationen in kultureller Hinsicht erheblichen Einfluß ausübte, ein beachtlicher Fortschritt bezüglich einer Gestaltung reformistischer Urteilsfindungen, die die Kompatibilität der islami-

[63] Vgl. hierzu *Keddie:* An Islamic Response, a. a. O., S. 123 f.

[64] Vielleicht ist der Grund hierfür in seinem politischen Wirken in mehreren islamischen Staaten zu sehen, in denen die Orthodoxie machtvoll und unantastbar war. Das Verlangen nach einer grundlegenden Reform der *Sunna* bzw. der *Schīʿa* hätte bei der Machtstellung der orthodoxen *ʿUlamā* für ihn die Gefahr der *Takfīr* (Exkommunikation) bedeutet, die ihn politisch ausgeschaltet und sein Leben gefährdet hätte.

[65] Zu den Begriffen vgl. den 1. Teil dieser Arbeit.

[66] *Büttner:* Islamische Reformen, a. a. O., S. 80.

schen Lehre mit den sich anbahnenden sozialen und wirtschaftlichen Änderungen gewährleisten konnte.[67]

Wenn es *Afghānī* und *'Abduh* auch nicht gelingen konnte, die Orthodoxie zu brechen, so gaben sie dennoch bedeutende Anstöße für den Reformismus und für institutionelle Erneuerungen[68] in den islamischen Staaten. Die liberal-politischen und modernistisch-religiösen Denkströmungen des zwanzigsten Jahrhunderts gehen ebenso auf die von ihnen entwickelten Denkanstöße zurück[69] wie die Entwicklung des neoorthodoxen *Wahābismus* in Saudi-Arabien und des aktivistischen *Salāfismus*.[70]

[67] Dabei ist zu bemerken, daß *Abduh* zeitweilig der Rektor der bedeutenden islamischen Universität Al-Azhar und der mit der Rechtssprechung beauftragte Großmufti Ägyptens war. Sein Urteil (Fetwā) im Jahre 1903 bezüglich des Verbots bzw. der Vereinbarkeit von Bankzinsen mit den Lehren des Islams war mit ausschlaggebend für das Entstehen des Finanz- und Bankwesens in Ägypten, da es ohne Umgehung und Ausflüchte die verschwommenen islamischen Rechtsprinzipien klärte und die Grenzen zwischen den verbotenen und erlaubten Zinsen beschrieb. Vgl. *Hershlag:* Introduction, a. a. O., S. 113.

[68] Zur weiteren Erläuterung vgl. *Holt* (ed.): Political and Social Change, a. a. O.

[69] Dabei ist zu erwähnen, daß die arabischen Reformatoren ab Mitte des 19. Jahrhunderts nicht die Absicht hatten, mit dem traditionellen Islam zu brechen, während die türkischen Reformer mit der Reformierung des Islams noch wesentlich weitergehende Ziele verfolgten. Vgl. hierzu *E. Salem:* Arab Reforms and the Reinterpretation of Islam. In: Muslim World, Bd. 60 (1965), S. 311 ff.

[70] Vgl. hierzu im 3. Teil Abschnitt IV dieser Arbeit.

IV. Der Prozeß des Wandels im Iran

Anders als im Osmanenreich und im arabischen Sprachraum verlief der Prozeß des Wandels im Iran. Der Grund hierfür war der Tatbestand, daß seit den *Safawiden* der *schi'itische* Islam persische Staatsreligion geworden war. Eine kurze Skizzierung wesentlicher Merkmale der *Schi'a*-Ideologie ist deshalb für das Verständnis des historischen Wandels der Gesellschaft sowie für die neuzeitliche Entwicklung im Iran von besonderer Bedeutung.

1. *Die besondere Rolle der Schi'a-Ideologie*

An früherer Stelle wurde bereits angeführt, daß sich die Spaltung zwischen dem *sunnitischen* und *schi'itischen* Islam ursprünglich wegen der formalen Frage der Nachfolgeschaft des Propheten ergab.[71] Viel wichtiger aber war die sachliche Begründung für die Spaltung. Während die *Sunniten* in der Herrschaft aller vier Kalifen das Idealbild der Gemeinschaft von Medina verwirklicht sahen, sahen die *Schi'iten*

[71] Während die *Sunniten* die Nachfolgeschaft, die historisch vollzogen war, als rechtmäßig betrachteten, sahen die *Schi'iten,* die Anhänger der Partei *'Alīs,* dem vierten Kalifen (656–661), nur in ihm und der Familie des Propheten die rechtmäßige Nachfolgeschaft, weshalb er auch als erster *Imām* bezeichnet wird. Aus dem Begriff *»Schi'at 'Alī«* (die Anhänger der Partei *'Alīs*) ist erst später der *Schi'ismus* entstanden, dessen Inhalt zunächst die alleinige Verehrung *'Alīs* war, die später aber auch auf seine Familie, seine beiden Söhne und schließlich auf die Nachkommen der nahen Verwandten des Propheten ausgedehnt wurde. Die Rechtmäßigkeit des Wirkens der übrigen Kalifen wurde von ihnen nicht anerkannt; sie wurden als Usurpatoren betrachtet. In der späteren Entwicklung ergaben sich auch hier verschiedene Richtungen.

nur in dem Kalifat von *'Alī* wegen seiner engen verwandtschaftlichen Bindung zu dem Propheten die Verwirklichung der vom Propheten geprägten Tradition, das heißt die Erreichung des von ihm verwirklichten Idealbildes. Die Überzeugung, daß das *Imāmat* den direkten Nachfahren *Mohammeds* vorbehalten bleiben müsse und die *Imāme* die geistige Führung der Moslems auszuüben hätten, prägt in erster Linie zwar das religiöse, aber durch ihren Einfluß auf die weltliche Herrschaft auch indirekt das übrige Weltbild der *Schi'a.*
Ein anderes, die *Schi'a* von der *Sunna* trennendes Merkmal, das auch für die Auslegung der islamischen Lehre von eminenter Bedeutung ist, ist das bereits an früherer Stelle dargestellte Prinzip der selbständigen individuellen Interpretation und Urteilsfindung in theologisch-rechtlichen Fragen, der *Idjtihād.* Während der orthodoxen *Sunna* die Anwendung dieses Prinzips untersagt bleibt, akzeptiert die *Schi'a* den *Idjtihād,* der allerdings nur von *Mudjtahids* ausgeübt werden darf, Rechtsgelehrte, die aufgrund ihrer intellektuellen Fähigkeiten und ihrer religiösen Authentizität dazu prädestiniert sind.[72]
Ein weiteres Merkmal, das das *schi'itische* Denken dominiert und von der *sunnitischen* Glaubensrichtung deutlich abhebt, ist, wie *Watt* treffend feststellt, »the ideal of charisma, either personal or familial or devinely bestowed, attaching to particular leaders«.[73] Während grundsätzlich der »eigentliche Herrscher« im islamischen Gemeinwesen Gott ist und der »Prophet« als Überbringer des göttlichen Gesetzes mit unmittelbarer Inspiration durch den Schöpfer begnadet ist[74], wird bei den Nachfolgern des Propheten und den ihnen folgenden Herrschern diese Einheitlichkeit des »Herrscherkonzeptes« zwischen den *Sunniten* und *Schi'iten* in Frage gestellt. Während die besondere Charakteristik im *Schi'itentum* »der Kult der charismatischen Herrschaft« verbunden mit der Person des Imāms ist, welcher nach der

[72] Daraus entwickelte sich später eine Theologenhierarchie, an deren Spitze ein oberster *Mudjtahid* oder einige *Mudjtahids* stehen.

[73] *M. W. Watt:* The Significance of the Early Stages of Imami Schiism. In: *N. R. Keddie* (ed).: Religion and Politics in Iran, New Haven, London 1983, S. 21 f. (im folgenden zitiert als *Watt:* The Significance).

[74] *T. Nagel:* Staat und Glaubensgemeinschaft im Islam. Geschichte der Ordnungsvorstellung der Muslime, Bd. II, Zürich und München 1981, S. 332 (im folgenden zitiert als *Nagel:* Staat II).

[75] *Watt:* The Significance, a. a. O., S. 22.

schi'itischen Lehre »zu einer von Gott inspirierten Figur erhoben«[76] wird, akzeptiert die *Sunna* die Legitimität der bereits historisch vollzogenen Nachfolge als Treuhänderschaft für die Ausübung göttlicher Gesetze. Ferner ist die »messianische Identität« des *Mahdi* im *Schi'itentum* bekannt, da es diese Identität in der Person des »verborgenen« 12. Imam sieht, während diese »messianische Identität« des *Mahdi* in der *Sunna* völlig unbekannt ist.[77]
Darüber hinaus ist im *Schi'itentum* die Vorstellung »of the transmission of authority by designation, an idea which appears to be closely associated with the belief that the ideal form of rule is authocratic,«[78] während im *Sunnitentum* die Herrschaft als »rationales Phänomen« betrachtet wird und durch die Institution der »Konsultation« den spezifisch autokratischen Charakter des *Schi'itentums* entbehrt. Diese Besonderheiten der *Schi'a*-Ideologie spielen vor allem bei der heutigen Herrschaft und der Entstehung ihrer spezifischen sozioökonomischen Ideologie – wie später zu zeigen sein wird – eine besondere Rolle.[79]

2. *Der Wandel bis zu den säkularen Reformen der 20er Jahre*

Ungeachtet der Unterschiede beider islamischer Richtungen verlief die Entwicklung im Iran in der *Abbāsiden*zeit und in der Nachfolgeperiode bis zur Errichtung der *Safawiden*dynastie (1502) nicht anders als in der übrigen islamischen Welt, da die Bewohner Persiens mehr-

[76] *Nagel:* Staat und Glaubensgemeinschaft, Bd. II., a. a. O., S. 343.
[77] Vgl. *Watt:* The Significance, a. a. O., S. 22. Zur messianischen Vorstellung über den »verborgenen« Imām in der Zwölfer*schi'a* vgl. *A. A. Sachedina:* Islamic Messianism: The Idea of the Mehdi in Twelver Islam, Albany 1981, sowie besonders *Y. Richard:* Der verborgene Imam. Die Geschichte des Schiismus im Iran, Berlin 1983.
[78] *Watt:* The Significance, a. a. O., S. 22.
[79] Nach *Watt* könnte die *'Ulamā* im *Schi'ismus* die Funktionen des *Imāms* vertreten, was bis zur Revolution von 1979 nicht geschehen war. Die Stellvertretung des *Imāms* durch einen *Wakīl* wäre ein Ansatz zu dieser »autokratischen« Tradition der *Schi'a,* was allerdings eine Führung mit spezifischer Begabung, Einsicht und Phantasie voraussetzt. Vgl. ebenda, S. 32.

heitlich *Sunniten* waren.[80] Die traditionelle Lehre blieb unverändert. Erst mit der Ausbreitung des Machtbereichs der *Safawiden* durch *Schāh Ismā'īl* und seine Nachfolger, mit der Erhebung der *Schi'a* zur Staatsreligion sowie mit der Verfolgung der *Sunniten* entfaltete sich die *Schi'a*-Richtung im persischen Herrschaftsbereich.[81] Durch die Begünstigung der *schi'itischen* Führer der *Qisilbasch*-Stämme, der *Saiyids* (Nachkommen des Propheten) und der *schi'itischen 'Ulamā* entstand eine herrschende Klasse,[82] die wie beim Osmanenreich mit Lehen bedacht wurde, so daß auch hier eine ähnliche Dreiteilung des Bodenbesitzes entstand.

Das Land befand sich teils im Besitz des Staates *(Diwān* und *Chassa)*, teilweise – als Lehen – im Besitz der herrschenden Klasse, teils in Privateigentum *(Milk)* und teils in Besitz religiöser Stiftungen *(Waqf, Awqāf)*.[83] Während die Steuerlast, wie in den übrigen islamischen Staaten, vorwiegend von den Bauern getragen wurde,[84] erlangten die herrschende Schicht der Lehnsträger und die *'Ulamā* aufgrund ihrer Begünstigung und Steuerbefreiung eine zunehmende wirtschaftliche und politische Machtstellung. Neben den Grundsteuern,[85] der Haupteinnahmequelle des Staates, wurde eine Reihe von Steuern und Abgaben auf den Handel (Teppiche, Seide, Keramik), auf Verbrauchsgüter und die Einkommen der städtischen Bewohner erhoben. Durch

[80] Vgl. *N. R. Keddie:* Iran und Afghanistan, Kap. 2 des Bandes: Der Islam II, a. a. O., S. 160 (im folgenden zitiert als *Keddie:* Iran). Selbst der geistige Vater der *Safawīden* (1502–1722), Scheich *Safiuddīn* (gest. 1334), war, obwohl türkisch-aserbeidschanischer Abstammung, das Oberhaupt eines *sunnitischen Sūfi*-Ordens. Vgl. hierzu *M. M. Mazzani:* The Origins of the Safawids, Wiesbaden 1972; ferner *Keddie:* Iran, a. a. O., S. 161.

[81] Zu Einzelheiten vgl. ferner *N. R. Keddie:* Iran, Religion, Politics and Society, London and Toronto 1980.

[82] Zur Rolle des *Schi'ismus* in der *Safawiden*zeit vgl. besonders *L. Mazzani:* The Origins of the Safawids, a. a. O.; ferner *R. M. Savory:* Iran under the Safavids, Cambridge 1980.

[83] Die religiösen Stiftungen sind durch Schenkungen und Umwandlungen von Privatvermögen entstanden.

[84] *Keddie* erwähnt einen Bericht des französischen Reisenden *Chardien,* in dem dieser die harte Besteuerung besonders der Landbewohner und deren zusätzliche Ausbeutung durch die Steuerbeamten im späten 17. Jahrhundert feststellt. In dieser harten Besteuerungspolitik sieht *Keddie* eine der Ursachen des späteren Verfalls der *Safawīden*dynastie. Vgl. *Keddie:* Iran, a. a. O., S. 171.

[85] Die Grundsteuern wurden entsprechend der übernommenen islamischen Tradition klassifiziert (regional differenzierte und unterschiedliche Besteuerung des Bodens nach der Qualität, Art der Bewässerung und der Art des Produkts).

die Förderung von Handel und staatlichen Manufakturen erhielten die *Safawiden* zusätzliche Mittel, die ihnen neben der Förderung der kulturellen Einrichtungen auch die Finanzierung kriegerischer Expansionen ermöglichte. Da aber in der Regel die Einnahmen des Staates zur Finanzierung des stehenden Heeres nicht ausreichten, wurden – wie übrigens auch bei den *Osmānen* – die Heeresführer mit Lehnsrechten entlohnt.[86]

Die Macht der *schi'itischen Ulamā*, die zu Beginn der *Safawiden*herrschaft durch die Krone unterstützt und gefördert wurde, verstärkte sich insofern zusehends, als sie – ebenfalls eine privilegierte Schicht der herrschenden Klasse – eine Allianz mit dem in den Städten entwickelten Bürgertum (Kaufleute und Großgrundbesitzer) eingingen.[87] Diese Verbindung – wie später anhand der modernen Entwicklung noch zu zeigen sein wird – spielte im iranischen Entwicklungsprozeß durchgehend eine große Rolle. Sie führte schließlich soweit, daß die *safawidischen* Herrscher von der *'Ulamā* nur solange geduldet wurden, wie sie bereit waren, die *schi'itische* Lehre im politischen, wirtschaftlichen und gesellschaftlichen sowie im Erziehungsbereich aufrechtzuerhalten.[88]

Mit dem Verfall der *Safawiden*dynastie, dem Einfall der *sunnitischen* Afghanen in Persien (1722–1729), dem Einbruch von Peter dem Großen in Georgien und Aserbeidschan sowie mit der Machtübernahme durch *Nādir Shāh Afschār* (1729) wurden die Einflüsse der *Schi'a* zurückgedrängt.

[86] Bedingt durch die geographische Ausdehnung des Reiches erlangten diese Lehnsherren relative Autonomie, da sie faktisch außerhalb des Kontrollbereichs der Zentralregierung agierten, was wiederum mit einer rücksichtslosen Ausnutzung der Landbevölkerung einherging. Die solchermaßen erlangte Finanzkraft ermöglichte häufig die Bildung eigenständiger Teilherrschaften. Zur Verwaltungspraxis der *Safawīden* vgl. *V. Minorsky* (ed.): Tadhkirat al-Mulk: A Manual of Safawid Administration, London 1943.

[87] Vgl. hierzu *A. Tabari:* The Role of Clergy in Modern Iranian Politics. In: *N. R. Keddie* (ed.): Religion and Politics in Iran, New Haven, London 1981, S. 47 ff.

[88] Vgl. *A. Falaturi:* Der Stellenwert des *schi'itischen* Islams im gesellschaftlichen System Irans. In: *Friedrich-Ebert-Stiftung,* a. a. O. *Schi'iten*-Revolten bleiben jedoch auch zu dieser Zeit nicht völlig aus, was teilweise dadurch zu erklären ist, daß die *schi'itischen 'Ulamā* die zunehmende Besteuerung bekämpften, unter der insbesondere die Bauern in stärkerem Maße litten.

Sowohl in der Herrschaftsperiode des *Karīm Khān Zand* (1750–1794) als auch während der *Qādjāren*-Dynastie (1796–1925) wurden keine wesentlichen Reformen durchgeführt. Die Wirtschaft dieser Periode war bis zur ersten persischen Revolution 1905/1906 durch folgende Tatbestände gekennzeichnet:

1. Die kriegerische Auseinandersetzung mit Rußland ab 1797 machte Steuererhöhungen erforderlich. So wurde beispielsweise die Landbesteuerung in der Zeit des *Fateh 'Alī Schāh* von 10% auf 20% erhöht.[89] Der spätere Versuch einer Modernisierung der Wirtschaft und des Finanzsystems durch den Großwesir *Taqī Chān Amīr Kabīr* (1851) blieb bescheiden. Einzelne Maßnahmen in dieser Richtung waren beispielsweise die Umwandlung traditioneller Lehen *(Tiyūl)* in Renten und die Verringerung der Privilegien der herrschenden Klasse. Die beabsichtigte Einführung von Schutzzöllen zum Aufbau von Manufakturen und Industrien konnte aufgrund der mit den Handelsverträgen verbundenen Verpflichtungen gegenüber dem Ausland nicht realisiert werden.[90] Die Bestrebungen, den Einfluß der Geistlichkeit zurückzudrängen und die Steuerbefreiungen der Oberschicht zu beseitigen, blieben vorerst wegen der Interessengegensätze der herrschenden Klasse und der konservativen *'Ulamā* aus. So blieben generell sowohl die Steuerentrichtung – weitgehend in Naturalien – als auch die Steuerverwaltung im 19. Jahrhundert rückständig.[91] Die Steuereintreibung war darüber hinaus nicht einheitlich. Ländereien, für die der Schāh als Treuhänder fungierte, sowie *Waqf*ländereien wurden von der Zahlung der Steuern befreit. Die Grundsteuern wurden teils durch den Großgrundbesitzer, teils aber auch direkt vom Landbebauer entrichtet. Die weitgehende Autonomie der Stammesfürsten setzte dabei dem Steuerertrag der Zentralverwaltung deutliche Grenzen. So war es unvermeidlich, daß der Staat gegen Ende der *Qādjāren*zeit neue Steuerquellen erschließen mußte. Neben der traditionellen Be-

[89] Vgl. *Keddie:* Iran, a. a. O., S. 180 sowie *ders.:* Roots of Revolution, a. a. O., S. 40 ff.

[90] Ein informatives Bild über die Steuerstruktur, -verwaltung und -erhebung dieser Zeit gibt *Morgan Schuster,* der 1911 im Auftrage des *Madjlis,* des Parlaments, mit der Reorganisation der persischen Finanzen beauftragt wurde. Vgl. *W. M. Schuster:* The Strangling of Persia, New York 1912, S. 278 ff.

[91] Als Erfolg der Modernisierung ist die Reform der Armee nach westlichem Muster zu erwähnen. Auf dem Gebiet des Erziehungswesens sind die Verbesserung der Ausbildung und Schulung der Beamten sowie die Gründung der *Dār-ul-Funūn* zu nennen, die als Vorläufer der 1934 gegründeten ersten Universität im Iran gilt.

steuerung von Land, Vieh usw. waren demnach eine Abgabe auf Zukker (3%), auf raffiniertes Petroleum (12%) und auf Import- beziehungsweise Exportgüter (4–5%) zu entrichten.[92] Diese Mehreinnahmen kamen größtenteils der Dynastie und der Armee[93] zugute.

2. Der wachsende ausländische Einfluß (Rußland erneut seit 1800, England seit 1800 über die East-India Company und Frankreich seit dem Finkenstein-Vertrag von 1807) brachte den Iran in das Spannungsfeld der europäischen Mächte.[94]
Während der Iran nach den verlustreichen Kriegen gegen Rußland (1804–1813 und 1825–1828) zu hohen Kriegsentschädigungen und Konzessionen verpflichtet wurde, führte zunächst das Iranisch-Britische Abkommen 1814 und schließlich der Krieg gegen Großbritannien 1856 bis 1867 zu einer zunehmenden britischen Einflußnahme. Die Konzession, insbesondere an den Engländer *Baron de Reuter* 1872, brachte den Verlust iranischer Bodenschätze und iranischer Zolleinnahmen. 1889 wurde die Konzession auf die Ausbeutung der wichtigen Edelmetalle ausgeweitet und die »Kaiserliche Bank von Iran« (Bank Schāh) mit dem ausschließlichen Recht der Notenausgabe gegründet.
Schließlich wurde 1901 die Konzession für die Erdölausbeutung an den Engländer *William Knox D'Arcy* für alle persischen Provinzen mit Ausnahme von fünf nördlichen Provinzen, deren Konzession bereits in russischen Händen war, gewährt.[95] Um aber das Gleichgewicht der russisch-britischen Einflußnahmen und Interessen im Iran nicht einseitig zu gefährden, wurden gleichzeitig auch Konzessionen an Rußland vergeben. Sie führten zum Beispiel 1874 zur Gründung einer russischen Bank, 1876 zur Einräumung der Fischereirechte im

[92] Vgl. *Hershlag:* Introduction, a. a. O., S. 142.
[93] So wurden diese zusätzlichen Einnahmen folgendermaßen aufgeteilt: 2/5 für die Armee, 1/5 für den König, 1/5 für Pensionen, die jedoch an die Hofnotablen gezahlt wurden und 1/5 für andere wirtschaftliche, soziale und administrative Funktionen des Staates. Vgl. ebenda, S. 127.
[94] Zum historischen Hintergrund und zu den wirtschaftlichen Interessen des Auslands im Iran vgl. *F. Kazemzadeh:* Russia and Britain in Persia, 1864–1914: A Study in Imperialism, New Haven 1968 (im folgenden zitiert als *Kazemzadeh :* Russia and Britain); vgl. ferner *Ch. Issawi* (ed.): The Economic System of Iran 1800–1914, Chicago, Londen 1971.
[95] Die Firma *D'Arcy* ging 1909 in die »Anglo Persian Oil Company« über, deren Hauptaktionäre die britische Regierung und die »Burma-Oil Company« wurden.

Südkaspischen Meer und 1890 zur Gründung der russischen Transport- und Versicherungsgesellschaft.[96]
Diese Einflüsse der konkurrierenden Großmächte im Iran führten schließlich zur britisch-russischen Entente, so daß Nord- und Zentral-Iran im Jahre 1907 zu einer russischen Einfluß- und Konzessionszone, der südöstliche Teil Irans zu einer britischen und der mittlere sowie südwestliche Teil als Puffergebiet zu einer neutralen Zone wurde. Damit wurde die Wirtschaft des Irans vom Ausland kontrolliert. Der Import von billigen Fertigwaren zerstörte die handwerklichen und industriellen Betriebe des Inlands. Der Export konzentrierte sich auf Agrarprodukte und orientierte sich vorwiegend an dem Bedarf der beiden ausländischen Mächte, die nach dem Revolutionsjahr 1905/06 etwa 70 % der iranischen Produkte aufnahmen.[97] Hierdurch wurde ein nachhaltiger wirtschaftlicher Strukturwandel im Iran eingeleitet, der den Bedürfnissen der einheimischen Bevölkerung nicht mehr entsprach.
Mit dem Eindringen fremder Mächte konnten aber auch europäische Lebensformen und Gedanken in den Iran eindringen. Wegen dieser Kontakte, aber auch angesichts eigener Niederlagen und Schwächen wurde in den 70er und 80er Jahren versucht, eine Modernisierung der Verwaltung, der Wirtschaft und des Erziehungswesens einzuführen. Diese Modernisierung führte aber nicht zu den liberalen Reformen, die bereits zu dieser Zeit im Osmanenreich und in Ägypten praktiziert wurden.

3. Auf der geistig-religiösen Ebene ist die *Bāb*-Bewegung zu erwähnen, die nicht nur die traditionelle Herrschaft der käuflichen und korrupten *ʿUlamā,* sondern darüber hinaus auch die westlichen Ein-

[96] Zu näheren Einzelheiten über das politische und wirtschaftliche Eindringen der Großmächte in Iran während dieser Periode vgl. besonders *Kazemzadeh:* Russia and Britain, a. a. O.; *R. K. Ramazani:* The Foreign Policy of Iran: A Developing Nation in World Affairs, 1500–1941, Charlottesville 1966; *W. M. Schuster:* The Strangling of Persia, New York 1912. Zur besonderen Rolle Rußlands bzw. der Sowjetunion vgl. ferner *F. A. Fatemi:* The UdSSR in Iran, South Brunswick 1980.
[97] Vgl. *Hershlag:* Introduction, a. a. O., S. 142.

flüsse anprangerte.[98] Die Lehre forderte eine göttliche Ordnung, die größere soziale Gerechtigkeit, bessere Behandlung von Frauen und Kindern, Unverletzlichkeit des Privateigentums, keinerlei Behinderung des Handels und des Wirtschaftslebens sowie die Senkung willkürlich erhobener Steuern[99] sichern sollte. 1852 wurde die *Bāb*-Bewegung grausam niedergeschlagen. Sie setzte sich später jedoch in einer noch radikaleren, sozialreformistischen Form unter *Bahā'ullāh* fort, der die Lehre im Untergrund weiterhin verbreitete.[100] Er war allerdings nicht in der Lage, sie überall im Iran durchzusetzen, da die *schi'itischen 'Ulamā* diese neue Bewegung als ketzerisch bezeichneten. Die *'Ulamā* arbeiteten zwar bei der Beseitigung dieser Bewegung mit dem Staat zusammen, da ein großer Teil von ihnen selbst Großgrundbesitzer war und deshalb gemeinsame Interessen mit den Grundbesitzern, den Stammesfürsten, dem Bürgertum und dem Hof bestanden, und sie zudem Träger der »vested interests« waren.[101] Ein anderer Teil jedoch war dem »progressiv-evolutionären« Gedanken verpflichtet und sah die Notwendigkeit der Reformen auf religiöser und sozioökonomischer Ebene. Erst durch eine Allianz der Mehrheit der einflußreicheren *'Ulamā* mit den orthodoxen *Fuqahā* (islamische Rechtswissenschaftler) und den von der Verwestlichung betroffenen Gruppen konnte eine erfolgreiche Opposition gegen die Regierung – sie wurde besonders gegen Ende des 19. Jahrhunderts für die Verwestlichung, für die Konzessionspolitik und für die Einflüsse der Großmächte im Iran verantwortlich gemacht – betrieben werden. Wegen ihrer weitgehenden Autonomie und gestützt auf eine breite Basis, zu der nicht nur säkular-liberale Modernisten und Sozialreformer gehörten, sondern zu der auch ein Großteil der breiten Bevölke-

[98] Bezeichnet nach dem Begründer der Bewegung, *Saiyed' Alī Mohammad,* der sich *»Bāb«* (das Tor zur Erkenntnis der göttlichen Wahrheit) nannte. Er verstand sich als der messianische 12. Imām, der nach der Lehre der Zwölfer-*Schi'a* als *Mahdi* verborgen ist und eines Tages erscheinen wird, um die Macht der Usurpatoren und Tyrannen zu beenden.

[99] Vgl. *Keddie,* Der Iran, a. a. O., S. 183.

[100] Aus seiner Lehre entwickelte sich die *Bahā'ī*-Sekte, die sich erst mit der liberal-säkularen Entwicklung im Iran weiter verbreitete. Im Zuge der Reislamisierungspolitik *Chomeinīs* wurde sie in kollektiver Form vernichtet bzw. zur Emigration gezwungen.

[101] Vgl. *M. Bayat:* Islam in Pahlavi and Post-Pahlavi Iran: A Cultural Revolution? In: Islam and Development, a. a. O., S. 93.

rung zählte, waren die *'Ulamā* in der Lage, gegen jede Reform erfolgreich zu opponieren.[102] Hinzu kam, daß sich der panislamische Reformator *Al-Afghānī* zu dieser Zeit gerade im Iran aufhielt und sich in scharfer Form gegen den russisch-britischen Einfluß wandte.[103] Seine Mitläufer waren nicht nur die konservativen *'Ulamā*, sondern auch reformwillige Politiker, deren Hauptvertreter vorwiegend vom Ausland aus gegen die *Qādjāren* agitierten.

Der – politisch gesehen – größte Erfolg der *'Ulamā* war ihr Aufruf an die Händler und die Bevölkerung zu einem Tabakboykott sowie die Inszenierung von Massenprotesten gegen das Tabakmonopol (1891), bis letztlich die Regierung gezwungen wurde, die gewährte Konzession für den Anbau, Verkauf und Export des Tabaks zu annulieren.[104] Abgesehen von solchen Einzelaktionen waren sie jedoch nicht in der Lage, ein geschlossenes Konzept für ein islamisches Wirtschafts- und Gesellschaftsmodell zu entwickeln. Bereits vor der Entstehung der islamischen »konstitutionellen« Bewegung, die zur Verfassung von 1908 führte, waren sie durchwegs gespalten. Während eine kleine Gruppe durchaus »säkularistisch« gesinnt war,[105] arbeitete eine »konservative« Gruppe mit dem antikonstitutionalistischen Herrscher zusammen. Eine andere ebenfalls »konservativ-reformistische« Gruppe,

[102] Zu näheren Einzelheiten sei besonders verwiesen auf *H. Algar:* Religion and State in Iran, 1785–1906. The Role of the Ulama in the Qajar Period, Berkeley and Los Angeles 1969; ferner *N. R. Keddie:* Religion and Rebellion in Iran, London 1966 (im folgenden zitiert als *Keddie:* Religion and Rebellion).

[103] *Al-Afghānī* wurde zwar 1886 eingeladen, von England aus den Iran zu besuchen, wurde aber bald wieder ausgewiesen (1887). Im Jahre 1889 wurde er erneut in den Iran eingeladen. Wegen seines Widerstandes gegen die Konzessionspolitik des Schāhs wurde er 1891 nach Irak abgeschoben, von wo aus er zunächst nach England und 1892 auf Einladung des Sultans *'Abdulhamīd* in die Türkei reiste. Eine große Gruppe seiner Anhänger agitierte jedoch im Iran gegen die Politik des Schāhs weiter. So wird die Ermordung des *Nāsseruddīn*-Schāhs einem Diener von *Afghānī* zugeschrieben. Zum Leben *Afghānīs* und seinem Einfluß auf die panislamische Bewegung in der Türkei, Ägypten, Afghanistan und im Iran vgl. *Keddie:* Religion and Rebellion, a. a. O.; *ders.:* An Islamic Response, a. a. O.; *Kedourie:* Afghani and Abduh, a. a. O., sowie *S. A. Hanna:* Al-Afghani: A Pioneer of Islamic Socialism. In: Muslim World, Bd. LVII (1967), S. 1 ff.

[104] Zu näheren Einzelheiten vgl. besonders *Keddie:* Religion and Rebellion, a. a. O. sowie *Algar:* Religion and State, a. a. O..

[105] Sie waren mit den modernistischen Vorstellungen des europäischen Auslands vertraut und betrachteten sie als mit dem Islam vereinbar. Vgl. hierzu näher *A. H. Hairi:* Schiism and Constitutionalism in Iran, Leiden 1977, S. 37 ff. und S. 236.

die sich für eine islamische Konstitution einsetzte, akzeptierte nur Reformen, soweit sie mit den religiösen Gesetzen konform gingen.[106] Eine weitere Gruppe schließlich unterstützte die breite Basis der Handwerker, Händler, Bauern usw. Alle diese aufgeführten Gruppen hatten kaum direkten Zugang zum europäischen Liberalismus und empfingen die diesbezüglichen Vorstellungen vorwiegend über die arabische Literatur.[107]

4. Schließlich sind die nationalistisch-reformistischen Bewegungen zu nennen, deren Vertreter zum Teil mit der Geistlichkeit zusammenarbeiteten und deren Ziele die Befreiung von fremder Dominanz, die Abschaffung des Absolutismus und die Errichtung einer nationalistisch-konstitutionellen Monarchie waren. Anhänger dieser Bewegungen waren die westlich gebildeten Intellektuellen, Liberale, Republikaner, Sozialisten usw., die sowohl im Inland als auch aus dem Ausland mit ihren Schriften gegen die Übertragung von Souveränitätsrechten an europäische Mächte und gegen die *Qādjāren*herrschaft opponierten. Obwohl sie, den Prinzipien des europäischen Konstitutionalismus und der Aufklärung verpflichtet, auch den Einfluß der orthodoxen *'Ulamā* und *Fuqahā* bekämpften, waren sie zur Erreichung ihrer reformerischen und revolutionären Ziele dennoch gezwungen, mit den religiösen Führern zusammenzuarbeiten. Nachdem im russisch-japanischen Krieg eine asiatische konstitutionelle Monarchie eine absolutistische europäische Großmacht besiegen konnte, sahen diese Revolutionäre und Konstitutionalisten ihre Auffassung bestätigt, wonach eine konstitutionelle Verfassung, deren Verwirklichung sie im Iran anstrebten, einem autokratischen System grundsätzlich überlegen sei. Sie konnten damit große Teile der *'Ulamā*, der *Fuqahā* und anderer religiöser Gruppen für ihre Ziele gewinnen. Somit kon-

106 Der bekannteste Vertreter war Scheich *Faisullāh Nūrī.*

107 Ihre bekanntesten Führer waren u. a. *Abdollāh Behbahānī, M. Hossein Gharavī, Naīnī, Māsendarānī* und *S. Mohammed Tabātabāi,* die auch in der *Rezā Schāh*-Periode eine bedeutende Rolle spielten. Vgl. *Hairi,* ebenda sowie S. 26. Eine bezeichnende Darstellung zur Rolle der *'Ulamā* insbesondere in der *Qādjāren*dynastie gibt ferner *H. Algar:* The Role of the Ulama, a. a. O.; sowie *ders.:* The Oppositional Role of the Ulama in Twentieth-Century. In: *N. R. Keddie (ed.):* Scholars, Saints and Sufis, Berkeley 1972, S. 231 ff.

stituierten sie eine neue Machtgruppierung, die die Revolution 1905/1907 einleitete.[108]

Die erste konstitutionelle Verfassung *(Maschrūtiat)* wurde im Iran 1906 nach belgischem Muster entworfen und brachte das vorläufige Ende der absoluten Monarchie, die Presse- und Versammlungsfreiheit sowie weitere liberale Strömungen. Auch wurden durch das erste Parlament *(Madjlis)* die Einflüsse des Auslandes auf die Wirtschaft eingedämmt. Der Entwurf zur Gründung der ersten Nationalbank und die Ablehnung einer russischen Anleihe durch das Parlament sollten die national-patriotische Bewegung dokumentieren. Da aber die Gruppe der in das Parlament gewählten, liberal gesinnten Beamten und der *'Ulamā* stärker waren als die der Sozialreformer und der revolutionären Kräfte,[109] konnte sich die *schi'itische* Ideologie durchsetzen. Dabei wurde der moderate Standpunkt einer Reihe liberaler *'Ulamā* in der Verfassung konstitutionell verankert.[110] Eine neue Konzeption des *schi'itischen* Islams hingegen wurde nicht ausgearbeitet. Damit blieben religiöse Reformen aus, die sich an die sozioökonomischen Entwicklungen hätten anpassen können.[111] Zum ersten Mal tauchte eine weitere religiöse Klasse der islamischen Theologen, die *Fuqahā* und die *Rūhānīyūn* (geistige Führer) auf, die statt liberal-säkularer Reform die geistige Führung beanspruchten.

Die Periode des Konstitutionalismus war aber bald durch die Teilung Irans in Einflußzonen (1907),[112] durch den Staatsstreich *Mohammed 'Alī Schāhs* (1908) und durch die Intervention Rußlands im *Täbris* beendet. Auch das zweite *Madjlis,* das sich nunmehr nach einer Periode politischer Wirren im Jahre 1910 konstituierte und sich in verstärktem Maße bemühte, durch eine Reihe von neuen Steuern und Gebühren, Änderungen einiger existierender Steuer- und Zollsätze

[108] Eine der besten Darstellungen der Revolution im Iran dieser Zeit findet sich bei *E. G. Browne:* The Persian Revolution of 1905–1909, Cambridge 1910.

[109] *Keddie:* Iran, a. a. O., S. 200.

[110] So z. B. in Art. 1 der konstitutionellen Verfassung, in dem der *Imāmī-Schi'ismus* als Staatsreligion erklärt wurde sowie in Art. 2, der vorsah, daß ein Rat, zusammengesetzt aus fünf *'Ulamā,* die parlamentarische Gesetzgebung nachprüfen sollte. Er konnte sich jedoch weder in der *Qādjären*zeit noch in der *Pahlawī*periode konstituieren. Vgl. *S. Akhavi:* Religion and Politics in Contemporary Iran, Albany 1980.

[111] Zur näheren Erläuterung über die Beziehungen zwischen *Schi'ismus* und Konstitutionalismus im Iran vgl. das grundlegende Werk von *M. Hairi,* a. a. O., S. 2 f. und S. 238 f.

[112] Vgl. S. 122 dieser Arbeit.

sowie Änderungen im traditionellen Pensionszahlungssystem das gesamte Finanzsystem zu reformieren, scheiterte noch im selben Jahr am Ultimatum Rußlands, das schließlich zur Auflösung des *Madjlis* führte.[113]
Aus der Sicht derjenigen, die die Wirtschaftsreformen anstrebten und ihre Anpassung an die konservativ religiöse Lehre zum Ziel hatten, konnte die kurzlebige Revolution nichts wesentliches erreichen. Im Gegensatz etwa zu Ägypten konnte weder eine Bodenreform durchgesetzt, die die Feudalverhältnisse abgeschafft hätte, noch eine Säkularisierung der Religion mit grundlegenden Änderungen des Erb- und Familienrechts usw. erreicht werden. Was sich in der Revolutionszeit als positiv herausstellte, waren die »Verfassung und das politische Bewußtwerden der iranischen Bevölkerung; doch viele wurden von Apathie und Zynismus erfaßt, als sie sich der Restauration von ausländischer und konservativer Herrschaft gegenüber sahen.«[114] Die Kriegsjahre (1914–1918) waren eine Periode der inneren Wirren und Interventionen des Auslandes im Iran. Die wichtigste Änderung war letztlich, daß der russische durch den britischen Einfluß ersetzt wurde und daß einzelne Interventionen der Osmanen und Russen beziehungsweise Sowjets zurückgeschlagen werden konnten.[115] Bereits zu dieser Zeit baute *Resā Chān* eine modern ausgerüstete Armee auf. Obwohl er, beeindruckt vom *Kemalismus* in der Türkei, zunächst ebenfalls mit der Idee einer Republik spielte, die auch von einigen führenden *schi'itischen* Āyatollāhs wie *Chairī*, *Na'īnī* und *Istahānī* ver-

[113] Diese Reformen, die nach außen hin den Anlaß für das russische Ultimatum an den Iran bildeten, waren im Auftrage des *Madjlis* durch die Mission des Amerikaners *Schuster* vorbereitet worden; vgl. hierzu *Schuster*, S. 305 ff.

[114] *Keddie:* Iran, a. a. O., S. 200.

[115] Aus der Fülle der Literatur zur Modernisierung des Irans in dieser Periode vgl. besonders *A. Banani:* The Modernization of Iran 1924–1941, Stanford 1961; *A. C. Millspaugh:* The Financial and Economic Situation in Persia 1926, New York 1926; *G. Lenczowski:* Russia and the West in Iran, 1918–1948, New York 1949; *D. Wilbur:* Iran, Past and Present, Princeton 1967.

[116] Das Ende des Republikanismus wurde durch die führenden *Mudytahids* von Qom alsbald den *'Ulamā* von Teheran mitgeteilt, denen berichtet wurde, daß eine »republikanische Form der Regierung« nicht »zur Zufriedenheit der Massen« führe und nicht den »Bedürfnissen des Landes« diene. Vgl. *S. Akhavi:* Religion and Politics, a. a. O., S. 29.

treten wurde, verwarf er sie und bekam hierfür die notwendige Unterstützung der führenden *Mudjtahids* von Qom.[116] 1925 stürzte *Resā Chān* die *Qādjāren*dynastie und leitete die *Pahlawī*-Ära ein.[117]

[117] Seine sozioökonomischen Vorstellungen und sein ambivalentes Verhältnis zu den *'Ulamā* wird an späterer Stelle ausgeführt, vgl. den 3. Teil dieser Arbeit, S. 151 ff.

Dritter Teil

Die Entwicklung zu den heutigen Ordnungsauffassungen

Die heutigen islamischen Auffassungen über die Ordnung von Wirtschaft und Gesellschaft entspringen zwei Wurzeln: Sie sind zum einen aus der Verbindung der orthodox-islamischen Lehre mit den in den islamisierten Ländern vorgegebenen gewohnheitsrechtlichen Strukturen entstanden. Zum anderen sind sie von übernommenen modernen westlichen Ideen und Werten bestimmt. Während der erste Aspekt wesentlich zur Erstarrung der rechtlich-institutionellen Rahmenordnung der islamischen Staaten beitrug, wirkte das Eindringen der modernen wissenschaftlich-technologischen Entwicklung aus dem Westen mehr fortschrittlich und dynamisch. Dies initiierte einen langen Prozeß der gesellschaftlichen und ökonomischen Transformation, der das Denken in der islamischen Welt in erheblichem Maße beeinflußte.[1] Dabei reichte das Spektrum modernistischer Denkansätze von säkular-liberalen Vorstellungen bis zu sozialstaatlichen und sozialistischen Ideen. Die politische und soziale Umwälzung der islamischen Welt und die dadurch bedingte Perzeption neuerer Ideologien können nur aus diesem Blickwinkel verstanden werden.[2]

Die neuen Ideen und Wertvorstellungen, die im Gegensatz zu den traditionellen islamischen Werten standen, haben unweigerlich die Einheit der islamischen Gemeinschaft zerstört und zu weitreichenden Konflikten geführt.[3]

Entsprechend dem Doppelcharakter der islamischen Ideologie, derzufolge der Islam als Einheit von Staat und Religion verstanden wird,[4] erstreckt sich dieser Konflikt nicht nur auf die religiöse, sondern ebenfalls auf die politische, die soziale und die wirtschaftliche

[1] Vgl. hierzu *Hourani:* Arabic Thought, a. a. O.

[2] Vgl. *H. B. Sharabi:* The Transformation of Ideology in the Arab World. In: Middle East Journal, Bd. 19 (1965), S. 471 ff.

[3] Der bekannte Islamwissenschaftler *Gibb* betrachtet es als »naturlich« und »selbstverständlich«, daß angesichts des durch verschiedene Strömungen und Ideologien bedingten Wandels in der islamischen Welt eine solche Einheit nicht mehr existiert. Er stellt fest, »that the unity of Islam is irretrievably broken, that the community of Islam not only no longer exists as a physical fact, but does not even survive as a psychological or spiritual factor in the modern world«. *Gibb:* The Heritage of Islam in the Modern World (I), a. a. O., S. 7.

[4] Dieses Konzept erhält seine Rechtfertigung nicht nur aus der Einheit von Staat und Religion (Dīn wa Dawala), sondern auch aus der Verschmelzung von Glaube und Recht (Aqīda wa Schari'a) und von geistlichen und weltlichen Angelegenheiten (Dīn wa Dunjā) generell. Vgl. hierzu: *A. Merad:* The Ideologisation of Islam in the Contemporary Muslim World. In: *A. S. Cudsi, A. E. H. Dessouki* (eds): Islam and Power, London 1981, S. 38.

Ebene.[5] Dabei führen die Dominanz und Überlegenheit der wissenschaftlich-technischen und sozioökonomischen Strukturen des »importierten« westlichen Systems zu einer Desintegration und Inhomogenität und damit zu einer dualistischen Entwicklung der islamischen Wirtschafts- und Gesellschaftsstrukturen.[6]

Zur Lösung dieser Problematik war es erforderlich, das Dilemma »zwischen dem Wahrheitsanspruch der muslemischen Orthodoxie und dem Wahrheitsanspruch der europäischen Fortschrittsideologie«[7] zu überwinden. Die bisherigen Ansätze zur Überwindung dieser Gegensätze, die seit dem Beginn dieses Jahrhunderts, in verstärktem Maße nach dem Ersten Weltkrieg, festzustellen sind, weisen in drei Hauptrichtungen:

a) säkular-liberale Vorstellungen,
b) sozialistische, sozialreformerische und marxistische Ideologien und
c) als Gegenbewegung zu den beiden erstgenannten Vorstellungen das Aufleben erneuter orthodox-konservativer und fundamentalistischer Bewegungen.

Bei allen diesen Vorstellungen und Ideologien geht es letztlich stets um die Wiederherstellung kultureller, politischer und sozioökonomi-

[5] Vgl. *Tibi:* Die Krise, a. a. O., S. 12. *Binder* spricht dabei von einer »uneasy synthesis« der Religion und Politik im Islam, weil sie die paradoxe Situation beschreibt, »that it always attendant upon the justaposition of the eternal and the terrestrial, of the spiritual and the political, of reason and revelation in Islam«. *L. Binder:* The Ideological Revolution in the Middle East, New York u. a. 1964, S. 49 (im folgenden zitiert als *Binder:* The Ideological Revolution). Dieses Paradoxon kann nach ihm nur historisch aus der Entwicklung der islamischen Staatslehre verstanden werden. Vgl. ebenda, S. 50.

[6] Aus der Vielzahl der Werke, in denen die sozialökonomischen Fragen des Dualismus behandelt werden, sei in diesem Zusammenhang besonders verwiesen auf *J. H. Boeke:* Economics and Economic Policy of Dual Societies, Haarlem 1953; *ders.:* Oriental Economics, New York 1947; *B. Higgins:* The Dualistic Theorie of Underdeveloped Areas. In: Economic Development and Cultural Change, Bd. 4 (1955/56); *A. Lewis:* Theorie des wirtschaftlichen Wachstums, Tübingen 1956; *G. Myrdal:* Ökonomische Theorie und unterentwickelte Religionen, Stuttgart 1959; *H. Myint:* Economic Theory and Underdeveloped Countries, New York u. a. 1971; *H. W. Singer:* Dualism Revisited: A New Approach to the Problem of the Dual Society in Developing Countries. In: Journal of Development Studies, Bd. 7 (1970).

[7] *Büttner:* Islamische Reform, a. a. O., S. 76.

scher Identität mit den spezifischen Eigenheiten islamischer Staaten. Im folgenden sollen diese drei wesentlichen Erscheinungsformen näher betrachtet werden.[8]

[8] In diesem Zusammenhang muß erwähnt werden, daß *Binder* etwas weiter geht und die »ideologischen Tendenzen« in folgende weitere Gruppen klassifiziert: 1. traditional-islamische Ideologien; 2. Idjmāʿ-Modernisten; 3. säkulare Nationalisten; 4. romantisch-islamische Nationalisten; 5. fundamentalistisch-islamische Nationalisten, die auch radikal-reformerische Nationalisten einschließt und 6. Kommunisten. Gegenstand seiner Analyse bilden jedoch vorwiegend die unter Punkt 4 genannten romantisch-islamischen Nationalisten, denen insbesondere die im Westen ausgebildeten Autoren und die arabisch-islamische Mittelschicht vor allem in Syrien, Irak und Ägypten angehören. Vgl. *Binder:* Ideological Revolution, a. a. O., S. 154 ff. Doch aus der Sicht der Wirtschafts- und Staatsauffassung scheint die Zusammenfassung dieser breitgestreuten Ideologien in den genannten Hauptgruppen zweckmäßiger, ohne dabei die Feinheiten in der Argumentation und Interpretation ignorieren zu wollen.

I. Säkulare und säkular-liberale Vorstellungen

Säkular-liberale Vorstellungen sind in der islamischen Welt die Folge des Konflikts zwischen den Kräften der Tradition, die eine Dominanz der Religion und, damit verbunden, der Vorschriften der orthodoxen Lehre anstrebten, und den Kräften, die sich dem Einfluß des europäischen Geistes und des europäischen Liberalismus sowie dem Einbruch des technischen Zeitalters mit seinem Fortschrittsglauben hingaben.[9] Sie verbreiteten sich nicht nur in der Türkei, in der zunächst die säkular-liberalen Vorstellungen der islamischen Welt Beachtung fanden, sondern erfaßten Ende des 19. Jahrhunderts die gesamte islamische Welt. Dabei waren diese neuen Vorstellungen nicht so sehr davon geprägt, die Lehren des Islams gänzlich in Frage zu stellen, sondern vielmehr dadurch, die Kluft zwischen den orthodoxen Lehren des islamischen Rechts und der modernen technologisch-wissenschaftlichen Entwicklung zu überbrücken.[10] Eine Annäherung dieser beiden sich gegenüberstehenden Kräfte war deshalb das primäre Ziel der islamischen Säkularisten, um einerseits den Bruch mit den Grundwerten der Lehren des Islams zu verhindern, und andererseits an den modernen wissenschaftlich-technischen Errungenschaften zu partizipieren.

Die Intensität, mit der entsprechende Reformbewegungen angestrebt wurden, variierte dabei sowohl in den einzelnen islamischen Staaten als auch hinsichtlich der unterschiedlichen Vorstellungen einzelner liberal und säkular denkender moslemischer Modernisten. Während beispielsweise in der Türkei und in Ansätzen auch im Iran der *Pahlawī*-Ära angesichts der Einflüsse des britischen Liberalismus und der

[9] Vgl. hierzu *Berkes:* The Development, a. a. O., S. 6. Vgl. ferner *H. Bräker:* Der Islam im Spannungsverhältnis zwischen Orthodoxie und Säkularismus. In: Ostprobleme, Nr. 14/15, Jg. 1966, S. 421 f.

[10] Vgl. ebenda, S. 421.

damit verbundenen neueren Gesetzgebung eine grundsätzliche Säkularisierung und Reformierung der Wirtschaftsgesellschaft angestrebt wurde, waren für die Modernisten arabischer Herkunft und Sprache der *Koran* und die *Sunna*-Tradition das geistige Erbe, worauf sie stolz sein konnten und das es zu bewahren galt.[11] Deshalb konnte dort der Modernismus nicht in der Form des türkischen, persischen oder indischen Säkularismus auftreten. Hier gingen vielmehr die entscheidenden Impulse entweder vom Nationalismus aus – die arabische Kultur und Sprache führten zum Arabismus – oder von den sozialreformistischen und sozialistischen Bewegungen, die zum einen auf die sozialen Elemente und Inhalte der islamischen Lehre abstellten und daraus die unterschiedlichen Schattierungen des »islamischen« beziehungsweise »arabischen Sozialismus« ableiteten, zum anderen aber auch mit den traditionellen Werten des Islams radikal brachen, um sich den marxistischen Lehren zuzuwenden.

Diese einzelnen Reformbestrebungen mit ihren im Detail außerordentlich unterschiedlichen Ausprägungen sollen im folgenden Gegenstand der Darstellung sein.

1. *Säkularismus und Etatismus: Die sozioökonomische Ideologie der Türkei*

Schon während und besonders nach den erfolgten Reformen der *Tanzīmāt*periode ab Mitte des 19. Jahrhunderts forderten die türkischen Modernisten tiefe Eingriffe in die bestehenden rechtlich-institutionellen Rahmenbedingungen des Ottomanischen Reiches. Einzelne nationalistisch gesinnte Vertreter des Modernismus brandmarkten aus historischen und politischen Gründen den Islam sogar in seiner Gesamtheit.[12] Sie betrachteten ihn als »rückschrittlich, ja dem türki-

[11] Nationalistisch gesinnte arabische Autoren unterstreichen besonders die arabische Herkunft des Islams, wenn sie schreiben: »Der Prophet war ein Araber und Araber hatten das Banner des Islams in die Welt hinausgetragen, für den Glauben gekämpft, das Islamische Reich errichtet, das Erbe des Propheten verwaltet und über die *Schari'a* gewacht.« *I. M. Ibrahim:* Der Aufstieg des Nationalismus. In: *F. Büttner* (Hrsg.): Reform und Revolution, a. a. O., S. 115.

[12] Zur historischen Entwicklung des Säkularismus in der Türkei vgl. besonders *N. Berkes:* Historical Background of Turkish Secularism. In: R. N. Frye (ed.): Islam and the West, Gravenhague 1957, S. 41 ff.

schen Geist eigentlich fremd«.[13] Intellektuelle sowie modernistisch gesinnte Führungsgruppen waren deshalb vor dem Aufleben des Nationalismus bereit, die Hinwendung der Türkei zu westlicher Wissenschaft, Kultur und Zivilisation vorzubereiten, ohne auf den Großteil der insbesondere auf dem Land lebenden türkischen Bevölkerung, die nach wie vor intensiv den islamischen Lehren anhing, Rücksicht zu nehmen.[14]

Die nach dem Zusammenbruch des Osmanischen Reiches entstandene Rückbesinnung auf die ruhmreiche Vergangenheit und den großen Einfluß auf die beherrschten arabischen Gebiete, beschleunigte die Hinwendung zum neuen türkischen Nationalismus. Mit dem Versuch, die arabisch geprägte islamische Ordnung aufzulösen, wurde nun die Transformation des türkischen Reiches in einen modernen Staat angestrebt.[15]

Die türkischen Nationalisten *Z. Göklap* (1876–1924),[16] *N. Kamāl* und später andere Jungosmanen sowie Jungtürken, vor allem *Atātürk*, begannen die im Islam verwurzelte Einheit von Staat und Religion nicht nur in Frage zu stellen, sondern die Staatsfunktionen von den religiösen Bestimmungen und Inhalten sogar völlig zu trennen. So betonte *Göklap* in seinen Schriften beispielsweise immer wieder die Befreiung des politischen, ökonomischen und sozialen Lebens der türkischen Nation von der »Theokratie« des Islams und forderte die Schaffung neuer Rechtsinstitutionen, die den religiösen vom weltlichen Bereich völlig abgrenzen sollten. Mit Blick auf die aus den verschiedensten Nationalitäten (Millets) zusammengesetzte Bevölkerung konnte für ihn nur ein vom Säkularismus getragener Staat den sich

[13] *Ibrahim:* Der Aufstieg des Nationalismus, a. a. O., S. 115.

[14] Vgl. hierzu *G. Jäschke:* Der Islam in der neuen Türkei. In: Die Welt des Islams, Bd. I, Leiden 1951, S. 5–174; ferner *Lewis:* The Emergence, a. a. O.

[15] Vgl. *L. Binder:* The Emergence, a. a. O., S. 227. Vgl. ferner *N. Berkes:* Zia Göklap: His Contribution to Turkish Nationalism. In: The Middle East Journal, Bd. 8 (1954), S. 375 ff. *Z. Göklap:* Turkish Nationalism and Western Civilization, London 1959 (im folgenden zitiert als *Göklap:* Turkish Nationalism). Zur Entwicklung des türkischen Nationalismus vgl. *U. Heyd:* The Foundation of Turkish Nationalism, London 1950.

[16] Vgl. *Göklap:* Turkish Nationalism, a. a. O., S. 304.

bereits anbahnenden Niedergang des Osmanenreiches aufhalten.[17] In noch stärkerem Maße von der Ideologie des Nationalismus geprägt, versuchte *Mustafā Kemāl* (1880–1938), der später *Atātürk* genannt wurde, die religiösen Einflüsse der *'Ulamā* auf das türkische Denken zu beseitigen und damit die mit der *Schari'a* verbundenen Rechtsinstitutionen zu zerstören, indem er modernistische Reformen nach westlichem Muster zur Schaffung eines Säkularstaates gewaltsam »von oben« durchsetzte. Zwar wurde bei der Konstitution der Türkischen Republik (1922)[18] die islamische Religion zunächst als Staatsreligion beibehalten, die entsprechende Klausel im Jahre 1928 jedoch wieder aus der Verfassung herausgelöst, womit die Säkularisierung endgültig dokumentiert wurde. Mit diesem »Angriff auf die Theokratie«[19] wurden nicht nur die alte Institution des *Scheich-ul-Islam (Seyh-ül-Islām)* und das *Schari'a*-Ministerium überflüssig, sondern auch die besonderen auf dem *Schari'a*-Recht basierenden religiösen Gerichtshöfe, in denen die *'Ulamā* gemäß den Richtlinien der islamischen Gesetze und Vorschriften wirkten. Ebenfalls abgeschafft wurden 1928 die religiösen Schulen *(Medressen)* und Seminare, die eine bedeutende und massenwirksame »Erziehungsfunktion« ausübten.[20] Damit wurde auch in den folgenden Jahren das Arabisch und das Persisch als Unterrichtssprache aus den Schulen verbannt. Der Religionsunterricht wurde nur noch in neugeschaffenen Seminaren in türkischer Sprache erteilt. Das Gesetz über die Erziehungsreform erlaubte ferner nur eine säkulare Erziehung durch die staatlichen Schulen und Hochschulen. Um diese Reformen auch in den ländlichen Regionen zu verbreiten, wurde ferner die allgemeine Schulpflicht mit dem Ziel eingeführt, neben der Beseitigung des Analphabetentums vor allem die heranwachsende Generation dem Einfluß der immer

[17] Zu näheren Einzelheiten vgl. besonders *H. E. Allen:* The Turkish Transformation. A Study in Social Religions Development, Chicago 1935; *Heyd:* The Foundation, a. a. O. sowie *B. Lewis:* History-Writing and National Revival in Turkey. In: Middle Eastern Affairs, Bd. 4 (1953), S. 218 ff.

[18] Mit der Konstitution dieser ersten Verfassung der Türkischen Republik wurden das »Sultanat« (1922) und später ebenfalls das »Khalifat« (1924) abgeschafft.

[19] Vgl. *Binder:* The Emergence, a. a. O., S. 256 ff.

[20] Diese radikalen Änderungen der *Schari'a*-Gesetze und *Schari'a*-Institutionen waren erwartungsgemäß mit den Widerständen der Bevölkerung verbunden. Die Opposition sowie Aufstände, die am heftigsten von Kurden – geführt von *Naqschbandiderwische* – ausgingen, wurden jedoch gewaltsam unterdrückt. Vgl. hierzu *Binder:* The Emergence, a. a. O., S. 260 f.

noch bestehenden traditionellen *Medressen* zu entziehen. Diesem Ziel diente ferner die Errichtung von »Volkshäusern« und Dorfzentren, in denen gleichzeitig Aufklärungsarbeit geleistet sowie Erwachsenenbildung ermöglicht werden sollte.[21]

Die bereits in der *Tanzīmāt*periode begonnenen und in der Zeit der Jungtürken durchgeführten Gesetzesreformen, die zuvor schon Teile des alten islamischen *Schari'a*-Rechts betroffen hatten, wie etwa das Familienrecht, wurden durch das aus der Schweiz übernommene Zivilrecht im Jahre 1926 ersetzt.[22] Seine Einführung war erforderlich geworden, weil das aus der *Tanzīmāt*zeit übernommene Zivilrecht (Megelle) nach wie vor ungeklärte Probleme beinhaltete.[23]

Diese neue Rechtsprechung war eine noch deutlichere Absage an die alten islamischen Rechtsvorschriften.[24]

[21] Zu Einzelheiten vgl. *Jäschke:* Der Islam in der modernen Türkei, a. a. O. Vgl. ferner *Berkes:* The Development, a. a. O.; *ders.:* Historical Background, a. a. O., S. 79 ff.; *Binder:* The Emergence, a. a. O.; *D. A. Rustow:* Politics and Islam in Turkey 1920–1955. In: *Frye* (ed.): Islam and the West, a. a. O., S. 69 ff.; *Shaw:* Das Osmanische Reich, a. a. O., S. 179 ff.; *H. A. Reed:* The Religious Life of Modern Turkish Muslims. In: *Frye* (ed.): Islam and the West, a. a. O., S. 109 ff. sowie *F. von Rummel:* Die Türkei auf dem Weg nach Europa, München 1972.

[22] Vgl. *Code Civil Turc.* In: La Legislation Turque, Constantinople 1929.

[23] Durch die Übernahme der schweizerischen Rechtsprechung konnten die administrativen und juristischen Fragen von Transaktionen im Zusammenhang mit dem Obligationsrecht neu geregelt und ebenso Modernisierungen bezüglich Besitz, Transfer beweglicher Güter, Verpachtung und Verpfändung durchgeführt werden.

[24] Das Erbrecht sah die gleichen Rechte für Männer und Frauen bei Ehe und Scheidung vor. Als schockierend für die Moslems wurde dabei die im Gesetz vorgesehene Möglichkeit betrachtet, daß eine moslemische Frau einen Nichtmoslem heiraten kann. Noch schockierender war das Recht für den Erwachsenen, seine Religion zu ändern. Auf eine solche Konversion stand nach dem islamischen Recht die Todesstrafe. Das Kriminalrecht von 1926 verbot die Gründung von politischen Parteien auf der Basis religiöser Anschauungen. Eine kurze Aufstellung der mit den Reformen von *Atātürk* verbundenen Gesetze findet sich bei *K. Binswanger:* Türkei. In: *W. E. Ende, U. Steinbach* (Hrsg.): Der Islam in der Gegenwart, München 1984, S. 212 ff. In diesem Zusammenhang sind auch die Reformen in bezug auf Landbesitz und Landbesteuerungen zu nennen. So wurde das aus der *Tanzīmāt*periode stammende Landgesetz, das die Einteilung des Landbesitzes geregelt hatte, aufgehoben sowie die feudalistischen Besitz- und Bewirtschaftungsformen, die aus den Transfer- und Erbfolgeregelungen bezüglich der *Mulk-*, *Mīrī-* und *Waqf*-Ländereien resultierten, beseitigt. Das ottomanische Landgesetz der *Tanzīmāt*zeit (1858) sah eine Fünfteilung des Landes vor: 1. Arāzī Memluke (Land im Privatbesitz), 2. Arāzī Mīrī (Kron- und Staatsländereien), 3. Arāzī Mevkūfe (Stiftungsländereien), 4. Arāzī Metrūke (vom Besitzer verlassenes Brachland), 5. Arāzī Mevāt (unkultiviertes Land ohne Besitzer). Die Stiftungsländereien (Waqf-Ländereien) und Teile des Großgrundbesitzes wurden an diejenigen verteilt, die entweder kein Land besaßen

Mit den säkularen Reformen sollte versucht werden, »die geistige Struktur der Bevölkerung zu verändern und eine Umgebung zu schaffen, in der der einzelne geistigen Strömungen folgen konnte, ohne daß er ein festes religiöses Dogma anzunehmen brauchte. Die Republik wollte zwar nicht den Islam aufgeben, sie wollte jedoch all die Elemente ersetzen, die dem modernistischen Zeitgeist widersprachen«.[25] Der Erfolg hing allerdings auch wesentlich davon ab, inwieweit diese Vorstellungen nicht nur in den Ballungszentren, sondern ebenfalls auf dem Lande verbreitet werden konnten, um damit die Gesellschaft zu homogenisieren. Während die Reformen in den Städten erfolgreich waren, konnte dies auf dem Lande infolge der mangelnden Integration der türkischen Gesellschaft und des unzulänglichen Informations- und Kommunikationssystems jedoch nur begrenzt der Fall sein. Da der Großteil der türkischen Bevölkerung trotz modernistisch-säkularistischer Beeinflussung dem orthodoxen sunnitischen Glauben weiterhin verpflichtet blieb, wurde damit der bereits vor der Säkularisierungsära existierende Dualismus in der Türkei noch weiter verschärft. Auf der einen Seite erhöhte sich die Zahl derer, die in den Städten den säkularen Ideen anhingen und die eine von modernistischen Vorstellungen geprägte Elite bildeten. Auf der anderen Seite hielten sich auf dem Lande angesichts der zu geringen Antriebskräfte des Modernismus die alten Formen der sozioökonomischen Strukturen.[26] Hier erwies sich der Glaube nach wie vor als zu stark, um lediglich durch Verwaltungsbeschlüsse und Schulreformen erschüttert zu werden.[27] Der gleiche dualistische Gegensatz blieb auch zwischen der jüngeren, dem »Atatürkismus« verpflichteten und der älteren, der Tradition anhängenden Generation bestehen.

oder die infolge der Umsiedlungsprogramme aus Griechenland neu angesiedelt worden waren. Die alte ottomanische Landbesteuerung, die nach dem alten islamischen *Scharīʿa*-Recht – *ʿUshr*- und *Kharadj*abgaben – erfolgte, wovon vornehmlich *Mulk*- und *Mīrī*-Ländereien betroffen waren, wurden ebenfalls abgeschafft. Eine weitgehendere moderne Landreform blieb jedoch aus. Zu näheren Einzelheiten vgl. *Hershlag:* Introduction, a. a. O., S. 180.

25 *S. J. Shaw:* Das Osmanische Reich und die moderne Türkei. In: *G. E. von Grunebaum* (Hrsg.): Der Islam II. Die islamischen Reiche nach dem Fall von Konstantinopel, Frankfurt 1971, S. 150.

26 Vgl. hierzu *Shaw:* Das Osmanische Reich, a. a. O., S. 153 sowie *Binder:* The Emergence, a. a. O., S. 407 f. und S. 454 f.

27 Vgl. hierzu besonders *W. C. Smith:* Islam in Modern History, Princeton 1957, S. 176 f. Vgl. ferner *Allen:* Turkish Transformation, a. a. O.

Die säkular-liberalen Emanzipationsversuche des »Atatürkismus«[28] und seine grundlegenden Reformen bedeuteten zum einen den Bruch mit dem arabisch geprägten »orientalischen Charakter« der Religion. Zum anderen zerstörten sie zweifellos auch den universellen, über die ethnisch-nationalen Grenzen hinausgehenden Anspruch der islamischen Gemeinde, der *Umma*.

Die wirtschaftspolitischen Vorstellungen der säkular-liberalen Ära der neuen Türkischen Republik waren angesichts der Modernisierungsbestrebungen nach westlichem Muster nach innen eher marktwirtschaftlich orientiert. Sie ließen dem freien Unternehmertum einen breiten Spielraum. Die Mobilisierung des Inlands- und Auslandskapitals sollte dabei den Entwicklungsprozeß beschleunigen. Das Hineinströmen ausländischen Kapitals bewirkte dabei, daß einige Schlüsselsektoren, wie das Eisenbahnwesen, die Energiewirtschaft und der Bergbau in zunehmendem Maße unter die Kontrolle ausländischer Investoren gerieten. Darüber hinaus waren zu Zeiten *Atătürk*s die Zins- und Tilgungsraten größer geworden als die Einfuhr von neuem Kapital, das die nunmehr stark verschuldete Türkei für den Aufbau ihrer Industrie und zur Finanzierung der Investitionsgüterimporte brauchte.[29]

Die nach dem Vertrag von Lausanne (1923)[30] der Türkei auferlegten Restriktionen bedeuteten für die neue Türkische Republik im Hinblick auf ihre Außenhandelsbeziehungen die Einschränkung ihrer nationalen Entwicklungspolitik. Das Ziel des Aufbaus nationaler Industrien konnte beispielsweise mit den Mitteln einer Schutzzollpolitik nicht realisiert werden, weil die Türkei bis 1929 vertraglich verpflich-

[28] »Atatürkismus« wird von türkischen Autoren häufig mit Säkularismus gleichgesetzt. Vgl. *Y. N. Nayir:* Atatürkism is Secularism. In: *K. Karpat* (ed.): Political and Social Thought in the Contemporary Middle East, revised and enlarged edition, New York 1982, S. 399 ff.

[29] Auf die Einzelheiten kann hier nicht eingegangen werden. Vgl. hierzu besonders *Z. Y. Hershlag:* Turkey. An Economy in Transition, The Hague 1959; *ders.:* Introduction, a. a. O., S. 190 ff., ferner *K. Bulutoglu:* Atatürk and His Economic Policy. In: *K. Karpat* (ed.): Political and Social Thought, a. a. O., S. 405 ff. (im folgenden zitiert als *Bulutoglu:* Atatürk and His Economic Policy).

[30] Unterzeichner des Vertrages waren Großbritannien, Frankreich, Italien, Rumänien und Jugoslawien als Siegermächte auf der einen und die Türkei als besiegte Macht des Ersten Weltkrieges auf der anderen Seite. Die USA waren als Beobachter auf der Konferenz vertreten.

tet war, auf die Einführung bestimmter Tarife zu verzichten.[31] Der mangelnde Aufbau moderner Industrien zwang die Türkei weiterhin, als Rohstofflieferant auf dem Weltmarkt aufzutreten. Sie war nach wie vor weitgehend auf die Einfuhr von Investitions- und Konsumgüter angewiesen. Die beginnende Weltwirtschaftskrise traf auch die Türkei, so daß schon 1929 mit Ablauf der der Türkei auferlegten Vertragsbedingungen eine völlige Neuorientierung der Wirtschaftspolitik eingeleitet und für ihre Durchsetzung der Weg geebnet wurde. Verbunden mit den negativen Auswirkungen der Krise und mit dem immer noch vorherrschenden Nationalismus in der Türkei verbreitete sich in den dreißiger Jahren die Ideologie einer Abkehr vom Liberalismus und die Einführung eines durch den Staat gelenkten Wirtschaftssystems. Die politische Umsetzung dieser Vorstellung erhielt in der Türkei besonderen Stellenwert und wird mit dem Begriff *Etatismus* (Devletçilik) bezeichnet.

Die Grundüberzeugung dieser staatlichen Wirtschaftslenkung war, daß die Privatwirtschaft zum Teil nicht in der Lage, teilweise aber auch nicht willens sei, Investitionen durchzuführen, die eine rasche und umfassende Entwicklung herbeiführen könnten. Angesichts des Kapitalmangels und der geringen Risikobereitschaft der privaten Wirtschaft sollte deshalb der Staat trotz Beibehaltung eines privaten Sektors in zunehmendem Maße Investitionen vornehmen, die eine rasche Industrialisierung zu ermöglichen versprachen.[32] Der *Etatismus* lief somit auf das System eines Interventionismus hinaus, in dem parallel zur Existenz des privaten Sektors ein durch zunehmenden Einfluß gekennzeichneter staatlicher Sektor bestand. Das Charakteristikum dieser wirtschaftspolitischen Vorstellung, die oft mit dem Begriff »Staatskapitalismus« in der Türkei beschrieben wird und praktisch ei-

[31] Nach dem Lausanner Abkommen durfte die Türkei z. B. keine neuen Zölle und Abgaben auf ihre Importe erheben. Diese Bestimmung wurde allerdings durch die Schaffung eines völlig neuen Zollgesetzes im Jahre 1927 zu umgehen versucht.

[32] In seiner Rede anläßlich der Izmir-Ausstellung beschrieb *Atätürk* den *Etatismus* in der Türkei wie folgt: »It means that while recognizing private entrepreneurship as the main basis, but realizing that many activities are not undertaken, the state must be given the control of the economy to face all the needs of a large country and of a great nation ... The state wanted to perform certain economic activities that had not been undertaken by private enterprise in the shortest possible time and it succeeded in doing so ... The way we have chosen to follow is a system different from economic liberalism«. Zitiert nach *Bulutoglu:* Atatürk and His Economic Policy, a. a. O., S. 409.

ne »gemischte Wirtschaftsordnung« darstellt, war die Konzentration der staatlichen Investitionen im Energie- und Verkehrssektor, im Bergbau sowie die Einrichtung von staatlichen Monopolen in einzelnen Bereichen der Konsumgüterindustrie.[33] Während der Infrastrukturbereich die Grundbedingungen für die Durchführung staatlicher und privater Investitionen schaffen sollte, war es Aufgabe der staatlichen Monopolbetriebe, durch entsprechende Einnahmen- und Gewinnerzielung die Finanzierung der staatlichen Entwicklungsinvestitionen sicherzustellen. Um diese Ziele zu verwirklichen, wurde zum ersten Mal 1934 ein Fünfjahresplan verabschiedet, dem 1939 ein zweiter folgte. Während der erste Plan das Schwergewicht der Investitionen auf den Abbau von Rohstoffen und den Aufbau einzelner, diese Rohstoffe verarbeitende Industriezweige (Textil, Zucker usw.) legte, berücksichtigte der zweite Fünfjahresplan zusätzlich die Entwicklung des Abbaus der natürlichen Ressourcen des Meeres, der Seen und anderer Gewässer, die Regionalentwicklung, die Elektrizitätswirtschaft und die Entwicklung der Schwerindustrie.[34] Trotz der ideologischen Unterschiede zwischen der Türkei und der Sowjetunion wurde ein Teil des ersten Planes durch eine Anleihe bei der Sowjetunion finanziert,[35] womit ihr Einfluß auf die Türkei, wie die Entstehung der *Kadro-Bewegung*[36] dokumentiert, spürbar wurde. Der Westen befürchtete deshalb eine der Sowjetunion ähnliche Politik des

[33] Vgl. hierzu *Bulutoglu:* Atatürk and His Economic Policy, a. a. O., S. 400. Zum geschichtlichen Hintergrund des *Etatismus* in der Türkei vgl. aus der reichhaltigen Literatur besonders *Berkes:* The Development, a. a. O.; *Binder:* The Emergence, a. a. O.; *Hershlag:* Turkey, a. a. O., S. 109 ff.; *ders.:* Introduction, a. a. O., S. 190 ff.

[34] Auf die Einzelheiten dieser Pläne kann hier nicht eingegangen werden. Zu den Zahlenangaben über sektorale Entwicklungen, Investitionen und ihre Finanzierung sowie über die Leistungen der beiden Pläne vgl. besonders *Hershlag:* Introduction, a. a. O., S. 194 ff.

[35] Die Sowjetunion gewährte 1933/34 der Türkei eine Anleihe von 8 Mill. Golddollar ohne Zinsen für eine Laufzeit von 20 Jahren. Sowjetische Experten wurden in die Türkei und türkische Studenten in die Sowjetunion entsandt. Neben der Konstruktion einiger Industrieanlagen wurde auch die »Türkstroj«, eine Gesellschaft, die türkisch-sowjetische Handelsbeziehungen pflegte, gegründet. Vgl. hierzu *Hershlag:* Introduction, a. a. O., S. 188.

[36] *Kadro* war das publizistische Organ einer Bewegung, die in den Jahren 1932–1934 für eine nationale, etatistische und sozialistische Politik der Türkischen Republik eintrat. Aber auch marxistische Ansichten waren in der Bewegung vertreten. In den sechziger Jahren (1960–1965) traten einige ihrer führenden Ideologen zu den Sozialisten über.

Kollektivismus in der Türkei. Angesichts der tiefen ideologischen Gegensätze zwischen den beiden Staaten und der fehlenden kollektivistischen Zentralplanung blieb diese Befürchtung allerdings gegenstandslos.

Trotz der durch die forcierten Planungen sichtbar gewordenen Tendenz zum Kollektivismus betonte die Regierung immer wieder, daß die vorherrschende *etatistische* Politik eine eigenständige Politik sei, die sich jenseits vom Kapitalismus westlicher und vom Sozialismus sowjetischer Prägung befinde und gerade deshalb den sozialen und ökonomischen Bedürfnissen der türkischen Bevölkerung besser Rechnung trage. Tatsächlich beinhaltete diese wirtschaftspolitische Ideologie, die insbesondere durch die Politik der die Regierung unterstützenden *Kadro-Bewegung* in den Jahren 1932 bis 1934 befolgt wurde, Elemente des Marxismus, des »italienischen Kooperativismus« und des Sozialismus, ohne dabei eine dieser Ideologien vollständig zu übernehmen. Keine Klassenkonflikte, sondern vielmehr die Vorstellung eines forcierten industriellen Aufbaus, die Erhöhung des Selbstversorgungsgrades und der soziale Ausgleich standen im Vordergrund dieser wirtschaftspolitischen Richtung.[37] Mit dem Verbot der *Kadro-Bewegung,* deren politische und sozioökonomische Forderungen zunehmend klassenkämpferische Inhalte hatten und damit die Ziele der aus der Republikanischen Partei von *Atätürk* gebildeten Regierung gefährdeten,[38] kamen nationalistische Elemente nunmehr stärker zum Durchbruch.

Auch nach dem Tode von *Atätürk* bildeten Nationalismus, Säkularismus und Etatismus bis zum Ende des Zweiten Weltkrieges die wesentlichen Elemente der führenden Staatsideologie.[39] Mit der Spaltung der seit dem Tode *Atätürks* (1938) von *I. Inönü* geführten Republikanischen Volkspartei, die eine zunehmende politische Liberalisierung verfolgte, kam es im gesellschaftlich-wirtschaftlichen Bereich zu zusätzlichen Konflikten. Diese liberale Ideologie traf im wirtschaftlichen Bereich auf den Widerstand der ländlichen Bevölkerung, der Händlerklasse, der Arbeiterschaft und der Intellektuellen. Dabei richtete sich der Widerstand auch gegen die aus dem *Etatismus* resultie-

[37] Vgl. hierzu *K. H. Karpat:* Turkey's Politics, Princeton 1959, S. 70 f. (im folgenden zitiert als *Karpat:* Turkey's Politics).

[38] Vgl. hierzu *Karpat:* Turkey's Politics, a. a. O., S. 70 ff.

[39] Vgl. hierzu besonders *Shaw:* Das Osmanische Reich, a. a. O., S. 150 ff.

rende Bürokratie. Die Opposition formierte sich schließlich in der Demokratischen Partei,[40] die nach der Machtübernahme im Jahre 1950 eine ideologische Reorientierung ankündigte.[41] Demnach waren das 30jährige Wirken der Republikanischen Partei sowie die von *Atātürk* konzipierten Lehren, die die Grundlagen für die moderne Türkei bildeten, zu sehr in das Bewußtsein der Regierenden eingedrungen, als nachhaltige radikale Gegenmaßnahmen in entscheidenden Fragen (Nationalismus, Säkularismus und Etatismus) hätten durchgesetzt werden können. So erhielten die neuen wirtschaftspolitischen Vorstellungen keine grundsätzlich anderen Elemente. Lediglich die Frage der »sozialen Gerechtigkeit« wurde etwas stärker berücksichtigt.

Der Wunsch nach zunehmender Demokratisierung veranlaßte die Führung der Demokratischen Partei sich wieder auf den islamischen Glauben der türkischen Bevölkerung zu besinnen.[42] Obwohl eine Rückkehr zum traditionellen Islamverständnis des Osmanischen Reiches nicht angestrebt wurde, machte sich dennoch der Trend, sich vom »säkularen Positivismus«[43] abzugrenzen, deutlich bemerkbar. Darüber hinaus war der Einfluß der vom Islam geprägten Landbevölkerung im Zuge des Demokratisierungsprozesses nach wie vor so groß, daß »proislamische« Bewegungen, die bei der Wahl von 1950 die Entscheidung zugunsten der Demokratischen Partei ermöglichten, ein stärkeres Gewicht erhielten. Maßnahmen zur Realisierung der Forderungen islamischer Gruppen wurden jedoch nur sehr vor-

[40] Die Spaltung der Republikanischen Partei und die Gründung der Demokratischen Partei erfolgten 1946 mit dem Beginn einer sogenannten parlamentarischen Demokratie in der Türkei. Die Führer dieser neuen Partei waren *Celal Bayar*, der Abgeordnete von Izmir und zugleich ein Bankier und angesehener Ökonom, *Fuad Köprolü*, der Abgeordnete von Kars und zugleich Historiker und ein bedeutender Intellektueller, *Refik Koraltan*, der Abgeordnete von Icel, ein Rechtsanwalt und Provinzialgouverneur, und *Adnan Menderes*, der Abgeordnete von Aydin, ein Rechtsanwalt und Landwirt. Die Demokratische Partei führte von 1950 bis 1960 die Regierungsgeschäfte.

[41] Auf die Einzelheiten dieses Programmes kann hier nicht eingegangen werden. Vgl. hierzu die Arbeiten von *C. H. Dodd:* Democracy and Development in Turkey, Hull 1979; ferner *K. H. Karpat:* Social Change and Politics in Turkey, Leiden 1973; *Binder:* The Emergence, a. a. O., S. 306 ff.; *Jäschke:* Geschichte der Türkischen Republik, a. a. O.

[42] Zur Einstellung der neuen Regierung *Menderes* zum Islam vgl. besonders *Rustow:* Politics and Islam, a. a. O., S. 35 f.

[43] Vgl. *Smith:* Islam in Modern History, a. a. O., S. 186.

sichtig in Angriff genommen.[44] Als Erstes ist in diesem Zusammenhang die 1950 durchgeführte Abschaffung von Strafen zu nennen, die zuvor auf das Beten in arabischer Sprache standen.[45] Im gleichen Jahr änderte die Regierung *Menderes* das System des religiösen Unterrichts in den Schulen. Fortan war der Religionsunterricht als ein reguläres Unterrichtsfach zugelassen. Es konnten sich jedoch diejenigen Schüler davon befreien lassen, die selbst oder deren Eltern eine ausdrückliche Befreiung vom Fach Religion forderten.[46]

Damit erlebte die Türkei jedoch keineswegs eine religiöse Renaissance. Der Islam und die religiösen Gefühle der Bevölkerung wurden vielmehr dazu benutzt, innenpolitisch die soziale Basis der Partei zu stärken und ihr bei den Wahlen zum Sieg zu verhelfen. Darüber hinaus fühlte sich die Türkei während dieser Zeit vom sowjetischen Expansionismus bedroht, der seit dem Zweiten Weltkrieg relativ stark zugenommen hatte. Folglich brauchte das Land eine Stärkung der »moralischen und sozialen Kräfte« im Lande, um innere Unruhen zu vermeiden und durch die Schaffung einer gemeinsamen Basis gegen den Kommunismus – auch hierfür erwies sich der Islam nach wie vor als ein bedeutendes Bollwerk – der Bedrohung von außen zu begegnen. Die religiöse Restauration, die allerdings in Grenzen gehalten wurde, war demnach lediglich Mittel zum Zweck. Der Säkularismus blieb nach wie vor die tragende Staatsideologie.

Insofern unterschied sich die modernistische Politik der Türkei damals wie heute vom islamischen Modernismus anderer Moslemstaaten nachhaltig.

Wie bereits angedeutet wurde, unterschied sich die Wirtschaftsauffassung der regierenden Demokratischen Partei in Grundsatzfragen wenig von der der vorangegangenen Regierung. Die gewollte »partielle Restauration« des Islams war im Vergleich zu den ökonomischen Schwierigkeiten das geringere Problem. Wesentlich war die Verbesserung der wirtschaftlichen Lage der türkischen Bevölkerung. Um das Entwicklungstempo zu beschleunigen, mußte nicht nur die Landwirt-

[44] Vgl. hierzu ebenda, S. 187.

[45] Bezeichnenderweise wurde diese Maßnahme im heiligen Fastenmonat »Ramadan« durch das Parlament beschlossen, proklamiert und entsprechend mit Begeisterung von der Bevölkerung aufgenommen. Vgl. *Rustow:* Politics and Islam, a. a. O., S. 95.

[46] Vgl. ebenda, S. 95.

schaft stärker gefördert werden, sondern auch die private Industrie und der Handel. Trotz der weiterhin hohen Bedeutung des staatlichen Sektors wurden auch für den privaten Sektor Anreize geschaffen, wie Steuerbefreiungen, Subventionen und staatliche Kredite. Insgesamt entstand somit eine neue soziale Schicht aus Unternehmern, Managern und einflußreichen Landbesitzern.[47]

Die neue »Oligarchie«, deren Wirtschaftsauffassung in Richtung Wirtschaftsnationalismus und Konservativismus tendierte, bei der die islamischen Werte eine zunehmend bedeutendere Stellung einnahmen und die deshalb klerikale Bewegungen förderte, erreichte eine Machtstellung, die den liberalgesinnten Intellektuellen zunehmend Anlaß gab, die bestehende Ordnung kritisch zu beurteilen. Zudem ging mit der wirtschaftlichen Umstrukturierung die Bildung einer neuen aufgeklärten Mittelschicht einher, die nunmehr ihre besonderen politischen und ökonomischen Interessen artikulierte. Ihre Forderungen nach sozialen Reformen zur Erhöhung der Wohlfahrt und der sozialen Gerechtigkeit sowie zur Beseitigung der Armut wurden von Intellektuellen unterstützt.[48]

Ende der Fünfziger Jahre kam es infolge eines inneren Strukturwandels, der der raschen Expansion der Wirtschaft folgte, und angesichts der zu sehr etablierten »vested interest«-Gruppen zu einer nachhaltigen ideologischen Umorientierung, die vor allem von Intellektuellen ausging. Die Vorstellungen dieser Gruppe, die nunmehr die nationalistischen, etatistischen und elitär gesinnten Ideologien ergänzten, näherten sich mehr und mehr »sozialreformerischen« und »sozialistischen« Ideologien. Sie reichten vom *Fabianismus*[49] bis zum radikalen *Marxismus,* auf den später noch eingegangen wird.

[47] Diese neue soziale Schicht vereinte sich mit klerikalen Gruppen und bildete die Vaterlandsfront der Demokratischen Partei (Vatan Cephesi), die ursprünglich formiert war, um die Opposition – die ehemalige Republikanische Volkspartei – wirksamer zu bekämpfen. Vgl. *Karpat:* Introduction, a. a. O., S. 368.

[48] Vgl. ebenda, S. 370.

[49] Mit *Fabianismus* wird die linksgerichtete ideologisch-politische Richtung bezeichnet, die sich in der »Fabian Society« zusammenschloß. Hier sei lediglich bemerkt,

Die ideologischen Auseinandersetzungen führten angesichts einer verstärkten politischen Liberalisierung und der Einführung der Pressefreiheit zu politischen Unruhen. Die politisch ungelöste Zypern-Frage und die Spannungen mit Griechenland verstärkten diese Unruhen, so daß sich die Regierung zu repressiven Maßnahmen gezwungen sah.[50] Der Staatsstreich vom Mai 1960 beseitigte schließlich das Regime und löste die Demokratische Partei auf.[51]
Es war nicht verwunderlich, daß auch nach dem Staatsstreich und der Bildung einer neuen Zivilregierung die ideologische Auseinandersetzung über die ökonomischen Probleme aktuell blieb. Dabei ging es nach wie vor um die Grundsatzfrage, ob die wirtschaftliche Entwicklung und die Sicherung der »sozialen Gerechtigkeit von oben« herbeigeführt werden sollte, oder ob dies durch eine Übereinkunft der an der wirtschaftlichen Entwicklung beteiligten sozialen Gruppen, die dann auch an den erbrachten Leistungen partizipieren sollten, zu geschehen hätte.[52] Die expansive Entwicklung der Wirtschaft ergab eine zunehmende Urbanisierung sowie eine Verschärfung der sozialen Gegensätze. Die parlamentarische Demokratie erwies sich jedoch als unfähig, einen entsprechenden Beitrag zur Lösung dieser dringenden politischen, ökonomischen und sozialen Fragen zu leisten.
Bereits vor den Vorbereitungen zu den Parlamentswahlen 1965 verschärften sich die ideologischen Auseinandersetzungen über den künftigen Kurs in der Wirtschafts- und Sozialordnung. Dabei kristallisierten sich nach und nach vier Hauptströmungen heraus, die insbe-

daß die oben besprochenen Reformansätze vor allem in mehreren Artikeln in *Yön* diskutiert wurden, einer Zeitschrift, in der vornehmlich die Ideen der »sozialen Gerechtigkeit« und die »sozialen Reformen« behandelt wurden. Vgl. hierzu S. 192 dieser Arbeit. Zu der Entwicklung und den ideologischen Inhalten der linksgerichteten Parteien in der Türkei in den fünfziger und sechziger Jahren vgl. *K. H. Karpat:* The Turkish Left. In: Journal of Political History, Bd. 2 (1966), S. 169 ff.

50 Vgl. *Shaw:* Das Osmanische Reich, a. a. O., S. 158.

51 *Adnan Menderes* und *Celal Bayar* wurden später wegen der Verletzung der Verfassung angeklagt und hingerichtet. Ein Jahr später wurde eine neue Verfassung verabschiedet und *G. Gürsel* zum neuen Präsidenten der Türkischen Republik gewählt, der dann den Führer der alten Republikanischen Partei, *I. Inönü,* zum Ministerpräsidenten ernannte. Er blieb bis 1965 Premierminister.

52 »Development presented as an economic problem was in reality a political and ideological question that could determine the very characteristics of Turkish democracy.« *Karpat:* Introduction, a. a. O., S. 371.

sondere nach 1975 bis zum militärischen Staatsstreich durch *K. Evren* im Jahre 1980 in zunehmendem Maße radikale Formen annahmen:

1. *Etatistisch-sozialistische* Vorstellungen, deren Hauptvertreter wesentlich aus städtischen Intellektuellengruppen und Funktionären der staatlichen Planungsorganisationen bestanden. Sie wirkten zunächst innerhalb der »Republikanischen Partei«, die allmählich einen Kurs »links von der Mitte« steuerte. Jedoch kam es zu einer baldigen Spaltung dieser Gruppe. Einerseits entstand eine gemäßigte sozialistische Richtung, deren Vertreter überwiegend der sozialen Mittelschicht entstammten. Sie stellten die »soziale Frage«, und opponierten sowohl gegen die traditionelle Sozialstruktur als auch gegen das Unternehmertum, den Großgrundbesitz und das private Eigentum an Großunternehmen. Andererseits bildete sich eine weitere Gruppe, deren Hauptziele »soziale Gerechtigkeit« und »Wirtschaftsplanung« waren. Hieraus formierte sich bald die türkische Arbeiterpartei, die extrem radikale marxistische Forderungen erhob, auf deren Vorstellung an späterer Stelle noch detailliert einzugehen sein wird.[53]

2. *Liberalistische* Vorstellungen, deren Hauptvertreter sich in der »Gerechtigkeitspartei« zusammenschlossen. Sie befürworteten grundsätzlich das freie Unternehmertum und die parlamentarische Kontrolle der staatlichen Bürokratie sowie die Auferlegung restriktiver Kontrollen in den bestehenden staatlichen Betrieben mit ihrer zentralistischen Orientierung, die von etatistisch-sozialistisch orientierten Gruppen gefordert worden waren. Sie opponierten gegen den sozialen Ausgleich durch die Sozialpartnerschaft sowie gegen die Stärkung der traditionellen Strukturen. Diese Gruppe akzeptierte hingegen die säkularistischen Vorstellungen des Modernismus in der Türkei, die bereits beschrieben wurden.

3. *Radikal-nationalistische* Vorstellungen, die sich vornehmlich auf die Ideen des Staatsgründers beriefen und deshalb einen nationalen, säkularistischen Staat zu verwirklichen suchten. Auch diese Bewegung unterteilte sich in zwei Hauptströmungen. Die erste Gruppe, deren Vertreter sich aus der städtischen Bevölkerung und den elitären sowie konservativen Gruppen aus Wissenschaft und Politik rekrutier-

[53] Vgl. im 3. Teil Abschnitt III, besonders S. 192 dieser Arbeit.

ten, ist auf die Verwirklichung der Verfassung der ersten Türkischen Republik von 1922 gerichtet. Die zweite Gruppe, die sich besonders nach 1965 in der Nationalistischen Aktionspartei von *A. Turkeş* konstituierte und zeitweise in der Koalitionsregierung von *S. Demirel* mitwirkte,[54] vertrat radikal nationalistische Vorstellungen. Sie verstand sich als eine Gegenbewegung besonders zu den linksradikalen Gruppen, den Sozialisten und Marxisten. Ihre Ideologie, die entscheidende Befürworter unter konservativ-nationalen Gruppen und in der Wirtschaft hat, verkündet Idealismus, türkischen Nationalismus, Moralismus, Freiheit mit Sozialorientierung, Populismus sowie die Technisierung und Verwissenschaftlichung.

4. *Nationaler Klerikalismus,* deren Vertreter sich vom *Kemalismus* deutlich abgrenzen, ihn sogar als eine »mißleitete«, wenn nicht sogar »bösartige« und »unnütze« Ideologie brandmarken.[55] Sie sind insofern nationalistisch, als sie den ottomanischen Staat verherrlichen. Sie gelten als klerikal, weil sie sich dem orthodoxen Islam verpflichtet fühlen.[56]
Da die türkische Bevölkerung wesentlich aus religiösen Moslems besteht, und von daher weder von säkular-modernistischen Versuchen des *Kemalismus* noch von sozialen Reformen gänzlich überzeugt werden konnte, bekämpft sie diese »materialistischen«, auf importierten Werten basierenden Ideologien und besinnt sich erneut auf ihre islamische Basis, auf das kulturelle Erbe des Islams. Sie strebt somit nach einer Wiederbelebung des Fundamentalismus in der Türkei. Während sich eine Gruppe der militanten »Moslembruderschaften« dabei auf die generellen Werte Solidarität, Gleichheit und soziale Gerechtigkeit im Sinne eines *panislamischen* Verständnisses stützt, agiert die eben-

[54] In der Koalition von 1977, in der die Partei 6,4 % der Wählerstimmen auf sich vereinigen konnte. Bekannt ist die Partei unter dem Namen »Graue Wölfe«.

[55] Vgl. *Rustow:* Politics and Islam, a. a. O., S. 102.

[56] Die Bedeutung dieser Gruppen dürfen nicht unterschätzt werden. Während bei der Wahl von 1970 die sechs linksgerichteten Parteien nur 3% der Stimmen erhielten, betrug der Stimmenanteil der extremen Rechten 15 %. Vgl. *Karpat:* Introduction, a. a. O., S. 375.

falls militante Gruppe der »Nationalen Heilspartei«[57] für die Errichtung einer islamischen Theokratie in der Türkei. Die Anhänger dieser Partei sind auf dem Lande stark vertreten. Zu ihr gehören die *ʿUlamā*, die in der Provinz erneut wachsende Bedeutung erlangt haben, und andere orthodox-konservative Gruppen.

Während die Ideologie der ersten beiden Gruppen die laizistische Politik in der Türkei noch weitgehend in den Vordergrund stellt, bewegten sich die beiden letztgenannten Gruppen in extremistische Richtungen. Dabei war in den letzten Jahren eine tendenzmäßig zunehmende ideologische Polarisierung in dem Sinne zu erkennen, als sich die Gerechtigkeitspartei mehr nach »rechts« und die Republikanische Volkspartei mehr nach »links« bewegten. Diese Polarisierung sowie besonders der radikale Extremismus der »Nationalisten« und »Islamisten«, der zur Durchsetzung seiner Ziele terroristische Aktionen nicht scheut, veranlaßte das Militär 1980 zum Staatsstreich.[58] Das Verbot extremistischer Parteien bedeutet noch keinesweg, daß die ideologischen Auseinandersetzungen in der Türkei aus der Welt geschaffen worden sind. Angesichts der tiefen Verwurzelung des Islams bei einem Großteil der türkischen Bevölkerung sowie der Unterstützung islamischer Parteien durch das moslemische Ausland[59] ist erneut mit ihrem zunehmden Einfluß zu rechnen.

[57] Gegründet wurde diese Partei (Milli Selamet Partisi) im Jahre 1972 unter Führung von *N. Erbakan.* Nach den Wahlen des Jahres 1973 koalierte sie im Jahre 1974 mit der Republikanischen Volkspartei, die von *B. Ecevit* geführt wurde, und konnte in dieser Koalitionsregierung einige – wenn auch unbedeutsame – islamische Ziele durchsetzen. Der eigentliche Begründer der Partei war *Said Nursi* (1873–1960), auch bekannt als *Ustad Badiuzzaman* bzw. *Said Kurdi,* der in der *atātürkischen* Zeit verfolgt wurde und in den Untergrund ging. Er vertrat die Philosophie des islamischen Spiritualismus, den er als Gegensatz zum europäischen Materialismus verstand.

[58] Nach dem Putsch versprach General *K. Evren* eine Rückkehr zur Demokratie, sobald die erforderlichen Bedingungen erfüllt seien. 1984 erfolgten Wahlen, so daß die Regierungsgewalt an die Partei *Özals* übergeben wurde.

[59] 1976 wurde die Türkei als Mitglied in die Islamische Konferenz aufgenommen, in deren Teilorganisationen sie danach mitwirkte.

2. *Säkular-liberale Vorstellungen: Die Wirtschaftsideologie der Pahlawī-Ära im Iran*

Mit dem Ende der *Qādjāren*-Dynastie und der Machtübernahme durch *Resā-Khan* im Jahre 1925 wurde ähnlich wie in der Türkei durch den *Kemalismus* auch im Iran versucht, eine konsequente Reform- und Modernisierungspolitik zu betreiben. Die Ziele des neuen Schahs bestanden dabei neben einer Stärkung der zentralistischen Staatsmacht durch die Modernisierung der Armee und des Staatsdienstes insbesondere darin, die Säkularisierung des Schul-, Erziehungs- und Bildungssystems sowie die Modernisierung der Gerichtsbarkeit voranzutreiben. Neben diesen gesellschaftspolitischen Zielen sollte auf wirtschaftlicher Ebene durch die Zurückführung der ökonomischen Dominanz ausländischer Mächte, die durch die Konzessionspolitik früherer Regierungen entstanden war,[60] sowie durch Schaffung infrastruktureller Grundlagen eine größere wirtschaftliche Unabhängigkeit des Irans erreicht werden.

Mit der Modernisierung des Erziehungs- und Bildungswesens verfolgte *Resā-Schāh* zwei Ziele: Einmal die Macht der *'Ulamā* einzudämmen,[61] die über die traditionellen *Medressen* einen großen Einfluß hatten, und zum anderen den Iran für moderne Technologien und Wissenschaften zu öffnen. Genau wie in der Türkei – und auch etwa zur gleichen Zeit – wurden im ganzen Iran säkulare staatliche Grundschulen – in den Städten zusätzlich Mittel- und Oberschulen nach französischem Muster – gegründet, deren Lehrpläne nicht wie bei den alten religiösen Schulen religionsorientiert waren, sondern in den Grundschulen vielmehr nur den praktischen Bedürfnissen (Lesen, Schreiben, Rechnen) und in den höheren Schulen der Vorbereitung auf geistige, technische und naturwissenschaftliche Richtungen dienen sollten. Erstmals wurde in den Städten auch der Schulbesuch

60 Vor allem unter dem starken Druck Rußlands und Großbritanniens, die sich praktisch den Iran in Einfluß- und Konzessionssphären aufgeteilt hatten. Vgl. S. 122 dieser Arbeit und die dort angeführte Literatur.

61 Dabei ist zu bemerken, daß sein erster Versuch, die klerikale Macht der *Mudjtahid* einzugrenzen, scheiterte und ihn zu einem »Gang nach Qom« zwang. Er versprach der Geistlichkeit die Nichteinmischung in religiöse Angelegenheiten. Nach der Festigung seiner Macht ging er gegen die Geistlichkeit jedoch um so kompromißloser vor. Zu näheren Einzelheiten vgl. besonders *Akhavi:* Religion and Politics, a. a. O. sowie *Hairie:* a. a. O.

durch Frauen möglich.[62] Aus der alten, 1851 gegründeten *Dār-ul-Funūn* (Haus der Wissenschaft) wurde 1934 die Universität Teheran.

Um die Gerichtsbarkeit zu modernisieren, wurde 1926 das neue Strafrecht und 1928 das neue Zivilrecht nach französischem Muster eingeführt. Zwar enthielt diese neue Rechtsprechung wesentliche Elemente des alten *Scharī'a*-Rechts, war jedoch, allein durch die Schaffung des Justizministeriums als Ort der Gerichtsbarkeit, deutlich auf die Säkularisierung der bislang dominierenden Interpretationen des islamischen Rechts durch die *'Ulamā* fixiert. Weitere entscheidende Schritte in diese Richtung erfolgten 1931 und 1936, als es den *'Ulamā* verboten wurde, als Richter in den Gerichten zu wirken[63] und ihr Aufgabenbereich nur auf Fragen des Familienrechts (Ehe und Scheidung) beschränkt wurde.[64] Bürgerliches Recht und Strafrecht, in die das *Scharī'a*-Recht integriert wurde, wurden jedoch erst 1939 kodifiziert.

Auf wirtschaftspolitischer Ebene war die Schaffung von Rahmenbedingungen für eine forcierte Entwicklungspolitik in einer Wirtschaft, in der das Ausland bei der Ausbeutung der natürlichen Ressourcen dominierte, vorrangig.

Die Übernahme des französisch-orientierten Handelsrechts im Jahre 1928, die Verbesserung des Steuer- und Finanzsystems durch die Einführung neuer Grund-, Boden- und Verkehrssteuern sowie die Errichtung staatlicher Monopole (Zucker und Tee) und die Einführung neuer Zölle bewirkten eine Stärkung der staatlichen Finanzkraft.[65] Mit der Gründung der Bank *Mellī* (Nationalbank) im Jahre 1928 und

[62] Erst später (1936) wurde der bis dahin existierende traditionelle Tschadar-(Schleier-)Zwang für Frauen abgeschafft und in den Städten das Tragen westlicher Kleidung gesetzlich angeordnet, wobei die Regierung zur Durchsetzung dieser neuen Kleiderordnung rigoros vorging. Vgl. hierzu *Banani:* The Modernization of Iran, a. a. O.

[63] Die Aufgabe wurde den Absolventen der Rechtsfakultät der Universität zugestanden. Nur die Staatsanwälte und das staatliche Gericht waren befugt, über die Weiterleitung eines Falles an das religiöse Tribunal zu entscheiden. Dieses durfte allerdings kein Urteil fällen. Das war ausschließlich den staatlichen Gerichten vorbehalten. Vgl. *Akhavi:* Religion and Politics, a. a. O., S. 39 f.

[64] Eine Auflistung der zahlreichen säkularen Reformgesetze dieser Periode findet sich bei *Akhavi:* Religion and Politics, a. a. O., S. 38.

[65] Die Reformprogramme auf dem wirtschaftlichen Sektor wurden durch den amerikanischen Finanzberater *A. C. Millspaugh* entscheidend beeinflußt. In den dreißiger Jahren nahm ebenfalls der Einfluß deutscher Berater zu.

ihrer Berechtigung zur Notenausgabe (1932),[66] konnte die Währungsreform im gleichen Jahr eingeleitet werden,[67] die nach anfänglichen Schwierigkeiten[68] die Basis für die Verbesserung des Monetisierungsgrades der Wirtschaft legte. Bedeutsam für die Wirtschaft war ferner die Verbesserung des Telekommunikations- und des Verkehrssystems, insbesondere der Bau von Eisenbahnlinien, die eine unabdingbare Voraussetzung für die spätere ökonomische Entwicklung des Irans wurde.[69]

Durch die Schaffung des Wirtschaftsministeriums als neuer Instanz für eine konsequente Lenkung und Führung der Wirtschaft durch den Staat wurde angestrebt, die Grundlagen des Handwerks, des Handels und der Industrie zu verbessern. Auch dies resultierte wesentlich aus dem bis dahin dominierenden Einfluß des Auslands,[70] aber auch aus der außerordentlich starken Unterentwicklung der sozioökonomischen Grundstruktur des Irans.

Die Kriegsjahre ab 1941 standen im Zeichen einer massiven Intervention ausländischer Mächte.[71] Die Besetzung des Irans führte während des Zweiten Weltkriegs und auch danach zu massiven ideologischen und interessenpolitischen Machtkämpfen. In einer vorübergehend relativ liberalen Periode (1941–1953), in der die Macht der Zentralregierung deutlich abnahm, wurde zum einen der politische Einfluß der

[66] Davor besaß die vom Briten *Baron de Reuter* gegründete Imperial Bank of Persia das ausschließliche Recht zur Notenausgabe und zur Verwaltung der Staatsfinanzen.

[67] Vgl. hierzu näher *A. Tismer:* Die persische Währungsreform, Teheran 1932.

[68] Sie ergaben sich wesentlich daraus, daß die persische Bevölkerung die Papierwährung zunächst ablehnte, da sie bis dahin lediglich die im Zahlungsverkehr befindlichen Gold- (Pahlavi), Silber- und Nickelmünzen (Riyal) kannten. Vgl. ebenda.

[69] So wurde etwa eine Eisenbahnverbindung hergestellt, die Bander-Schapur (heute: Bander Khomeini) am Persischen Golf mit dem 1400 km entfernten, am Kaspischen Meer liegenden Bander Schah (heute: Ansali) verband.

[70] Vorwiegend im Bereich der mineralischen Ressourcen (Erdöl und Bergbau) und des Außenhandels (Sowjetunion und Großbritannien).

[71] Sie erfolgte 1941 durch ein gemeinsames Vorgehen sowjetischer, britischer und amerikanischer Truppen, um die Transporte amerikanischer Hilfsgüter an die Sowjetunion über den Iran sicherzustellen. Sowjetische Truppen hielten Aserbeidschan sowie das iranische Kurdistan besetzt und etablierten dort autonome kommunistische Provinzregierungen. Durch ein Ultimatum der USA wurden schließlich die Sowjets 1946 zum Abzug ihrer Truppen gezwungen. Vgl. im einzelnen besonders *H. Katouzian;* The Political Economy of Modern Iran, London 1981; ferner *Keddie:* Roots of Revolution, a. a. O., S. 119 ff.

'Ulamā durch die Anwendung von *Fetwā* (religiöses Rechtsurteil)[72] sowie die Wiedereinführung der vom *Resā-Schāh* verbotenen *schi'itischen* »Moral- und Kulturtradition« der »*Ta'siya* und *Rawsa-Chwānī*« (schiitische Passion), beispielsweise Pilgerfahrten, Schleierzwang auf den Straßen usw., wiederum stärker. Zum anderen nahm der Druck des Auslands (Sowjetunion, Großbritannien und die USA)[73] hinsichtlich einer stärkeren Einflußnahme auf die Parteien im Iran und auf die Vergabe neuer Konzessionen zum Abbau iranischer Bodenschätze (Öl) zu. Die Zerrüttung der iranischen Wirtschaft, der nahezu völlige Zusammenbruch der Bürokratie der Zentralregierung, die Verschärfung der Gegensätze einzelner gesellschaftlicher und ethnischer Machtgruppen sowie die Zersplitterung der sich gegenseitig bekämpfenden Parteien waren die Ursachen dafür, daß eine Sanierung der iranischen Wirtschaft durch die Aufstellung eines Wirtschaftsplanes (erster Siebenjahresplan 1949) trotz massiver Hilfeleistungen der USA keinen nennenswerten ökonomischen Erfolg brachte.[74]
In der Frage der Nationalisierung des Erdölsektors gelang es dem neugewählten Ministerpräsidenten *M. Mossadegh,* die Ressentiments der Bevölkerung gegenüber dem Ausland auszunutzen und somit die nationalistisch gesinnten Kräfte für sich zu gewinnen. Durch die Bildung der »Nationalen Front« und ihre Machtübernahme 1951 war es *Mossadegh* möglich, eine nationalistische Ideologie zu entwickeln, die sowohl von der intellektuellen Elite als auch vom Klerus und von den

[72] So wurde beispielsweise 1951 unter der Führung des seinerzeit einzigen Marja'*e Taqlīd* Ājatollāh *M. Hussein Brudjardī* die Nationalisierung der Anglo Iranian Oil Company (AIOC) in einem *Fetwā* für zulässig erklärt. Vgl. *Akhavi:* Religion and Politics, a. a. O., S. 60.

[73] Während die Sowjetunion die *Tudeh*-Partei, die ihr nahestehenden unabhängigen Nationalisten und die Minderheiten im Norden unterstützte, stand Großbritannien den Stämmen, den Konservativen und den *'Ulamā* im Süden bei, während die Amerikaner ihren Einfluß auf die Verwaltung und Zentralregierung geltend machten. Vgl. *Keddie:* Iran, a. a. O., S. 212; *ders.:* Roots of Revolution, a. a. O., S. 113 ff.

[74] Zu dieser krisenhaften Entwicklung der iranischen Wirtschaft und der Rolle einzelner Interessentengruppen vgl. *Keddie:* Roots of Revolution, a. a. O., S. 127 ff.

Linksparteien unterstützt wurde.[75] Es entstand somit zum ersten Mal im Iran eine nationale Regierung, die zunächst einen Konsens verschiedener politischer Gruppen und breite Zustimmung in der Bevölkerung fand.

Mossadegh war aber nicht bereit, den Klerus an der Macht zu beteiligen, so daß er bald die Unterstützung der Geistlichkeit, die eigene Ziele verfolgte, verlor.[76] Ihm gelang es ebenfalls nicht, die Armee für sich zu gewinnen, die zutiefst royalistisch geprägt war. Um ihn zu stürzen, nutzten die Militärs einerseits die Verschlechterung der wirtschaftlichen Lage, die aus der Verringerung der Erdöleinnahmen sowie der Reduzierung ausländischer Wirtschaftshilfen resultierte, andererseits aber auch die politische Schwächung, die sich für *Mossadegh* durch seine Koalition mit linken Kräften ergab, und der dadurch die Unterstützung der religiösen Anhänger verloren hatte.[77] Zugleich ging damit das kurze Intermezzo einer nationalistisch-säkularen Ideologie sowie einer Pluralität, in der sich neue Vorstellungen hätten entwickeln und artikulieren können, zu Ende.[78]

In einer kurzen Zwischenperiode von 1953 bis 1955 nahm die Einflußnahme der Geistlichkeit wieder zu, die damit begründet war, daß nach dem Sturz von *Mossadegh* die Regierung *Zāhedī* ein Zusammengehen mit *Brūdjerdī* und *Behbāhanī*, den beiden angesehenen geistlichen Führern, anstrebte, um die sozialen Kräfte zu vereinen.[79] Damit

[75] Diese Koalition war insofern sehr bemerkenswert, als der Klerus und die linken Kräfte völlig gegensätzliche Ziele anstrebten. Eine zwielichtige Rolle spielte dabei der heute noch heroisierte *Āyatollāh Kāshānī*, der anfänglich als Schlüsselfigur beim Wahlsieg *Mossadeghs* fungierte, diesen später jedoch angesichts einer zunehmend säkularen Politik des Premiers systematisch bekämpfte. Vgl. hierzu näher *J. Richard:* Āyatollāh Kāshānī: Precursor of the Islamic Republic? In: *N. Keddie:* Religion and Politics in Iran, a. a. O., S. 101 ff.

[76] Der Staatsstreich erfolgte im August 1953 durch General *Zāhedī*, nachdem der Schāh bereits zuvor vergeblich versuchte hatte, *Mossadegh* zu entlassen. Der breite Widerstand und die Revolten der Bevölkerung gegen diese Entscheidung zwangen den Schāh, ins Ausland zu gehen, von wo er nach einem einwöchigen Aufenthalt von der Armee an die Spitze des Staates zurückgeholt wurde. Vgl. im einzelnen *Keddie:* Roots of Revolution, a. a. O., S. 140 f.

[77] Vgl. näher *J. Richard:* Āyatollāh Kāshānī, a. a. O., S. 103.

[78] Zu näheren Einzelheiten vgl. *Keddie:* Roots of Revolution, a. a. O., S. 132.

[79] Vgl. *Akhavi:* Religion and Politics, a. a. O., S. 72; ferner *M. J. Fischer:* From Religious Dispute to Revolution, Cambridge (Mass.), London 1980, S. 187.

wurde es der Regierung zunächst ermöglicht, die Unzuverlässigkeit des rechten, bislang mit *Mossadeghs* Politik assoziierten Klerus im *Madjlis* (Parlament) um *Āyatollāh Kāshānī* auszunutzen, um die links gerichteten Anhänger *Mossadeghs*, die kommunistische *Tudeh* und später auch die militante Moslemgruppe der *Fedā'iyān* auszuschalten.[80] Nach der Machtübernahme durch *Schāh Mohammed Resā* wurde insbesondere in den sechziger Jahren versucht,[81] die neue säkular-liberale Reform- und Modernisierungspolitik einer umfassenden wirtschaftlichen und gesellschaftlichen Transformation Irans ernsthaft in Angriff zu nehmen. Die sozioökonomischen Hauptzüge des Programms, die vor allem vom liberalen *Abol Hassan Ebtehādj* (Planorganisation) und dem Reformisten *Hassan Arsandjānī* (Landwirtschaftsminister) initiiert wurden, wiesen folgende Inhalte auf:

1. Eine wirtschaftspolitische Orientierung, die trotz der Fortsetzung der staatlichen Planungspolitik auf eine weitgehende Liberalisierung des privaten Unternehmertums zielte. Der industrielle Bereich sollte von Seiten des Staates durch Anreize und Erleichterung der Finanzierungsmöglichkeiten gestärkt werden.[82] Diesem Ziel sollte auch auf dem Gebiet des Außenhandels eine binnenwirtschaftlich orientierte Schutzzollpolitik dienen.

2. Ein Bodenreformprogramm, nach dem in einer ersten Phase die Ländereien der Großgrundbesitzer an die den Boden bearbeitenden Bauern zu ermäßigten Preisen zu veräußern waren. In einer weiteren Phase (ab 1968) sollten auch die *Waqf*-Ländereien, die vor allem für

[80] Die Geistlichkeit nutzte dieses Zusammengehen dazu, mit Hilfe der Staatsmacht auch die unliebsamen religiösen Minderheiten zu eliminieren. Nach Hetzkampagnen von *M. Taqī*, *Falsafī* und nach der ausdrücklichen Zustimmung von *Brudjerdī* und *Behbahānī* begann die Verfolgung der *Bahā'ī*, einer religiösen Minderheit, deren Aktivitäten als ungesetzlich erklärt und deren Dome 1955 in *Fahrān*, *Schiras* und anderen Städten zerstört wurden. Vgl. *Akhavi:* Religion and Politics, a. a. O., S. 72 ff. und *Fischer*, a. a. O., S. 187.

[81] Für die Absichten und Ziele der Reform aus der Sicht des Monarchen vgl. *M. Reza Pahlevi:* Im Dienste meines Landes, Stuttgart 1961 sowie *ders.:* Die soziale Revolution im Iran, Düsseldorf, Köln 1967.

[82] Vgl. hierzu besonders *G. B. Baldwin:* Planing and Development in Iran, Baltimore 1967.

die Geistlichkeit im Iran die wichtigsten Einnahmequellen bildeten, in dieses Programm einbezogen werden.[83]

3. Eine Rechtsreformpolitik, in der die bereits erwähnte, von *Resā-Schāh* jedoch unvollständig eingeführte Trennung des geistlichen Bereichs vom weltlichen weiter auszubauen war. Sie zielte hauptsächlich auf eine weitere Eliminierung der bis dahin geltenden Rechte der Geistlichkeit ab. Im Bereich des Familienrechts wurde beispielsweise das noch gültige, auf *Schari'a*-Gesetze basierende Ehe- und Scheidungsrecht aufgehoben und stattdessen ein Gesetz zum Schutze der Familie und der Einehe eingeführt. Weiterhin wurden Gesetze erlassen, die die Gleichstellung von Mann und Frau im Scheidungs- und im Sorgerecht für die Kinder beinhalteten. Schließlich wurde auch den Frauen das Wahlrecht verliehen.[84] Der Einfluß der *Mullāhs* und Großgrundbesitzer (Dorfherren) auf die in den ländlichen Regionen praktizierte Rechtsprechung, der sich aus einer entsprechenden Interessengemeinschaft dieser beiden Gruppen ergab, wurde durch die neu geschaffenen »Häuser der Gerechtigkeit« völlig unterbunden.

4. Eine Alphabetisierungskampagne, die den Einsatz von *Sepāh Dānesch* (Bildungskorps, Lehrersoldaten) und die Errichtung von säkular orientierten Volksschulen beinhaltete, schränkte die Erziehungsfunktion der hauptsächlich nur lese- und schreibkundigen *Mullāhs* in den *Madāris,* sowie die Willkür der Großgrundbesitzer ein.

Diese Reformmaßnahmen konnten wegen der steigenden Öleinnahmen, insbesondere nach 1973/74 bis gegen Ende 1976, ohne besondere Schwierigkeiten finanziert werden. Die Entwicklung der islamischen Wirtschaft in den sechziger und siebziger Jahren, gekennzeichnet durch eine mehr marktwirtschaftlich orientierte Wirtschaftspolitik

[83] Zu Einzelheiten vgl. besonders *A. K. S. Lambton:* The Persian Land Reform 1962–1966, Oxford 1969. Zu Auswirkungen dieser Reformpolitik vgl. besonders *M. G. Weinbaum:* Agricultural Policy and Development Politics in Iran. In: The Middle East Journal, Bd. 31 (1971).

[84] Zu weiteren Versuchen bezüglich der Emanzipation der Frauen vgl. *B. Bamdad:* From Darkness into Light: Women's Emancipation in Iran, New York 1977.

sowie durch die Unterstützung und Förderung des privaten Sektors, führte zu sehr hohen Wachstumsraten des Sozialproduktes.[85] Parallel dazu vergrößerten sich aber auch die ohnehin schon bestehenden Einkommensunterschiede zwischen einer kleinen Schicht von Unternehmern und Beamten und den bereits aus den Dörfern in die Ballungsräume gezogenen Bevölkerungsschichten. Von der mit dem wirtschaftlichen Aufschwung verbundenen steigenden Preisentwicklung waren gerade diese Schichten am stärksten betroffen.
Die Bodenreform erfüllte aus folgenden Gründen die in sie gesetzten ursprünglichen Erwartungen nicht:[86] Nichtausreichende Mengen an Saatgut, Vernachlässigung der Pflege von *Qanāten*,[87] Fehlen von Arbeitsmitteln, Zersplitterung des Bodens infolge der Erbteilung[88] und Fehlen eines vorausschauenden genossenschaftlichen Programms, um kleine und unrentabel produzierende Betriebe zusammenzuschließen.[89] Darüber hinaus führte die durch die Bodenreform induzierte Erhöhung der Löhne und Preise zu einem Importsog und damit zu

[85] So betrug das preisbereinigte Pro-Kopf-Wachstum des Bruttosozialproduktes in der Periode 1960 bis 1975 durchschnittlich jährlich 8,1%. Diese Rate erhöhte sich in den Jahren 1970 bis 1975 im Jahresdurchschnitt auf 13,3%. Vgl. *IBRD: World Bank Atlas,* Washington 1977, S. 16. Zu beachten ist dabei, daß von diesem Wachstum alle Sektoren der Wirtschaft einschließlich der Landwirtschaft profitierten, obwohl deren Anteil im Vergleich zum Wachstum anderer Sektoren relativ bescheiden blieb. Die Steigerung des Pro-Kopf-Einkommens induzierte dabei trotz Zunahme der inländischen Produktion einen Anstieg der Importe. Vgl. *The Economist Intelligence Unit* (E. I. U.): Quarterly Economic Review of Iran, London 1981, S. 22 (im folgenden zitiert als E. I. U.: Quarterly Economic Review).

[86] Ende März 1970 waren 54480 Dörfer und 19557 landwirtschaftliche Betriebe von Bodenreformprogrammen betroffen. Ein neues Gesetz, wonach eine erneute Umverteilung von größeren Ländereien zugunsten der kleinen Bauern erfolgen sollte, wurde durch die Revolution unterbrochen. Vgl. ebenda, S. 10 f.

[87] *Qanāte* sind im Untergrund verlaufende wasserführende Stollen, die der Bewässerung des Bodens dienen.

[88] Zum islamischen Erbrecht vgl. S. 79 ff. dieser Arbeit.

[89] In diesem Zusammenhang sei bemerkt, daß 1977 im Iran 2866 Genossenschaften mit einer Mitgliederzahl von 2,6 Mio. existierten. Vgl. *E. I. U:* Quarterly Economic Review, a. a. O., S. 11. Sie waren aber infolge mangelnder Kapitalausstattung und der zunehmenden Landflucht der Bauern mit erheblichen Problemen konfrontiert.

einer Verschlechterung der Wettbewerbspositionen des mittelständischen Handwerks und der Basarhändler.[90]

Noch stärkere Negativwirkungen gingen von den sehr hastig durchgeführten reformpolitischen Maßnahmen aus, die unter Punkt 2 bis 4 genannt wurden. Erstmals wurde der Widerstand gegen das Bodenreformprogramm durch die führenden *Mudjtahids, Āyatollāh Brūdjerdī* und *Āyatollāh Ja'far Behbahānī,* artikuliert, die die Bodenreform als gegensätzlich zum sakralen islamischen Recht der *Schari'a* ansahen, wobei insbesondere die Ausdehnung des Bodenreformprogramms auf die vom islamischen Recht ausdrücklich geschützten *Waqf*-Ländereien, der wohl bedeutendste Eingriff in die historischen Rechte der *'Ulamā,* den konservativ-orthodoxen Widerstand hervorrief.[91] Eine weitere Beschneidung ihrer Rechte und ihrer Einflußmöglichkeiten

[90] Auf der anderen Seite wurde aber durch neue Irrigationsprojekte und die Durchführung von modernen Agrarreformen die Produktion erheblich gesteigert. Das Wachstum der landwirtschaftlichen Produktion betrug 1960 bis 1970 durchschnittlich ca. 4,4 %. Diese Wachstumsrate war zwar im Vergleich zur Wachstumsrate der industriellen und gewerblichen Produktion von jeweils 13,4 % und 12 % relativ gering, konnte aber deutlich die Bevölkerungswachstumsrate überkompensieren, so daß von einer erheblichen Versorgungsverschlechterung nicht gesprochen werden kann. Zu den Zahlen vgl. im einzelnen *IBRD:* The World Bank Atlas, Washington 1977, S. 16.

[91] Diese Reaktionen der *'Ulamā* auf den Entwurf (1959) und die Ratifizierung (1962) des Bodenrechtsreformgesetzes, aber vor allem auf die Einbeziehung der *Awqāf* (1968), waren insofern verständlich, als hiermit eine wesentliche Einnahmequelle der *'Ulamā* beseitigt wurde. Historisch betrachtet erzielten sie aus folgenden Quellen ihre Einnahmen:

1. aus juristischen und klerikalen Aufgaben wie Registrierung, Notarisierung der Dokumente und Gerichtsgebühren,
2. aus gestifteten Gütern und
3. aus den von den Gläubigen zu entrichtenden religiösen Abgaben (Choms = 1/20).

Zur Information sei erwähnt, daß nach einer Untersuchung der Universität Teheran in Zusammenarbeit mit der UNESCO allein die Einnahmen aus den *Awqāf* 1964 etwa 275 Mill. Rials betrugen. Vgl. *Akhavi:* Religion and Politics, a. a. O., S. 133. 1964 wurde die bereits bestehende *Awqāf*-Abteilung im Kulturministerium in eine von *Amīr 'Abbās Howeidā,* dem späteren Ministerpräsidenten geleitete, unabhängige *Sāsmān-Awqāf* (die Stiftungsorganisation) umgewandelt, die das Vermögen und die Einnahmen der *Awqāf* im gesamten Land erfaßt und es zu Wohltätigkeits- und Erziehungszwecken verwenden soll. Diese als widerrechtlich angesehene Enteignung der *Awqāf* hatte dabei zum Ziel, den Einfluß des Klerus zu neutralisieren. Zusätzlich wurde die Absicht verfolgt, den Klerus vor der öffentlichen Meinung herabzusetzen. Angesichts der in den eigenen Reihen bestehenden fortgeschrittenen Korruption des Beamtentums konnte dieses Unterfangen jedoch kaum glaubwürdig erscheinen.

ergab sich besonders in bezug auf das Familienrecht. Auch hier wurde der Widerstand der traditionell denkenden Gruppen provoziert. Die Alphabetisierungskampagne schließlich sowie die Errichtung säkularer Schulen, die eine weitgehende Substitution der *Mullāhs* durch die »Lehrersoldaten« zur Folge hatte, mußte ebenfalls zwangsläufig zu einer Allianz der Großgrundbesitzer, Stammesfürsten, der Geistlichkeit und anderer traditionell-konservativer Gruppen führen. Die sich aus diesen Gründen mehrmals – besonders ab 1963 – entfachenden Widerstände, in denen die Geistlichkeit,[92] das urbane Proletariat und die vornehmlich links gerichteten Intellektuellen und Parteien zusammenwirkten, konnten nur durch die Anwendung drakonischer Gewaltmaßnahmen unterdrückt,[93] jedoch nicht gänzlich beseitigt werden.[94] In dieser Zeit begannen Schriftsteller und Intellektuelle, wie *Scharīʿatī*, sowie religiöse Führer, wie *Chomeinī*, als geistige Urheber einer bereits in allen Schichten des Volkes potentiell vorhandenen Widerstandsbewegung gegen Despotie, Korruption, »dekadente« Verwestlichung und Willkür des Staatsapparates, über eine neue Mobilisierung der Massen des *schiʿitischen* Islams der Forderung nach einer Erneuerung des gesamten Wirtschafts- und Gesellschaftssystems Nachdruck zu verleihen. Wie noch später zu zeigen sein wird, sollte sich mit der Machtübernahme der Fundamentalisten die gesamte Lebensform der iranischen Bevölkerung grundlegend ändern.[95]

92 In dieser Phase richtete sich nach *Floor* der Widerstand der *ʿUlamā* vornehmlich gegen die Beschneidung ihrer Privilegien und die Säkularisierung der Lebensform im Iran. Sie beabsichtigten noch keine strukturellen Änderungen der Gesellschaft, wie dies nach der Revolution von 1978/79 der Fall gewesen war. Vgl. *W. M. Floor:* The Revolutionary Character of the Ulama: Wishful Thinking or Realities? In: *N. Keddie* (ed).: Religion and Politics in Iran, a. a. O., S. 90.

93 Hierfür zuständig war die SAVAK, die ohne zivilgerichtliche Untersuchungen und unter Mißachtung der in der iranischen Verfassung verbrieften Menschenrechte die Gegner der Monarchie, auch die Geistlichkeit, verfolgte und durch Entscheidungen der Militärgerichte beseitigte.

94 Der Versuch der Regierung, die Geistlichkeit zu spalten, gelang nicht ganz. Zwar wurde *Chomeinī* 1963 ins Exil geschickt (Irak, Türkei, Frankreich); er konnte aber seine Agitation vom Ausland aus noch wirksamer fortsetzen, als er es im Iran von damals hätte je tun können. Die Ursachen der Machtübernahme durch *Chomeinī* werden an späterer Stelle dargestellt. Vgl. S. 222 ff. dieser Arbeit.

95 Einen auch ins Detail gehenden Überblick liefert hierzu ein von der *Friedrich-Ebert-Stiftung* veranstaltetes Expertengespräch vom 21. und 22. Juni 1979 in Bonn, das unter dem Titel »Gesamtanalyse der Ursachen und möglichen Perspektiven der Entwicklung im Iran«, Bonn 1979, veröffentlicht wurde. Zu den neueren Entwicklungen vgl. ferner den Beitrag von *U. Steinbach:* Art. »Iran«. In: *W. Ende, U. Steinbach* (Hrsg.): Der Islam in der Gegenwart, a. a. O., S. 220 ff.

II. Sozialreformerische und sozialistische Vorstellungen: Das Beispiel der arabischen Staaten

Eine weitere wirtschaftsideologische Vorstellung, die heute in vielen islamischen Ländern verbreitet ist, jedoch ihre stärkste Ausprägung und politische sowie wirtschaftspolitische Bedeutung in der arabischen Welt erhalten hat, sind sozialreformerische und sozialistische Ideologien verschiedenster Schattierungen.[96] Das Grundziel ist dabei die modernistische Transformation der Wirtschaftsgesellschaft durch den Staat, um den Entwicklungsweg – soweit erforderlich – im Einklang mit den Grundwerten des Islams zu verfolgen.

Als Ansatzpunkt für die sozialreformerische und sozialistische Transformation der Gesellschaft werden zwei Tatbestände herangezogen: Zum einen, in gleicher Weise sowohl bei Traditionalisten als auch bei Modernisten, die Akzeptanz der islamischen Staatsauffassung, die die Einheit religiöser und weltlicher Belange postuliert[97] und folglich die Staatsaktivität auf allen Ebenen des Lebens bejaht; zum anderen der Grundsatz der Gleichheit und sozialen Gerechtigkeit, die als übergeordnete Ziele der Wirtschafts- und Gesellschaftspolitik als Idealbild einer gerechten Gesellschaft gelten. Das Leitbild der gegenseitigen Kooperation, die Solidarität und die Berücksichtigung der Nöte und Probleme der Bevölkerungsmassen als Gebote der islamischen Lebensform, ist nach Auffassung der modernistischen Richtung durch das Eindringen des Feudalismus und in besonderem Maße durch den

[96] In den islamischen Staaten werden sozialreformerische und sozialistische Vorstellungen nicht exakt voneinander abgegrenzt, sondern gehen vielfach ineinander über, was nicht bedeutet, daß sich diese Begriffe in islamischen Staaten decken. Der Begriff »sozialreformerisch« geht auf die ersten sozialistischen Reformer des 18. Jahrhunderts zurück.

[97] Vgl. zu diesem Problem vor allem *Pritsch:* Die islamische Staatsidee, a. a. O., S. 33 ff.; ferner *Rosenthal:* Politisches Denken, a. a. O., S. 148 ff.

Kapitalismus zerstört worden.[98] Das islamische Gemeinwesen muß daher nach diesen Vorstellungen die Rückkehr zu einer egalitären Gesellschaftsordnung finden, in der alle Bevölkerungsteile die gleichen Ausgangschancen für wirtschaftliche Tätigkeiten haben. Der Kontakt mit dem Westen und mit den hier vorherrschenden geistigen Strömungen ab Mitte des 19. Jahrhunderts hat auch in den islamischen Ländern die sozialen Antriebskräfte mobilisiert und ihre Anfälligkeit für die Rezeption sozialistischer und sozialreformerischer Vorstellungen vergrößert.[99]

In besonderem Maße wurden die sozialistischen und sozialreformerischen Ideologien in Zusammenhang mit der Beseitigung des Kolonialismus und der Umgestaltung der feudalistischen Strukturen, aber auch mit dem aufkommenden Nationalismus konzipiert, so daß sie hauptsächlich als aktuelle politische Forderungen zu verstehen waren[100] und in der Regel die Ausdehnung des Einflusses und der Macht einer kleinen politischen Elite zur Folge hatten.[101] Bei genauer Betrachtung läßt sich erkennen, daß der Begriff Sozialismus *(Ischtirākīya),*[102] wie er von sozialistischen und sozialreformerischen Bewegungen in der islamischen Welt verwendet wird, im Grunde mit dem Sozialismus, wie er in Europa verstanden wird, nur eine geringe gemeinsame Basis hat. Während beispielsweise der »islamische Sozialismus« die Staatsaktivität einerseits bejaht, sie sogar für die Sicherung des Gemeinwohls als unabdingbar erachtet und unter bestimmten Bedingungen die Einschränkung des freien Willens des einzelnen verlangt, besteht er andererseits auf der freiwillig angenommenen Verantwortung des einzelnen gegenüber der Gemeinschaft. Nach Auffassung der islamischen Sozialisten ist im System des europäischen So-

[98] Vgl. hierzu näher *M. Mahdi:* Die geistigen und sozialen Wandlungen im Nahen Osten, Freiburg 1961.

[99] Vgl. hierzu *N. Fisher:* Social Forces in the Middle East, New York 1955 sowie *W. Z. Laqueur:* Communism and Nationalism in the Middle East, London 1957.

[100] Vgl. hierzu besonders ebenda, S. 350 f.

[101] Vgl. hierzu *M. Halpern:* Transforming the Present: Socialism for the Few, for the Many or for the Aggrandizement of the State? In: The Policies of Social Change in the Middle East and North Africa, Princeton 1963.

[102] Der Begriff Sozialismus in seiner gängigen Übersetzung (persisch: Ischterākī, arabisch: Ischtirākīya) erweckt zunächst positive Vorstellungen bei den Moslems, da er Inhalte wie »Solidarität«, »Kooperation«, »Partizipation« usw. enthält, die auch in der islamischen Lehre verankert sind. Vgl. *H. Gstrein:* Marx oder Mohammed? Arabischer Sozialismus und islamische Erneuerung, Würzburg 1979, S. 63.

zialismus der einzelne ein Werkzeug der Willkür der den Staat beherrschenden Partei. Während weiterhin der Islam auf dem Recht auf Arbeit beharrt, sie allerdings als eine ethische Pflicht des einzelnen ansieht und deshalb die freie Berufs- und Arbeitswahl als Norm betrachtet, wird nach der Auffassung der Anhänger des islamischen Sozialismus beim Sozialismus europäischer Prägung die Arbeit als Zwang aufgefaßt, der für eine freie Entscheidung über die Berufs- und Arbeitsplatzwahl keinen Raum läßt. Während das Privateigentum nach der islamischen Lehre grundsätzlich anerkannt und seine Einschränkung nur unter bestimmten Bedingungen zulässig ist, und dies auch nach der Auffassung der islamischen Sozialisten in weiten Bereichen bejaht wird, wird im europäischen Sozialismus hingegen die Abschaffung des Privateigentums und dessen Vergesellschaftung gefordert. Greift der Islam ferner auf das Prinzip der Solidarität zurück und verurteilen selbst die islamischen Sozialisten das Klassendenken, basiert im Gegensatz dazu der europäische Sozialismus auf Klassenbewußtsein und Klassenkampf.

Diese grundsätzlichen Unterschiede zwischen der Lehre des islamischen Sozialismus und des Sozialismus europäischer Prägung verdeutlichen, daß bei Gemeinsamkeiten in einigen Zielen doch deutliche Unterschiede in anderen wesentlichen Grundsatzfragen bestehen.[103] Die ungleichen Vorstellungen werden besonders dann in krasser Form deutlich, wenn der »sowjetische Sozialismus« dem »islamischen Sozialismus« gegenübergestellt wird. Beim islamischen Sozialismus wird nämlich nach wie vor auf die Inhalte der islamischen Religion zurückgegriffen, während beim sowjetischen Sozialismus kein Rückgriff auf religiöse Vorstellungen erfolgt.[104] Der Begriff Sozialismus wird in der islamischen Literatur deshalb sehr häufig mit einem System sozialer Reformen verwechselt. Mit Recht betont deshalb *Halpern*, »to explain Middle Eastern 'Socialism' one must fall back on sociological analysis rather than socialist theory«.[105] Die Sozialfaktoren, die die islamische Welt geformt und nicht nur ihre sozioökonomische Struktur, sondern auch die gesamte kulturelle Lebensform bestimmt haben, begründen die ungleichen Vorstellungen von *Ischtirā-*

[103] Vgl. hierzu meinen Aufsatz: Ansätze einer islamischen Theorie der Wirtschaftsordnung. In: Wirtschaftspolitische Chronik, Heft 1, Jg. 33 (1984), S. 95 ff. (im folgenden zitiert als *Ghaussy:* Ansätze einer Theorie).

[104] Vgl. *P. Antes:* Ethik und Politik im Islam, Stuttgart u. a. 1982.

[105] *Halpern:* Transforming the Present, a. a. O., S. 236.

kīya und dem westlichen Sozialismus.[106] Der Begriff *Ischtirākīya* wird schon bei den früheren Modernisten und Reformatoren des Islams erwähnt. So sprachen beispielsweise *S. Dj. Al-Afghānī* (1839–1897),[107] sein Schüler *M. 'Abduh* (1849–1905) und deren Epigonen von der gerechten Partizipierung der ärmeren Schichten am Gemeinschaftsbesitz. Sie begründeten dieses Partizipierungsrecht im Einklang mit der islamischen Lehre.[108] Allerdings konnten sie kein geschlossenes Wirtschaftssystem oder einen bestimmten Wirtschaftsordnungstyp konzipieren. Die Wirtschaftsordnung wurde vielmehr in Zusammehang mit dem in der islamischen Soziallehre verbreiteten Grundsatz des Gemeinwohls und des Gemeinschaftsbesitzes gesehen, wobei diese Lehre wiederum insbesondere die Zeit des 2. Kalifen *'Omar* als Vorbild hatte, der mit seiner asketischen Härte für eine gerechte Verteilung der Einnahmen des moslemischen Staates sorgte.[109]

Von besonderer Bedeutung für die sozialistischen Ideen, auch in der arabischen Welt, waren die Gedanken des britischen *Fabianismus,* der insbesondere die ägyptischen, libanesischen und syrischen Intellektuellen um die Jahrhundertwende stark beeinflußte. Besonderen Auftrieb erhielt das sozialistische Gedankengut ferner mit der Machtübernahme der Labourparty in Großbritannien und später mit dem

[106] Vgl. hierzu besonders *G. H. Gardner, S. A. Hanna:* Islamic Socialism. In: Muslim World, Bd. 57 (1967), S. 1 ff.

[107] So kommen im Memoirenbuch des islamischen Reformators *S. Djamāluddīn al Afghānī,* der den Begriff *Ischtirākīya* (Sozialismus) in Verbindung mit dem Islam verwendet hat, Passagen vor, in denen er den westlichen Sozialismus als eine Protestbewegung der Arbeiter gegen die Willkür der Herrschenden ohne »religiöse Grundlage« versteht. Nach seiner Vorstellung des »islamischen Sozialismus« ist der Sozialismus »part and parcel of the religion of Islam; it is also closely related to the character of its people from the time when they were nomad pagans. The first to practice socialism were the great Caliphs-the Prophet's Companions who were its most zealous promulgators . . .«. *Hanna, Gardner:* Arab Socialism, a. a. O., S, 154.

[108] Aus den weiteren Überlegungen *Al-Afghānīs* folgt aber, daß er mit dem Sozialismus die Gemeinschaft des Stammesverbandes sowohl im Arabien der Vorislamzeit als auch diejenige der islamischen Gemeinde des Propheten und der Kalifen verstand, wobei hier die islamischen Prinzipien der Teilung des Gemeinschaftseigentums (der Beute) und die »soziale Solidarität« gegenüber den Armen und Bedürftigen (Al-Masākīn) hinzukamen. Hieraus wird ersichtlich, daß sich sein Begriff von *Ischtirākīya* (Sozialismus) lediglich an asozialen Elementen der Solidarität und Teilnahme am islamisch eng vorgegebenen Begriff des Gemeinschaftseigentums orientiert und mit der Ideologie des Sozialismusverständnisses in Europa nur wenige Gemeinsamkeiten besitzt.

Aufstieg der UdSSR zu einer entscheidenden Macht in Europa. Die neueren Bewegungen zur Entwicklung des Wohlfahrtsstaates in westeuropäischen Ländern beeinflußten darüber hinaus das ökonomische Denken der Intellektuellenkreise in der arabisch-islamischen Welt.[110] Die sozialistischen Ideen verbreiteten sich zunächst als eine Protestbewegung gegen die zunehmende Polarisierung der Besitzverhältnisse und die Konzentration der ökonomischen Macht in den Händen einer kleinen herrschenden Klasse, deren Verhalten nach den Vorstellungen damaliger Sozialisten als asozial und unislamisch gebrandmarkt wurde, weil es sich gegen die Interessen der Allgemeinheit und der breiten Masse der Bevölkerung richtete. Als prominente nichtmoslemische Kritiker sind der libanesische Christ *S. Shumaiyīl* (1853–1917), der ägyptische Kopte *S. Musā* (1887–1958) und der syrische Christ *M. ʿAflaq* (geb. 1912) zu nennen. Zu den zeitgenössischen Autoren des islamischen beziehungsweise arabischen Sozialismus sowie anderer »links«-gerichteter Ideologien, die diesbezüglich die Denkrichtung nachhaltig beeinflußten, zählen die Ägypter *M. Schāltūt, M. H. Haykal, F. Ghanīm, C. Maqsūd,* der Syrer *M. Al-Schibāʿī* und die Iraker *A. F. Ibrāhim* und *M. Hadīd.* Die Gedankengänge dieser Autoren können allerdings nicht einheitlich interpretiert werden, denn sie basieren zum Teil auf einem unterschiedlichen Verständnis der islamischen Lehre des Sozialismus und des Marxismus. Die teilweise gegensätzlichen Unterschiede können in drei Hauptgruppierungen zusammengefaßt werden, in »islamischen Sozialismus«, in »arabischen Sozialismus«, der im Unterschied zum islamischen Sozialismus die Besonderheiten und den nationalen Charakter einiger arabischer Staaten widerspiegelt und folglich zu unterschiedlichen Ideologien und Interpretationen führt, und in »radikalere Bewegungen«, [111] die in besonderem Maße vom marxistischen Gedankengut inspiriert worden sind.

[109] Vgl. hierzu *Alfāruq,* der Aufschluß über die Lebensweise der Regierung des 2. Kalifen *ʿOmar* gibt. Aber auch das Verhalten einzelner Prophetengenossen, die sich vornehmlich gegen das verschwenderische Verhalten der *Umaiyāden* (die Statthalter in der Zeit des Kalifen *Osman* ebenso wie später in der Zeit des Kalifen *Muawīya)* wendeten, so z. B. *Abū Dharr,* der die diesbezügliche Verschwendungssucht und Lebensweise der herrschenden Klasse anprangerte. Vgl. *Hanna, Gardner:* Arab Socialism, a. a. O.

[110] Vgl. hierzu *J. Lacoutre, S. Lacoutre:* Revolutionary Tendencies 1952–1959. Not a Real Revolution. In: *Dies.:* Egypt in Transition, New York 1958, S. 122.

[111] Vgl. hierzu Teil III dieses Kapitels.

1. *Islamischer Sozialismus*

Beim »islamischen Sozialismus« geht es in erster Linie um die Vereinbarkeit der Lehren des Islams mit denen des Sozialismus. Zu den Hauptvertretern der islamischen Sozialisten gehören neben *Salmā Mūsā* der Syrer *Mustafā Al-Schibā'ī*[112] sowie die Ägypter *Mahamūd Schāltūt* und *Sayed Qotb (Kotb).*[113]
Ursprünglich der radikal-orthodoxen Gruppe der Moslem-Bruderschaften (Aktiwan-al-Muslimin) zugehörig, versuchten die islamischen Sozialisten einen autochthonen Entwicklungsweg für die arabischen, ja sogar für alle islamischen Länder zu konstruieren. Obwohl sie zunächst die Ende der fünfziger Jahre von *Gamāl 'Abdel Nāsser* propagierte Vorstellung des Arabismus und Sozialismus und dessen ideologische Zielsetzung, die Vereinigung der arabischen Völker durch eine etatistisch-sozialistische Politik, unterstützten, kam der Bruch mit der Verfolgung der Moslembruderschaften in Ägypten und Syrien. Bei seinen Bemühungen um einen dritten Entwicklungsweg jenseits von Kapitalismus und Sozialismus zielte *Nāsser* darauf ab, im Rahmen seiner etatistischen Politik und seiner Durchsetzung von Sozialisierungsmaßnahmen die Ideen der islamischen Sozialisten propagandistisch zu mißbrauchen. Die Hervorhebung sozialer Kernelemente des Islams und ihrer Analogien zum Sozialismus war für ihn ein Mittel, mit dessen Hilfe er die »soziale Basis« der arabisch-islamischen Länder verstärkt für sich gewinnen konnte. Die islamischen Sozialisten waren jedoch eine ideologisch uneinheitliche Gruppe. Ihre Auffassungen standen zum Teil in diametralem Gegensatz zu den technokratisch-elitären Vorstellungen *Nāssers,* die zwangsläufig zu einer verstärkten Bürokratisierung führen mußten. Die radikalere Gruppe der islamischen Sozialisten sah darin eine weitgehende Entfremdung von der religiös-determinierten islamischen Basis und geriet teilweise unter fundamentalistischen Einfluß, was durch die Ausführungen von *Kotb* eindeutig nachgewiesen wird. *Kotbs* Ausführun-

[112] Mit seinem Hauptwerk »Al-Wahdat al Kubrā« (Die große Union), Damaskus 1961, und »Ischtirākīya al-Islām« (Islamischer Sozialismus), Kairo 1960, hatte er den größten Einfluß auf islamisch-sozialistisches Denken. Teile des Textes seines letztgenannten Buches finden sich übersetzt bei *Karpat:* Political and Social Thought, a. a. O., S. 104 ff.

[113] Vgl. *Kotb:* Social Justice, a. a. O.

gen können allerdings, abgesehen von einer übermäßigen Betonung der sozialen Ideale des Islams, kaum mit dem Wirtschaftssystem des Sozialismus gleichgestellt werden. Demgegenüber sind die Vorstellungen *Al-Schibāʿīs* sowohl auf politischer[114] als auch auf sozioökonomischer Ebene konkreter. Während er als ideologisches Haupt der »sozialistischen Front« durch seine Mitwirkung bei der Ausarbeitung der Verfassung einige politische und sozialreformerische Vorstellungen, zum Beispiel Einschränkung des Eigentums an Grund und Boden, durchsetzen konnte, blieben seine weiteren ökonomischen Ideen lediglich ideologische Forderungen. Diese Inhalte hoben sich allerdings von sozialistischen Grundsätzen stark ab und waren eine Mischung aus orthodox-islamischer Wirtschaftslehre, islamischer Soziallehre[115] und Sozialreformismus. Er attackierte das System des Sozialismus, wie ihn die extremen Linken verstehen, weil es weder »die Tiefe des menschlichen Geistes« berücksichtige noch »auf Religion, menschlicher Natur und Überzeugung« basiere[116], und betonte die Unterschiede seines Konzeptes des »islamischen Sozialismus« zum Sozialismusverständnis extrem linker Gruppen.[117]

Sein Konzept kann zusammengefaßt werden in drei Kategorien: Bejahung der Freiheit und der Menschenwürde, das Recht auf Wissen, das Recht auf privates Eigentum. Allerdings betont er beim privaten Eigentum die seitens der islamischen Lehre vorgegebenen Bedingun-

[114] *Al-Schibāʿī* war als Führer der »islamisch-sozialistischen Front« (Al Jabhat-al Ischtirākīya) zeitweise in einer Koalition mit der *Baʿth*-Partei in Syrien an der Regierungsmacht beteiligt. Der ideologische Gegensatz zwischen seiner Partei und der *Baʿth* endete dann mit dem Austritt aus der Regierungsverantwortung und führte nach 1955 zur Koalition der *Baʿth*-Partei mit den Linkssozialisten und Kommunisten.

[115] Er beruft sich dabei auf *Al-Ghazālī* (1058–1111) und *Al-Nawāwī* (1233–1277).

[116] Vgl. *M. Al-Sibaʿi:* Islamic Socialism. In: *K. Karpat* (ed.): Political and Social Thought, a. a. O., S. 106.

[117] In der Negation des Sozialismus betont er, daß sein Konzept sich unterscheidet von einem Sozialismus, der »attaches no importance to religious values, relies on the class struggle in society, seizes private property without good reason, nationalizes industry and economic concerns that contribute to the national economic prosperity, paralyzes initiative and competition in the individual as well as the community, impoverishes the rich without enriching the poor, originates from hate and not from love, claims to work for the people while it terrorizes them, improvishes them, and humiliates them. A socialism of this kind is as far removed as possible from Islam and has nothing in common with it.« *M. Al-Sibaʿi:* Islamic Socialism. Zitiert nach der Übersetzung von *Karpat* (ed.): Political and Social Thought, a. a. O., S. 104 f.

gen, wonach es auf Arbeitsleistung basieren und legal erworben sein muß und seine Verwendung nicht zur »Ausbeutung und Unterdrükkung« führen darf. Ferner unterstreicht er die Kooperation sowie die Prinzipien »Solidarität« und »konstruktiver Wettbewerb«.[118] Die Befolgung einer solchen Politik führe zur Würde aller Bürger und zur Sicherung seiner Interessen. »To worker, it grants a decent standard of living and an assured future; to the holder of capital, it opens up wide horizon as regards production under state control. Finally, it applies to all citizens without discrimination, and is not the prerogative of the followers of one religion to the exclusion of these or another.«[119]

Die ökonomische Ideologie *Al-Schibāʿīs* unterscheidet sich nur in Nuancen von den Vorstellungen des prominenten ägyptischen Vertreters des »islamischen Sozialismus« *M. Schāltūt,*[120] der im Kern seiner Lehre auf das islamische Prinzip der »sozialen Solidarität« zurückgreift.[121] Diese Solidarität interpretiert *Schāltūt* in einem umfassenden Sinne, der moralische, politische und wirtschaftliche Aspekte sowohl in ihrer »individuellen als auch in ihrer kollektiven« Form erfaßt.[122] Als Nachweis und Rechtfertigung dafür beruft er sich auf den *Koran.*[123] Anders als *Al-Schibāʿī* hebt er die Pflicht des Staates zur Steigerung der Produktion und damit der Wohlfahrt der islamischen Gemeinde hervor, soweit sie in der islamischen Lehre nicht explizit verboten ist. Diese Doktrin wurde deshalb als eine Rechtfertigung für die etatistische Wirtschaftspolitik der Zeit *Nāssers* verstanden.

[118] Vgl. ebenda, S. 105.

[119] Vgl. ebenda, S. 107.

[120] *M. Schāltūt* war 1958 Rektor der Al-Azhar Universität in Kairo, später ab 1961 als Konrektor verantwortlich für religiöse Fragen. Er unterstützte in den sechziger Jahren die Sozialisierungspolitik von *Nāsser,* indem er sie mit der Lehre des Islams als vereinbar erklärte, vertrat aber dennoch in religiösen Fragen die von den Moslembruderschaften propagierte Universalität des Islams.

[121] Diesem Privileg liegt im wesentlichen die Ideologie der Bruderschaft zugrunde, der *Schāltūt* ebenfalls verpflichtet ist. Vgl. zu den Vorstellungen der Bruderschaften S. 209 dieser Arbeit.

[122] So beispielsweise die in der islamischen Lehre als Gebot definierte freiwillige Abgabe *Saddaqa,* die kollektive Abgabe *Zakāt* und die sich in Kollektiveigentum befindlichen Ressourcen.

[123] Vgl. *Schāltūt:* Socialism and Islam. In: *Karpat* (ed.): Political and Social Thought, a. a. O., S. 105 ff. Die hier zitierten *Āyat* (Zeichen, Verse) des *Korans* könnten allerdings sehr kontrovers und nicht nur im Sinne der von *Schāltūt* vertretenen Doktrin interpretiert werden.

Zusammenfassend betrachtet kann aus den Ideologien der »islamischen Sozialisten« kaum eine Wirtschaftsordnung des Sozialismus europäischer Prägung, nämlich eine kollektivistische Ordnung, in der Produktion und Verteilung durch eine zentrale staatliche Planbehörde erfolgt, abgeleitet werden. Vielmehr läßt sich eine auf dem islamischen Sozialauftrag basierende gemischte Wirtschaftsordnung herleiten, deren wesentliche Elemente jedoch eher kapitalistische Züge tragen,[124] was im Prinzip – mit einigen Unterschieden – auch auf den »arabischen Sozialismus« zutrifft.

2. *Arabischer Sozialismus*

Der »arabische Sozialismus« ist primär aus dem arabischen Nationalismus und den liberal-humanistischen Reformvorstellungen des religiösen Modernismus entstanden. Während Nationalismus und Modernismus – wie bereits an früherer Stelle erwähnt – schon gegen Ende des 19. Jahrhunderts durch *A. Nadim* (1843–1893), *A. R. Al-Kawākibī* (1849–1903), *S. Al-Husrī* (geb. 1879), *M. Kāmel* (1874–1908) und *A. Lutfī-as-Saiyed* (1872–1964) im arabischen Raum, vornehmlich in Ägypten, in teilweise militanter Form verbreitet waren, setzten sich die liberal-humanistischen Ideen erst mit den Schriften von *T. Hussein* (geb. 1889) und *T. Al-Hakīm* (geb. 1889) in den dreißiger und vierziger Jahren dieses Jahrhunderts durch. Der Grundgedanke dieser Reformvorstellungen war die Hervorhebung der arabisch-islamischen Geschichte und Kultur als Einheit. Die politische, auf Einfluß der Kolonialmächte zurückzuführende Teilung der arabischen Welt nach dem Zerfall des osmanischen Reiches und vor allem durch die Loslösung Ägyptens vom arabischen Osten sowie die Teilung der arabischen Ländermasse in Protektorats- und Mandatsstaaten, später in einzelne Nationalstaaten wie Syrien, Libanon, Jordanien und Irak, führte zu einer in den jeweiligen Staaten unterschiedlichen nationalstaatlichen Orientierung der Ideologien, wobei jedoch nach wie vor der Wunsch nach einer auf den arabisch-islami-

[124] Zur näheren Darlegung vgl. *Ghaussy:* Ansätze einer Theorie, a. a. O.; vgl. ferner den 4. Teil dieser Arbeit.

schen Kulturkreis zurückzuführende Einheitlichkeit aufrechterhalten blieb. Zu den Wortführern machten sich vornehmlich die Ägypter aufgrund ihrer kulturell besonders exponierten Stellung in der arabischen Welt. Hier wurde vor allem durch Intellektuelle wie *M. H. Haykal, I. Djum'a* und *A. Moghny Said* der Versuch unternommen, den Arabismus als nationales Erbgut mit dem Islam zu verbinden sowie über die besondere Betonung der Gemeinsamkeiten den Islam mit dem Sozialismus zu verknüpfen, um daraus dann den »arabischen Sozialismus« zu entwickeln. In Syrien und im Libanon erfolgte, wie noch zu zeigen sein wird, die Verbindung des »Arabismus« mit dem Sozialismus durch die Intellektuellen *M. 'Aflaq* (geb. 1912) und *S. Bitār* (geb. 1911), während im Irak vor allem der Politiker und Ideologe *A. R. Al-Bazzāz* (geb. 1913) den Zusammenhang zwischen »arabischem Nationalismus« und Islam aufzuzeigen versuchte.[125] Trotz der Verbreitung der Schriften der genannten Autoren in der arabischen Welt war die politische Forderung nach einem »arabischen Sozialismus« bis Mitte der fünfziger Jahre völlig unbedeutend und eindeutig von der Ideologie des nationalistischen »Arabismus« überschattet. Sozialistische und kommunistische Ideen waren nur in einem kleinen Kreise der urbanen Bevölkerung verbreitet. Mit den politischen Umwälzungen (Staatsstreich 1952 in Ägypten, 1956 im Irak), den begonnenen Reformmaßnahmen (Landreform in Ägypten 1952) und vor allem nach der Verstaatlichung des Suez-Kanals wurde zunächst in Ägypten versucht, die nationalen Eigenheiten des »Arabismus« zu eliminieren und die Idee des »Pan-Arabismus« zu propagieren.[126] Auf der Suche nach einer übernationalen arabisch-islamischen Fundierung einer Ideologie, die insbesondere die Reformen, Verstaatlichungen, Aufstellung von Volkswirtschaftsplänen zum Zwecke forcierter Industrialisierung und weitere verstärkte Staatsaktivitäten in anderen Sektoren der Wirtschaft rechtfertigen sollten, wurde der »arabische Sozialismus« zum Schlagwort und Propagandamittel der »revolutionären« Regierungen.

[125] Zur Beziehung zwischen Islam, Arabismus und politischen Gemeinschaften vgl. im einzelnen *Binder:* The Ideological Revolution, a. a. O., S. 116 ff.

[126] Damals wurde der *Pan-Arabismus* nicht nur von *Nāsser* propagiert, auch die syrische *Ba'th*-Partei unter *M. 'Aflaq* und *S. Bitār* verpflichtete sich der *pan-arabischen* Bewegung. Vgl. hierzu *Binder:* The Ideological Revolution, a. a. O., S. 199 f. und S. 204 ff.

2.1 *Der arabische Sozialismus in Ägypten: Nasserismus*

Der Begriff »Sozialismus« wurde – wie schon erwähnt – von arabischen und ägyptischen Intellektuellen bereits lange vor *Nāsser* in ihren Publikationen diskutiert und dargestellt. *Nāsser* verwendete den Ausdruck »Sozialismus« zum ersten Mal in einer Rede, nachdem er von der Asiatisch-Afrikanischen Konferenz von Bandung zurückgekehrt war.[127] Er vertrat dabei die Ansicht, daß der »Sozialismus« der Weg sei, um in Ägypten die soziale Gerechtigkeit zu erreichen. Die Vorstellungen und Wege, den Sozialismus und damit die soziale Gerechtigkeit zu erreichen, waren jedoch vage, obwohl aus *Nāssers* Ausführungen hervorging, daß er damit im Grunde nicht nur die Kooperation einzelner Gesellschaftsschichten meinte, sondern weitgehende Änderungen des ägyptischen Wirtschafts- und Gesellschaftssystems anstrebte.[128] Zu der Zeit etwa verkündete er beispielsweise seine berühmt gewordenen sechs Prinzipien der Revolution, die das ägyptische Leben ab 1952 bestimmen sollten: 1. Beseitigung des Imperialismus, 2. Abschaffung des Feudalismus, 3. Beseitigung der privaten Monopole und der Abhängigkeit der Regierung vom Kapital, 4. Errichtung der sozialen Gerechtigkeit, 5. Schaffung einer starken nationalen Armee und 6. Errichtung einer »gesunden Demokratie«.[129] Teile dieses Programms wurden während seiner Regierungszeit durch entsprechende Maßnahmen zu verwirklichen versucht.[130]

Mit der Schaffung der Planungsbehörde und des Fünfjahresplanes zur Industrialisierung Ägyptens im Jahre 1957 wurde in Ägypten die Abschaffung privater Monopole und eine sogenannte monopolistische Kontrolle der Regierung zum Ziel der Wirtschaftspolitik erho-

[127] *Binder:* The Ideological Revolution, a. a. O., S. 223.

[128] Vgl. ebenda, S. 224.

[129] *G. A. Nasser:* »The Principles that Guide Egypt's Political Life.« Aus der Rede des Präsidenten vor der ordentlichen Sitzung der Nationalversammlung am 26. März 1964. Auszüge der Rede befinden sich in englischer Übersetzung in: *Karpat* (ed.): Political and Social Thought, a. a. O., S. 162 ff.

[130] So beispielsweise die Verstaatlichung der Suez-Kanal-Gesellschaft, Landenteignungs- und Reformprogramm, Verstaatlichung der Presse, Verstaatlichung oder Teilverstaatlichung der Industrie, des Handels und der Banken (1960) und Aufbau eines staatlichen Sektors, Festsetzung der Mindestlöhne und der maximalen Lohn- und Einkommensgrenzen usw. Die Verwirklichung der restlichen Punkte blieben allerdings trotz erheblicher Anstrengungen lediglich Wunschvorstellung.

ben.[131] Die Errichtung einer in den fünfziger Jahren propagierten »demokratischen, kooperativen, sozialistischen« Wirtschafts- und Gesellschaftsordnung wurde im Jahre 1960 durch den Begriff »Sozialismus« ersetzt, der zudem einen »semi-marxistischen« Ton erhielt.[132] Nach dem Vorbild der sowjetischen Wirtschaftsideologie des Klassenkampfes und der zentralen Wirtschaftsplanung wurde 1960 der bereits im Jahre 1959 ausgearbeitete Zehnjahresplan verkündet, der Ägypten zunächst ins Stadium des sogenannten »take-off« und dann des beschleunigten Wachstums führen sollte.[133] Das Ziel dabei war die Verdoppelung des Volkseinkommens innerhalb dieser zehn Jahre, was einer bevölkerungsbereinigten Wachstumsrate von jährlich 7,3% entsprach.[134] Entsprechend der sozialistischen Ideologie wurde zur Verwirklichung der gesetzten Ziele 1961/62 eine Reihe neuer Nationalisierungsmaßnahmen eingeleitet, wovon fast die gesamte Industrie, der Bergbau und die Energiewirtschaft, die Schiffahrt und andere Transportunternehmen, die Versicherungsgesellschaften, die großen Warenhäuser sowie der Außenhandel betroffen waren. Diese Maßnahmen wurden begleitet von der Abwertung der Währung und der Einführung von Kontrollen beim Zahlungsverkehr (1962). In bisher noch nicht verstaatlichten Teilen der Landwirtschaft und im Handwerk wurden Zusammenfassungen in Genossenschaften durchgeführt. Darüber hinaus wurden Preiskontrollen im Einzelhandel und eine staatliche Mindestbeteiligung an Einzelhandelsbetrieben (25%) durchgesetzt.[135]

Für die überwiegend aus den umfassenden Verstaatlichungen resultierenden Fehlschläge und angesichts der Unzulänglichkeiten der Planungspolitik, der zunehmenden Aufblähung der Bürokratie, der geringen Mobilisierungsfähigkeit des privaten Kapitals, der immer stär-

[131] Vgl. *Binder:* The Ideological Revolution, a. a. O., S. 223.

[132] Vgl. *M. H. Kerr:* The Emergence of a Socialist Ideology in Egypt. In: Middle East Journal, Nr. 2, Bd. 16 (1962), S. 131.

[133] Zu den Zahlen über Planziele und zu ihrer tatsächlichen Verwirklichung vgl. den kurzen Überblick von *B. Hansen:* Planning and Economic Growth in UAR (Egypt), 1960–1965. In: *P. J. Vatikiotis* (ed.): Egypt since the Revolution, London 1968, S. 19 ff.

[134] Bei einer Bevölkerungswachstumsrate von 2 bis 2,5% bedeutete dies eine reale Steigerungsrate des Pro-Kopf-Einkommens zwischen 5 und 8%.

[135] Zu den Einzelmaßnahmen der Nationalisierungspolitik vgl. aus der Vielzahl der Literatur besonders *P. K. O'Brien:* The Revolution in Egypt's Economic System, London 1966.

ker werdenden Aufbürdung der Lasten auf die Bevölkerung und der Skepsis und fehlenden Unterstützung der klassenkämpferischen Ideologie durch den Großteil der moslemischen Bevölkerung mußte eine Erklärung gefunden werden. In zunehmendem Maße verurteilte deshalb die Ideologie nicht nur den Kapitalismus, der ohnehin schon für Profitgier und Verschwendungskonsum verantwortlich gemacht wurde, sondern auch den kollektivistischen Kommunismus als ein System, das der Mentalität und dem Geschichtsbewußtsein der Araber zuwiderlaufe.[136] Der Versuch lag nahe, durch die Unterstützung einiger prominenter moslemischer Gelehrter nunmehr nach einer Konformität des praktizierten Sozialismus mit dem Arabismus und dem Islam zu suchen. Die Doktrin des »arabischen Sozialismus« als einer Synthese des Sozialismus europäischer Prägung und der nationalistischen Ideologie des Arabismus nahm daraufhin konkrete Formen an.[137] Nach dem Urheber dieser Ideologie wird diese Form des »arabischen Sozialismus« häufig auch als »Nasserismus« bezeichnet.[138]

Damit wurden fortan die Unterschiede zwischen diesem propagierten Sozialismus auf der einen Seite und dem sowjetischen Sozialismus sowie Marxismus auf der anderen Seite artikuliert. Der Begriff des marxistischen »Klassenkampfes« wurde wegen seines »rigiden« Charak-

136 Auf die Detailfragen einer solchen Diskussion kann hier nicht eingegangen werden, zumal sie den gleichen Tatbestand durch immer neu eingeführte Slogans wiederholt. Bezeichnend dafür sind die Stellungnahmen der Ideologen, der Intellektuellen und Journalisten in der ideologisch orientierten Zeitschrift »Rose-al Yusuf« und im »Al-Ahrām«, dem offiziellen Regierungsblatt. Passagen aus diesen Stellungnahmen, die sich auf politisch-ökonomische Fragen erstrecken, finden sich in englischer Übersetzung bei *Kerr:* The Emergence, a. a. O., S. 127 ff.

137 Dabei ist zu bemerken, daß die revolutionäre Führung um *Nāsser* dem Weg eines »wissenschaftlichen Sozialismus« mehr Bedeutung beimaß als dem islamischen Sozialismus, der zunächst wegen der konservativen und antimodernistischen Auffassung ihrer Vertreter (*'Ulamā*, Moslem-Bruderschaften) sowie ihres Bestrebens, das *Scharī'a*-Recht zu restaurieren, abgelehnt wurde. Vgl. hierzu *M. Rodinson:* The Political System. In: *P. J. Vatikiotis:* Egypt since the Revolution, London 1968, S. 113 (im folgenden zitiert als *Rodinson:* Political System).

138 Die drei »Säulen« dieser Ideologie waren: 1. Eine Außenpolitik, die die künstliche Aufteilung der arabischen Länder und ihre Rückständigkeit sowohl in monarchistischen Staaten als auch in den sozialistischen arabischen Republiken verurteilte und die Wiederherstellung der arabischen Einheit durch eine *panarabische* Bewegung anstrebte. 2. Nationalismus als Solidarität zwischen den arabischen Völkern, die eine gemeinsame Geschichte, Sprache, Kultur sowie die gleichen »Hoffnungen und strategischen Notwendigkeiten« haben und 3. Sozialismus als Mittel zur Verwirklichung des genannten Einheitszieles. Vgl. *Karpat* (ed.): Political and Social Thought, a. a. O., S. XXXIII.

ters im Vergleich zum arabischen Nationalismus in den Hintergrund gedrängt. Propagiert wurden indessen Toleranz und Nachsicht, dies vor allem nach der Loslösung Syriens von der Vereinigten Arabischen Republik. In einer Rede, in der Nāsser Selbstkritik übte, wurde der »große Fehler« einer radikal-linken Politik eingestanden, obwohl nach wie vor der ideologische Kampf gegen »Imperialismus« und »reaktionäre Kräfte« fortgesetzt wurde,[139] wie dies die weiteren Verstaatlichungen gemäß den sechs Prinzipien der Revolution bestätigten. Diese »Wende« ging einher mit der Bemühung, dem *Nāsserschen* »arabischen Sozialismus« einen weniger doktrinären, mehr »humanen« Charakter zu verleihen. Die Unterstützung seiner Sozialisierungsmaßnahmen durch die moslemische Bevölkerung wurde mit Bezug auf das Kalifat von *ʿOmar* (dem 2. Kalifen, 632–642) gerechtfertigt.[140] Der Versuch, die politisch Führenden als Repräsentanten des Volkes darzustellen und dem Volk größere Freiheitsgrade zu gewähren, trug populistische Züge.

Bezeichnend für diese ideologische Wende waren nicht nur kritische Stellungnahmen moslemischer Autoritäten aus dem Lager des islamischen Sozialismus *(Schaltūt)*, sondern schließlich auch das sich Loslösen aus dem politisch motivierten Zweckbündnis mit den Kommunisten. In diesem Sinne kann auch der Versuch verstanden werden, den »arabischen Sozialismus« vom Kommunismus, der in der nationalisierten Presse als *Al-Schuʿubiya* charakterisiert wurde, abzugrenzen. *Nāsser* selbst distanzierte sich von der atheistischen Haltung des Kommunismus, der Eliminierung anderer Klassen und der Errichtung einer Diktatur des Proletariats und eines kommunistischen Internationalismus. Dies alles stehe im Widerspruch zum arabisch-sozialisti-

139 Vgl. *Kerr:* The Emergence, a. a. O., S. 127 ff.

140 Dieser Versuch war vor allem deshalb notwendig geworden, da die islamischen Traditionalisten durch heftigen Widerstand versuchten, den Sozialismus als eine antiislamische Ideologie zu verurteilen. Versuche, die *ʿUlamā* der islamischen Al-Azhar Universität für die neue Ideologie zu gewinnen, konnten nur zu einer Spaltung der Ansichten der *ʿUlamā* über diesbezügliche Fragen führen. Vgl. hierzu *D. Crecelius:* Al-Azhar in the Revolution. In: The Middle East Journal, Nr. 1, Bd. 20 (1966), S. 31 ff. Die *ʿUlamā* von Al-Azhar verstehen sich schon traditionell-historisch bedingt als »Bewahrer des religiösen Denkens« im Islam. Mit Recht bemerkt Smith: »There can surely be no progress in Muslim Society, no real solution of its modern problems unless the leaders of thought and action show a truer understanding and more genuine reverence for the essentially religious message of their faith.« *Smith:* Islam in Modern History, a. a. O., S. 122.

schen Weg Ägyptens und sei folglich abzulehnen.[141] Aber auch die Befürchtung, durch eine zu enge Anlehnung an die sowjetische kommunistische Ideologie, mit den ideologischen Zielen der Sowjetunion in den arabischen Ländern und in Afrika identifiziert zu werden, kann als eine weitere Begründung für diese Abgrenzung gelten. *Kerr* betont deshalb den ideologischen Wettbewerbscharakter der national-unabhängigen ägyptischen Politik sowie ihre Einflußmöglichkeiten auf andere arabische Länder. *Nāsser* strebte deshalb im Gegensatz zur sowjetischen Politik eine politische und wirtschaftsideologische Orientierung an, die nicht nur in Ägypten, sondern auch in anderen arabischen Staaten »sozialistisch« und »national« geprägt sein sollte. Die ägyptische Revolution sollte deshalb als »Substitut« oder »Antipode« zum sowjetisch geprägten Kommunismus in arabischen Staaten aufgefaßt werden.[142] Daher war es erforderlich, eine deutliche Trennungslinie zwischen beiden Ideologien zu ziehen.

Sein Freund und zugleich Chefideologe und Herausgeber der Regierungszeitung »Al-Ahrām«, *M. Hassanein Haykal*, beschrieb die Unterschiede beider Ideologien zusammengefaßt wie folgt:[143]

Der *erste* Unterschied zwischen dem »arabischen Sozialismus« und dem Kommunismus liegt in der Konzeption des Klassenkampfes. Für den Kommunismus bedeutet er die Diktatur des Proletariats, vertreten durch die Kommunistische Partei, mit dem Ziel der endgültigen Ablösung aller Klassen durch eine einzige Klasse, notfalls mit Gewalt, während für den »arabischen Sozialismus« die Beseitigung der Klassenunterschiede im Rahmen der nationalen Einheit allmählich, human und gewaltlos erfolgt.

141 Dies wurde in einer Sitzung des Parlaments vom 25. 2. 1965 besonders deutlich unterstrichen. Vgl. hierzu ferner *Rodinson:* Political System, a. a. O., S. 87 ff. Auch die Bekämpfung des Kommunismus durch *Nāsser* ist aus dieser Sicht verständlich. Vgl. zu näheren Einzelheiten *P. J. Vatikiotis:* Nāsser and His Generation, London 1978, besonders S. 174 ff.

142 Vgl. *M. H. Kerr:* Egyptian Foreign Policy and the Revolution. In: *Vatikiotis (ed.):* Egypt since the Revolution, a. a. O., S. 132 f.

143 Vgl. *M. Hassanein Haykal:* Nahnu wa Al-Schuʿūbīya: 7 Fawārīq bein Al-Schuʿūbīya wa bein Al-Ischtirākīya Al-ʿArabīa, in: Al-Ahram vom 4. August 1961. Die englische Übersetzung des Textes ist wiedergegeben als *M. H. Haykal:* Communism and Ourselves: Seven Differences Between Communism and Arab Socialism. In: *Karpat (ed.):* Political and Social Thought, a. a. O., S. 116 ff.

Der *zweite* Unterschied beinhaltet die Konzeption des Privateigentums. Während im Kommunismus jedes Privateigentum nicht gestattet ist, ist im »arabischen Sozialismus« Privateigentum dann gestattet, wenn es nicht »ausbeuterisch«, sondern »produktiv« ist. Dies um so mehr, als es als Ergebnis einer Arbeitsleistung ein essentielles Recht darstellt.
Der *dritte* Unterschied, der sich zwangsläufig aus dem zweiten ergibt, betrifft die Frage der Entschädigung. Während der Kommunismus Expropriation ohne Entschädigung vorsieht, wird im »arabischen Sozialismus« Enteignung ohne Entschädigung mit der Begründung abgelehnt, Eigentum stelle »ein Recht, ein Ziel« dar, solange es nicht in Ausbeutung ende.[144]
Der *vierte* Unterschied liegt in der unterschiedlichen Konzeption der Rolle des Individuums in der Gesellschaft. Während das Individuum im Kommunismus ein »Produkt der Geschichte«, ein »Werkzeug«, ein »Radzahn« in der großen Maschinerie des Staates ist,[145] ist es im »arabischen Sozialismus« »Ergebnis und Gestalter der Geschichte«, »die Basis der sozialen Struktur« der Gesellschaft, dessen Kapazitäten und Erfindungsgaben nicht behindert oder limitiert werden, soweit es sich nicht ausbeuterisch betätigt. Der Staat ist hier ein »Instrument« zur Erreichung der sozialen Gerechtigkeit.
Der *fünfte* Unterschied besteht im Stellenwert des gegenwärtig für die Zukunft zu erbringenden Opfers. Während der Kommunismus auf dem Opfer mehrerer Generationen basiert, um in der Zukunft eine höhere Produktion und damit eine höhere Wohlfahrt zu erreichen, plädiert der »arabische Sozialismus« für die Mobilisierung aller Ressourcen und das Recht der gegenwärtigen Generation auf Wohlstand.
Der *sechste* Unterschied umfaßt die Gegensätze »verwerfliche Unterwürfigkeit« contra »Entfaltung freier Initiative«, »Immobilität« contra »Dynamismus« und »blinder Fanatismus« contra »freies Denken«. Während der Kommunismus in Konformität mit dem dialektischen Materialismus Andersdenkende als Abweichler verurteilt, fühlt sich der »arabische Sozialist« frei von den genannten ideologischen Ge-

[144] Als Nachweis zählt *Haykal* eine Vielzahl von Nationalisierungen auf, die entschädigt wurden, sowie Teilnationalisierungen mit 50%iger Beteiligung des Staates.
[145] Hier führt *Haykal* seine Erlebnisse während einer Reise in die Sowjetunion an, in denen er die mangelnden »Ambitionen« der sowjetischen Arbeiter beobachtet hat.

gensätzen, nimmt entsprechend seinen Fähigkeiten und Möglichkeiten Anteil am wirtschaftlichen Wachstum und fügt dem historischen nationalen Erbe seine Erfahrungen hinzu.

Der *siebente* Unterschied schließlich liegt in der unterschiedlichen Auffassung über die politischen Organisationen des Staates. Während im Kommunismus die »oberste und unangefochtene Autorität« ausschließlich der kommunistischen Partei vorbehalten bleibt, erstrecken sich im »arabischen Sozialismus« die politischen Aktivitäten auf die gesamte Nation. Nicht die kommunistische Partei, sondern die »nationale Union« organisiert die politischen Aktionen, so daß die »Basis der Demokratie« in der gesamten Nation verankert ist.[146]

Obwohl die Herausstellung der Unterschiede zwischen Kommunismus und arabischem Sozialismus durch *Haykal*, den Hauptideologen des »arabischen Sozialismus«, den pragmatischen Weg zur Verwirklichung eines autochthon-arabischen Sozialismus zeigt, bleiben doch viele Fragen offen, wie zum Beispiel die Frage, wie die Widersprüche zwischen dem Ziel eines so verstandenen Sozialismus und dem Einsatz von Mitteln, die diesen Sozialismus verwirklichen sollen, überwunden werden könnten. Einerseits wurde zwar durch die klare Abgrenzung der Ideologie des »arabischen Sozialismus« von derjenigen des Kommunismus die abschreckende Wirkung einer Adaption der kommunistischen Ideologie in die arabisch-islamische Welt deutlich vergegenwärtigt. Auf der anderen Seite blieben jedoch die arabischen Sozialisten mangels konkreter Möglichkeiten, die die proklamierten Ziele hätten erreichen lassen und die Thesen hätten bestätigen können, praktische Schritte schuldig. Welche Definitionen und Erklärungen man auch immer zugrunde legt, es bleibt der Tatbestand, daß sich das Volkseinkommen in Ägypten nicht wie im Zehnjahresplan vorgesehen real verdoppelte,[147] das Konsumniveau sich sogar verringerte, und daß die politische Partizipation des Volkes wegen des Verbots von Parteien und politischen Organisationen, die eine individuelle oder gruppenmäßige Beteiligung an der politischen Willensbildung des Staates repräsentieren sollten, nicht glaubhaft realisiert wurde,

[146] Vgl. im einzelnen *Haykal*: Communism and Ourselves, a. a. O., S. 116 ff.

[147] Die Auswertung des ersten Teilabschnitts des Planes 1959/60 bis 1964/65 durch *Hansen* zeigt, daß die tatsächliche Wachstumsrate des Bruttoinlandprodukts (GDP) während dieser Periode durchschnittlich jährlich 5,5 % betrug und von der entsprechenden geplanten Wachstumsrate von 7,1 % um 1,6 % abwich. Die Abweichung der tatsächlichen Wachstumsrate von der geplanten Wachstumsrate betrug in der

sondern vielmehr der Kampf gegen politisch Andersdenkende sogar in aller Schärfe fortgesetzt wurde. Es bleibt ferner festzustellen, daß in den einzelnen Sektoren der Wirtschaft durch Verstaatlichung die freie Initiative besonders in mittelständischen Unternehmen erlahmte, daß durch die zunehmende Ausweitung der Staatsquote ein nahezu »staatskapitalistisches System« entstand, in dem zum einen die Produktivität der staatlichen Betriebe durch ihre Bürokratisierung und die fehlenden Anreize sank und zum anderen sich die Qualität der angebotenen Güter aufgrund einer rigiden Preispolitik verschlechterte, und daß schließlich nach wie vor befürchtet wurde, das Privateigentum könne auch weiterhin vor dem staatlichen Zugriff nicht verschont bleiben.[148]

Besonders problematisch blieben auch die Landreformprogramme, die zwar durch Umverteilung des Landes eine Verbesserung der sozialen Lage der meisten Bauern (Fellahin) erhoffen ließen. Jedoch verschlechterte sich deren Lage durch ihre Vernachlässigung sowie durch eine Verschärfung der Einkommensunterschiede zwischen der Land- und Stadtbevölkerung.[149] Im Licht solcher Entwicklungen war abzusehen, daß letztlich auch die Verwirklichung der vehement propagierten »sozialen Gerechtigkeit« eher eine »Farce« bleiben würde.

Industrie 6,1% (8,5% statt 14,6%) und in der Landwirtschaft 1,8% (3,3% statt 5,1%). Lediglich im Verkehrswesen und in der Elektrizitätswirtschaft übertraf die tatsächliche Wachstumsrate die geplanten Wachstumsraten (jeweils 11,1% statt 3,9% und 19,1% statt 14,6%). Der Grund für die geringe Wachstumsrate der Industrie war die Konzentration der Investitionen auf wenige stahl- und metallverarbeitende Großunternehmen und deren mangelnde Effizienz. Ebenso spielten der Mangel an Devisen sowie eine im Zuge der Reformen eingeführte soziale Gesetzgebung eine erhebliche Rolle. Zu den Einzelheiten der Entwicklung einzelner Sektoren vgl. die zusammenfassende Übersicht von *Hansen:* Planning and Economic Growth, a. a. O., S. 31.

148 Auf Einzelheiten kann hier nicht eingegangen werden. Zu den sozioökonomischen Konsequenzen der *Nässerschen* Wirtschaftsideologie und Politik vgl. besonders *B. Hansen*: Development and Economic Policy in the UAR (Egypt), Amsterdam 1965; *G. Amin:* The Egyptian Economy and the Revolution, in: *Vatikiotis:* Egypt, a. a. O., S. 40 ff.; *Ch. Issawi:* Egypt in Revolution, London 1965; *Vatikiotis:* Nasser and His Generation, a. a. O., S. 201 ff. *O'Brien:* The Revolution in Egyptian Economic System, a. a. O.

149 Vgl. hierzu besonders *G. Amin:* The Modernization of Poverty: A Study in the Political Economy of Growth in nine Arab Countries, 1945–1970, Leiden 1974, S. 82 ff.

Unabhängig davon erhielten die Ideologie des nationalistischen »arabischen Sozialismus« und dessen pragmatische Zielsetzung ihre bislang letzte Dokumentierung in der »Charta der Nationalen Aktion« (1962),[150] in der die Lage der arabischen Nation sowie die »soziale Demokratie«, verstanden als eine auf Chancengleichheit und künftiger Sicherheit basierende, ausbeutungsfreie Gesellschaft, dargelegt und worin die Revolution als »einziger Weg« des arabischen Kampfes gesehen wird, »um die Vergangenheit zu bewältigen sowie sich an der Zukunft zu orientieren«. Drei Werte sollten dabei im Vordergrund stehen: ein »wissenschaftliches« und »free conscience«-Denken, eine schnelle Adaption an die »letzten Ziele und moralischen Prinzipien des Kampfes« und schließlich ein perfektes Verständnis der Ziele Freiheit, Sozialismus und Einheit. Mit dem Begriff »individuelle sowie kollektive Freiheit« war dabei die Befreiung von der Dominanz des Feudalismus und des Kolonialismus gemeint, mit »Sozialismus« Genügsamkeit (Iktifā) und soziale Gerechtigkeit (ʿAdālat), die sowohl Ziel als auch Mittel dieser Befreiung darstellen, und unter »Einheit« wurde die Wiederherstellung des »natürlichen Status« der arabischen Völker verstanden, die gegen ihren Willen und ihre Wünsche voneinander getrennt worden waren.[151] Damit wurde eine Ideologie verabschiedet, die einen »pragmatischen« Sozialismus eigener Art vorsah und bis zum Tode *Nāssers* nicht nur die Grundlage der offiziellen Innen- und Außenpolitik Ägyptens bildete, sondern auch von vielen arabischen Staaten als Vorbild betrachtet wurde. Dabei ist unverkennbar, daß dieses Modell letztlich Privateigentum sowohl an Grund und Boden[152] als auch an Produktionsmitteln im mittel- und kleingewerblichen Sektor zuließ, auf Klassenkampf verzichtete, dem nationalen Aspekt des Entwicklungsweges Vorrang gegenüber dem Internationalismus gab sowie eine »populistische« Staatsauffassung in den Vordergrund rückte.

[150] *UAR-Information Department:* National Charter of Socialist Action, Cairo 1962 (im folgenden zitiert als *UAR-Information Department:* National Charter).

[151] Ebenda, S. 160.

[152] Privatbesitz war nach dem Landreformgesetz von 1961 bis zu einer Fläche von ca. 100 Feddan (42 ha) erlaubt, eine Fläche, die für ägyptische Verhältnisse wegen der starken Parzellierung des Landes überdurchschnittlich groß ist.

Bei nüchterner Betrachtung kann dieses Modell eher als eine *etatistische,* mit anderen Worten, als eine gemischte Wirtschaftsordnung herkömmlicher Art klassifiziert werden, in der die Staatsquote einen erheblichen Anteil erreicht und die Lenkung der Wirtschaft in noch stärkerem Maße durch staatliche Interventionen erfolgt. Diese reichten dabei von der Fixierung der Löhne und der Gewinnbeteiligung der Arbeiter bis zur diskretionären Politik der Verstaatlichung einiger für die wirtschaftliche Entwicklung als wichtig erachteter Unternehmungen und Sektoren. Im einzelnen wurden die zum Teil bereits vorangegangenen Verstaatlichungen des Industrie-, Verkehrs-, Dienstleistungs- und Handelssektors bestätigt und als eine große revolutionäre »sozialistische Errungenschaft« gepriesen.[153] Schon aus diesem Programm läßt sich ableiten, daß es sich dabei theoretisch um vier Arten von Theorien handelt, die in der arabischen Diskussion die ideologische Basis der beschriebenen Wirtschaftspolitik *Nāssers* bilden: den »wissenschaftlichen Sozialismus«, den »Humanismus«, die Ideologie des »Labour-Sozialismus« und den »pragmatischen Etatismus«.[154]
Obwohl nach dem Tode *Nāssers* das Schlagwort des sogenannten »arabischen Sozialismus« beibehalten wurde, wurde mit der Machtübernahme *Anwar Sādāts* und der Ausschaltung des linken Flügels der »Arabischen Sozialistischen Union«, der Gruppe um *'Alī Sabrī,* auf innen-, außen- und wirtschaftspolitischer Ebene eine Wende eingeleitet.[155] *Sādāt* entschied sich gegen eine mit der Ideologie des »arabischen Sozialismus« verbundene Staatsführung. Er befürwortete statt dessen eine allmähliche Abschaffung der Wirtschaftskontrollen durch den Staat und damit eine Abschwächung des *Etatismus,* die Stärkung des privaten Sektors und des freien Unternehmertums mittels Schaffung von Anreizen, aber auch das Zulassen ausländischer Investitionen. Die institutionelle Verkörperung des Gedankens des »arabischen Sozialismus« in Ägypten, die »Arabische Sozialistische Union«, wurde 1978 durch die »Nationaldemokratische Partei« ersetzt.

153 Vgl. im einzelnen: *UAR-Information Department:* National Charter, a. a. O.

154 Vgl. *Binder:* The Ideological Revolution, a. a. O., S. 220 f.

155 *Sādāts* Außenpolitik war genau das Gegenteil der *Nāsser*schen Politik: Annäherung an den Westen, Aufgabe der *panarabischen* Einheitsideen, Verständigung mit Israel nach dem Abkommen von Camp David, Wiedergewinnen des seit 1967 an Israel verlorenen Landes, usw.

Die Wende der *Sādāt*schen Außen-, Innen- und Wirtschaftspolitik konnte jedoch die Ideologie des »islamischen« und »arabischen Sozialismus« nicht gänzlich beseitigen. Die diesbezügliche Diskussion verlagerte sich und wurde außerhalb Ägyptens weitergeführt. Die zunehmende Polarisierung der Einkommensunterschiede als Folge der liberalen, in Ägypten als »Öffnung« (Infitāh) bezeichneten Wirtschaftspolitik und die Zulassung von zunehmend größer werdenden politischen Freiheiten führte zur Bildung einer Opposition und zur Formierung extremistischer Gruppen. Während die Hauptvertreter der »arabischen Sozialisten«, zum Beispiel *Haykal*, der arabischen[156] und nichtarabischen Marxisten und der Kommunisten vom Ausland aus agierten, wurde die interne Opposition vor allem von Intellektuellen innerhalb der Universität und von der fundamentalistischen Bewegung der »Moslem-Bruderschaften« angeführt.[157]

Die Diskussion um den »arabischen Sozialismus« ist nicht beendet. Sie findet sowohl in Intellektuellenkreisen in Ägypten als auch bei Intellektuellen und Politikern in anderen arabischen Staaten statt, teils verbunden mit dem nationalistischen Charakter des »Arabismus«, teils jedoch in extremistischer Form, die insbesondere von marxistischen Ideologien beeinflußt wird. Ältere und neuere Ideologien des »arabisch-islamischen Sozialismus« sollen im weiteren kurz skizziert werden.

2.2 *Der arabische Sozialismus des Ba'th: Syrien und Irak*

Das Rückgrat des »arabischen Sozialismus« des *Ba'th* bilden der Nationalismus in seiner besonderen Variante des »Arabismus« auf der einen und der Sozialreformismus sowie der revolutionäre Sozialismus auf der anderen Seite. Der Islam als konstitutive Charakteristik der arabischen Nation wird zwar akzeptiert, da aber der »arabische Nationalismus« den Islam einschließt, stellt er zumindest für den Haupt-

[156] Vor allem in Syrien, im Irak und in Libyen. Bezeichnend für die kritische Haltung der arabischen Marxisten ist der Artikel von *N. Kamal:* Views of the Egyptian Communists on Sadat's Policies. Publiziert zunächst in: »World Marxist Review«, wiederabgedruckt in: »Journal of Palestine Studies«, Nr. 4 (1979), S. 130 ff. Der Text ist wiedergegeben in: *Karpat (ed.):* Political and Social Thought, a. a. O., S. 189 ff.

[157] Durch das Attentat einer extrem militanten Gruppe dieser Bruderschaften wurde im Oktober 1981 *Sādāt* getötet.

ideologen und Begründer der *Ba'th*-Bewegung, *M. 'Aflaq,*[158] ein sekundäres Anliegen dar.[159]

Wie aus der Bezeichnung der Partei schon ersichtlich (Ba'th-Wiedererweckung), wird der »Arabismus« der islamischen Glanzzeit heroisiert und die Wiederherstellung der arabischen Einheit und die Eigenständigkeit einer gemeinsamen arabisch-islamischen Lebensform angestrebt. Das arabische Sendungsbewußtsein wird zum Credo der *ba'thistischen* Bewegung.[160]

Durch den Zusammenschluß mit der »Arabischen Sozialistischen Partei« *A. Hourānis* wurde die Betonung mehr auf den sozialrevolutionären Charakter des Sozialismus gelegt.[161]

Die Rolle des Nationalismus für die gesellschaftliche und wirtschaftliche Ordnungsauffassung ist insofern überragend, als hier der arabische Nationalismus in bewußtem Gegensatz zum Nationalismus europäischer Staaten durch Fehlen einer Einheit der arabischen Nation

[158] *M. 'Aflaq* wurde 1912 in Damaskus geboren. Nach dem Studium in Paris und der Rückkehr nach Syrien begründete er 1940 mit S. Bitār die »Arabische Sozialistische Wiedererweckung« (Ba'th). Durch Zusammenschluß seiner Partei mit *A. Houranis* »Arabischer Sozialistischer Partei« im Jahre 1953 und durch Zusammenarbeit mit anderen Linksparteien Syriens kam er 1958 an die Regierung. Er war die treibende Kraft des Zusammenschlusses Syriens mit Ägypten zur Vereinigten Arabischen Republik (VAR, 1958–1961), um in Syrien der Machtübernahme durch Kommunisten zuvorzukommen. 1963 kam der *ba'thistische* Flügel zunächst im Irak und nach einem Militärputsch auch in Syrien an die Macht. 1966 wurde *'Aflaq* durch einen erneuten Militärputsch unter *S. Djaddīd* aus der Partei ausgeschlossen. Nach den Exiljahren in Brasilien kehrte er in den Irak zurück. Die *Ba'th* spaltete sich bald in eine syrische und eine irakische Fraktion. Die heute syrische Fraktion betrachtet *S. Al-Arsūzī* als den »wirklichen« Begründer und den »geistigen Vater« der *Ba'th*-Bewegung. Diese Deutung ist allerdings umstritten und nur politisch erklärbar. Die Ideologien und Theorien *'Aflaqs* sind in seiner Hauptarbeit »Fī Sabīl al-Ba'th« (Auf dem Wege zur Wiedererweckung), Damaskus 1959, und in vielen anderen Einzelbeiträgen erschienen. Die Literatur über *Ba'th* ist sehr zahlreich. Für eine bibliographische Auswahl vgl. *Karpat* (ed.): Political and Social Thought, a. a. O., S. 143 f. Neben *'Aflaq* gehören zur Führung der *Ba'th* in Syrien ferner *Salāhuddīn Bitār* und *Nureddīn Atāsī.*

[159] Vgl. *Binder:* The Ideological Revolution, a. a. O., S. 168.

[160] Schon im Untertitel des Statuts der *Ba'th*-Partei kommt dieser Tatbestand zum Ausdruck. Dort heißt es: »Eine nationale, populistische, revolutionäre Bewegung, die die Arabische Einheit, Freiheit und Sozialismus anstrebt«. Die englische Übersetzung der Satzung durch *L. Binder* ist erschienen in: The Middle East Journal, Bd. 13 (1959), S. 195 ff. Zum historischen Hintergrund der *Ba'th*-Bewegung vgl. das grundlegende Werk von *S. A. Abu-Jaber:* The Arab Bath Socialist Party. History, Ideology and Organization, Syracuse 1966.

[161] Vgl. *Hanna, Gardner:* Arab Socialism, a. a. O., S. 299 ff.

noch unterstrichen wird. Nach der *ba'thistischen* Ideologie wird der Nationenbegriff in europäischen Staaten nicht als bewegender Faktor des Sozialismus angesehen, weil der Sozialismus sich hier in einer festumrissenen, sich bereits etablierten Nation lediglich als materialistische Frage darstellt, wobei soziale Probleme, insbesondere Fragen der Umverteilung und Fragen der Produktionsverhältnisse im Vordergrund stehen.[162] Im »arabischen Sozialismus« wird dagegen die Verschmelzung des Sozialismus mit dem Nationalismus als ein notwendiges Prärequisit erachtet, weil die sozioökonomische Umgestaltung der gesamten arabischen Nation von einem revolutionären nationalistisch-sozialistischen Geist bestimmt wird.[163] Der arabische Nationalismus wird deshalb als ein Synonym für den Sozialismus verstanden, weil für die »arabischen Nationalisten« der Sozialismus als der beste Weg erscheint, den Nationalismus wiederzuerwecken.[164] Damit wird zum einen der internationale Charakter des Sozialismus in Frage gestellt, zum anderen wird er als ein Instrument angesehen, den nationalen Bedürfnissen und dem Kampfcharakter des »Arabismus« Rechnung zu tragen. Durch die Negation des europäischen Sozialismus und die gleichzeitige Abgrenzung des arabischen Sozialismus vom Kommunismus, der nach der *ba'thschen* Doktrin als »kollektivistisch-materialistisch« und »atheistisch« gilt und darüber hinaus der Dominanz der Sowjetunion unterliegt, wird ersichtlich, daß die Philosophie des »arabischen Sozialismus« dem nichtmaterialistischen Spiritualismus und dem Individualismus des arabischen Geistes *(al-Rūh)* Rechnung tragen will. Das kann aus den fundamentalen Prinzipien der Satzung der *Ba'th*-Partei abgelesen werden:

162 Vgl. zu dieser Interpretation ebenda, S. 301.

163 Allerdings soll diese Doktrin nicht mit dem Nationalismus verwechselt werden, der nach der *ba'thistischen* Vorstellung theoretisch eine »faschistische« und auf »rassistischer Überlegenheit« einer bestimmten Gruppe der Gesellschaft basierende Philosophie darstellt und praktisch zum Expansionismus, Imperialismus und Kolonialismus führt. Ein solcher Expansionismus ist nach der *Ba'th*-Doktrin nicht das Ziel. »Its sole aim is to create a fair economic system in the Arab World. It supports all that tends toward the liberation of peoples still under colonial rule. It desires that other peoples may practice socialism and follow an economic policy that gives justice to all and higher standard of living for all peoples, at the same time conserving the individuality of each«. Vgl. *M. 'Aflaq:* The Social Ideology of the *Ba'th*. In: *Karpat* (ed.): Political and Social Thought, a. a. O., S. 147.

164 Vgl. *Hanna, Gardner:* Arab Socialism, a. a. O., S. 300.

1. Einheit und Freiheit der arabischen Nation,
2. spezieller moslemischer Charakter der arabischen Nation und
3. Missionierung der arabischen Nation.[165]

Neben diesen grundsätzlichen Zielen lauten die wirtschafts- und sozialpolitischen Vorstellungen der *Ba'th* wie folgt: gerechte Verteilung des Eigentums (Art. 27), Limitierung des landwirtschaftlichen Besitzes (Art. 30), Beseitigung der »Ausbeutung der Arbeiter« (Art. 28), Überführung der natürlichen Ressourcen, der Großindustrie und des Verkehrswesens in Gemeineigentum, das durch den Staat verwaltet werden soll, sowie Enteignung der entsprechenden ausländischen Firmen und Rücknahme der an sie gewährten Konzessionen (Art. 29). Ferner die Beteiligung der Arbeiter an den Betrieben, wobei die Lohnsumme durch den Staat festgesetzt und entsprechend dem »Arbeitswert« der Arbeit verteilt werden soll (Art. 32), sowie die Abschaffung des Zinses und die Errichtung einer »einzigen« Bank mit dem ausschließlichen Recht der Banknotenausgabe, deren Wert durch die »nationale Produktion» gedeckt sein soll. Diese Bank soll auch die notwendigen Kredite an landwirtschaftliche und industrielle Unternehmungen gewähren (Art. 35). Darüber hinaus wird die Überwachung des Binnen- und Außenhandels gefordert (Art. 36), die Ausarbeitung eines »umfassenden Planes« zur Industrialisierung der arabischen Länder sowie die Erhöhung der nationalen Produktion und die Lenkung der Wirtschaft nach erwünschten Prioritäten (Art. 37).[166]
Aus dieser Auflistung der ökonomischen Zielvorstellungen und einiger diesen Zielen dienender Maßnahmen wird generell der umfassende interventionistische Charakter der Gesamtwirtschaft deutlich. Diese Zielsetzungen sind jedoch zu allgemein und mehr theoretischer Art, so daß sie konkrete, ins Detail gehende Gesetze bzw. Vorschriften erforderlich machen, die zudem insbesondere auch den instrumentellen Charakter deutlich beschreiben sollten. Sie müßten insbesondere die Frage der Durchführbarkeit dieser Vorstellungen überprüfen, wobei Klarheit über die Haupt- und Nebenwirkungen gegeben sein müßte.

[165] Vgl. hierzu den Text der Satzung der *Ba'th*-Partei in englischer Übersetzung von *Binder:* The Ideological Revolution, a. a. O., S. 195 ff; vgl. hierzu ferner *Abu-Jaber*; a. a. O.

[166] Vgl. Satzung der *Ba'th*, a. a. O., S. 195 ff.

Obwohl die Grundzüge der *ba'thschen* Ideologie in den Verfassungen von Syrien und Irak verankert wurden, sind in beiden Ländern Abweichungen von dieser Doktrin in einigen wesentlichen Elementen festzustellen. Sie beruhen nicht nur auf der unterschiedlichen Struktur der Wirtschaft dieser Länder, sondern dehnen sich auch aus auf die unterschiedlichen Voraussetzungen regionaler, konfessioneller und ethnischer Art,[167] in denen beide sich wiederum von Ägypten unterscheiden, wobei die Strukturunterschiede zwischen Syrien und Ägypten wesentlich krasser sind als die zwischen Irak und Ägypten.[168] Aufgrund der genannten Differenzen unterschieden sich die Forderungen des *Ba'th*-Sozialismus im Irak und in Syrien in entsprechender Weise voneinander, wobei sich die irakische Richtung vor allem in der Frage der Bedeutung des Privatsektors von Syrien, aber noch stärker von der sozialistischen Ideologie *Nāssers* abhob. Mittlerweile entwickelt sich die Wirtschaftsauffassung in Syrien und im Irak einerseits und in Ägypten anderseits entgegengesetzt. Während in Ägypten seit *Sādāt* eine Politik der Öffnung zum Westen und eine Politik des freien Unternehmertums trotz Beibehaltung eines starken staatlichen Sektors besteht, wird in Syrien und im Irak immer noch die Entschlossenheit zum »sozialistischen« Weg unter Wahrung der nationalen Eigenständigkeit beider Länder propagiert. Die ideologische Kluft in Fragen der Wirtschaftsgestaltung ist inzwischen so groß geworden,

[167] Syriens Wirtschaft wurde bis zur Machtübernahme durch die *Ba'th*-Partei von einer »mittelständischen«, kommerziell und handwerklich orientierten Schicht dominiert. Das Land war und ist heute noch in nationale Minderheiten und religiöse Gruppen zersplittert. Die Auseinandersetzungen bei der Diskussion um die Union mit Ägypten und später die Flügelkämpfe in der *Ba'th*-Partei, die schließlich zur Machtergreifung von *Hāfis-al-Assad* führten, können aus dieser Blickrichtung verstanden werden. Die Wirtschaft Iraks wurde demgegenüber durch den Gegensatz eines etablierten Großgrundbesitzertums und der Masse der in der Agrarwirtschaft als landlose Bauern und Pächter Tätigen gekennzeichnet.

[168] Auch hier bestehen jedoch wesentliche Unterschiede, denn trotz Ähnlichkeiten der Landwirtschaftsstruktur sind die ethnisch-religiösen Gegensätze, die im Irak bestehen, in Ägypten nicht vorhanden. Ägypten zeichnet sich ferner durch eine relativ homogene Gesellschaft und politisch durch einen historisch bedingten Zentralismus aus, der sich für die Verbreitung einer Ideologie durch den Staat eher eignet als ein Land wie der Irak, in dem die Bevölkerung ethnisch und religiös heterogen ist und die große Gruppe der *Schi'iten* (35 %) dem Sozialismus sogar ablehnend gegenübersteht. Allein die Hoffnung auf eine säkulare Politik seitens der irakischen *Ba'th*-Regierung kann Anreize zur Zusammenarbeit zwischen den *Schi'iten* und der *ba'thistischen* Regierung des Landes bieten.

daß eine Einheit, wie sie unter dem »arabischen Sozialismus« angestrebt worden war, entfernter liegt als je zuvor.
Gegenwärtig sind jedoch in beiden, von unterschiedlichen ideologischen Flügeln der *Ba'th*-Partei beherrschten Staaten in Fragen der Wirtschafts- und Gesellschaftspolitik folgende Vorstellungen verbreitet:

1. Die Vorstellungen des »arabischen Sozialismus«, der sich allerdings vom europäischen Sozialismus, vom Marxismus und vom »arabischen Sozialismus« *Nāssers* abgrenzt, betonen die Notwendigkeit des sozialistischen Entwicklungsweges, der die Eigenständigkeit beider Länder berücksichtigt.

2. Die pan-arabischen Vorstellungen, deren Vorbild der *Nāsser*sche Weg zum »arabischen Sozialismus« ist.

3. Radikal-marxistische Vorstellungen, die insbesondere in Syrien stärker verbreitet sind, und auf die später noch einzugehen sein wird.

4. Gegenströmungen, die sich sowohl aus der Gruppe der »islamischen Sozialisten« herauskristallisiert haben und die sozialen Inhalte des Islams mit denen des Sozialismus zu verbinden suchen, als auch aus dem Lager der konservativen sowie radikalen Moslembewegungen (Ichwān al-Muslimīn) stammen, die zum islamischen Fundamentalismus führen.

Diese Vorstellungen bleiben jedoch nicht auf Irak und Syrien beschränkt, obwohl die *ba'thsche* Ideologie in diesen Ländern zu besonders extremen Gegenbewegungen geführt hat. Vielmehr sind die unter dem dritten und vierten Punkt genannten Bewegungen in der gesamten islamischen Welt verbreitet. Im folgenden sollen sie deshalb näher betrachtet werden.

III. Radikal-revolutionäre Vorstellungen

Angesichts der Gegensätze zwischen den kommunistischen Theorien und den Lehren des Islams ist es schwierig, die Anwendung dieser Theorien auf den Islam zu übertragen. Der Kommunismus und der Marxismus stellen im Gegensatz zum Islam auf eine revolutionäre Umgestaltung der gesamten Wirtschafts- und Gesellschaftsordnung ab. Dies liegt nicht nur in der Lehre des Marxismus begründet, sondern zeigt sich auch in den praktischen Erfahrungen kommunistischer Staaten. Schon von *Engels* wurde die islamische Gesellschaftsordnung in Abgrenzung zum »dynamischen« Entwicklungsprozeß Europas als »stationär« charakterisiert, die islamische Religion als eine »speziell auf Araber zugeschnittene Religion« beschrieben und die islamische »Revolution« formell als »eine Reaktion« bezeichnet.[169] Auch die kommunistische Partei der Sowjetunion »reiht die klassische mohammedanische Welt eindeutig unter ›die Produktionsverhältnisse der feudalen Gesellschaft‹ ein, wenn auch mit einigen Besonderheiten«.[170]

169 Zitiert nach *Tibi:* Die Krise des modernen Islams, a. a. O., S. 108. *Tibi* kritisiert in diesem Zusammenhang, »wie unsicher die historischen Kenntnisse von Engels über den Islam waren und wie sehr er dazu neigte, die wenigen Daten über den Islam, die ihm zur Verfügung standen, als Grundlage für eine universelle Deutung der islamischen Geschichte heranzuziehen«. Ebenda, S. 109.

170 *Rodinson:* Islam und Kapitalismus, a. a. O., S. 91. Trotz seines Bekenntnisses, Marxist zu sein, bemerkt Rodinson zu der herrschenden marxistischen Ansicht, »der Feudalismus sei ein notwendiges Stadium der menschlichen Evolution, in ihm allein könnten sich die ersten Umrisse einer kapitalistischen Formation herausbilden« (S. 92), daß es völlig vergeblich sei, »die soziale Wirtschaftsstruktur der mohammedanischen Gesellschaft des Mittelalters in diese Formation einzuordnen, selbst wenn man diese Klassifikation glaubwürdiger machte, indem man dem orientalischen ›Feudalismus‹ angesichts des klassischen Feudalismus, wie er typisch für das westliche Europa wäre, ›Besonderheiten‹ zugestände, wie es das sowjetische Lehrbuch tut«. Ebenda, S. 94 f. Er weist in seinem Buch nach, daß die islamische »Produktionsweise« im Mittelalter kapitalistische Züge hatte und daß es keinen Gegensatz zwischen Islam und Kapitalismus gibt.

Angesichts der im Sowjetbereich bestehenden atheistischen, marxistisch-leninistischen Ideologie wurde schon immer die islamische Weltanschauung als fanatisch und inhuman betrachtet und mit dem Dogma des Marxismus-Leninismus als unvereinbar erklärt. Deshalb war ihre Kontrolle und Neutralisierung durch die kommunistische Partei stets eine vordringliche Aufgabe der sowjetischen Nationalitätenpolitik. Dessen ungeachtet gelang es der Partei jedoch nicht immer, das islamische Bewußtsein in den von Moslems dominierten Republiken einzudämmen. Vielmehr stand sie der Ausbreitung und zunehmenden Vertiefung dieses religiösen Bewußtseins – insbesondere seit dem Ende der 60er Jahre – verständnislos, ja sogar hilflos gegenüber.[171] Obwohl nach außen hin die Bedeutung und die zunehmende Ausbreitung des Islams innerhalb der Sowjetrepubliken kaschiert und die Nationalitätenfrage als gelöst betrachtet wird, werden dennoch die Gefahren mit tiefer Sorge gesehen, die sich aus der zunehmenden Revitalisierung des Islams für die benachbarten Sowjetrepubliken ergeben könnten.[172] Nach wie vor bleibt jedoch die Zielsetzung bestehen, über die kommunistischen Parteien und marxistisch-revolutionären Bewegungen die gesellschaftlichen und wirtschaftlichen Grundlagen der Moslemstaaten zu verändern. Deshalb wird versucht, außerhalb des Sowjetbereiches eine Synthese zwischen Islam und Kommunismus (Marxismus, Bolschewismus) neu zu konstruieren, und die Lehre *Mohammeds* als eine »revolutionäre« Gegenbewegung zur »bürgerlichen Kaufmannsoligarchie« von Mekka zu werten.[173] Ange-

[171] Vgl. hierzu die neuen Arbeiten von *A. Bennigsen, M. Broxup:* The Islamic Threat to the Soviet State, New York 1983 sowie *M. Rawk:* Moscow's Moslem Challenge: Soviet Central Asia, New York 1982; ferner *W. Kolarz:* Die Religionen in der Sowjetunion, Freiburg u. a. 1963; *H. Bräker:* Kommunismus und Islam: Islam und sowjetische Zentral- und Südasien-Politik, Tübingen 1971, S. 21 ff.

[172] Vgl. hierzu besonders *A. Bennigsen:* Mullahs, Mujahidin and Soviet Moslems. In: Problems of Communism, Heft 6, Bd. 33 (1984), S. 28 ff. In einer Rede von *Breschnew* wird in der iranischen Revolution aus Gründen der politischen Zweckmäßigkeit nicht nur der »besondere Charakter« eines antiimperialistischen Befreiungskampfes gesehen, sondern gleichzeitig auch »die innere und äußere Reaktion«, die bestrebt sei, »ihren Charakter zu verändern«. Zitiert nach *H. Bräker:* Sowjetunion und Volksrepublik China. In: *W. Ende, U. Steinbach* (Hrsg.): Der Islam in der Gegenwart, a. a. O., S. 266. Eine solche Veränderung, so wird befürchtet, könnte die »konterrevolutionären« Gefahren für die Sowjetunion entfachen. Die sowjetische Intervention in Afghanistan könnte sicherlich nicht zuletzt auch aus dieser Befürchtung – obwohl offiziell als »brüderliche Hilfe« proklamiert – erklärt werden. Vgl. hierzu *G. Monsawi:* Die Stellung Afghanistans in der sowjetischen Mittelostpolitik. In: Wirtschaftspolitische Chronik, 29. Jg., Heft 1 (1980), S. 11 ff.

[173] Vgl. *Bräker:* Der Islam im Spannungsfeld, a. a. O., S. 424.

sichts der ideologischen Beeinflussungsmöglichkeiten islamischer Länder und der politischen Ziele des internationalen Kommunismus wird in der kommunistischen Literatur versucht, die positive Rolle *Mohammeds* als Reformator und Gesetzgeber für den neuen gesellschaftlichen Aufbau, wie er ihn während seiner Wirkungsperiode durchsetzte, herauszustellen.[174]

1. *Marxistische und neomarxistische Ideologien*

Unabhängig von der Anerkennung der Rolle des Islams im Sowjetbereich, die zweifellos auch in der islamischen Welt beachtet und gewissermaßen im Soge der internationalen kommunistischen Ideologie neu interpretiert werden wird, sind seit dem Zweiten Weltkrieg kommunistische Ideologien über den künftigen Entwicklungsweg in den islamischen Staaten verbreitet. Allerdings war es bislang noch nicht möglich, bei den in diesen Staaten bestehenden Machtverhältnissen diese Ideologien in eine konkrete wirtschaftsordnungspolitische Praxis umzusetzen.[175]

174 Bezeichnend dafür sind folgende Äußerungen von *J. Reychman:* »Durch die Schaffung von Umma, d. h. der Gemeinde, die Menschen verschiedener Stände und Stämme in einer die Anhänger der neuen Lehre gruppierenden Zelle verband, hat Mohammed die bisher vorherrschende vertikale Gliederung nach der Zugehörigkeit zu bestimmten Familienclans abgeschafft. Er ersetzte diese Gliederung durch eine neue, horizontale, die sich ausschließlich auf die gemeinsame Zugehörigkeit zu der neuen Einheit stützte, die zur Hauptzelle der neuen, die ganze Welt umfassenden religiösen Struktur wurde«. *J. Reychman:* Islam im Orient und in der Sowjetunion. In: Ostprobleme, Nr. 14/15, Jg. 18 (1966), S. 426. An einer weiteren Stelle des Aufsatzes heißt es: »Wesentlich ist der Islam als gesellschaftliche Tatsache. Mohammed weckt Interesse als Reformator und Gesetzgeber. Aber was wir auch immer äußern mögen, eines unterliegt keinem Zweifel: daß er ein überdurchschnittlich starker Individualist war, seine Lehre so viele Jahrhunderte hindurch bis heute mit einer gleichbleibenden Kraft gewirkt hat, immer wieder die Massen mobilisiert und die Grundlage für das Verhalten von Millionen Menschen von Marokko und Senegal bis zu den Philippinen und Indonesien, von China bis Sahara bildet.« Ebenda, S. 428. Weiterhin wird über die Rolle des Islams in der Geschichte dokumentiert, »daß dies eine bedeutende, außergewöhnlich tiefgehende, fruchtbare und unter den großen Religionen des Ostens einzigartige Rolle ist« (Original in Kursiv). Ebenda, S. 429.

175 Der kommunistische Gedanke wird vornehmlich von Leuten getragen, die im Westen oder im europäischen Osten ausgebildet worden sind und häufig als intellektuelle Elite die gesellschaftliche Transformation ihrer Länder durch die Umstrukturierung der politischen Machtverhältnisse anstreben. Auch heute noch steht ihnen die kommunistische Ideologie sowie die Praxis, die sie am Beispiel der Industrialisierungspolitik der Sowjetunion und der Volksrepublik China kennengelernt haben, Pate bei der Zielsetzung, durch Eliminierung der negativen Rolle des Islams, der ihrer Ansicht nach archaisch ist und entwicklungshemmend wirkt, den Entwicklungsweg zu verkürzen.

Angesichts der tiefen Verwurzelung des Islams beim überragenden Teil der Bevölkerung wird dabei als Zwischenstufe ein Zweckbündnis zunächst nicht ausgeschlossen, in dem die kommunistische Gleichheitsideologie mit dem angepriesenen Gleichheitsideal der Gemeinde *Mohammeds* und der »rechtsgeleiteten Kalifen« verglichen wird. Damit wird den Gläubigen suggeriert, der Prophet sei ein revolutionärer Reformator gewesen, der Gleichheit, Demokratie, soziale Gerechtigkeit und somit letztlich den »wahren Sozialismus« wollte.[176]
Seit dem Ende der sechziger Jahre bestehen zwei marxistisch-kommunistische Ideologiegruppen, die eine Umgestaltung der Wirtschafts- und Gesellschaftsordnung in den islamischen Staaten verfolgen:

1. Eine ältere, auf die klassische Theorie des Marxismus-Leninismus zurückgreifende Gruppe, die generell das Wirtschaftssystem islamischer Staaten im Sinne ihrer verbreiteten Ideologie als archaisch-feudalistisch und als Ergebnis der vom europäischen Kolonialismus und Imperialismus beherrschten Wirtschaftsordnung betrachtet, deren Beseitigung notfalls auch mit Gewalt anzustreben sei. Zu dieser Gruppe gehören die klassischen, von Moskau abhängigen kommunistischen Parteien, die zeitweise in den arabischen Staaten mit den dortigen Regierungen koalieren.[177]
2. Neomarxistische und revolutionäre Gruppen, die jedoch vornehmlich als »nationale« Marxisten die sozioökonomische Transformation

[176] So beispielsweise in dem Artikel von *J. Reychman:* Mohammed der Prophet, a. a. O., S. 426. Kenner des Islams unterscheiden jedoch zwischen diesem Ideal und der auch zur Zeit des Urislams existierenden Ungleichheit. Vgl. *Rodinson:* Islam und Kapitalismus, a. a. O., S. 108 f.

[177] Eine »checklist« dieser Parteien (Mitgliedschaft, Status, Orientierung und prozentualer Anteil an den legislativen Organen) in den Mittelost-Staaten ist erschienen in: »Problems of Communism«, März-April-Heft, Bd. 31 (1981), S. 72 ff. Eine ergänzte neuere und umfassendere Ausgabe wurde im Auftrag der Hoover-Institution erarbeitet von *R. Wesson:* Checklist of Communist Parties, 1982. In: Problems of Communism, März-April-Heft, Jg. 32 (1983), S. 94 ff.

ihrer Länder anstreben.[178] Obwohl auch hier die dialektisch-materialistische Auffassung vorherrscht, betrachten diese Gruppen ihren Weg als »new approach«, in dem besonders der »arabische« beziehungsweise »islamische« Charakter des Volkes im Sinne einer »national-populistischen« Auffassung dokumentiert wird. So unterscheidet er sich auch deutlich sowohl von der international orientierten kommunistischen Partei, der vorgeworfen wird, im Dienste des Auslands zu stehen, als auch von den »pan-arabischen« Ideologien des »arabischen Sozialismus« und den »pan-islamischen« Vorstellungen des »islamischen Sozialismus«. Im Grunde wurden die letztgenannten Ideologien und Bewegungen aus der Sicht der Neomarxisten als zu »kraftlos«, zu »pragmatisch« und zu »angepaßt« angesehen, als daß damit eine totale Abschaffung der »Bourgeoisie«, die Vergesellschaftung der Produktionsmittel und die Verwirklichung von »echter« Gleichheit und sozialer Gerechtigkeit hätten erreicht werden können.

Eine Bestandsaufnahme solcher von der kommunistisch-marxistischen Ideologie bestimmten Vorstellungen in ihren unterschiedlichen Schattierungen in den islamischen Staaten zeigt folgendes Bild:

[178] In diesem Zusammenhang entwickelte sich seit Ende der sechziger Jahre in der Diskussion über den künftigen Entwicklungsweg islamischer Staaten eine spezifische Richtung der neomarxistischen Dependenztheorie, die in der arabischen Welt vor allem von *Samir Amin* vertreten wird. Kennzeichnend für diese Thesen ist im wesentlichen der Bruch mit der »europazentrierten« Betrachtung der Geschichte. Die Vertreter dieser Dependenztheorie sehen die Ursachen der Unterentwicklung einseitig und undifferenziert in der Abhängigkeit von den kapitalistischen Metropolen und in der Ausbeutung der armen durch die reichen Länder und fordern demzufolge auch eine Abkoppelung der Peripherie von den Metropolen.
Diese Erklärung für die Unterentwicklung islamischer Staaten hat eine nicht unerhebliche ideologische Auswirkung auf das Denken neomarxistischer Intellektueller in der islamischen Welt. Immerhin wird dadurch eine Theorie geboten, die nicht den Islam, sondern die Besonderheiten der geschichtlichen Entwicklung als Paradigma für die Unterentwicklung islamischer Staaten betont. Diese Theorie abstrahiert jedoch in unzulässiger Weise die in Wirklichkeit auf vielfältige Faktoren zurückführenden Ursachen der ökonomischen Unterentwicklung der Mittelostländer und versucht zudem, diese auf vornehmlich exogene Faktoren, wie die Abhängigkeit einer Peripherie vom Zentrum oder die »koloniale Ausbeutung«, zurückzuführen. Diese Faktoren können jedoch keinesfalls als eine hinreichende Erklärung für die Unterentwicklung islamischer Länder gelten. Vgl. hierzu besonders *S. Amin:* Unequal Development, New York and London 1976. Ferner *D. Senghaas:* Peripherer Kapitalismus – Analysen über Abhängigkeit und Unterentwicklung, Frankfurt 1974. Zur Kritik vgl. *P. Gran:* Political Economy as a Paradigm for the Study of Islamic History. In: The International Journal of the Middle East Studies, Bd. 11, Nr. 7 (1980).

In der *Türkei* formierten sich besonders in den sechziger Jahren die kommunistischen Gruppierungen, deren wichtigster Exponent die »Türkische Arbeiterpartei« (Türkye Isei Partisi, TIP) unter *M. Alī Aybar* war.[179] Doch obwohl Anfang der sechziger Jahre eine Gruppe von Intellektuellen, Sozialreformern und Marxisten in der Zeitschrift *Yön* ihre Ideologien nachdrücklich vertraten und die Kommunisten in den Wahlen von 1965 3% der Gesamtstimmen (15 Sitze im Parlament) erhielten,[180] zersplitterte die Partei bald in unzählige Gruppierungen. So gab es Ende der siebziger Jahre etwa 70 sich zum Marxismus und Kommunismus bekennende Gruppen, deren Vorstellungen eine entsprechend große Bandbreite aufwiesen. Ideologisch gespeist werden diese Gruppen sowohl vom Gedankengut des europäischen Sozialismus als auch vom sowjetischen Kommunismus, vom Trotzkismus und vom Maoismus. Inzwischen ist jedoch die Zahl der so geprägten intellektuellen Elite zusammengeschrumpft, so daß sie gegenwärtig kaum noch entscheidenden politischen Einfluß auszuüben vermögen.[181]

In den *arabischen* Staaten spielen radikal-linke und kommunistische Parteien – mit Ausnahme des Südjemens, wo die »Demokratische Volkspartei Jemens« die Regierungsmacht hält – aufgrund ihrer »Zähmung« durch die Regierungen eine unbedeutende Rolle,[182] ob-

[179] Zum Programm der Partei vgl. *K. Karpat:* Socialism and the Labor Party of Turkey. In: The Middle East Journal, Bd. 21 (1967), S. 157 ff.

[180] Vgl. *G. S. Harris:* The Left in Turkey. In: Problems of Communism, Bd. 29, Juli-August (1980), S. 29. In diesem Zusammenhang muß erwähnt werden, daß die »Türkische Arbeiter- und Bauernpartei« als Vorgängerin der TIP – die allerdings bald von *Atātürk* absorbiert wurde – bereits nach dem Ersten Weltkrieg die kommunistisch-marxistischen Ideologien vertrat. In der *Kadro*-Bewegung der dreißiger Jahre haben kommunistische Ideologen, die in die regierende »Volkspartei« aufgenommen worden waren, eine erhebliche Rolle gespielt. Ihr Ziel war es, die Kluft zwischen den Reformen *Atātürks* und den von der sowjetischen Doktrin geleiteten Ideologien zu überwinden. Die genannte Partei war gezwungen, im Untergrund und vom Ausland aus zu agitieren. Angesichts des permanenten Drucks der Sowjetunion auf die Türkei, besonders nach 1945, und des hier verbreiteten Nationalismus, konnte jedoch die Partei weder bei den Intellektuellen noch bei der Bevölkerung eine breite Basis gewinnen. Vgl. hierzu besonders *G. S. Harris:* The Origin of Communism in Turkey, Stanford 1967.

[181] Einzelne militante und extreme Gruppen wurden Ende der siebziger Jahre für ihre Gewaltaktionen vor Gericht gestellt. Vgl. hierzu ausführlich *Harris:* The Left in Turkey, a. a. O., S. 26 und S. 36 ff.

[182] Vgl. *A. Hottinger:* Arab Communism at Low Ebb. In: Problems of Communism, Juli-August-Heft, Bd. 30 (1981), S. 17 ff.

wohl sie wegen ihrer Forderungen nach »sozialer Gerechtigkeit« und »voller Unabhängigkeit« zeitweise populär waren. Die ambivalente Politik der Sowjetunion in den arabischen Ländern, die einerseits gekennzeichnet ist durch die Unterstützung der herrschenden Regierungsmacht, die die kommunistischen und radikal-marxistischen Parteien hart bekämpft (Ägypten, Syrien, Irak), andererseits aber auch durch die ideologische Unterstützung der in der Opposition stehenden Parteien, konnte die Skepsis der Bevölkerung gegenüber den Vorstellungen dieser Gruppierungen nicht beseitigen. Überdies werden deren Schlagworte »Revolution«, »Antikolonialismus«, »soziale Gerechtigkeit« usw. von den meisten »national-revolutionären«, sozialistisch orientierten Regierungen inzwischen wirkungsvoller propagiert. Insgesamt wurden die kommunistischen und linksradikalen Gruppen, abgesehen von kurzen und wechselhaften Perioden eines Zweckbündnisses, durch repressive Maßnahmen der Regierungen und durch Verbot ihrer Parteien in die Isolation und den Untergrund gezwungen.[183]
Ein differenziertes Bild zeigen die linksradikalen Bewegungen im Libanon. Obwohl sie zeitweise in der »Nationalen Bewegung« vereint waren und ihre politischen Vorstellungen vor allem im Zusammenhang mit dem Kampf gegen Israel durchzusetzen versuchten, gingen sie insbesondere seit dem Bürgerkrieg im Libanon eigene Wege. Hierbei ist die »Organization of Communist Action (OCAL)« zu nennen, die vom »nationalistischen Arabismus« zu einem eigenständigen »arabischen« Marxismus schwenkte; ferner die linksnationalistische, palästinensische »Al-Fatah«-Gruppe von *Yassir Arafāt*, die marxistisch orientierte »Popular Front for the Liberation of Palestine (PFLP)« unter *G. Habāsch*, die »Popular Democratic Front for the Liberation of Palestine (PDFLP)« unter *Nayef Hawātama*, die radikale Gruppe des *Walid Djumblatt*[184] u. a. m.. Mit Ausnahme der relativ moderaten

[183] In Ägypten 1958, besonders aber nach dem Tode *Nāssers* 1972; in Syrien 1958; im Irak 1963 nach dem Sturz *Qassems* und nach einer Periode der Zusammenarbeit der Kommunisten mit der *Ba'th*-Regierung abermals seit 1978; im Sudan nach dem Sturzversuch von *Numeiri* durch die Pro-Kommunisten im Jahre 1971. Vgl. hierzu im einzelnen ebenda, S. 19 und S. 22 ff.

[184] Letzterer vertritt mit seinen Anhängern darüber hinaus noch eine regionalistische Politik, die der besonderen Eigenständigkeit einer Minderheit (Drusen) Rechnung trägt.

PLO vertreten die genannten Gruppierungen eine politische und soziale Revolution, die auf der Grundlage der marxistischen Ideologie basiert, gleichzeitig aber auch den nationalen und islamischen Charakter der Gesellschaft betont.[185]
Im *Iran* werden kommunistische und revolutionäre Vorstellungen, die 1978/79 die Machtübernahme von *Chomeinī* entscheidend beeinflußten, im wesentlichen von drei Gruppierungen vertreten:

1. Die kommunistische *Tudeh*-Partei, deren Ziel eine völlige Zerstörung der Monarchie und die grundlegende Transformation der iranischen Wirtschaft und Gesellschaft nach sowjetischem Vorbild ist.[186] Obwohl sie zeitweise – vor allem während der Regierungszeit *Mossadeghs* – an Einfluß gewann, konnte sie ihre politischen und ideologischen Ziele bis zum Vorabend der Revolution von 1978/79 nicht verwirklichen. Dazu war sie zu sehr von der Sowjetunion abhängig. Insbesondere der sowjetische Expansionsdrang, die historisch belastete Praxis der *Tudeh* im Zusammenhang beispielsweise mit Konzessionsforderungen während der zeitweiligen Besetzung des Nordens des Landes sowie die atheistische, den Interessen der Sowjetunion dienende Politik waren für die Intellektuellen und Massen des Irans kaum attraktiv.[187] Dennoch war die *Tudeh* in der Lage, sich unter *Nūruddīn Kiānūrī*[188] wieder zu organisieren und versuchte, durch ein

[185] Aus der zahlreichen Literatur vgl. besonders *M. C. Hudson:* The Palestinians: Retrospect and Prospect. In: Journal of Current History, 1980, S. 22 ff. Zu den Ursprüngen revolutionärer Bewegungen in Palästina und im Libanon vgl. ferner *R. Sayigh:* Palestinians: From Peasants to Revolutionaries, London 1980.

[186] Die *Tudeh*-Partei wurde 1941 durch eine Gruppe im Westen ausgebildeter Intellektueller, Kommunisten und Marxisten sowie Gewerkschaftler gegründet. Nach der Räumung von Aserbeidschan und Kurdistan durch die Sowjettruppen wurde die Partei 1949 verboten und arbeitete im Untergrund. Von 1951 bis 1953 unterstützte sie die Regierung *Mossadeghs*. Nach dessen Sturz 1953 wurde die Partei erneut verboten; ihre Führung ging ins Ausland (DDR). Durch die Verfolgung der *Tudeh* dezimierte sich die Zahl ihrer Anhänger und sie blieb bis 1973 eine völlig unbedeutende Gruppe. Mit der Formierung der Opposition im Iran ab 1975 fing die *Tudeh* unter *Iradj Eskandarī* von Moskau aus mit der Agitation an und suchte eine Koalition mit anderen revolutionär-oppositionellen Gruppen.

[187] Zu näheren Einzelheiten vgl. *Z. Sepehr:* The Communist Movement in Iran, Berkeley, Los Angeles 1966.

[188] Seit 1973 Führer der *Tudeh*-Partei. Der Sohn des bekannten, 1909 hingerichteten Āyatollāh *Fazlollāh Nūrī*, lebte während der Unterdrückung der *Tudeh*-Partei in der Sowjetunion.

Zusammengehen mit anderen linksgerichteten Gruppierungen die Massen zu radikalisieren und die revolutionäre Bewegung im Iran zu intensivieren. Um die sich anbahnende Revolution zu beschleunigen und die religiös-revolutionäre Bewegung *Chomeinīs* zu beeinflussen, ignorierten in dieser Zeit die Führer der *Tudeh* die Unterschiede zwischen dem »wissenschaftlichen Sozialismus und den sozialen Inhalten des Islams«.[189] Dies bedeutet nach der *Tudeh*-Ideologie die »zweite Phase« der Revolution, in der sich die gegensätzlichen Klassen bekämpfen, um damit den Weg für die »dritte Phase« zu öffnen, nämlich die Machtübernahme durch die Transformation der sozialen Bedingungen im Iran.[190] Schon bald bahnten sich jedoch grundlegende ideologische und politische Differenzen zwischen der *Tudeh*, der Regierung und der klerikalen Macht an.[191] Die gegenwärtig mangelnde Unterstützung der Ideologie der *Tudeh* durch die Bevölkerung[192] sowie ihre erneute Bekämpfung durch die Regierung[193] sagt dennoch wenig über die Fähigkeit der *Tudeh* aus, in einem Lande, das über eine 1700 km lange gemeinsame Grenze zur Sowjetunion verfügt, Massenbewegungen zu mobilisieren und revolutionäre Entscheidungen zu ermöglichen.[194]

[189] *Sh. Chubin:* Leftist Forces in Iran. In: Problems of Communism, Juli-August-Heft, Bd. 29 (1980), S. 5.

[190] Vgl. *Chubin,* ebenda, S. 9 f.

[191] Im August/September 1979, als die Regierung *Bāsargān* eine Annäherung an den Westen suchte, kamen die unterschiedlichen Zielsetzungen zutage. Die *Tudeh* attackierte die Regierung, die die Nationalisierung der Banken und die Durchführung der Agrarreformen verzögerte, und sich durch die Zusammenarbeit mit marxistischen und radikaleren Gruppen gegen den »wahren Sozialismus« verbündet hatte. Diese unheilige Allianz der »moslemischen Reaktionäre« mit den neuen Linken und Liberalen, so argumentierte die *Tudeh,* könnte die »Revolution von ihrem ursprünglichen Kurs« ablenken. Vgl. *Chubin;* a. a. O., S. 7.

[192] Sie bekam in der Parlamentswahl von 1980 in Teheran nur 3% der Stimmen, was im Hinblick auf die Wahlpraxis im Iran allerdings nicht ganz repräsentativ ist.

[193] Seit 1983 sind die Führer der *Tudeh* verhaftet und eine große Zahl ihrer Mitglieder von der Revolutionsregierung hingerichtet worden.

[194] Mit Recht bemerkt *Chubin,* daß angesichts der langen »porösen Grenze« zwischen dem Iran und der Sowjetunion diese der *Tudeh* massive, z. Z. nicht abschätzbare Hilfe gewähren kann. »While the Soviet Connection can often be a liability in peacetime, it may well be a formidable asset in any future power struggle in Iran.« *Chubin;* a. a. O., S. 9.

2. Die extrem-revolutionäre und militante Gruppe der *Fedā'ijīne Chalq*. Diese sich als marxistisch-leninistisch verstehende Guerillaorganisation entstand ursprünglich durch die Loslösung aus der *Tudeh*-Partei. Ihr Hauptziel ist, durch den bewaffneten Kampf der »revolutionären Klasse« die radikal-marxistische Ideologie durchzusetzen. Auf sozioökonomischer Ebene streben sie die Nationalisierung der Banken, die Beseitigung der fremden Vorherrschaft, des Feudalismus und der »Bourgeoisie« sowie die Errichtung einer »antiimperialistischen«, klassenlosen Gesellschaft an.[195] Im Gegensatz zur *Tudeh* sind diese Gruppen nationalistisch und unabhängig von der Sowjetunion.[196] Während ihres Verbots in der Schahzeit waren sie im Untergrund terroristisch tätig[197] und erfreuten sich später einer Anhängerschaft bei Studenten im In- und Ausland, die bei der Revolution von 1978/79 dann auch eine entscheidende Rolle spielten. Schon bald danach wurden sie im Juli 1979 erneut verboten und setzten inzwischen ihren Kampf auch gegen das *Chomeinī*regime aus dem Untergrund fort. Gegenwärtig sind in der *Fedā'ijīn* hauptsächlich drei Gruppen integriert:[198] eine Pro-*Tudeh*-Gruppe, die sich jedoch als von Moskau unabhängig versteht, die Anhänger des militanten Theoretikers und Mitbegründers der *Fedā'ijīn, Bijan Djasānī*[199], und die *Pujan*-Gruppe, die ebenfalls den bewaffneten Kampf betont.

3. Die islamisch-marxistische *Mudjāhidīn Chalq* (Organisation der Freiheitskämpfer des Iranischen Volkes) bildet eine heterogene Gruppe. Wie aus der Bezeichnung der Gruppe ersichtlich, handelt es sich ebenfalls wie bei der *Fedā'ijīne* um eine militante Gruppe, die jedoch nicht säkular orientiert ist, sondern sich vielmehr auf vornehmlich islamische Werte besinnt. Durch revolutionären Kampf nach dem Vorbild der ersten *Schī'iten* verstehen sie sich als Vorkämpfer für die In-

[195] Das Programm ist erschienen in einer Arbeit von *B. Jasānī:* Socio-Economic Analysis of a Dependent Capitalist State, London o. J.; Auszüge aus seinem Buch sind abgedruckt in *Karpat* (ed.).: Political and Social Thought, a. a. O., S. 537 ff.

[196] Sie unterhalten eher Verbindungen zur VR-China, zur PLO und zu Libyen.

[197] Beispielsweise 1971 mit ihrem Angriff auf *Siahkal* am Kaspischen Meer sowie zahlreichen weiteren Angriffen auf militärische Einheiten und Banken.

[198] Vgl. *Chubin*, a. a. O., S. 12. *Chubin* vertritt die Ansicht, daß die *Fedā'ijīn*-Gruppe 5000 Kämpfer und 7 bis 8 Millionen Sympathisanten hat. Vgl. ebenda, S. 15.

[199] *Djasānī* (geb. 1937) war ursprünglich *Tudeh*-Mitglied. 1963 trennte er sich mit sechs weiteren *Tudeh*-Mitgliedern von der Partei und wurde der Exponent des revolutionären Marxismus im Iran. 1975 wurde er im Gefängnis umgebracht.

teressen der Armen und Unterdrückten der »*Mustas'afīn*«. Sie setzen sich für die Entwicklung einer egalitären Wirtschaftsgesellschaft und für die Befreiung von der ausländischen Dominanz ein. Diese Entwicklung ist jedoch ihrer Ansicht nach in der Monarchie unterdrückt und von der Revolution *Chomeinīs* »verraten« worden.

Die Verbindung zwischen dem Islam und dem Marxismus war bereits in der Schāh-Zeit von *'Alī Scharī'atī* inspiriert worden.[200] *Scharī'atī*, der die schi'itische islamische Auffassung im Licht einer radikal progressiven Auffassung interpretierte, ging davon aus, daß der Islam mit den modernen Errungenschaften einer wissenschaftlich-technisch orientierten, auf der Idee der Gleichheit und der sozialen Gerechtigkeit fußenden Gesellschaft nur zu vereinbaren ist, wenn seine Inhalte richtig verstanden und entsprechend angewandt werden.[201]

Schon von Beginn an – besonders aber seit 1963 – versuchten die *Mudjāhidīn Chalq*[202], nun auch inspiriert von *Scharī'atīs* Vorstellungen, für die Verwirklichung des Gemeinwohls und der Klassensolidarität zu kämpfen, wobei sie bestrebt waren, ihre Ziele vornehmlich durch politische und religiöse Mobilisierung der Massen durchzusetzen. Die Spaltung der Bewegung in zwei Gruppen änderte an dieser Einstellung nichts[203], wobei sich allerdings die Mittel zur Verwirklichung ihrer Ziele unterschieden. Die *erste* Gruppe, als deren bekanntester Vertreter neben *Scharī'atī* besonders *Banī Sadr* zu nennen ist, betätigte sich erfolgreich unter Studenten, Industriearbeitern und

200 *'Ali Scharī'atī* (geb. 1933, getötet 1970). Zu *Scharī'atī* vgl. näher *M. B. Philipp:* Schiism in Contemporary Iranian Politics: The Case of Ali Shariati. In: *E. Kedouri* (ed.).: Towards the Modern Iran, London 1980.

201 Die konservativen *'Ulamā* betrachteten die Lehren von *Scharī'atī* mit Skepsis, da sie nach ihrer Ansicht westlich beeinflußt sind. Die progressiven *'Ulamā* sehen demgegenüber keinen bedeutenden Bruch zwischen den Grundwerten des Islams und der Interpretation von *Scharī'atī*. Sie anerkennen den Beitrag *Scharī'atīs* zu einer Revitalisierung des *schi'itischen* Islams. Auch aus diesem Grunde kam es vor der Revolution zu einer Koalition der *'Ulamā* mit den Anhängern von *Scharī'atī*.

202 Ursprünglich waren sie vertreten in der »Nationalen Front« *Mossadeghs*. Sie lösten sich 1963 von dieser Bewegung und bildeten die »Nohsat Asādī Iran« (Iranische Befreiungsbewegung). Wegen ihrer kämpferischen Ideologie und ihrer Terroraktionen wurden sie vom Schah rigoros verfolgt.

203 Die Spaltung erfolgte 1975 in eine extrem militante marxistisch-leninistische Kampforganisation (Sāsmāne Peykār) und eine zwar auch militante, aber stärker ideologisch-politisch dominierte Gruppe mit vornehmlich religiöser Identifikation. Vgl. im einzelnen hierzu *S. Zabih:* Irans Revolutionary Upheaval, San Francisco 1979, S. 41 f.

dem städtischen Proletariat, während die *zweite* Gruppe, die außer von *Scharī'atī* insbesondere von Gedanken des irakischen Schi'iten *M. Bāqer Sadr* beeinflußt war, über die Āyatollāhs *Talegānī* und *Scheich 'Alī Tehrānī* besonders gute Verbindungen vornehmlich zum Basar und zum aktivistischen Klerus unterhielt.

Nach der islamischen Revolution 1979 spielte die Gruppe um *Banī Sadr* eine besondere Rolle, so daß die von ihr vertretenen Vorstellungen im folgenden kurz dargestellt werden.

Generell betrachtet geht *Banī Sadr* von der *schi'itischen* Vorstellung eines Staates aus, dessen Funktionen eine islamische Regierung wahrnimmt. Das Ziel dabei ist, eine »gerechte« und »perfekte« Gesellschaft zu errichten, in der »Zwangsherrschaft, Ungleichheit, Fremddomination und Ungerechtigkeit« beseitigt werden. Nach seiner Vorstellung können diese Aufgaben in einer schi'itisch-islamischen Gesellschaft von einem *Imām* bewerkstelligt werden, der als Repräsentant und Symbol des Konsenses der *'Ulamā (Idjmā')* fungiert und die Akzeptanz der »gegenwärtigen« und »künftigen Generation« hat. Der *Imām* hat dabei allerdings nicht das Recht, über »Arbeit, Denken, Leben und Tod des Individuums zu bestimmen«,[204] denn eine solche Machtkonzentration in der Hand des *Imāms* würde eine Entfremdung von der *Imāmat*funktion bedeuten und einer absoluten Despotie gleichkommen.

Die ökonomischen Vorstellungen zielen generell auf eine binnenwirtschaftlich orientierte Deckung der Grundbedürfnisse ab. Diese Strategie nahm in ähnlicher Form Ende der sechziger und Anfang der siebziger Jahre in der europäischen ökonomischen Literatur besonders bei den Dependenztheoretikern einen breiten Raum ein. Die Beseitigung der »absoluten Armut« und die Abkopplung von der Weltwirtschaft stehen dabei im Vordergrund von *Banī Sadrs* Betrachtungen, eine Theorie, die wegen der ungleichmäßigen sektoralen Entwicklung der iranischen Wirtschaft, des zunehmenden Auseinanderklaffens der Einkommen und der zunehmenden Überflutung der iranischen Märkte mit Importgütern, die den Interessen des handwerklichen Mittelstandes und des Basars entgegengerichtet war, eine breite Zustimmung bei der Bevölkerung fand.

Seine spezifischen ökonomischen Vorstellungen erfassen Einzel-

[204] *A. Banī-Sadr:* Iqtesāde Tauhīdī, Teheran 1978, S. 263 ff.

aspekte der islamischen Wirtschaftskonzeption, so zum Beispiel Fragen des Eigentums, der Produktion, der Distribution und des Zinses. Hier unterscheiden sich seine Darlegungen kaum von der traditionellen islamischen Wirtschaftslehre. Sie konzentrieren sich auf ideologisch-normative, allgemeingültige Aussagen und entbehren völlig einer systematisch-theoretischen Grundlage.[205] Mit Blick auf die religiös-politischen Zielvorstellungen mögen solche Aussagen gerechtfertigt erscheinen. Ein modernes ökonomisches System erfordert jedoch die theoretische Analyse vielfältiger, miteinander zusammenhängender Probleme, aus der ein in sich geschlossenes System abgeleitet werden kann. Ein solches System ist weder aus den Thesen *Bani Sadrs* noch aus den Vorstellungen anderer *schi'itischer* Autoren ableitbar. Mit Recht bemerkt deshalb *Katouziān*, daß die *schi'itische* islamische Wirtschaftsvorstellung lediglich eine Kombination der traditionellen islamischen Doktrin mit Elementen der modernen radikalen Ideologien darstellt.[206]

Trotz ideologischer Differenzen zwischen den genannten kommunistischen, marxistischen und religiös-marxistischen Gruppen sind sie sich in der Zielsetzung einer totalen Transformation der iranischen Gesellschaft und über eine generell antikapitalistische Haltung einig.[207] Diese übergeordneten, primären Ziele drängen eher zur Koali-

[205] Da diese Lehren bereits im ersten Teil dieser Arbeit dargestellt worden sind, wird hier auf eine erneute Diskussion verzichtet. Zur Kritik der einzelnen Thesen von *Banī Sadr* vgl. den besonders instruktiven und kritischen Beitrag von *H. Katouzian:* Shiism and Islamic Economics. In: *N. Keddie:* Religion and Politics in Iran, New Haven and London 1983, S. 145 ff.

[206] In der Beurteilung der Arbeiten von *Bāqer Sadr* und *Banī Sadr* schreibt *Katouzian:* »It (shia economics) permits private property in trade and agriculture, and very little in its arguments would exclude it from other interest, but this is debatable in theory, and may be inconsistent with other Islamic principle in practice. It emphasizes limits to cash holdings, meaning that personal wealth above certain limits must be held in non monetary forms such as property and consumption goods, and overlooking the fact, that a legal limit to cash holdings would be highly inflationary if economic resources are fully employed, or if there exist supply shortages and technological constraints.« *Katouzian;* a. a. O., S. 165. *D. Khalid* geht etwas weiter, wenn er bemerkt, daß die »analytische, sicher auch irgendwo pseudowissenschaftliche Demontage des Gewesenen . . ., Bani Sadr mehr zu liegen (scheint) als die Skizze eines ›Masterplans‹ für den neuen islamischen Staat«. *D. Khalid:* Reislamisierung und Entwicklungspolitik, Köln 1982, S. 193. Während die Führung der *Mudjāhidīn* unter *Mas'ūd Radjawī* seit 1981 zusammen mit *Banī Sadr* aus Paris agitiert, ist der Widerstand in studentischen Kreisen in Europa und in den USA weitverbreitet.

[207] Vgl. *Chubin,* a. a. O., S. 19.

tion der linken Kräfte, als daß die einzelnen dogmatischen Unterschiede, die nur sekundäre Bedeutung haben und sicherlich nach einer eventuellen Machtübernahme wieder zutage treten würden, sie auseinanderzudriften vermögen. Nicht zuletzt wurde auch durch die Vereinigung dieser Gruppierungen die Revolution 1979 ermöglicht.

2. *Radikaler arabischer Sozialismus: Libyen*

Zum besseren Verständnis der Transformation Libyens von einem konservativ-rückständigen zu einem radikal-revolutionären Staat ist es angebracht, kurz den zu diesem Wandel führenden Hintergrund darzustellen.
Politisch trat Libyen erst seit 1951 als selbständiger Staat auf. Der langen Zeit der osmanischen Herrschaft folgte 1911 die italienische Kolonialherrschaft, die nach fast drei Jahrzehnten nach der Schlacht von *Al-ʿĀlamein* 1943 von einer britischen Verwaltung abgelöst wurde. Der neue Staat entstand unter der Führung der Unabhängigkeitspartei von *Mohammad Idrīs al-Sānūssī*, nachdem der entworfene Unabhängigkeitsplan von der Generalversammlung der Vereinten Nationen verabschiedet worden war. Das Königreich wählte eine föderative Form der Regierung mit starken außenpolitischen Bindungen an Großbritannien und die Vereinigten Staaten. Als Staatsreligion wurde in der Verfassung der Islam bestimmt.[208]
Den religiösen Hintergrund des Staates bildete die mystische *Sānūssīya*-Bewegung, ein islamischer Orden, der von *Mohammad ibn Alī-as-Sānussī* gegründet wurde. Er vertrat in religiös-rechtlichen Fragen das Recht auf eigene Entscheidung, wobei er sich auf die Interpretation der primären Rechtsquellen, des *Korans* und der *Sunna*, berief. Damit wurde das Prinzip der *Idjtihād* zugelassen und die Bindung an die vier *sunnitischen* Rechtsschulen sowie der *Taqlīd*, das heißt die Befolgung der Entscheidung alter Rechtsschulen in religiös-rechtlichen Fragen, abgelehnt.[209] Während in der langen Periode der osmani-

[208] Zu näheren Einzelheiten der historischen Entwicklung Libyens sei besonders verwiesen auf die umfassende Arbeit von *M. Khadduri:* Modern Libya: A Study in Political Development, Baltimore 1963.

[209] Vgl. *J. Reissner:* Libyen und Saudi-Arabien. In: *W. Ende, U. Steinbach* (Hrsg.): Islam in der Gegenwart, a. a. O., S. 331.

schen Herrschaft und in der europäischen Kolonialzeit die traditionalistische *mālikītische* Rechtsschule[210] vor allem in Fragen des Familien- und Erbrechts dominant blieb, waren für andere gesellschafts- und wirtschaftspolitische Fragen die Gesetzgebungen der Libyen beherrschenden Kolonialverwaltungen maßgeblich. Nach der Entstehung des neuen Staates gewannen die religiösen Vorstellungen der *Sānussīya* neben der alten *mālikītischen* Rechtsschule zunehmend Bedeutung. Dabei blieben konservative Vorstellungen beider Richtungen vor allem in gesellschaftlichen Fragen vorherrschend.[211] Die ökonomischen Vorstellungen hingegen wurden weitgehend von konservativ-liberalen Ideen geprägt.

Die politische und sozioökonomische Entwicklung des Landes kann nach der Unabhängigkeit in drei Phasen eingeteilt werden, in denen die Transformation schrittweise von einem sehr armen und rückständigen Staat zu einem reichen revolutionär-sozialistischen Staat erfolgte.

In der *ersten Phase* von 1951 bis 1960 war die Wirtschaft Libyens durch ein sehr niedriges Pro-Kopf-Einkommen aufgrund der überwiegenden Tätigkeit in der Land- und Viehwirtschaft, die vornehmlich in den Oasen-Kulturen bestand, sowie durch die geringe Produktivität der traditionellen Handwerkstätigkeiten gekennzeichnet. Wegen der Unzulänglichkeiten humaner und materieller Ressourcen war das Land fast völlig von der finanziellen Unterstützung des Auslands abhängig.[212] Mit einer Bevölkerungszahl von knapp zwei Millionen spielte Libyen wirtschaftlich weder global noch regional eine Rolle.

Die Transformation der Wirtschaft und Gesellschaft wurde erst in der *zweiten Phase* von 1960 bis 1969 mit der Ausbeutung des Erdöls eingeleitet. Die Einnahmen aus dem Rohölexport, die bereits 1962 etwa 86 Mill. $ betrugen, erreichten 1969, als die Monarchie beseitigt

[210] Vgl. S. 43 dieser Arbeit.

[211] Vgl. O. *J. El-Fathaly, M. Palmer:* Political Development and Social Change in Libya, Lexington, Toronto 1980, S. 26 f. und S. 28 f. (im folgenden zitiert als *El-Fathaly, Palmer:* Political Development).

[212] Im Jahr der Unabhängigkeit 1951 betrug das Pro-Kopf-Einkommen in Libyen etwa 30 $ pro Jahr. Bis 1960 erreichte es kaum mehr als 100 $ pro Kopf. Von der gesamten Landfläche wurden nur etwa 5 % als kultivierbar klassifiziert. Jedoch konnte wegen der knappen Regenfälle und des fehlenden Grundwassers kaum mehr als 1 % der gesamten Fläche landwirtschaftlich genutzt werden. Als Folge davon war Libyen in dieser Periode einer der ärmsten Staaten der Welt.

und *Mu'amar al-Qaddhāfī* an die Macht kam, etwa 1,2 Mrd. $.[213] In dieser Periode war die Wirtschaftspolitik durch den Versuch geprägt, über die weitgehende Zulassung privater Tätigkeiten die wirtschaftliche Entwicklung gemäß der staatlichen Entwicklungsplanung in Gang zu setzen. Bereits beim ersten Fünfjahresplan (1963/64 bis 1967/68), der mit Ausgaben in Höhe von 337 Mill. LD (etwa 1,14 Mrd. $) vorwiegend dem Aufbau der Infrastruktur (Wasser, Elektrizitätswirtschaft, Verkehrswesen) diente, begann infolge des Ölreichtums und der Verwendung dieser Ressourcen eine Umstrukturierung der Wirtschaftsgesellschaft. Eines der unterentwickelsten Länder der Welt, mit stagnierender, von der Hilfe des Auslands abhängiger Wirtschaft, wurde innerhalb kurzer Zeit zu einem der größten Ölexporteure der Welt. Durch die zunehmende Migration der Landbevölkerung in die Städte wurde die Entwicklung der Landwirtschaft und der handwerklichen Tätigkeiten vernachlässigt. Gleichzeitig nahmen der Bedarf an Nahrungsmitteln und industriellen Fertigwaren zu. Die starke Abhängigkeit vom Öl schuf neue entwicklungspolitische Aufgaben und Probleme. Neue Machtgruppen entstanden und beeinflußten die Staatsführung. Diese Gruppen setzten sich zusammen aus Armeeoffizieren, Geschäftsleuten, den Vertretern der wachsenden Bürokratie und Studenten. Sie strebten eine Partizipation am neu entstandenen Reichtum Libyens an.

Die *dritte Phase* begann mit dem Staatsstreich von Offizieren unter der Führung von *Qaddhāfī* im September 1969.[214] Die am Staatsstreich beteiligten Offiziere entstammten vorwiegend den armen Beduinen- und den mittelständischen urbanen Bevölkerungsschichten.[215] Ideologisch waren sie alle zunächst Anhänger des »Nasseristischen Arabismus«. Ihre innenpolitischen und sozioökonomischen Vorstellungen waren durch Modernisierung, Militarisierung, Religiosität und Populismus bestimmt. Außenpolitisch dominierte die Ideologie des Antiimperialismus, des pan-arabischen Nationalismus und des revolutionären »arabischen Sozialismus«.

213 Vgl. *Bank of Libya:* Annual Report, Tripoli 1970.

214 Zum Hintergrund und zu den Einzelheiten dieses Staatsstreiches vgl. besonders *El-Fathaly, M. Palmer:* Political Development, a. a. O., S. 37 ff.

215 Sowohl *Qaddhāfī* als auch sein Stellvertreter *Djallūd* entstammten armen, sehr religiösen Beduinenfamilien. Zum ideologischen, religiösen und gesellschaftlichen Hintergrund der Führung vgl. ebenda, S. 42 ff.

Nachdem in den ersten drei Jahren der Machtübernahme die Basis der »Revolution« konsolidiert worden war, begann der Prozeß der sozioökonomischen Modernisierung und der Mobilisierung der Gesellschaft entsprechend den oben erwähnten Zielvorstellungen. Die »Modernisierung« zielte auf die Umstrukturierung der Wirtschaft durch eine Politik der Wirtschaftsplanung. Sie wurde zu diesem Zweck intensiviert. Der zweite Fünfjahresplan (1969/70 bis 1973/74) mit Ausgaben von 1,15 Mrd. LD (etwa 3,8 Mrd. $) brachte dabei eine Schwerpunktverlagerung zugunsten des Landwirtschaftssektors, des Transport- und Kommunikationswesens sowie der öffentlichen Aufgaben. Diese Politik wurde im darauf folgenden Dreijahresplan (1973 bis 1975) mit Gesamtausgaben von 2,2 Mrd. LD (etwa 7,4 Mrd. $) zugunsten der Entwicklung des industriellen Sektors verlagert. Bedingt durch die Steigerung der Erdölpreise wurde der ambitiöse dritte Fünfjahresplan (1976 bis 1980) als »wirtschaftlicher und sozialer Transformationsplan« mit erheblich höheren Ausgaben von 9,25 Mrd. LD (etwa 31,2 Mrd. $) verabschiedet, der die Basis wirtschaftlicher Tätigkeiten erweitern sollte. Diesem Ziel sollte ebenfalls der laufende Plan (1980/81 bis 1985/86) mit Ausgaben von 18,5 Mrd. LD (etwa 62,4 Mrd. $) dienen.[216]

Die »Mobilisierung« strebte die aktive Partizipierung des Volkes an der Umsetzung sozialistisch-revolutionärer Ziele an. Kulturell sollte sie eine »Libysche Identität« schaffen, indem regionale und religiöse Unterschiede durch einen einheitlichen libyschen Nationalismus ersetzt werden sollten. »Arabismus« und Islam, beide getragen vom Volk und nicht wie bisher durch die religiöse Stellung der alten Führung, sollten dabei als verbindende Elemente der Gemeinschaft in den Vordergrund gerückt werden. Politisch zielte die »Mobilisierung« auf die Mitwirkung des Volkes bei der Formation einer revolutionär-sozialistischen und klassenlosen Gesellschaft ab.

[216] Vgl. *Economist Intelligence Unit* (EIU): Libya, Annual Supplement 1982, London 1982, S. 13 f. Zur Verteilung der Planausgaben auf einzelne Wirtschaftssektoren vgl. ebenda, S. 14. Ob allerdings dieser Plan angesichts der fallenden Ölpreise verwirklicht werden kann, bleibt offen. Seit Ende 1982 wird deshalb mit der Revision der Planziele gerechnet.

Dabei sollte die totale Loyalität der Bevölkerung gegenüber der Revolutionsregierung unter der charismatischen Führung von *Qaddhāfī* erreicht werden. Die Militärregierung sollte gegen jedes interne Aufbegehren und jede externe Intervention durch die Stärkung ihres militärischen Machtpotentials vorbereitet sein.

Modernisierungs- und Mobilisierungspolitik wiesen drei Etappen auf. Die *erste* Etappe war die Konsolidierung der Revolution in den ersten drei Jahren nach dem Staatsstreich 1969 bis 1973. Dabei stellte sich heraus, daß sich in dieser ersten Etappe das Volk nicht mit den gesetzten Zielen trotz der umfassenden ökonomischen und sozialen Programme der Revolutionsregierung identifizierte. Vielmehr erstickten die Innovationsziele angesichts der fehlenden personellen Basis der Verwaltung, der Unfähigkeit der revolutionären Führung und der Apathie der Bevölkerung.[217]

Diese Fehlschläge veranlaßten die Führung zu noch drastischeren Maßnahmen, die dann zur *zweiten* Etappe der Revolution, nämlich zur sogenannten »Volksrevolution« führten, die besonders ab 1973 nach dem Vorbild der chinesischen Kulturrevolution eine Vitalisierung der Bevölkerung gegen Erstarrungserscheinungen des Staates, der Verwaltung und der traditionalistischen Elemente der Gesellschaft herbeiführen sollte. Diesem Zweck dienten die Errichtung politischer Zellen, Erziehungs- und Medienzentren (die Volkskomitees der Arabisch-Sozialistischen Union, ASU) sowie die Schaffung von Volksmilizen und eine forcierte Wirtschaftsplanung. Obwohl durch die Tätigkeit der Volkskomitees die destruktiven Wirkungen ausblieben, wie sie sich bei der chinesischen Kulturrevolution gezeigt hatten, waren ihre Erfolge bezüglich der Durchsetzung der Revolutionsziele unter anderem wegen mangelnder Erfahrung und fachlicher Qualifikation der Komitees, wegen der Einflußnahme der traditionalistisch gesinnten lokalen Kreise auf Komiteemitglieder und wegen zunehmender Verfolgung partikularistischer Interessen in den Komitees nur sehr beschränkt. In diese Etappe fällt auch die verstärkte Reislamisierung der Gesetze nach dem islamischen *Scharī'a*-Recht als einem Hauptbestandteil der Volksrevolution. Dabei wurde auch die Präferenz der im Volk vorherrschenden konservativen Richtung der *māli-*

[217] Im einzelnen vgl. *El-Fathaly, Palmer:* Political Development, a. a. O., S. 71 ff., vgl. ferner *R. First:* Libya: The Elusive Revolution, Baltimore 1974.

kītischen Schule unter Berücksichtigung des Prinzips »*Maslaha*« gewährt.[218]
Auch diese zweite Etappe konnte nicht die Zielvorstellung eines islamischen sozialistisch-revolutionären Staates realisieren. Der Propagierung von bloßen Ideologien fehlte eine praktische und pragmatische Politik, wie sie etwa bei der Umgestaltung der Wirtschaft und Gesellschaft während der ägyptischen Revolution der Nasser-Ära bestand. Dennoch blieb das Ziel einer »totalen Transformation« der Wirtschaft und Gesellschaft Libyens – nach *Qaddhāfīs* Vorstellung sogar der gesamten arabischen Welt – weiterhin bestehen. Ab 1975/76 versuchte er, eine neue »revolutionäre Philosophie« für Politik, Wirtschaft und Gesellschaft zu propagieren, die zur *dritten* Etappe der Revolution führen sollte. Diese Etappe, die mit der Errichtung einer »Basisdemokratie« nach den Vorstellungen des »Grünen Buches« von *Qaddhāfī* begann, sollte die Ziele der libyschen Revolution vervollständigen.[219]
Der erste Teil des »Grünen Buches« erschien 1976[220] und beinhaltete *Qaddhāfīs* Vorstellungen über »die Lösung des Problems der Demokratie«. Zu diesem Zweck sollten drei Ebenen der Selbstverwaltung geschaffen werden. Der »Basisvolkskongreß« als legislatives Organ, das von den Bewohnern eines Dorfes, eines Kleinstaates oder eines Bezirks der Großstadt konstituiert wird. Daraus bilden sich dann die »Volkskomitees«, die als ausführendes Organ des »Basisvolkskongresses« dienen. Dem übergeordnet ist der »Allgemeine Volkskongreß«, der nicht als legislatives Organ dient, sondern vielmehr die Koordinierungs- und Vereinheitlichungsaufgaben aufgrund der Empfehlungen der »Basisvolkskongresse« herbeiführt. *Qaddhāfī* führt als permanenter Generalsekretär das »permanente Sekretariat«, das als

[218] Vgl. *Reissner:* Libyen und Saudi-Arabien, a. a. O., S. 333. Ab 1972 wurden bei der Kodifizierung des Strafrechts die »koranischen« Strafen eingeführt. (Diebstahl und Straßenraub 1972, Ehebruch 1973, Alkoholgenuß 1974 usw.) Vgl. ebenda, S. 333.
[219] Vgl. *M. Al-Qaddhāfī:* The Green Book, Part I, London 1976.
[220] Er legitimiert sein Grünes Buch damit, daß er sagt, »der erste Teil sei die Interpretation eines Koranverses und der zweite und dritte enthalte die Darstellung der Befehle Gottes«. *Reissner:* Libyen und Saudi-Arabien, a. a. O., S. 335.

eine Art Politbüro, wie sie auch in östlichen Systemen bestehen, zu verstehen ist. Hier konzentriert sich das Machtsystem in Libyen.[221] Interessant ist in diesem Zusammenhang, daß die 1969 ausgearbeitete Verfassung außer Kraft gesetzt wurde mit der Begründung, daß in ihr die völlige Gleichheit aller libyschen Bürger nicht gewährleistet sei. Die verfassungsähnliche Grundlage des Staates, der Wirtschaft und der Gesellschaft soll nun der *Koran* als »letzte« Quelle des libyschen Rechts und die bereits beschriebenen Kongresse und Komitees sowie die Selbstverwaltungsorganisationen der Arbeiter und der anderen Berufsgruppen entsprechend den im »Grünen Buch« dargelegten Vorstellungen bilden. Was die islamischen Rechtsquellen betrifft, so interpretiert sie *Qaddhāfī* im Gegensatz zu allen anderen sunnitischen Rechtsschulen im strengeren Sinn. Präferierte er zu Beginn der Revolution die Rechtsschule der *Mālikīten,* ohne andere *sunnitische* Schulen zu ignorieren, so änderte er seine diesbezügliche Vorstellung in der Weise, daß er nun neben dem *Koran* nur noch die Taten des Propheten als verbindliche Rechtsquellen anerkennt. Die mit viel Mühe und juristischem Scharfblick entwickelte islamische Rechtswissenschaft, in die primäre, sekundäre und ergänzende Rechtsquellen integriert und für die Lösung der juristischen Alltagsfragen angewandt wurden, werden nach *Qaddhāfīs* neuem Islamkonzept als »Gotteslästerung« eingestuft. Doch auch dieses eigenwillige Islamverständnis hat eine politische Funktion. Es »dient dazu, traditionelle Islaminterpretationen und damit die Macht der Ulama zu unterminieren«.[222]
Im zweiten Teil des »Grünen Buches«[223] wird die wirtschaftspolitische Ideologie der Wirtschafts- und Gesellschaftstransformation ausgeführt. Ausgehend von einer eigenwilligen Interpretation des Begriffs der »totalen ökonomischen Freiheit« und der »ökonomischen

[221] Die anderen Mitglieder des Sekretariats sind die Mitglieder des mittlerweile abgeschafften *Revolutionary Command Council* (RCC). Das permanente Komitee des Allgemeinen Volkskongresses, dessen Mitglieder von *Qaddhāfī* nominiert und vom Allgemeinen Volkskongreß gewählt werden, übernimmt die Kabinettsaufgaben. Die Mitglieder dieses Komitees sind jeweils Chefs der Verwaltung. Neben dem »permanenten Sekretariat« gibt es ferner das Generalsekretariat, das mit Hilfe der speziellen Büros der Verwaltung (wie Finanzen, Planung usw.) die Tagesordnungen und Entscheidungsgrundlagen des Allgemeinen Volkskongresses vorbereitet. Vgl. hierzu näher *El-Fathaly, Palmer:* Political Development, a. a. O., S. 140 ff.

[222] *Reissner:* Libyen und Saudi-Arabien, a. a. O., S. 336.

[223] *M. Al-Qaddhāfī:* The Green Book, Part II, London 1978 (im folgenden zitiert als Qaddhāfī: Green Book II).

Gleichheit« lehnt *Qaddhāfī* zunächst das individuelle Eigentum an Produktionsmitteln und die Entlohnung nach dem Anteil des einzelnen an der Produktionsleistung ab, weil dies zur Klassenbildung führen würde und somit auch zu einem produktions- und leistungsorientierten Lohnsystem.[224]
Nach *Qaddhāfī* raubt das Lohnsystem in der heutigen Welt den Arbeitern jegliches (Eigentums-)Recht an der Produktion. Auch der Begriff der »ökonomischen Gleichheit« wird in seiner naiven Form verstanden. Für ihn ist die Gleichheit dann gewährleistet, wenn ein Anteil der Bevölkerung den entsprechenden Anteil am »Vermögen der Gesellschaft« erhält.[225] Jede Abweichung von diesem Prinzip bedeutet, daß sich ein Teil der Gesellschaft auf Kosten des anderen Teils bereichert hat. Dabei beschränkt er die Verteilung der Güter entsprechend den Bedürfnissen der einzelnen. Jeder individuelle Besitz, der über die Befriedigung dieser Bedürfnisse hinausgeht, ist nach *Qaddhāfīs* Vorstellung eine »Ausbeutung der Rechte« anderer Mitglieder der Gesellschaft.[226] Den zweiten Teil des kommunistischen Lehrsatzes »jeden nach seinen Bedürfnissen, jeden nach seinen Leistungen«, lehnt er ab, wenn er sagt, daß »the skillful and industrious have no right to take hold of the share of others as a result of their skill«.[227] Der aufgrund der Leistungsunterschiede entstandene Mehrwert, der über die individuellen Bedürfnisse des einzelnen hinausgeht, fällt nach *Qaddhāfī* der Gesellschaft als Ganzes zu. Das Privateigentum beschränkt sich also nur auf einen Teil der produktiven Leistung des einzelnen, sofern diese Produktionsleistung über seine Bedürfnisse hinausgeht. Der Rest ist sozialistisches Eigentum. Inwiefern ein solches Konzept, das als »neues sozialistisches System« propagiert

224 »The ultimate solution is to abolish the wage system, emancipate from its bondage and return to the natural law which defined relationships before the emergency of classes forms of government and man-made laws.« Ebenda, S. 13. Wenn von »man-made laws« gesprochen wird, so ist die diesbezügliche negative Akzentuierung nur innerhalb des Rahmens seines Gesetzverständnisses zu verstehen. Er unterscheidet zwischen den »natürlichen Gesetzen« und den »gesetzten Gesetzen«. Die erstgenannten Gesetze sind die Gesetze der Gewohnheit und der Religion. Die »gesetzten Gesetze« sind demgegenüber die von Menschen gemachten Gesetze. Diese Gesetze können nicht das Gesetz der Gesellschaft bilden. Vgl. *Reissner:* Libyen und Saudi-Arabien, a. a. O., S. 335.

225 Vgl. *Qaddhāfī:* Green Book II, a. a. O., S. 10.

226 Ebenda, S. 10.

227 Ebenda.

wird, angesichts seiner von der Wirtschaftslehre des Islams – besonders in Fragen des Privateigentums – grundlegend verschiedenen Vorstellungen dennoch mit dem ebenso verherrlichten Gesellschaftssystem des Islams vereinbart werden kann, bleibt offen. Die Widersprüche zwischen den beiden Vorstellungen können entweder durch neue und neuartige Interpretationen des *Korans* und der Handlungen des Propheten beseitigt werden, was nach traditionellem und herrschendem Islamverständnis gegen die fundamentalen Grundsätze verstößt. Oder die ökonomischen Vorstellungen in Libyen erfahren einen neuen Wandel, der die Konformität der neuen Vorstellung mit dem Islam in seiner reformistischen Variante herbeiführt.

Die Konsequenzen aus den erwähnten Vorstellungen waren, daß Libyen entsprechend den Beschlüssen des 4. und 5. Allgemeinen Volkskongresses in einen »totalen sozialistischen Staat« umgewandelt werden mußte, in dem das Privateigentum nur an Betrieben zuzulassen ist, die durch einen Mann oder eine Familie betrieben werden. Sie bildeten die Einkommensquelle, deren Höhe von der eigenen Leistung bestimmt wird. Alle anderen Betriebe, die ein Lohnabhängigkeitsverhältnis aufweisen, müssen durch die »Selbstverwaltungskomitees« in Partnerschaft mit dem Staat operieren.[228] Damit konnte die Abschaffung der »kapitalistischen Klasse« wegen der Beteiligung der Arbeitskräfte am Produktionsprozeß und die Beseitigung der mit dem Prinzip der gleichmäßigen Verteilung verbundenen Vorstellung eines »Rentnerstaates« erreicht werden. Beides war wichtig für die sozialistische Transformation einer Gesellschaft, deren Mitglieder wegen des durch die Ölvorkommen immer größer werdenden Reichtums während der ersten Entwicklungsphase durch die Bereitstellung von ökonomischen und sozialen Leistungen verwöhnt worden waren und somit eine durchaus mit »Rentnermentalität« vergleichbare Vorstellung entwickelt hatten.

Der dritte und insbesondere der laufende vierte Fünfjahresplan, der fast ausschließlich auf den staatlichen Sektor beschränkt bleibt, dient einer solchen »sozialistischen Transformation« der libyschen Wirtschaftsgesellschaft, in der kein Raum mehr für die privaten Aktivitäten bleibt und alle Sektoren der Wirtschaft durch die Selbstverwaltungskomitees kontrolliert werden. Die Probleme, die sich in diesem

[228] Vgl. *El-Fathaly, Palmer:* Political Development, a. a. O., S. 203.

Zusammenhang aus einer ineffizienten Verwaltung, einer geringeren Motivation und einer mangelnden Innovationsdynamik ergeben, spielen nach dem ideologischen Primat des von *Qaddhāfī* initiierten und sich gegenwärtig im Volk verbreitenden Denkens kaum eine Rolle, weil ein diesbezüglicher Kosten-Nutzen-Vergleich nach seiner Vorstellung noch irrelevant ist. Obwohl der Bruch mit der Tradition der Gesellschaft einschließlich des traditionellen Verständnisses des Islams bislang ohne nennenswerte Gegenreaktionen blieb, kann dies im Hinblick auf die in Libyen immer noch bestehenden traditionellen Strukturen und Verhaltensweisen für die Zukunft nicht ausgeschlossen werden.

3. *Radikale Orthodoxie der Moslembruderschaften*

Eine andere Bewegung, deren politische und sozioökonomische Vorstellungen in der heutigen islamischen Welt, besonders aber in den arabischen Staaten, und hier vor allem in Ägypten, eine zunehmende Bedeutung erlangt haben, ist die radikal-aktivistische Bewegung der Moslem-Bruderschaften (Ikhwān al Muslimīn).
Die Vorbilder der Moslem-Bruderschaften reichen von *Chāridjīten*[229] und *Assāssinen*,[230] die als kämpferische Organisationen ihre politischen Ziele – wenn erforderlich – durch Gewaltakte durchzusetzen

[229] Die *Chāridjīten* waren ursprünglich die Anhänger des 4. Kalifen *ʿAlī*, die sich jedoch nach dem Schiedsurteil der Schlacht bei *Siffin* zwischen *ʿAlī* und dem *Umaiyāden Muʿāwīya* (657) trennten und ihn ermordeten. Sie bildeten danach sektiererische Kampfgrupppen, die allerdings von anderen islamischen Religionsgemeinschaften isoliert, bekämpft und schließlich ausgerottet wurden. Auf die *Chāridjīten* und andere Gruppen kann hier nicht eingegangen werden. Zu Einzelheiten vgl. besonders *J. Wellhausen:* Die religiös-politischen Oppositionsparteien im alten Islam, Berlin 1901; ferner *E. A. Salem:* Political Theory and Institutions of the Khawaridgi, Baltimore 1959.

[230] Die *Assāssinen* bildeten eine extrem kämpferische Gruppe, deren Begründer *Hassan Sabbāh* eine militante Organisation schuf und mit Terroraktivitäten die herrschenden *Sunniten* bekämpfte. Sie wurden von *Mongolen, Seldjuken* und *Mamluken* in ihren Herrschaftsgebieten bekämpft und fast gänzlich ausgerottet. Eine weniger militante Gruppe, die auf die *Assāssinen* zurückgeht, die ismāʿilitischen *Nizāriten*, haben sich jedoch als Minderheitsgruppe durchgesetzt und sind als *Ismaʿiliten* in den islamischen Ländern ebenso wie im Ausland verbreitet. Ihre Leitung liegt in den Händen des jeweilig lebenden *Aga Khans*. Aus der Literatur vgl. hierzu besonders *M. G. S. Hodgson:* The Order of the Assassins. The Cambridge History of Iran. Bd. 5, Cambridge 1968, S. 422 ff. *B. Lewis:* The Assassins, London 1967.

versuchten,[231] bis zu den modernistischen Bewegungen des Islams, die im 19. Jahrhundert eine Regeneration des Islams zu erlangen suchten. Die Vorstellungen der ersten Modernisten des Islams wie *Afghānī*, *'Abduh*, *Riḍā* und deren Epigonen über die Renaissance des Islams wurden allerdings von den Moslem-Bruderschaften in einer völlig anderen Form aufgegriffen. Statt den Islam für die modernen Erkenntnisse der Wissenschaft und der westlichen Technologie zu öffnen, was die Essenz der modernistischen Vorstellungen der Reformer ausmacht[232], bauen die Vertreter der Moslem-Bruderschaften wie die der Fundamentalisten auf den orthodoxen Ansatz der reinen Interpretation der Lehre nach dem *Koran* und der *Sunna*. Die Reformvorstellungen der genannten Modernisten wurden insofern als inadäquat betrachtet, als sie – nach der Interpretation der Moslem-Bruderschaften – weder die »Wahrheit der Offenbarung« noch die »geschichtliche Entwicklung« der islamischen Gemeinschaft berücksichtigt hätten.[233] Dennoch berufen sich die Theoretiker der Moslem-Bruderschaften gerade eben auf die Ansichten dieser Autoren und der aus ihnen später entwickelten Lehren der *Salāfia*-Schule. Die Moslem-Bruderschaften akzeptieren beide Richtungen als geistige Basis.[234] In einigen wichtigen Fragen berufen sie sich sogar besonders auf die Tradition von *'Abduh*, mit dessen Lehren sie gemeinsame Berührungspunkte aufzuweisen glauben. Diese Gemeinsamkeiten leiten sie einmal ab aus den Bemühungen »to simplify Islam for its adherents and reduce it to

[231] Um Mißverständnisse zu vermeiden, soll hier betont werden, daß die *Ikhwān*-Bewegung keineswegs mit den beiden genannten Bewegungen gleichgesetzt werden kann. Die Bewegung der Moslembruderschaften sieht lediglich im Verhaltensmuster der beiden genannten Bewegungen ein Vorbild. Vgl. hierzu *J. M. Al-Husainī:* Al-Ikhwān al-Muslimun, Beirut 1952, S. 52. Englische Übersetzung: *J. F. Brown*, et al.: The Brethren*, Beirut 1956.

[232] Vgl. hierzu den 2. Teil, S. 111 ff. dieser Arbeit.

[233] Die Kritik an den sogenannten islamischen Reformatoren aus der Sicht der Moslem-Bruderschaft wird wie folgt ausgedrückt: *Afghānī* sieht das Problem und warnt, *'Abduh* lehrt und denkt und *Riḍā* schreibt und registriert. Alle drei sind lediglich religiöse und moralistische Reformer, denen eine umfassende Betrachtung, wie sie die Moslembruderschaften anstreben, fehlt. Vgl. *R. P. Mitchell:* The Society of the Muslim Brothers, London 1969, S. 321.

[234] Der Begründer der Moslembruderschaften, *Hassan al-Bannā* (1906–1949), entstammte einer religiösen Familie *hanbalitischer* Richtung. Als Mitglied mehrerer religiös-orthodoxer Organisationen und als nationalistisch gesinnter Moslem beteiligte er sich an antibritischen Aktivitäten. Den ersten Kern der Moslembruderschaften gründete er 1929 in *Ismailiy*. Er bezeichnete die Bewegung als eine »Salafi movement, an orthodox way, a Sufi reality, a political body, an athletic group, a scienti-

the essentials necessary to put an end to the devisive internecine bikkering between the sects and schools«,[235] und zum anderen aus der Argumentation, daß keine positiven Änderungen in den islamischen Gesellschaften durch externe Faktoren möglich sind, ohne eine innere Änderung der Einstellung, der Verhaltensweise und der Erziehung der Moslems herbeizuführen. Als gemeinsame Basis erstreben beide Richtungen die Reformen des Islams aus ihrer eigenen inneren Dynamik heraus.[236] Diese eigene Dynamik setzt nach den Vorstellungen der Vertreter der Moslem-Bruderschaften folgendes voraus:

Auf *religiöser Ebene* die Rückbesinnung auf die moralischen Werte des Islams, wobei diese auch im Vergleich zum Denken der sozialen Reformer des Islams in starkem Maße glorifiziert werden, wonach eine Rückkehr zu *'Abduhs* Interpretation der Lehre angestrebt und ihre Durchsetzung in kämpferischer Form verwirklicht werden soll.

Auf *gesellschaftlicher Ebene* die Beseitigung der Einflüsse des materialistischen Denkens des Westens und der damit verbundenen importierten Werte und ihre Ersetzung durch spirituelle Werte des Islams.

Auf *politischer Ebene* die Hervorhebung der Idee der panislamischen Solidargemeinschaft, obwohl hiermit auch im Hinblick auf die Besei-

fic and social idea«. *Hassan Al-Bannā:* Renaissance in the Islamic World, wiederabgedruckt in: *Karpat* (ed.): Political and Social Thought, a. a. O., S. 95 f. *Al-Bannā* wurde 1949 ermordet. Die Bewegung wurde ab 1950 unter der Leitung von *Hassan al-Hudaiby* bis zu dessen Tod 1973 reaktiviert. Sie beteiligte sich am Offiziersputsch 1952 in Ägypten und genoß zeitweise politische Freiheiten. Nach der *Nāsser*schen Revolution wurden sie ab 1954 wieder verfolgt, weil ihre Vorstellungen wegen der Errichtung eines theokratischen Staates mit den Ansichten der Offiziere, die ihrerseits einen säkularen, sozialistisch orientierten Staat in Ägypten anstrebten, kollidierten. Die Bewegung wurde durch *Nāsser* aufgelöst und verlor besonders dann teilweise ihre Basis, als es *Nāsser* gelang, die Unterstützung der Ali-Azhar Universität für seine wirtschaftlichen und sozialen Programme zu gewinnen. In anderen arabischen Ländern blieb sie jedoch weiterhin aktiv. Aus der Fülle der Literatur vgl. hierzu besonders *H. Al-Bannā:* Min al-Qādim: Ihtijaj al-Nahdat al-Djadida fi al 'Ālam al-Islāmī, Beirut 1958; *J. M. Al-Husainī:* Al-Ikhwān al-Muslimūn, 2. Aufl., Beirut 1955. Die Autoren legen in diesen Werken die religiöse Ideologie der Bruderschaft dar; zu einer sachlich-neutralen Diskussion der Ideologie und zum historischen Hintergrund vgl. *F. Bertier:* L 'ideologie politique des Frères muselmans. In: Orient, Nr. 8 (1958), S. 43 ff., *Chr. P. Harris:* Nationalism and Revolution in Egypt: The Role of the Muslim Brotherhood, The Hague 1964; *F. Rosenthal:* The Muslim Brothers of Egypt. In: The Muslim World, Nr. 37 (1947), S. 278 ff.; *Smith:* Islam in Modern History, a. a. O., S. 156 ff.

235 *Mitchell*; a. a. O., S. 323.

236 Ebenda, S. 323.

tigung der Fremdherrschaft, zumindest zu Beginn der Bewegung, ganz bewußt nationalistische Ideen verbunden werden.
Auf *ökonomischer Ebene* sind die Vorstellungen der Moslem-Bruderschaften sehr heterogen. Auf der einen Seite betonen sie die rein orthodoxen Wirtschaftslehren des Islams auf der Grundlage des *Korans* und des gegebenen Rahmens des strikt interpretierten *Schari'a*-Rechts, wie dies insbesondere aus den Schriften von *Sayed Qotb* abzuleiten ist. Darin wird beispielsweise der individuelle Charakter des Eigentums ebenso bejaht wie seine gemeinschaftliche Verpflichtung, deren Bedingungen wiederum aus der Lehre des *Korans* entnommen werden.[237] Andererseits gehen die sozialreformerischen Apologeten der Moslem-Bruderschaften, wie aus den Schriften ihres Hauptexponenten *Mustafā al-Schibā'ī* zu entnehmen ist, soweit, den sozialistischen Charakter des Islams zu betonen, deren Grundlinien *Schibā'ī* in seinem Konzept des »islamischen Sozialismus« umreißt.[238]
Trotz dieser grundlegenden Unterschiede bezüglich der ökonomischen Auffassung innerhalb der Moslem-Bruderschaften – radikaler Konservativismus versus radikaler Sozialreformismus – kennzeichnet alle Gruppierungen der Bruderschaften und ihre Sympathisanten »the expressions of the hatred, frustration, vanity and destructive frenzy of a people who for long have been the prey of poverty, impotence and fear.«[239] Diese größtenteils emotional bedingten Eigenschaften der Armen und Unzufriedenen erfassen dabei auch verschiedene andere gesellschaftliche Gruppierungen und führen zu einer extrem radikalen Polarisierung, die weitere Kreise der Gesellschaft mit sich zieht. Dabei dient die religiöse Verbindung der jeweiligen Gruppen teilweise als Ersatz für sozioökonomische und politische Fehlentwicklungen und als Zuflucht auch für die tragende traditionsbewußte und immer noch stark religiös orientierte Mittelschicht, bei der ähnliche Reaktionen in der islamischen Welt historisch immer festzustellen sind.[240]
Zweifellos führt eine Emotionalisierung dieser Kreise zu weitgehenden Konflikten, die kaum geeignet sind, ökonomische und soziale

[237] Vgl. hierzu im 1. Teil S. 68 ff. dieser Arbeit. Zu weiteren Einzelheiten sei verwiesen auf *Kotb:* Social Justice; a. a. O., S. 100 ff.
[238] Vgl. hierzu im 4. Teil S. 250, FN 26 dieser Arbeit.
[239] *Smith:* Islam in Modern History, a. a. O., S. 158.
[240] Vgl. hierzu besonders *Gibb:* Modern Trends, a. a. O., S. 37 f.

Probleme durch Anwendung von kompromißlosen, hauptsächlich gewalttätigen Maßnahmen zu lösen, deren sich die militanten Vertreter der Moslem-Bruderschaften bedienen. Zu bemerken ist jedoch, daß die Moslem-Bruderschaften aller Schattierungen heute die einzigen islamischen Aktivistengruppen darstellen, die die desintegrierten Gesellschaften islamischer Staaten durch konstruktive oder auch durch destruktive Ideologien im Sinne einer Revitalisierung des Islams zu verändern suchen.[241] Die diesbezüglichen Aktivitäten der Moslem-Bruderschaften erweitern dabei die fundamentalistischen Vorstellungen um revolutionäre Kampfmethoden, die durch die Formierung von Kampfgruppen eine Veränderung der gegenwärtigen gesellschaftlichen und politisch-ökonomischen Verhältnisse anstreben. Was ihnen aber in besonderem Maße fehlt, ist, den Vorwurf anzuerkennen, daß sie keine detaillierten Antworten auf die umfassenden politischen, sozialen und ökonomischen Fragen der Gegenwart arabischer und islamischer Länder zu geben vermögen. Der Bezug ihrer Programme auf die historische Größe des Islams reicht für die Lösung realer Probleme der modernen Welt nicht aus. Aus der Sicht vieler praktisch denkender Moslems ist eine solche Einstellung der Bruderschaften »moralisch arrogant«.[242]

241 *Smith* warnt davor, in Moslembruderschaften nur eine »rein konservative« Bewegung zu sehen. Immerhin waren sie in der Lage, moderne Vorstellungen zu verwirklichen, z. B. moderne Industrien nach ihren Vorstellungen aufzubauen, Gewerkschaften zu organisieren und Verlagshäuser zu errichten. Vgl. *Smith:* Islam in Modern History, a. a. O., S. 157.

242 Ebenda, S. 157 f.

IV. Konservative und fundamentalistische Vorstellungen

Der Grundgedanke konservativer und fundamentalistischer Vorstellungen wird vom islamischen Leitprinzip bestimmt, das die individuellen und gemeinschaftlichen Lebensformen in den islamischen Gesellschaften im Einklang mit dem Idealbild der Lehren des *Korans* und der von dieser Lehre determinierten göttlichen Ordnung zu erhalten beziehungsweise zurückzugewinnen und für die Zukunft verbindlich zu erklären sucht. Er beruht auf der Vorstellung, daß der Islam als politische und soziale Rahmenordnung – wie in der Zeit des Propheten verwirklicht – vorgesehen ist, wovon der gläubige Moslem nicht im geringsten abweichen darf. Die Nachfolger des Propheten, die Kalifen, die *Imāme* und die Herrscher des islamischen Staates, treten »nur als Sachwalter der göttlichen Ordnung in Erscheinung«,[243] deren Aufgabe es ist, die Voraussetzungen einer solchen Ordnung zu schaffen und die Bedingungen für ihre Funktionsfähigkeit zu erhalten. Die Wahrung der Normen der Religion *(Dīn)* wird zum obersten Grundsatz der staatlichen Ordnung, an dem sich die Gesetze orientieren sollen. Aus der Verquickung von Religion und Staatsidee ergibt sich dabei, daß der Fundamentalismus in seiner heutigen Ausprägung die gesamten Bereiche des Staates, der Wirtschaft und der Gesellschaft erfaßt. Eine völlige Säkularisierung im Sinne der Trennung von Religion und Staat wird in Frage gestellt,[244] da nach orthodox-moslemischem und fundamentalistischem Verständnis Religion und Staat nur zwei begrifflich separate Aspekte einer gleichen Erscheinung sind, die durch göttliche Offenbarung fest vorgeschrieben ist.[245]

[243] *Nagel:* Staat und Glaubensgemeinschaft im Islam, a. a. O., S. 8.

[244] Vgl. hierzu *U. Steinbach:* Reislamisierung – Fortschritt ins Goldene Zeitalter? In: Orient, Heft 3 (1980), S. 331.

[245] Vgl. *F. Büttner:* Islamische Reformen, a. a. O., S. 52; vgl. hierzu ferner die Literatur auf S. 132 dieser Arbeit.

Während in der *sunnitischen* Richtung neben dem »Sachwalter« (Kalifen und Herrscher der Moslems) auch die Gelehrten über den Weg des Konsenses *(Idjmā')* zum *Idjtihād*, das heißt zur Handhabung von islamischen Gesetzen befugt sind,[246] um die vom Idealbild abweichende historische Realität zu berücksichtigen, erscheint in der *schi'itischen* Richtung allein der *Imām* (mit *'Alī* als erstem Imām) als Erbe des Propheten und als Sachwalter der göttlichen Ordnung.[247] Im Gegensatz zum *Sunniten*tum ist nach dieser Lehre[247] die Anwendung des *Idjtihād*, nach den *Imāmen*, nur dem obersten *»Mudjtahid«*, dem *Marja'e Taqlīd*,[248] als letzter religiöser Instanz vorbehalten. Diese grundsätzlich unterschiedliche religiöse Auffassung[249] ist insofern wichtig, als sie historisch gesehen zu unterschiedlichen Entwicklungen in den jeweiligen Rechtssystemen und damit auch in Fragen der Staats- und Gesellschaftsauffassung geführt hat, von denen letztlich auch die politischen und sozioökonomischen Vorstellungen bestimmt wurden. Unabhängig von dieser Trennung ist in beiden Hauptrichtungen der Fundamentalismus als ein Bestreben anzusehen, die »idealisierte« Frühzeit des Islams zu revitalisieren. Dies bedeutet insbesondere die Wiedereinführung des islamischen *Schari'a*-Rechts, nach dem sich, unabhängig von der verfassungsrechtlichen Form, die Gesetzgebung und die Rechtsprechung eines jeden islamischen Staates ausschließlich zu richten hat. Die orthodoxen Konservativen sowie die Fundamentalisten versuchen somit, den durch jahrhundertelanges Streben und entgegen großen Widerständen entstandenen liberal-säkularen Staat in einen theokratischen Staat zurückzuverwandeln, der fortan die politischen, sozialen und ökonomischen Ordnungsvorstellungen

[246] Genauer: Zur Anwendung der selbständigen Entscheidung in Fragen der Interpretation von *Hadīth*. Auf die unterschiedlichen Interpretationen dieses Grundsatzes kann hier nicht eingegangen werden. Dies ist Gegenstand religionswissenschaftlicher und islamisch-rechtswissenschaftlicher Analysen. Vgl. hierzu besonders *Schacht:* An Introduction, a. a. O., S. 60 f.; sowie S. 46 f. im 1. Teil dieser Arbeit.

[247] Vgl. hierzu die Ausführungen im 1. Teil und 2. Teil dieser Arbeit und die dort angegebene Literatur.

[248] Der *Marja'e Taqlīd* wird als Stellvertreter (Nā'ibul-Imām) des nach der *schi'itischen* Lehre 12. »verborgenen Imāms« verstanden.

[249] Zu den Rechtsschulen, die eine unterschiedliche Auslegung in der Interpretation ermöglichen, vgl. S. 42 ff. dieser Arbeit.

bestimmen und eine neue Glanzzeit herbeiführen soll.[250] Während jedoch die älteren Fundamentalisten versuchten, die Revitalisierung des Islams über evolutionäre Anpassung zu erreichen und mit den modernen Erkenntnissen der Wissenschaft das Wohl der islamischen Gemeinschaft zu erhöhen, ohne jedoch die reinen Inhalte der islamischen Lehre aufzugeben, weisen die meisten neueren fundamentalistischen Richtungen sozialrevolutionäre Züge auf. Im folgenden sollen die orthodoxen *sunnitischen* Ordnungsvorstellungen am Beispiel Saudi-Arabiens und die *schi'itischen* fundamentalistischen Vorstellungen am Beispiel Irans kurz erläutert werden.

1. *Der fundamentalistische Konservativismus in Saudi-Arabien*

Die fundamentalistische Auffassung über die »göttliche Ordnung«, zu deren Aufrechterhaltung sich die Herrscher der Moslems verpflichten, kommt in der *sunnitischen* Welt in ihrer ausgeprägtesten Form in Saudi-Arabien vor. Die Staatsphilosophie Saudi-Arabiens orientiert sich nach der asketisch-fundamentalistischen Vorstellung der *Hanbalī-Sunna.*[251] Als Sachverwalter des klassischen Islams und als Hüter der heiligen Städten Mekka und Medina fühlen sich die Herrscher Saudi-Arabiens darüber hinaus in besonderem Maße zur Reinhaltung des Islams verpflichtet.

Die fundamentalistische Erneuerung des Islams im heutigen Saudi-Arabien geht auf *M. Ibn Abdal-Wahāb* (1730–1792) zurück, der eine

[250] Dies im einzelnen zu analysieren ist im Rahmen dieser Arbeit nicht möglich. – Zur ausführlichen politischen und intellektuellen Diskussion sowie zu einzelnen und ins Detail gehenden Interpretationen islamischer Autoren vgl. besonders *T. Nagel*, a. a. O., S. 223 ff. Die Ansicht *Nagels* ist zu unterstreichen, wenn er in diesem Zusammenhang feststellt, daß die politischen und religiösen Ideen islamischer Autoren »die Unzulänglichkeiten und das Elend der tatsächlichen Verhältnisse« berücksichtigen. Sie »finden in diesen Gedanken, in denen der Ruhm einer großartigen Vergangenheit mit der Verkündung eines glanzvollen Wiederaufstiegs zusammenfließt, Hinweise auf einen Ausweg in eine bessere Zukunft. Niemand wird es für möglich halten, daß die Regierungen der betreffenden Länder sich erfolgreich diesem intellektuellen Ansturm widersetzen können und wollen, der sich nur zu leicht in offene Rebellion, ja Revolution umwandeln kann«. *Nagel*, a. a. O., S. 265 f.

[251] Wie bereits an früherer Stelle erwähnt, geht die strenge *sunnitische* Rechtsschule der *Hanbaliten* davon aus, im *Koran* und in den *Hadīthe* die einzigen Wurzeln des Rechts zu sehen. Vgl. hierzu die Ausführungen auf S. 44 f. dieser Arbeit.

religiöse Botschaft zur Erneuerung des Islams propagierte. Seine Anhänger, die *Wahābiten*, strebten eine Reformbewegung an, die »die Rückkehr zur ursprünglichen Reinheit des Islams«[252] herbeiführen soll, wie er in der Zeit von *Mohammed* und den vier rechtsgeleiteten Kalifen vorherrschte. Sie übernahmen die strikte Anwendung der Islaminterpretation der *hanbalītischen* Rechtsschule und versuchten, die diesbezüglichen religiösen Vorstellungen unter Anwendung von Gewalt durchzusetzen, sowie die mystischen Bewegungen rigoros zu bekämpfen.[253]
Nachdem 1818 diese Bewegung im Auftrag der Osmanen in der Zeit von M. *ʿAlī Pāschā* durch *Ibrāhīm Pāschā* zunächst besiegt wurde, erlangte der *Wahābismus* von 1834 bis 1865 erneut politische Bedeutung. Erst 1912 begründete *ʿAbdul ʿAzīz* die *Ikhwān*-Bewegung (die Bruderschaften), deren Anhänger – in fanatischer Tradition des *Wahābismus* erzogen – es ihm ermöglichten, die türkische Vorherrschaft zu beseitigen. Nach der Eroberung von *Hedjās* 1924/25 und der Unterdrückung der mittlerweile sich als Gegner formierenden *panislamischen Ikhwān*-Anhänger wurde die Herrschaft von *ʿAbdul ʿAzīz* gefestigt.[254] 1932 wurde das Königreich Saudi-Arabien proklamiert. Die traditionell strengen *wahābitischen* Vorstellungen des Islams, die bereits von den Vorfahren des Staatsgründers angenommen worden waren, bildeten die Staatsauffassung des Landes, so daß sämtliche Gesetzgebungen und Rechtsprechungen nach dem Prinzip der Einheit der Religion *(Dīn)* und des Staates *(Dawla)* an das *Scharīʿa*-Recht gebunden wurden. Die Staatsform bezeichnet sich als eine »arabische,

[252] Vgl. *von Grunebaum* (Hrsg.): Der Islam II, a. a. O., S. 353.

[253] Vgl. ebenda. Zur historischen Entwicklung des *Wahābismus* vgl. besonders *H. J. Philby:* Saudia Arabia, repr., New York.1972; vgl. ferner *A. Birken:* Saudi-Arabien in der Neuzeit. In: H. Blume (Hrsg.): Saudi-Arabien, Tübingen 1976, S. 123 ff. sowie *R. Hartmann:* Die Wahabiten. In: Zeitschrift der Morgenländischen Gesellschaft, Bd. 78 (1924), S. 76 ff.

[254] Als König von *Hedjās* und *Nadjd.* Zu näheren Einzelheiten vgl. *J. S. Habib:* Ibn Saud Warriors of Islam, Leiden 1978. Zu einer kurz zusammengefaßten Darstellung der saudischen Herrschaft vgl. *D. G. Eden:* The Anatomy of the Saudi-Revolution. In: International Journal of Middle East Studies, Nr. 1 (1974) S. 50 f.

unabhängige, islamische und konsultative Monarchie«.[255] Mit der Aufnahme der Begriffe »islamisch« und »konsultativ« in den Beschreibungen der Staatsform soll der islamische Charakter des Staates deutlich hervorgehoben werden. Die religiösen Bestimmungen werden von der Religionspolizei überwacht, die Auslegung in der Rechtsprechung untersteht dem Urteil der *'Ulamā (Fetwā)*.[256] Die *'Ulamā* haben dabei in Saudi-Arabien sowohl für den Legitimationsanspruch der Herrscherfamilie als auch bezüglich ihrer Entscheidungen, die sich besonders aus der Verschmelzung von religiösen und weltlichen Funktionen ergeben, auf die Bevölkerung Einflußmöglichkeiten, für die es Parallelen nur in der Zeit des klassischen Islams gab und heute vielleicht nur noch – allerdings in einer gänzlich anderen Form – in der fundamentalistischen Herrschaft im Iran gibt.[257] Denn trotz des seit 1971 geschaffenen Justizministeriums, das die Kontrolle der *'Ulamā* über die Gerichte etwas einschränken soll, ist ihre Einflußmöglichkeit weiterhin ungebrochen, da die Gerichte und das Gerichtspersonal sich aus dem Kreis der *'Ulamā* rekrutieren. Auch im Erziehungssektor ist ihre Einflußsphäre im Vergleich zu allen anderen islamischen Staaten trotz der Einführung des »modernen Schulwesens«

[255] Der Ministerrat übt dabei sämtliche Funktionen der Legislative, der Exekutive und der Administration des Staates aus. Er wurde 1953 durch ein Dekret des Königs geschaffen. Die alte Satzung wurde 1958 durch die heute noch geltende neue Satzung geändert. Der Ministerrat setzt sich zusammen aus dem König, der die Spitze des Rates bildet, aus dem Ministerpräsidenten (seit 1964 wird dieses Amt vom König übernommen), den zwei stellvertretenden Ministerpräsidenten, den Ministern und den königlichen Beratern. Er ist in einen Gesetzes-, einen Finanz- und einen Verwaltungsausschuß gegliedert. Vgl. hierzu näher *Gh. Shanneik:* Politischer Wandel und die Entwicklung der öffentlichen Verwaltung in Saudi-Arabien seit 1953. In: Orient, Nr. 9, 21. Jg. (1980), S. 486 ff. (im folgenden zitiert als *Shanneik:* Politischer Wandel).

[256] Vgl. *Reissner:* Libyen und Saudi-Arabien, a. a. O., S. 339.

[257] Ein solches Machtinstrument ist die Erstellung des *Fetwā* (religiöses Rechtsgutachten). So wurde beispielsweise über ein solches *Fetwā* des Großmuftis der Konflikt zwischen Prinz *Faisal* und seinem Bruder König *Sa'ūd* zugunsten *Faisals* entschieden. Vgl. *Gh. Shanneik:* Die Modernisierung des traditionellen politischen Systems in Saudi-Arabien. In: Orient, Nr. 3, Jg. 21 (1980), S. 317 (im folgenden zitiert als *Shanneik:* Modernisierung).

nach wie vor relativ groß.[258] Die erwähnten Einschnitte in die traditionell konservative Herrschaft Saudi-Arabiens wurde vor allem ab 1964 durch die Reformpolitik *Amīr Faisals* eingeleitet. Sie wurde weiterhin von einer Gruppe der relativ liberal denkenden Prinzen und einer anwachsenden Eliteschicht mitgetragen. Die Zielvorstellungen dieses relativ kritischen Personenkreises sollten dabei durch Partizipierung am Ölreichtum in die der politischen Herrschaft integriert werden. Ihre Beteiligung an der wirtschaftlichen und sozialen Entwicklung des Landes war unvermeidlich, da sie – wie die Entwicklung in anderen Mittelostländern gezeigt hat – eine potentielle Unzufriedenheitsquelle darstellt.[259] Darüber hinaus absorbiert der personelle Bedarf der wachsenden Bürokratie für die Ausarbeitung und Durchführung der Entwicklungsvorhaben die ausgebildete Mittelschicht in zunehmendem Maße. Dieser Prozeß führt sicherlich zu einer weiteren Modernisierung, die letztlich an der Frage der politischen Willensbildung durch die Beteiligung weiterer Bevölkerungsgruppen am Staatsgeschehen nicht vorbeigehen kann.[260]

Die wirtschaftspolitischen Auffassungen in Saudi-Arabien sind eine Mischung aus den strengen orthodoxen Wirtschaftslehren des Islams, modernen, *etatistischen* Vorstellungen und vorwiegend marktwirtschaftlichen Grundsätzen. Die Modernisierung der Wirtschaft sollte dabei zunächst durch das 1958 geschaffene Planungskomitee, das 1965 durch das Planungsministerium ersetzt wurde, zentralisiert werden. Die beträchtlichen Öleinnahmen des Landes machten es erforderlich, zur Verwirklichung entwicklungspolitischer Zielsetzungen Entwicklungspläne aufzustellen, deren Finanzierung fast ausschließlich aus diesen Einnahmen bestritten werden konnten.[261] Während das Planungsministerium jedoch für Zielformulierungen, Prioritätensetzung bei der Wahl von Projekten, Finanzierungsrahmen etc. zu-

258 Die Einführung des neuen Schulsystems im Jahre 1966 hat zwar diese Einflußnahme eingeschränkt, dennoch bleibt der Anteil des Religionsunterrichts in den Grundschulen mit etwa 30% sehr hoch; vgl. hierzu *Eden*, a. a. O., S. 63 f.

259 Vgl. *Shanneik:* Modernisierung, a. a. O., S. 302.

260 Ein Ausschuß soll seit 1980 den Entwurf eines »basic law«, das die diesbezüglichen politischen Reformen beinhaltet, ausarbeiten. Vgl. dazu *Shanneik:* Modernisierung, a. a. O., S. 301 ff.

261 Der erste Plan (1970–75) sah Ausgaben in Höhe von 86,5 Mrd. SR, der zweite Plan (1975–80) 498 Mrd. SR und der dritte Plan (1980–85) etwa 783 Mrd. SR vor (1 $ = 3,43 SR, April 1982). Vgl. *Shanneik:* Politischer Wandel, a. a. O., S. 498.

ständig ist,[262] bleibt es die Aufgabe der etablierten Verwaltung, die aufgestellten Pläne gemäß formulierter Planziele durchzuführen. Aufgrund der zunehmenden staatlichen Eingriffe in die Wirtschaft stellt die Verbürokratisierung in Saudi-Arabien besonders wegen des Mangels an geschultem Fachpersonal ein großes Problem dar.

Angesichts einer fehlenden umfassenden Gesetzgebung wird die Modernisierung der Wirtschaft neben den in Teilen bereits bestehenden Regelungen in handelsrechtlichen Fragen, die auf das ottomanische Handelsrecht von 1850 zurückgehen,[263] in Zukunft neue Verordnungen erfordern, die insbesondere jene Teilbereiche der Ökonomie betreffen, die von der *Scharīʿa* nicht berücksichtigt wurden. Diese Verordnungen stehen deshalb auch kaum im Widerspruch zur *Scharīʿa.* Als Beispiele hierfür können das Gesetz über ausländische Investitionen [264] und das Gesetz über die Errichtung von Handelsgesellschaften[265] angeführt werden. Ebenfalls wird die auf die Ausbeutung der immensen Erdölvorräte ausgerichtete Konzessionspolitik[266] in Einklang mit den islamischen Wirtschaftsvorstellungen gebracht. Damit wurde in Saudi-Arabien eine Politik verfolgt, die wie in anderen islamischen Ländern von liberal-modernistischen Entwicklungsvorstellungen geprägt war. Dennoch schwächen diese für die Wirtschaftsentwicklung des Landes wichtigen Verordnungen und Vereinbarungen nicht die tiefverwurzelte religiöse Basis des Landes.[267] In den einzelnen Teilbereichen jedoch, in denen der Islam ausdrücklich einige wirtschaftliche Tätigkeiten untersagt, beispielsweise Zinsen beim Gelddarlehen bzw. Konsumtivzinsen, *Ribā* genannt,[268] sind sie bei-

262 Zur Planung in Saudi Arabien vgl. näher *R. D. Crane:* Planning the Future of Saudi-Arabia. A Model for Achieving National Priorities, New York 1978.

263 Wie bereits erwähnt, war das Vorbild des Ottomanischen Handelsrechts das französische Handelsrechtsmodell. Zu bemerken ist dabei, daß die saudische Version des übernommenen Ottomanischen Handelsrechts alle Referenzen bezüglich des Zinses ausgelassen hat. Vgl. *R. S. Humphreys:* Islam and Political Values in Saudi Arabia, Egypt and Syria. In: The Middle East Journal, Jg. 33 (1979), S. 9.

264 Das Dekret vom 25. 2. 1954.

265 Das Dekret vom 20. 7. 1965.

266 Auch diese Konzessionen an ausländische Firmen sind auf der Basis der in den westlichen Ländern gültigen Vertragsrechtsnormen erteilt worden. Vgl. *Humphreys,* a. a. O., S. 9.

267 Vgl. Ebenda, S. 9.

268 Zum Begriff *Ribā,* zu seinen Umgehungsmöglichkeiten und zu seiner Auslegung vgl. den 1. Teil, S. 61 ff. dieser Arbeit und die dort angeführte Literatur.

spielsweise bewußt aus den bereits bestehenden Gesetzen und neuen Verordnungen ausgeklammert. Um den Banksektor nicht zu vernachlässigen, wurden »zinslose Banken« eingeführt, die nicht nur im nationalen Rahmen, sondern auch auf internationaler Ebene[269] eine besondere Rolle spielen. Aufgrund des Ölreichtums und damit der Bereitstellung der notwendigen Finanzierungsmittel durch den Staat können sie, ungeachtet der geringen Rentabilitätserwartungen, funktionsfähig erhalten werden. Die Durchsetzung der Ideologie erhält somit einen höheren Stellenwert als der wirtschaftliche Erfolg.

Die Unterstützung islamischer Banken auf internationaler Ebene kann aber nicht nur ausschließlich mit der Verbreitung der islamischen Wirtschaftsideologie begründet werden, sondern vielmehr auch damit, daß Saudi-Arabien als ein relativ bevölkerungsarmes, jedoch wegen der Erdöleinnahmen besonders reiches Land[270] eine relativ geringe Absorptionskapazität besitzt und insofern eher gezwungen ist, seine Überschüsse außerhalb des Landes anzulegen.[271] Dabei zeigt es sich, daß aufgrund der Verflechtung der Wirtschaft Saudi-Arabiens mit der westlichen Welt der Anteil des saudi-arabischen Anlagekapitals in den islamischen und arabischen Banken im Vergleich zu Anlagen im übrigen Ausland erheblich geringer ist. Obwohl einige andere arabische Staaten über genügend Absorptionskapazität verfügen (Ägypten, Syrien, Sudan), stellen sie – wie bereits an früherer Stelle erwähnt – Anforderungen an die Eigentumsrechte, die die Attraktivität der Anlage des Petro-Kapitals in diesen Ländern verringern. Insofern ist Saudi-Arabien auch zur Relativierung islamischer Normen gezwungen, mit der Folge, daß es in westlichen Industrieländern ge-

[269] An dieser Stelle kann auf die Einzelheiten der Geschäftspraxis islamischer Banken nicht eingegangen werden. Zu den Modellen zinsloser Banken sowie zu ihrer Entwicklung, Funktionsweise und Problematik vgl. *V. Nienhaus:* Islam und Moderne Wirtschaft, a. a. O., S. 216 ff.; *Nienhaus* und *Schmelzer,* a. a. O., S. 58 ff.; *T. Wohlers-Scharf, V. Nienhaus:* Arab and Islamic Banks, Petrocapital and Development. In: Orient, Nr. 2, Jg. 23 (1982), S. 243 ff. Ein umfassender Überblick über islamische Banken findet sich in: *Wohlers-Scharf:* Arab and Islamic Banks. New Business Partners For Developing Countries, Paris 1983.

[270] Die Erdöleinnahmen des Landes betrugen bei der zweiten Erdölpreisexplosion im Jahre 1980 etwa 120 Mrd. $, die allerdings durch die Einschränkung der Exportmenge einerseits und durch den Preisverfall des Erdöls auf dem Weltmarkt 1984 auf etwa 43,7 Mrd. $ zurückgingen.

[271] Es entsteht dabei insofern ein »Portfolio-Problem«, als der Erwerb von Finanzaktiva im Ausland im Widerspruch zur islamischen Lehre steht.

eignete Anlagemöglichkeiten zu finden sucht. Der Zwang zu solchen Anlageentscheidungen ergibt sich insbesondere daraus, daß Erdöl, als die Haupteinnahmequelle Saudi-Arabiens, eine erschöpfbare natürliche Ressource darstellt. Im Interesse zukünftiger Generationen ist es deshalb erforderlich, entweder die Förderung und den Export zeitlich zu strecken oder alternativ die durch den Export erworbenen Einnahmen in attraktive Finanzaktiva umzuwandeln, um aus deren Reinvestitionen zukünftige Ressourceneinnahmen zu gewährleisten. Inwieweit jedoch die Vereinbarkeit solcher Aktivitäten mit den islamischen Prinzipien gegeben ist, ist umstritten. Die Praktizierbarkeit wirtschaftsideologischer Auffassungen innerhalb Saudi-Arabiens und in der islamischen Welt einerseits sowie im übrigen Ausland andererseits werden aus der Sicht der islamischen Wirtschaftsauffassung in der Zukunft sicherlich viele Widersprüche und Konflikte heraufbeschwören, von denen die politische Entwicklung des Landes in Zukunft sicherlich nicht verschont bleiben wird. Eine Verschmelzung der ökonomischen Lehren des Islams mit der modernen, auf der optimalen Allokation der Ressourcen basierenden Grundeinstellung, die einzig in der Lage ist, ein Wachstumsoptimum zu schaffen, wird in Zukunft aus ökonomischen Gründen kaum zu vermeiden sein.

2. *Fundamentalismus im Iran*

Basis der fundamentalistischen Lehre im Iran ist – wie bereits erwähnt – die *Schiʿa*-Ideologie, vorwiegend die zwölferschiʿitische Lehre.[272] Nach dieser Lehre ist die politische Herrschaft bis zum Erscheinen des verborgenen 12. Imāms demjenigen vorbehalten, der sich zu dieser Lehre bekennt, wobei die Entscheidung über die Legitimität der

[272] Die »Zwölferschiʿa« betrachtet die *Imāmāt*-Reihe der zwölf *Imāme* als die einzig richtige Nachfolgeschaft für die religiös-politische Leitung der islamischen Gemeinde. Nachdem der 11. Imām 874 gestorben ist, lebt der »erwartete« 12. Imām *Mehdī* im Verborgenen. Er soll eines Tages als Erlöser erscheinen, um das Reich der Gerechtigkeit wieder aufzurichten. Zur Geschichtsauffassung und Glaubenslehre der »Zwölferschiʿa« vgl. *Ende:* Der schiitische Islam, a. a. O., S. 78 ff. Zur messianischen Vorstellung von einem verborgenen *Imām* und zur Frage nach der Legitimation einer Herrschaft in Abwesenheit eines *Imāms* vgl. besonders *Richard:* Der verborgene Imam, a. a. O.

Herrschaft bei den *schi'itischen 'Ulamā* liegt. Hier hat wiederum nicht jeder Gelehrte die Entscheidungsbefugnis, sondern die qualifiziertesten Rechtsgelehrten, die *Marja'e Taqlīd*.[273] Erweitert wurde dieser Grundsatz durch die Einführung des als »Stellvertreter« des 12. Imāms fungierenden, über die religiös-politische Herrschaft des Staates wachenden Rechtsgelehrten, dem »*Welāyat Faqīh*«. Diese Auffassung spielte bei der Ausarbeitung der konstituierenden Verfassung der Monarchie im Jahre 1905 ebenso eine Rolle wie bei der neuen Verfassung der Islamischen Republik Iran, in der die Aufgabe des »*Welāyat Faqīh*« *Chomeinī* zufällt.

Der *schi'itische* Klerus hat in der islamischen Politik immer eine bedeutende Rolle gespielt.[274] Dennoch gelang es den jeweiligen Schāhs immer wieder, entweder eine Ausbreitung der Agitation des Klerus zu verhindern oder die Geistlichkeit oder ihre bedeutenden Vertreter zumindest zeitweise für sich zu gewinnen. Die Aktivität der Geistlichkeit blieb in den religiösen Zentren aber dann nicht aus, wenn es darum ging, modernistisch-säkulare Vorstellungen und Reformprogramme, die die Interessen der Geistlichkeit fundamental berühren, durchzusetzen. Während jedoch der fundamentalistische Herrschaftsanspruch im Iran in Form einer Überwachung des Staates durch die Institution des *Welāyat Faqīh* in der *Pahlawī-Āra* verdrängt wurde,[275] konnte die Wiederbelebung dieser Idee des geistlichen Herrschaftsanspruchs mit dem Aufkommen des Widerstandes gegen die Despotie des Schāhs neuen Auftrieb erhalten. Schon vor der Machtergreifung durch *Āyatollāh Chomeinī* wurde deshalb durch die Vereinigung der nationalistisch-schi'itischen Kräfte mit dem traditionalistischen Klerus versucht,[276] die konstitutionelle Staatsform mit der Lehre des *Schi'ismus* zu verbinden. Die religiöse Diskussion, die durch die *schi'itischen 'Ulamā* im religiösen Zentrum von *Qom* und durch *M. Tāleqānī*[277] in Teheran belebt wurden, gingen im wesentlichen auf Konzep-

[273] Eine chronologische Auflistung der *Marja'e Taqlīd* vom 12. *Imām* bis *Chomeinī* findet sich bei *Fischer:* Iran, a. a. O., S. 252 f.

[274] Vgl. die Ausführung auf S. 119 ff. dieser Arbeit.

[275] Vgl. *Nagel,* a. a. O., S. 310.

[276] Als wichtigste Vertreter dieser Gruppen sind *Mehdī Bāsargān* und *Āyatollāh Mahmūd Tāleqānī* zu erwähnen.

[277] *Āyatollāh Tāleqānī* war der bedeutendste Vertreter des »liberal-progressiven« Klerus, dessen Vorstellungen von denen *Chomeinīs* in einigen religiösen und politischen Fragen abwichen. Eine kurze Zusammenfassung seiner Lehre findet sich bei *Keddie:* Roots of Revolution, a. a. O., S. 211 f.

tionen und Ordnungsvorstellungen von *Naīnī* und der traditionalistisch orientierten Gruppe des Klerus zurück. Sie fanden bereits in den fünfziger und sechziger Jahren statt. *Akhavī* (Achawī) faßt die diesbezüglichen Inhalte staatlicher, wirtschaftlicher und gesellschaftlicher Vorstellungen wie folgt zusammen:[278] 1. Schaffung einer selbständigen, finanziell unabhängigen Organisation für den Klerus; 2. Errichtung eines *»Schurāye Fetwā«*, das heißt eines dauerhaften aus den *Mudjtahid* zusammengesetzten Komitees zur Erstellung von *Fetwā*; 3. Schaffung einer *schī'itischen* Gesellschaft, in der nur die Delegierung der Autorität der *Imāme* unterliegt; 4. Verständnis des Islams als eine die gesamte Gesellschaft umfassende Lebensweise. Entsprechend sind Religion und die sozialen, ökonomischen und politischen Aspekte des Lebens untrennbar; 5. Die Notwendigkeit, die zentrale Bedeutung der *Fiqh* in den *Medressen* curricular durch Ethik *(Achlāq)*, Glaube *('Aqida)* und Philosophie *(Falsafa)* zu ersetzen; 6. Erarbeitung eines verantwortungsbewußten Führungskonzeptes für die Jugend; 7. Entwicklung des *Idjtihād* zu einem wirkungsvollen Instrument der islamischen Lehre, um deren Anpassung an die in der Gesellschaft vor sich gehenden Wandlungen zu gewährleisten; 8. Wiedereinführung des strikten Einhaltens der *koranischen* Ge- und Verbote (»Al-Amr bil Ma'rūf wa al-Nahj'an al-Munkar«); 9. Spezialisierung der *Mudjtahids* und die Ermöglichung des *Taqlīd* (Befolgung der Lehre des *Mudjtahid)*; 10. Entwicklung eines auf gegenseitiger Solidarität und Gemeinschaftlichkeit basierenden Geistes, um die verbreitete Individualität und das Mißtrauen gegenüber der iranischen Kultur zu beseitigen.

Diese Vorstellungen, die noch unter dem Einfluß des obersten *Mudjtahids Āyatollāh Brūdjardī* kaum politisiert worden waren, wurden nach seinem Tode 1961 in besonders radikaler Form von *Āyatollāh Chomeinī* übernommen, der infolge seines Widerstands gegen die Landreformprogramme des Schāhs ins Exil nach *Nadjaf* gehen mußte und von dort aus opponierte. In seinen Schriften *»Hokūmate Islāmī«* (Die islamische Regierung) und *»Welāyat Faqīh«* (Die Stellvertreterschaft des Rechtsgelehrten) vertrat er die extrem radikale Forderung der *schī'itischen* Ideologie, wonach eine direkte Kontrolle des islamischen Staates durch die *'Ulamā* ausgeübt werden soll, an deren Spitze

[278] Vgl. *Akhavi:* Religion and Politics, a. a. O., S. 119 f. Diese Vorstellungen werden in dem monatlichen Journal »Goftār-e Māh« diskutiert.

der Statthalter der *Imāme*, der *Welāyat Faqīh*, zu stehen hat. Der islamische Staat soll durch »göttliche Gesetze«, die im *Koran* und in der *Sunna* sowie in der *Imāmāt*lehre niedergelegt sind, regiert und die bestehende Gesellschaftsform, die durch Despotie, Kolonialismus, Verwestlichung etc. gekennzeichnet ist, in eine neue göttliche Ordnung umgewandelt werden.[279] An späterer Stelle wird zu zeigen sein, mit welchen Maßnahmen eine solche Ordnungskonzeption durchgesetzt werden sollte.

Dieser traditionalistischen Lehre des Fundamentalismus kann die »progressive« fundamentalistische Lehre gegenübergestellt werden, deren ideologischer Hauptvertreter *'Alī Scharī'atī* ist und bei der der Klerus (Ruhānīyūn) keine »Vermittlungsaufgabe« zwischen Gott und den Menschen hat. Der Klerus, als eine spätere Erscheinung im Islam, stellt nach *Scharī'atī* eine »demagogische« Abweichung von der »echten« Lehre des Islams dar. Die *Rūhanīyūn* (Klerus) konnten zwar wegen ihrer Spezialisierung in einer Gesellschaft, in der Analphabetismus vorherrschte, als eine Notwendigkeit für die Interpretationen der Lehre angesehen werden, haben jedoch nach dem Verständnis des Is-

[279] Diese Vorstellungen sind in *Chomeinīs* Schriften ausführlich dargelegt. *Chomeinī* hatte in seinen Schriften bereits vor der Gründung der Islamischen Republik Iran die Institution der *Welāyat Faqīh* propagiert. Vgl. *Āyatollāh Chomeinī:* Hokumate Islami Nedjaf (1971). Die deutsche Übersetzung trägt den Titel »Der islamische Staat« (Berlin 1983), um die Vorstellungen *Chomeinīs* deutlicher zu veranschaulichen. Sein Konzept, das eine Theokratisierung des Staates bedeutet, war innerhalb der iranischen *'Ulamā* umstritten. Die Gegner dieser Theokratisierung waren u. a. die bekannten *Mudjtahids* der *Mudjtahid-ol 'Usmā* (der oberste Mudjtahid) Āyatollāh *Kasem Schari'atmadārī* und vor allem der in Teheran populäre Āyatollāh *Mahmud Taleqāni* (gest. 1979). Sie vertraten in Anlehnung an die Tradition der »zwölferschi'itischen« Lehre die Ansicht, daß die *Mudjtahids* keine offentliche Rolle in der Politik spielen sollten. *Taleqānī* trat sogar für eine Trennung der Funktionen des *Faqihs* und des Staats- bzw. Regierungsoberhauptes ein, denn eine solche Einheit würde angesichts der unvermeidlichen Fehler in der Politik den Glauben des Volkes an die Funktionen des *Faqih* verringern. Vgl. hierzu *Kelidar:* a. a. O., S. 89; ferner *Keddie:* Iran, a. a. O., S. 537. Die Vorstellungen *Chomeinīs* über die *Welāyat Faqih* wurden in seinem danach erschienenen Werk in Nedjaf 1391 Q (1971) konkretisiert. Aus der Vielzahl der Literatur vgl. besonders *Akhavi:* Religion und Staat, a. a. O., S. 119 f.; *A. Kelidar:* Āyatollā Khomeini's Concept of Islamic Government. In: *Cudsi, Dessouki* (eds.): Islam and Power, a. a. O., S. 75 ff.; *N. R. Keddie:* Iran: Change in Islam, Islam and Change. In: International Journal of Middle East Studies, Bd. 11 (1980), S. 527 ff.; *Nagel,* a. a. O., S. 310 ff.; *G. Rose:* Velayat-e Faqih. In: *Keddie* (ed.): Religion and Politics, a. a. O., S. 166 ff.; *Tabari,* a. a. O., S. 66 ff.

lams keine »institutionell« verankerte Stellung.[280] Bezogen auf die sozioökonomische Ebene vertritt *Scharī'atī* den sogenannten »Abel-Kain-Gegensatz«[281] der Wirtschafts- und Gesellschaftsstruktur. Mit »Abel-Struktur« bezeichnet er die menschliche Tätigkeit, die zum eigenen individuellen Wohl ebenso wie zum Wohl der Gesellschaft führt, wobei die Produktionsverhältnisse sowohl in einer sozialistischen (Kollektiveigentum) als auch in einer »klassenlosen« Gesellschaft verwirklicht sein kann. Der Gegenpol, die »Kain-Struktur«, ist nach *Scharī'atī* gekennzeichnet durch Privateigentum, Monopol, Klassengesellschaft (Feudalismus, Bourgeoisie), Kapitalismus usw., deren Höhepunkt der Imperialismus ist.[282] Im Gegensatz zur Marxschen materialistischen Geschichtsbetrachtung lehnt er eine zwangsläufige Entwicklung von der Urgesellschaft bis zum höchsten Stadium des Imperialismus ab.[283] Er vertritt die Ansicht, daß im Laufe der Geschichte in der Gesellschaft die beiden Strukturen immer nebeneinander existiert haben. Die Lösung dieses Antagonismus sieht *Scharī'atī* im idealisierten Bild der Einheitlichkeit der *Umma*, in der seiner Ansicht nach die Begriffe Gesellschaft, Nation, Rasse, Volk, Stamm und Klan verschwunden sind. In der *Umma* sieht er eine »soziale Version« mit progressivem und dynamischem Geist.[284]
Die Wirtschaft betrachtet er als die »Infrastruktur der Umma« mit der Begründung »whoever has no worldly life has no spiritual life«, was sicherlich an die Marxsche Philosophie, daß das gesellschaftliche Sein das Bewußtsein bestimmt, angelehnt ist. Die soziale Philosophie der *Umma* basiert nach ihm »on equity and justice and ownership by

280 Vgl. *A. Scharī'atī:* Islamschināssī, Maschad 1968. Ins Englische übersetzt von *H. Algar:* On the Sociology of Islam, Berkeley 1979.

281 Schon diese Bezeichnung verrät eine wertbeladene Einstellung von *Scharī'atī*, die eindeutig politisch motiviert ist.

282 Interessant ist dabei, daß *Scharī'atī* die Marxschen Endstufen Sozialismus und Kommunismus nicht erwähnt. Vgl. *Scharī'atī*, a. a. O., S. 111 ff.

283 Ebenda. Zu seiner Kritik des europäischen Kapitalismus und Marxismus vgl. insbesondere seine von *R. Campbell* ins Englische übersetzte Arbeit, *A. Scharī'atī:* Marxism and other Western Fallacies, Berkeley 1980.

284 »The Umma is, therefore, a society in which a number of individuals, possessing a common faith and goal, come together in harmony with the intention of advancing and moving toward their common goal«. *Scharī'atī:* The Ideal Society – the Umma, zitiert nach der englischen Übersetzung von *H. Algar*, a. a. O., S. 119. Diese Definition der *Umma* ist nahezu identisch mit dem Begriff der »Gemeinschaft«, den *Scharī'atī* allerdings nicht benutzt.

the people, on the revival of the ›system of Abel‹, the society of human equality and thus also of brotherhood – the classless society«.[285] Die politische Philosophie der *Umma* besteht in der »Reinheit der Führung«,[286] die als eine »revolutionäre« Führung für den Fortbestand und das Wachstum der beschriebenen *Umma*-Ideologie sorgt. Diese Führung ist im *Imāmāt*-Dogma verwirklicht.[287]

Obwohl im iranischen Fundamentalismus auch innerhalb der Geistlichkeit beide Richtungen vertreten sind, so scheint das traditionelle Konzept in der heutigen Führung eindeutig zu dominieren. Der progressive Fundamentalismus findet demgegenüber bei den Vertretern des jüngeren Klerus Anhänger. Er verkörpert auch die Ideologie der revolutionär-islamistischen Gruppen, die bei der Revolution eine erhebliche Rolle spielten und heute noch vornehmlich in Kreisen der *Mudjāhidīn Chalq* verbreitet sind. Dennoch gibt es zwischen den beiden dogmatischen Richtungen Gemeinsamkeiten. Sie lassen sich einmal aus den übergeordneten gemeinsamen Zielen beider Richtungen herleiten, beispielsweise in der Frage der Unterstützung der ärmsten und sozial unterdrückten Schichten (Mustasʿafin). Zum anderen waren und sind zum Teil auch heute noch innerhalb der traditionalistischen Führung immer von Scharīʿatīs progressiven Ideen beeinflußte Berater und Experten tätig.[288] Hinzu kommt noch die verbindende Rolle eines Teils des Klerus, der zwar die »atheistische« Philosophie der marxistisch-orientierten Linken ablehnt, sie jedoch beim Kampf gegen Ausbeutung, Kolonialismus und Fremddominanz unterstützt.[289] Dieses ambivalente Verhältnis wird dadurch gefördert, daß

[285] Ebenda, S. 119.

[286] Sie steht im Gegensatz zum Demokratiebegriff. »The political philosophy and the form of regime of the *Umma* is not the democracy of heads, not irresponsible and direction less liberalism which is a plaything of contesting social forces, not patriot aristocracy, not anti-popular dictatorship, not a self-imposing oligarchy. It consists rather of ›purity of leadership‹.« *Ebenda*, S. 119.

[287] Ebenda, S. 120. Zu näheren Einzelheiten der Lehre *Scharīʿatīs* und ihrem ideologischen Hintergrund vgl. neben den zitierten Quellen insbesondere *Sh. Akhavi:* Scharīʿatīs Social Thought. In: *Keddie* (ed.): Religion and Politics, a. a. O., S. 125 ff.; *M. Bayat:* The Case of Ali Schariati. In: *S. Haim, E. Kedourie* (eds.): Iran: Toward Modernity, London 1979.

[288] So beispielsweise *Banī Sadr*, der erste Präsident der islamischen Republik Iran, deren erster Ministerpräsident *Mehdī Bāsargān*, der frühere iranische Außenminister *Ibrāhīm Yasdī* usw.

[289] Der bekannteste Vertreter dieser Richtung, die besonders in Teheran über eine große Anhängerschaft verfügte, war *Āyatollāh Tāleqānī.*

sowohl die traditionalistischen als auch die progressiven Fundamentalisten sogar mit kommunistischen und anarchistischen Gruppen der *Tudeh,* der *Mudjāhidīn* und der *Fedā'iyīn* insofern Gemeinsamkeiten besitzen, als sie ebenfalls antiwestlich sowie antikonstitutionell-monarchistisch eingestellt sind und eine egalitäre Form der Wirtschaftsgesellschaft anstreben.[290] In der Frage anzuwendender Mittel zur Erreichung dieser Ziele bleiben sie allerdings nach wie vor gespalten.[291] Im Programm der ersten Revolutionsregierung fiel diese Gemeinsamkeit auf wirtschaftlicher Ebene insofern eindeutig aus.[292] Die Orientierung der Produktion an der Grundbedürfnisstrategie, den dissoziativen Entwicklungsvorstellungen, und damit verbunden die Verstaatlichungen einzelner Schlüsselsektoren (Industrie, Banken, Außenhandel), die verstärkte Staatskontrolle auch in anderen Teilbereichen (Dienstleistungssektor), die Betonung des Rechts der Arbeiter auf zunehmende Teilhabe an der von ihnen erbrachten Leistung sowie eine antikapitalistische und antiwestliche Haltung waren solche Gemeinsamkeiten zwischen den traditionalistischen und progressiven Fundamentalisten einerseits und den drei extrem linken Gruppen der *Tudeh,* der *Mudjāhidīn* und *Fedā'iyīn* andererseits. Diese Gemeinsamkeit ergab sich aus dem Hauptziel aller genannten Gruppierungen, eine Revolution im Iran zu ermöglichen. Dennoch ist es unverkennbar, daß sowohl im ersten Regierungsprogramm als auch bei der Ausarbeitung der Verfassung vom März 1979 die traditionalistische Richtung die Überhand gewann.

290 Zu bemerken ist dabei, daß historisch betrachtet der *schi'itische* Klerus sich nicht nur gegen Reformen der Monarchie richtete, sondern fast immer auch gegen linke Gruppen *(Fedā'iyīn, Tudeh)* stellte, wie dies die Entwicklung im Laufe des 19. und 20. Jahrhunderts historisch zeigte. *Tabari* stellt deshalb fest, daß der Widerstand des Klerus nicht auf seiner Absicht beruhte, ein sozial mehr progressives oder politisch mehr tolerantes Regime aufzubauen, sondern auf seiner unversöhnlichen Opposition gegenüber Änderungen, die die traditionelle Macht und Vorrechte des Klerus abzubauen versuchten. Die Einstellung des Klerus gegen eine sozialistische Regierung würde nach *Tabari* mehr antagonistisch und gewaltsam sein als gegen das verhaßte Pahlavi-Regime. Vgl. *Tabari,* a. a. O., S. 72. Die später harte Bekämpfung des linken Widerstandes scheint diese These zu bestätigen.

291 Vgl. *Kedourie:* Islamic Revolution, a. a. O., S. 4 f.

292 Die Gruppe um den inzwischen entmachteten *Banī Sadr,* der als Apologet einer islamischen Philosophie in ihrer Verschmelzung mit einer autozentrischen binnenwirtschaftlichen Entwicklungsideologie besondere Popularität erlangte, war hierbei maßgebend beteiligt. Die Vorstellungen von *Banī Sadr* sind in seinen Arbeiten, insbesondere in »Iqtesāde Tauhīdī«, verbreitet. Vgl. ferner *Khalid:* Reislamisierung, a. a. O., S. 192.

In der Verfassung der Islamischen Republik Iran vom März 1979 konnten zwar die grundlegenden Bestimmungen, wonach alle Bereiche der islamischen Lebensform sich nach den islamischen Kriterien richten müssen, noch eine gemeinsame Basis für die genannten Gruppen (mit Ausnahme der *Tudeh)* bilden. Die Schaffung eines theokratischen Staates nach den Vorstellungen *Chomeinīs*, die vor allem durch Führung der militanttraditionalistischen Gruppe der *Islamischen Republikanischen Partei* (IRP) unter Āyatollāh *Mohammed Beheschtī* durchgesetzt werden, mußte jedoch den Konflikt zwischen dieser Gruppe und den anderen revolutionär-militanten Gruppen programmieren. Vor allem die Bestimmungen eines aus dem Klerus zusammengesetzten Überwachungsrates (Art. 4–5, Art. 91–99), dem die Kontrolle der Gesetzgebung hinsichtlich ihrer Konformität mit der islamischen Lehre und der Verfassung unterliegt, und insbesondere das Konzept des »Welāyat Faqīh«, das dem Führer *Chomeinī* (Art. 1) die Kontrolle über die Legislative, die Exekutive und die Rechtsprechung verleiht und ihm darüber hinaus die Funktion des Oberbefehlshabers der Armee überträgt, kann das eindeutige Primat einer schi'itisch-theokratischen Staatsauffassung vor anderen säkularen Vorstellungen dokumentieren. Der Funktionsträger verfügt somit »sowohl über die klassischen Prärogative des Kalifen als auch über die Charakteristika eines Monarchen in einer herkömmlichen islamischen Monarchie«.[293] Eine solche Machtballung wurde zwar anfänglich von den säkular gerichteten Gruppen geduldet, schließlich jedoch heftig bekämpft.
Die Errichtung eines Islamischen Staates wurde unter dem Einfluß des militanten Flügels der *IRP* rasch durchgesetzt. Modernistische Vorstellungen über die Staatsführung, besonders in der Frage der Wirtschaftslenkung und der unabhängigen Gerichtsbarkeit, wurden

[293] *Steinbach:* Iran, a. a. O., S. 233.

bekämpft[294] und durch die *Pāsdārān* (Religionswächter) gewaltsam unterdrückt. Noch stärker erfaßte die Reislamisierungspolitik den gesellschaftlichen Bereich. Die das Familienrecht[295] betreffenden Reformgesetze der *Pahlawī*-Ära wurden als »antiislamisch« aufgehoben und per Verordnung der konservativ-schi'itischen Vorstellung angepaßt.[296] Im Erziehungssektor wurde eine umfassende Umschulung der Lehrer aus der Zeit des Schāhs (Bildungskorps) durch Aktivisten der Revolution vorgenommen.[297]

Trotz der bereits durchgeführten Maßnahmen und der noch zunehmenden Bestrebungen der Reislamisierung des Staates und der Gesellschaft bleibt die Frage offen, ob die Wirtschaft nach den Vorstellungen der Islamischen Revolution *Chomeinīs* voll erfaßt werden kann. Weder die Schriften *Chomeinīs* noch *Scharī'atīs* liefern hierfür konkrete Ansatzpunkte. Während jedoch der progressiv-revolutionäre Fundamentalismus *Scharī'atīs* immerhin noch eine Wirtschaftsordnungsvorstellung marxistischer Art zuläßt, gehen die diesbezüglichen Aussagen *Chomeinīs* über die orthodoxe islamische Wirtschaftslehre nicht hinaus. Weder ist es möglich gewesen, beispielsweise die grundsätzliche Frage der Eigentumsrechte einheitlich zu interpretieren und die Beziehungen zwischen dem individuellen und dem gemeinschaftlichen Eigentum genau abzugrenzen, noch war es möglich, Ansätze dafür zu finden, wie in einer modernen industriellen Organisation

[294] Modernistische Vorstellungen wurden vor allem durch den intellektuellen Ministerpräsidenten *Mehdī Bāsargān* und den ersten linksliberal-islamisch orientierten Präsidenten der Republik, *Banī Sadr*, vertreten, der immerhin bei seiner Wahl etwa 75% der Wählerstimmen erhielt. *Bāsargān*, dessen liberal-islamischen und nationalistischen Vorstellungen vorwiegend von Intellektuellen, Beamten und dem Mittelstand getragen wurden, trat angesichts der zunehmenden Macht der Revolutionskommitees und der Revolutionsgerichte zurück, die außerhalb der Regierung, teils aber auch bewußt gegen sie agierten und eine willkürliche Herrschaft begründeten. Er fand keine Unterstützung durch *Chomeinī*, um seine Regierungspolitik durchzusetzen. *Banī Sadr* wurde später, im Juni 1981, abgesetzt. In seinem Exil in Paris leitet er zusammen mit dem Führer der *Mudjāhidīn Chalq, M. Radjawī*, den Widerstand.

[295] Vgl. S. 152 dieser Arbeit.

[296] Sie bedeutete eine erhebliche Verschlechterung der sozialen Stellung der Frauen. Die Reislamisierung brachte nicht nur den Zwang zum Tragen »islamischer Kleidung« für berufstätige Frauen, sie wurden auch aus den Berufszweigen verdrängt, für die sie auch in der islamischen Gesellschaft besonders geeignet sind.

[297] Nach einem Bericht der Neuen Zürcher Zeitung sollen nach Angaben des Erziehungsministers *S. Akbar Parwaresch* etwa 25 000 sogenannte »Führer« mit religiösrevolutionärer Vergangenheit etwa 100 000 Lehrer aus der Schahzeit in den Dörfern umgeschult haben. Vgl. *Neue Zürcher Zeitung* vom 23. Februar 1984, S. 5.

der Arbeitswert nach dem islamischen Grundsatz einer »gerechten Entlohnung« zu ermitteln ist. Auch die Kompatibilität des islamischen Steuer- und Finanzsystems mit den Erfordernissen einer modernen Wirtschaft beschränkt sich auf eine rein religiös-akademische Interpretation, ohne besondere Relevanz für die Funktionsfähigkeit eines bestimmten Wirtschaftssystems.[298] Das islamische Steuergesetz wird von *Chomeinī* zwar als »gerecht« empfunden, weil beispielsweise der *Choms,* definiert als 1/20 von »allen Einnahmequellen« (Landwirtschaft, Handel, Ressourcen unter und über der Erde),[299] von allen Moslems »gleichmäßig« an den Staat zu entrichten ist. Diese Gleichmäßigkeit berücksichtigt jedoch nicht das Leistungsfähigkeitsprinzip, die soziale Umverteilung der Steuerlast entsprechend unterschiedlicher Einkommensklassen, das aus ökonomischen und sozialen Gründen eine Steuerprogression beinhaltet.[300] Das gleiche kann auch bezüglich der *'Ushr-* und *Charadj-*Abgaben angeführt werden.[301]

Die Orientierung an den fundamentalistischen Normen kann auch als ein Grund dafür angesehen werden, daß ein Bodenreformprogramm, das auch innerhalb des progressiven Flügels Anhänger hat, nicht verwirklicht werden konnte. So sind nach *Chomeinīs* Vorstellungen nicht die Herrscher, nicht einmal die Kalifen befugt mit dem Eigentum und Vermögen der Menschen willkürlich umzugehen, da hierfür die Bedingungen im *Koran* und in der *Sunna,* die als göttliches Gesetz gel-

298 In den einzelnen Schriften der Fundamentalisten wurden diese Fragen in sehr vager Form aufgeworfen. Einige Fundamentalisten liefern dafür eigene, fast ausschließlich religiös-ethische Erklärungen, wie z. B. *Bāqer-Sadr* und *Āyatollāh Taleqānī.* Andere versuchen hingegen, Einzelaspekte der islamischen Wirtschaftslehre aufzugreifen und ihre Funktionsweise darzustellen. Zu der ersten Gruppe vgl. *M. Bāqer-Sadr:* Iqtisāde mā (Unsere Wirtschaft) 1381Q (1961), persische Übersetzung, Teheran 1381Q (1961); *Āyatollāh S. Mohammed Taleqānī:* Islām wa Malikīyat (Islam und Eigentum), Teheran 1344Q (1965/66). Zu der zweiten Gruppe vgl. *S. Sādegh Schīrāsī:* Rāh be Sūje Bānk Islāmī (Der Weg zur Islamischen Bank), Teheran 1393Q (1974/75).

299 *Chomeinī:* Der islamische Staat, a. a. O.

300 Zu den finanzwirtschaftlichen Grundsätzen vgl. die auf S. 52 ff. dieser Arbeit angeführte Literatur.

301 Bei *Zakāt, Djisya* und *Saddaqa* treten vornehmlich gesellschaftspolitische und religiös motivierte Postulate in den Vordergrund. Sowohl die Entrichtung als auch die Verwendung dieser Abgaben wird nach *Chomeinī* gemäß den Bestimmungen der *schī'itischen* Lehre postuliert. Vgl. *Chomeinī:* Der islamische Staat, a. a. O., S. 38 f.

ten, festgeschrieben sind und denen sich die gläubigen Menschen unterwerfen müssen.[302]
Die anfängliche Idee der Revolutionsregierung, auch die Eigentumsrechte auf Grund und Boden an die Bauern zu übertragen, die den Boden bearbeiten, verliert somit allmählich an Glaubwürdigkeit.
Bezeichnenderweise wird in der Verfassung der Islamischen Republik im Hinblick auf die Wirtschaft die grundsätzliche Formulierung aufgenommen, daß die ökonomischen Aktivitäten den »islamischen Prinzipien« unterliegen müssen, daß im Islam ferner die Wirtschaft als Mittel für das Ziel betrachtet wird, »die Menschen Gott näherzubringen«, und daß das Wirtschaftsprogramm der islamischen Regierung den Boden für die verschiedenen kreativen Kräfte vorbereiten und deshalb die Grundlagen für gleiche Erziehungs- und Beschäftigungschancen schaffen müsse.[303] Diese Prinzipien sind im Teil 4 der Verfassung etwas näher beschrieben (Art. 44–47), in dem die wirtschaftspolitischen Fragen ebenso erfaßt sind wie die ins Detail gehenden Einzelbestimmungen der Wirtschafts- und Finanzpolitik. In Art. 44 wird etwa die Existenz eines »staatlichen«, »privaten« und »genossenschaftlichen« Sektors erwähnt. Der staatliche Sektor erfaßt danach alle natürlichen Ressourcen, Großindustrien und ihre Dachorganisationen, den Bergbau, größere Versicherungsunternehmen sowie das Verkehrswesen und das Telekommunikationssystem. Der private Sektor umfaßt den Teil der Landwirtschaft, der Klein- und Mittelindustrien, des Handels und der Dienstleistungen, der die wirtschaftliche Aktivität des staatlichen Sektors ergänzt. Der genossenschaftliche Sektor hingegen wird nicht näher beschrieben.[304] Art. 47 unterstreicht die volle Respektierung des »legitim erworbenen« Privateigentums. Die individuellen Rechte an diesem Eigentum auf das erworbene Leistungsergebnis werden in Art. 46 besonders deutlich hervorgehoben.

[302] Diese Gedankengänge werden in seinem Buch »Velayat-e Faqīh«, Nedjaf 1971, ausführlich besprochen. Die umfassenden Verstaatlichungen müssen dann entgegen dieser Vorstellung anders erklärt und begründet werden. Zu den Gedankengängen *Chomeinīs* vgl. besonders *G. Rose:* Velayat-e Faqīh. In: *Keddie* (ed.): Religion and Politics, a. a. O., S. 61 ff.

[303] Vgl. den in englische Sprache übersetzten Text der Verfassung, erschienen als »Constitution of the Islamic Republic of Iran«. In: Teheran Times vom 18. November bis 3. Dezember 1979.

[304] In Art. 44 wird unterstrichen, daß das Eigentum in den genannten privaten und genossenschaftlichen Sektoren nach wie vor den staatlichen Schutz genießt, wenn nicht gegen die »islamischen Gesetze« verstoßen wird.

Die Erhebung von Steuern wird in Art. 51 erwähnt, ohne jedoch den auf islamischer Lehre basierenden besonderen Charakter der diesem Artikel zugrunde liegenden Gesetze explizit zu betonen. In Art. 50 ist auch der Umweltschutz als gemeinschaftliche Aufgabe aller Bürger in die Verfassung aufgenommen worden. Wirtschaftliche Aktivitäten, die der Umwelt irreparable Schäden zufügen, sind strikt untersagt. In der Verfassung werden in Art. 43 aber auch einige generelle und spezielle wirtschaftspolitische Ziele erwähnt, wie die Befriedigung der Grundbedürfnisse, die Schaffung von Beschäftigungsmöglichkeiten für jedermann, die Gewährung zinsloser Darlehen, die Freiheit der Berufs- und Beschäftigungswahl, die Verminderung der Verschwendung ökonomischer Ressourcen, die Vermeidung jeglicher dominanter Einflußnahme, die Förderung von Industrie und Landwirtschaft, Monopol- und Spekulationsverbote sowie das Erreichen eines Selbstversorgungsniveaus.

Aus dieser Aufzählung wirtschaftspolitischer Vorstellungen und ihrer verfassungsmäßigen Verankerung ist einmal zu erkennen, inwieweit die Islamische Republik bestrebt ist, eine gemischte Wirtschaftsordnung zu verwirklichen, in der auch Elemente der islamischen Wirtschaftsauffassung berücksichtigt sind. Hieraus läßt sich der diskretionär-interventionistische Charakter der Wirtschaftspolitik ableiten, der bei unklarer Trennung des staatlichen vom privaten Sektor die staatliche Option sowohl für generelle als auch für punktuelle Eingriffe offen läßt. Aufgrund möglicher Unterschiede im Entwicklungstempo beider Sektoren, können zukünftige Konflikte zwischen ihnen nicht ausgeschlossen werden. Obwohl die Trennung zwischen den wirtschaftspolitischen Zielen und den zur Erreichung dieser Ziele notwendigen Mittel nicht eindeutig gegeben ist, lassen sich dennoch die Konturen eines wirtschaftspolitischen Programms erkennen, um dessen Verwirklichung sich sowohl die jetzige Revolutionsregierung als auch die künftigen auf der Basis dieser Verfassung arbeitenden Regierungen bemühen werden.

Obwohl die *schi'itische* Staatslehre und die wirtschaftspolitischen Vorstellungen *Chomeinīs* sowohl in der Verfassung als auch größtenteils im Regierungsprogramm der Islamischen Republikanischen Partei deutlich spürbar sind, läßt die Entwicklung der iranischen Wirtschaft seit der Revolution darauf schließen, daß sie sich lediglich in einer »Übergangsphase« befindet. In dieser Phase wurde versucht, die säkularistische Politik rückgängig zu machen und durch schiitisch-islamische sowie revolutionäre Maßnahmen die Wirtschaft und Gesellschaft umzuformen.[305] Der Widerstand säkularistisch-modernistischer sowie linksgerichteter Kräfte ist aber angesichts der zunehmenden Stagnation der Wirtschaft und der Rückkehr des Irans zu einer archaischen Praxis im Bereich der Politik und der Wirtschaftsführung sowie in der Gesellschaft stärker geworden. Darüber hinaus soll nicht unberücksichtigt bleiben, daß die Menschenrechte historisch gesehen insbesondere in der *Pahlawī*-Ära mit großen Opfern erkauft worden waren. Die willkürliche Gerichtsbarkeit der Revolutionsgerichte, die die Menschenrechte weiterhin erheblich verletzt, verstärkt den Widerstand der Bevölkerung. Dieser Widerstand wird zukünftig durch modernistische Gruppierungen geprägt sein.

Die Abnahme des Wirtschaftswachstums seit der Revolution, gekoppelt mit zunehmender Arbeitslosigkeit, steht im Gegensatz zu den beeindruckenden Wachstumsraten, die vom Ende der sechziger Jahre bis zum Ende der siebziger Jahre bestanden und den Iran von einem traditionellen Agrar- und Monokulturland zu einem »Schwellenland« werden ließen.Die seit langem anhaltende Krise als Ergebnis einer fundamentalistisch orientierten, das Wirtschaftswachstum hemmenden Wirtschaftspolitik wird unweigerlich den Druck zu einer Neuorientierung der Wirtschaftspolitik verstärken, zumal der Iran als ein bevölkerungsreiches Land kaum in der Lage ist, über eine wohlfahrtsstaatlich orientierte Verteilungspolitik die rasch wachsende Bevölkerung zu versorgen.

Eine Abkoppelung des Irans von der Weltwirtschaft ist darüber hin-

[305] Diese Transformation erfolgte bereits kurz nach der Verabschiedung der Verfassung. Die Verstaatlichung erfaßte dabei alle Banken (per Dekret vom Juni 1979), in denen Zinszahlungen auf Einlagen abgeschafft und nach dem *Mudāraba*prinzip die Gewinnbeteiligung aus den Bankgeschäften eingeführt wurde. Ebenfalls wurden Schlüsselindustrien verstaatlicht. Nach dem Verfassungsgebot wurden ferner staatliche Handelszentren für den Import und die Verteilung von Gütern errichtet. Die erfolgten Maßnahmen gerade auf diesem Sektor waren aber von Spannungen zwischen dem Klerus und der mit ihm verbundenen *Bāsāris* (Kaufleute) einerseits sowie der links-revolutionär gerichteten Regierung andererseits begleitet. Die damit verbundenen Verteilungsengpässe wurden größtenteils durch die Geschäfte auf dem Schwarzen Markt gemildert. Das Landreformprogramm konnte jedoch trotz des Verfassungsgebots wegen des klerikalen Widerstands hinsichtlich der Eigentumsfrage auf Grund und Boden nicht verwirklicht werden. Zu der näheren praktischen wirtschaftspolitischen Ausgestaltung im Iran in den ersten beiden Jahren nach der Revolution vgl. besonders *D. Khalid:* Reislamisierung, a. a. O., S. 199 ff.

aus insbesondere deshalb nicht zu verwirklichen, weil der Iran wahrscheinlich auch auf lange Sicht gesehen eine Lücke bei der Versorgung der Bevölkerung mit Lebensmitteln und anderen Konsumgütern aufweisen wird und diese Lücke nur durch den Import von Gütern aus westlichen Ländern geschlossen werden kann. Hinzu kommt die Notwendigkeit des Wiederaufbaus des vom Krieg erschütterten Landes, der zusätzliche Investitionsgüterimporte erforderlich macht. Insofern ist der Iran weiterhin auf hohe Exporte, insbesondere von primären Energiegütern angewiesen.

Insgesamt ergibt sich daher, daß trotz der fundamentalistisch geprägten Grundvorstellung des Landes pragmatische Lösungen für die Ausgestaltung der Wirtschaftspolitik weiterhin an der Tagesordnung bleiben werden. Auf gesellschaftspolitischer Ebene ist ferner damit zu rechnen, daß es angesichts der sich bereits andeutenden antiklerikalen Neigungen der rationalistisch und säkular denkenden Elitegruppen bei zunehmender fundamentalistischer Erstarrung zu weiteren Überraschungen kommen wird. In welche Richtung eine solche Entwicklung gehen wird, ist gegenwärtig nur schwer zu beurteilen.

Vierter Teil

Ansätze zur Erklärung einer islamischen Wirtschaftsordnung

Die orthodoxe islamische Wirtschaftslehre weist in ihrer Ideologie und den damit verbundenen Wertnormen, die für das Verhalten des gläubigen Moslems Maßstäbe setzen, eine »doktrinäre« oder stark »ideologische« Ordnungskonzeption auf. Die erwünschte Wirtschafts- und Sozialordnung der *Umma* enthält zwar solche Normen, sie ist allerdings in der heutigen, sehr stark gegliederten arbeitsteiligen Wirtschaftsgesellschaft kaum realisierbar. Soweit sie in den ersten vierzig Jahren ihrer Gründung verwirklicht worden war,[1] galt sie nur für einen kleinen Mitgliederkreis der auf Kommerz- und Kriegswirtschaft basierenden Gesellschaft, welcher angesichts der Überschaubarkeit und Kontrollierbarkeit ein ordnungskonformes Verhalten an den Tag legte.

[1] Gemeint ist die Zeit nach der *Hidjra* (622 n. Chr.) bis zur Ermordung des vierten Kalifen 661 n. Chr.

I. Das Fehlen einer Theorie der Wirtschaftsordnung im Islam

In den islamischen Staaten hat es bislang keine umfassende Ordnungstheorie gegeben, welche die Grundlage für die Wirtschaftsordnungspolitik islamischer Staaten hätte bilden können. Einerseits hängt dies mit einer extrem individualistischen Geisteshaltung der orientalischen Völker zusammen, andererseits aber auch mit den engen Schranken, die die Religion dem Wirtschaftsdenken im Islam setzt und deren Durchbrechung als ketzerisch empfunden wird.
Bis in die sechziger Jahre hinein fehlte es an theoretischen Überlegungen, die die historisch und real existierenden Ordnungen in der Welt des Islams, welcher Art diese auch immer waren, aus ökonomischer Sicht zu erklären und zu begründen in der Lage waren.
Da der Islam das wirtschaftliche, politische und soziale Leben der Moslems durch von ethischen Normen geprägte Grundsätze und Vorschriften tiefgreifend determiniert und somit ihre Lebensführung und Verhaltensweisen entscheidend beeinflußt, ist es erforderlich, die Bestimmungsfaktoren dieses spezifischen Wirtschafts- und Gesellschaftsverhaltens im Lichte einer ordnungstheoretischen Darlegung zu überprüfen.

Die bisherigen Bemühungen, einen wissenschaftlich tragbaren Ansatz für eine islamische Wirtschaftsordnung zu finden, sind sehr dürftig. Während sich die ältere mit dem Islam befaßte Literatur zu Fragen der Wirtschaftsordnung gar nicht oder nur am Rande äußert und sich die ordnungspolitischen Diskussionen häufig darauf beschränken, die Unzulänglichkeiten historischer oder existierender westlicher oder auf westlichen Ordnungsvorstellungen basierender Systeme insofern zu kritisieren, als sie mit der islamischen Wirtschafts- und Sozialordnung unvereinbar erscheinen, wird mittlerweile in einer Vielzahl von neueren Publikationen eine »islamic economic and social order« propagiert.[2] Allerdings wird dort nicht versucht, eine sachlich tragbare Konzeption einer spezifisch islamischen Wirtschaftsordnung aufzuzeigen. Vielmehr wird lediglich auf die auf altruistischer und sozialer Gerechtigkeit und Solidarität fußende Einstellung der islamischen Lehre abgestellt. Dabei wird verkannt, daß das altruistische Handeln »allenfalls in Ausnahmesituationen möglich, nicht aber die durchgängige Haltung im wirtschaftlichen Alltag«[3] ist und daß die diesbezüglichen Experimente auch der späteren Zeit gänzlich gescheitert sind.[4] Dennoch werden in den Publikationen islamischer Autoren diese Grundsätze bewußt dem »individualistisch«-gewinnorientierten Verhalten der Wirtschaftssubjekte in den marktwirtschaftlich orientierten Ländern des Westens gegenübergestellt. Was diesem von *Nienhaus* mit Recht als »utopisch« bezeichneten Ansatz zur Erklärung einer islamischen Wirtschaftsordnung fehlt, ist vor allem eine Theorie über eine altruistische Wirtschaft und Gesellschaft, »die die zentralen Fragen an jede Wirtschaftsordnung nach Allokation, Effizienz, Distribution, Expansion und Systemstabilität angemessen, das heißt auf der

[2] So z. B. in den folgenden Beiträgen, die 1979 vom *Islamic Council of Europe*, London, unter dem Titel »The Muslim World and the Future Economic Order« herausgegeben worden sind: *K. Ahmad:* Islam and the New World Order, S. 138 ff., *J. S. Djermakoye:* The Search for New Economic Order, S. 13 ff., *A. Gauhar:* The Islamic Concept of World Economic Order, S. 44 ff. und *A. M. Hegazy:* The Promotion of an Equitable World Order – The Muslim Role and Contribution, S. 123 ff. Vgl. ferner die Beiträge des vom *International Institute for Labour Studies* 1980 veranstalteten Symposions in Genf über »Islam and a new international economic order. The social dimension«, Geneva 1980.

[3] *Chr. Watrin:* Wirtschaftsordnungen und Christliche Soziallehre. In: Wirtschaftspolitische Chronik, 31. Jg., Heft 1 (1982), S. 69.

[4] Sie sind gescheitert, weil »die Unvollkommenheit des Menschen und seine Nichtvollendbarkeit in diesem Leben in den offenen Zwiespalt zwischen idealistischem Anspruch und nüchterner Alltäglichkeit führt. Den hochfliegenden Erwartungen, vor allem an das uneigennützige Handeln der anderen, steht die Realität des egoistischen Verhaltens in der Praxis gegenüber«. Ebenda, S. 69. Trotz der Propagierung des altruistischen Prinzips ist die angesprochene Kluft in keinem islamischen Land – am wenigsten in den von fundamentalistischen islamischen Grundsätzen geprägten Ländern – überbrückt worden.

Basis normgerechten altruistischen Verhaltens der einzelnen, behandeln würde«.[5]
In der islamischen Lehre werden darüber hinaus nicht einmal die ordnungspolitisch relevanten Kriterien erarbeitet, geschweige denn die Ordnungen selbst, die für die Wirtschaftsverfassungen islamischer Länder die Grundlage bilden könnten.
In den einberufenen islamischen Konferenzen, in denen seit der Forderung der Entwicklungsländer nach der Schaffung einer »Neuen Weltwirtschaftsordnung« die Fragen der islamischen Wirtschaft und Wirtschaftsordnung immer wieder angesprochen werden, werden in diesem Zusammenhang einzelne, mit islamischen Werten konform gehende, jedoch »nichtoperationalisierbare«,[6] der »Staats- und Gesellschaftspolitik« übergeordnete Ziele wie Gleichheit, Freiheit, Solidarität, Gerechtigkeit usw. genannt.[7] Diese Forderungen beinhalten aber lediglich generelle Vorstellungen der Repräsentanten islamischer Staaten, die ausschließlich von politischen Absichten und Pragmatismus gekennzeichnet sind. Betrachtet man etwa die UNCTAD-Vorschläge zur Schaffung einer Neuen Weltwirtschaftsordnung, insbesondere die Forderungen nach einem Ressourcentransfer, so wird dies als ein im Islam verankertes Prinzip der Gerechtigkeit, Solidarität und sozialen Wohlfahrt interpretiert. Aus der Sicht islamischer

[5] *V. Nienhans:* Die »islamische Wirtschaftslehre« – Politik zwischen Pragmatismus und Utopie. In: Orient, 22. Jg., Nr. 1 (1981), S. 64. In einer neuen Studie faßt er die ordnungspolitischen Konzeptionen des Islams in zwei Hauptansätzen zusammen: In einen *retrospektiven* Ansatz, der »den Modellstaat von Medina zum Ausgang und Bezugspunkt aller Überlegungen« macht, »der mit Hilfe moderner wissenschaftlicher Methoden ›modernisiert‹ und unter heutigen Bedingungen ›wiederbelebt‹ werden soll«, und in einen *deduktiven* Ansatz, der sich dagegen »an wirtschafts- und gesellschaftspolitischen Grundwerten und Oberzielen« orientiert, »aus denen dann Ordnungsentwürfe abgeleitet werden, bei denen z. T. moderne Wohlfahrtsstaatsmodelle Pate gestanden haben dürften«. *V. Nienhaus:* Islam und Moderne Wirtschaft. Positionen, Probleme und Perspektiven, Graz u. a. 1982, S. 116. Zur näheren Erläuterung vgl. ebenda, S. 117 ff. und 123 ff.

[6] Vgl. *E. Tuchtfeldt:* Bausteine zur Theorie der Wirtschaftspolitik, Bern und Stuttgart 1983, S. 189 (im folgenden zitiert als *Tuchtfeldt:* Bausteine).

[7] Vgl. das Schlußdokument des Symposiums der *International Labour Organization* (ILO): Islam and a New International Economic Order, a. a. O., S. 146 ff. Vgl. hierzu ferner die Deklarationen der islamischen Gipfelkonferenzen von 1969, 1974, 1975 sowie das Communique von 1979, abgedruckt in: *Islamic Council of Europe* (Hrsg.): The Muslim, a. a. O.

Staaten erhält diese Forderung dann nicht nur ein ökonomisch notwendiges, sondern auch ethisch verpflichtendes Gewicht.[8]

In diesem Zusammenhang ist zu erwähnen, daß diese schlagwortartige Forderung nach der Verwirklichung von Gerechtigkeit und Solidarität durch Umverteilung der Ressourcen nicht speziell den Charakter einer bestimmten Wirtschaftsordnung ausmacht, weil im Grunde jede Wirtschaftsordnung die Verwirklichung dieser Ziele aufgrund ihrer ethischen Verpflichtung als wesenstypisch für sich beansprucht.

Es kann zusammenfassend festgestellt werden, daß von den damit befaßten islamischen Autoren bislang kein analytischer Beitrag zur Erklärung einer speziellen Wirtschaftsordnung islamischer Prägung geliefert worden ist. Vielmehr hat es lediglich Beschreibungen der in den islamischen Ländern existierenden »spontanen Ordnungen«[9] gegeben, in denen die Wirtschaftssubjekte versuchten, entsprechend den vom Staat, von Religion und Sitte sowie vom Gewohnheitsrecht gesetzten Verhaltensregeln zu handeln. Dadurch sind diese Ordnungen ebenso wie andere Wirtschaftsordnungen sowohl von »gewachsenen« Ordnungskomponenten (Ethik, Tradition, Sitte, Standesregeln, Gewohnheitsrecht usw.) als auch von »gesetzten« Ordnungselementen (rechtliche Bestimmungen, Gesetze, Verordnungen usw.) geprägt.[10]

Diese historisch gewachsenen und realen Wirtschaftsordnungen der islamischen Welt unterscheiden sich im großen und ganzen von anderen historischen Wirtschaftsordnungen insofern, als sich speziell die in der islamischen Lehre enthaltenen wirtschaftlichen und sozialen Wertnormen und Verhaltensvorschriften im einzelnen sowohl aus der islamischen Ethik als auch aus den gesetzlichen Normen, die von der islamischen Religion geprägt sind, ableiten lassen.

Die Autoren moslemischen Glaubens haben bislang keine Systematik einer islamischen Wirtschaftsordnung, von der sie häufig sprechen, entwickelt. Vielmehr läßt sich aus den Diskussionen, die von islami-

[8] Vgl. hierzu besonders *Hegazy:* The Promotion, a. a. O., S. 124; ferner *Gauhar:* The Islamic Concept, a. a. O., S. 45 ff. und *Ahmad:* Islam and the New World Order, a. a. O., S. 138 ff.

[9] Zum Begriff und Inhalt »spontaner Ordnungen« vgl. *F. A. von Hayek:* Arten der Ordnungen. In: ORDO, Bd. 14 (1963), S. 3 ff.

[10] Zur Unterscheidung von »gewachsenen« und »gesetzten« Wirtschaftsordnungen vgl. *W. Eucken:* Grundsätze der Wirtschaftspolitik, Tübingen 1952, S. 373 f.

schen Gelehrten und Politikern besonders seit dem Zweiten Weltkrieg geführt werden, erkennen, daß sich ihre Vorstellungen über die politische Ordnung auch auf die Gestaltung der Ordnung der Wirtschaft ausgewirkt haben. Abgesehen von den sogenannten »Reislamisierungstendenzen« der letzten Jahre waren ihre Vorstellungen geprägt von Ideologien, die weniger von islamischen Grundsätzen, vielmehr teils von nationalistischen Bewegungen, größtenteils jedoch von der »Sozialismus-Kapitalismus-Debatte« oder von »marxistisch-revolutionären« Inhalten beinflußt waren.

Für eine sachliche Diskussion über die Fragen der Wirtschaftsordnung sind jedoch die *politischen* Inhalte des »Kapitalismus«, des »Sozialismus« und sonstiger »Ismen« nicht tauglich.[11] Viel wichtiger ist es für die Frage der »Ordnungstauglichkeit« *(Tuchtfeldt)* der islamischen Wirtschaft und Gesellschaft, aus den Lehren des Islams einzelne Ordnungselemente herauszustellen und sie miteinander zu verbinden, um auf die heute so kontrovers diskutierte »Islamische Wirtschaftsordnung« beziehungsweise auf die Frage nach der Suche einer »islamischen Ordnungskonzeption« eine Antwort zu finden. Dabei kann von verschiedenen Ordnungselementen ausgegangen werden, wie etwa der Frage des Eigentums beziehungsweise der für die Steuerung und Koordination der Wirtschaftspläne relevanten Kriterien der Marktformen, oder der Frage nach dem Umfang und der Intensität der im Wirtschaftsprozeß stattfindenden staatlichen Eingriffe und Planungen.[12]

[11] Vgl. *E. Tuchtfeldt:* Wirtschaftssysteme. In: Handwörterbuch der Wirtschaftswissenschaft (HdWW), Stuttgart u. a. 1981, S. 341 (im folgenden zitiert als *Tuchtfeldt:* Wirtschaftsysteme).

[12] Die Ordnungstheorie ist in der deutschsprachigen Literatur sehr stark ausgeprägt. Schon um die Jahrhundertwende haben sich Autoren wie *F. von Wieser* (1889), später *A. Schäffle, A. Wagner* und *L. Mises* (1922) damit beschäftigt. Die ordnungstheoretische Diskussion ist nach dem Zweiten Weltkrieg bezogen auf die Bundesrepublik Deutschland von namhaften Autoren fortgesetzt worden, vor allem von *F. Böhm, F. A. von Hayek, W. Eucken, W. Röpke, A. Müller-Armack* und anderen. Zu einer kurzen, aber prägnanten dogmengeschichtlichen Darstellung der Ordnungsdiskussion vgl. neben den Werken der zitierten Autoren *E. Tuchtfeldt:* Wirtschaftssysteme, a. a. O., S. 327 f. und S. 331. Eine umfangreiche Darstellung findet sich bei *P. Knirsch,* Bemerkungen zur Methodologie eines Vergleichs von Wirtschaftssystemen. In: *E. Boettcher* (Hrsg.): Beiträge zum Vergleich der Wirtschaftssysteme, Berlin 1970, S. 13 ff.

Da die die Wirtschaftsordnung bestimmenden Elemente nicht alle die gleiche Bedeutung für die Gestaltung der Ordnung haben, wäre es plausibel, auf die »konstitutiven Ordnungsfaktoren«,[13] die die Wesensinhalte einer Wirtschaftsordnung entscheidend prägen, abzustellen und von den ergänzenden Faktoren, die zwar für das Funktionieren einer Ordnung wichtig sind, jedoch nicht den Kern einer Ordnung ausmachen, zu abstrahieren.

Für eine sachliche und ideologieneutrale Charakterisierung einer Wirtschaftsordnung, die die wesentlichen Kerninhalte erfaßt, darüber hinaus noch einfach und überschaubar bleibt, kann auf die Systematik von *Tuchtfeldt* zurückgegriffen werden. Er schlägt vor, von Eigentumsverhältnissen an Produktionsmitteln auszugehen und sie mit den »Lenkungssystemen der Produktion (Allokationssystemen)«[14] zu ver-

[13] Vgl. *Eucken:* Grundsätze, a. a. O., S. 254 ff. sowie S. 291 ff. Während *Eucken* von »konstitutiven« und »regulierenden Prinzipien« spricht, unterscheidet *Peters* zwischen sachlich, rechtlich und geistig konstitutiven Faktoren einerseits und den »ergänzend bedeutsamen Faktoren« andererseits. Zu den sachlich konstitutiven Faktoren zählt er »die gesamtwirtschaftlichen Planungs- und Koordinierungssysteme« sowie die »Verfügungsgewalt über Produktionsmittel«. Zu »rechtlich konstitutiven Faktoren« zählt er die »Wirtschaftsverfassung« und die »höchstrichterlichen Urteile«. Die »vorherrschende Ordnungsidee« sowie die »wirtschaftspolitischen Konzeptionen der politisch-staatlichen Führung« werden als »geistig konstitutive Faktoren« bezeichnet. »Manche Grundordnungen der Vergangenheit sind weniger durch liberale oder sozialistische Ordnungsideen als vielmehr durch gewohnheitsmäßige, manchmal stark klimatisch bedingte Faktoren sowie durch die grundsätzliche Einstellung der Bevölkerung zur Arbeit und Muße geprägt worden«. *R. Peters:* Ordnungstheoretische Ansätze zur Typisierung unvollkommener Wirtschaftsordnungen. In: Hamburger Jahrbuch für Wirtschafts- und Gesellschaftspolitik, 18. Jg. (1973), S. 61 (im folgenden zitiert als *Peters:* Ansätze). Diese Feststellung trifft sicherlich für viele Ordnungen in den Entwicklungsländern zu. Kenner vieler »orientalischer« Länder sowie Historiker, die sich mit der Geschichte der Mittel-Ost-Region befaßt haben, werden jedoch seiner Differenzierung kaum zustimmen, wonach im Kreis orientalischer Länder mehr gegenwarts-, bedarfs- und mußeorientierte Wirtschafts- und Gesellschaftsordnungen vorfindbar (seien), während im abendländischen Kulturkreis mehr vorsorge- und arbeitsorientierte Wirtschaftsordnungen anzutreffen (seien)«. *Rodinson* hat beispielsweise nachgewiesen, daß selbst der klassische Islam unbestreitbar einen kapitalistischen Bereich hatte. Er lag weniger in der industriellen Entwicklung, sondern vielmehr im Handelssektor. Vgl. *M Rodinson:* Islam und Kapitalismus, Frankfurt 1971, S. 205 f.

[14] *E. Tuchtfeldt:* Der »Interventionskapitalismus« – Eine gemischte Wirtschaftsordnung. Bemerkungen zur systematischen Erfassung konkreter Wirtschaftsordnungen. In: *Chr. Watrin, H. Willgerodt* (Hrsg.): Widersprüche der Kapitalismuskritik. Festschrift zum Geburtstag von Alfred Müller-Armack, Bern-Stuttgart 1975, S. 61 ff. *Ders.:* Wirtschaftssysteme, a. a. O., S. 342.

binden.[15] Dabei kommt er zu vier möglichen Kombinationen, die im folgenden Schema zusammengefaßt sind:

Lenkungssystem / Eigentumsverwaltung	Dezentrale Lenkung (Marktwirtschaft)	Zentrale Lenkung (Zentralverw. Wirtschaft)
Privateigentum (»Kapitalismus«)	Kapitalistische Marktwirtschaft	Kapitalistische Lenkungswirtschaft
Öffentliches Eigentum (»Sozialismus«)	Sozialistische Marktwirtschaft	Sozialistische Zentralverwaltungswirtschaft

Quelle: Tuchtfeldt: Wirtschaftssysteme, a. a. O., S. 342.

Nach diesem Schema ergeben sich die »Normalfälle« einer kapitalistischen Marktwirtschaft und einer sozialistischen Zentralverwaltungswirtschaft. Aus der Kombination von verschiedenen Eigentumsverhältnissen und Lenkungssystemen ergeben sich dann die im Schema wiedergegebenen Formen der kapitalistischen Lenkungswirtschaft

[15] Für *Thalheim* sind ebenfalls die *Eigentumsordnung* und das *System der Lenkung* die wichtigsten Ordnungselemente. Vgl. *K. C. Thalheim:* Systemtypische Merkmale von Wirtschaftsordnungen. In: *V. H. Arndt* (Hrsg.): Sozialwissenschaftliche Untersuchungen – Festschrift zum 80. Geburtstag von Gerhard Albrecht, Berlin 1969, S. 332. Auch *Kloten* verbindet in seiner Typologie der Wirtschaftsordnungen die *Eigentumsordnung* mit den *Wirtschaftssystemen.* Vgl. *N. Kloten:* Zur Typenlehre der Wirtschafts- und Gesellschaftsordnungen. In: ORDO, Bd. 7 (1956), S. 123 ff. *Peters* mißt gleichfalls den »gesamtwirtschaftlichen Planungs- und Koordinierungssystemen« und der »Verfügungsgewalt über die Produktionsmittel« als »sachlich konstitutive Faktoren« einer Wirtschaftsordnung die entscheidende Bedeutung bei. Vgl. *Peters:* Ansätze, a. a. O., S. 60. Für *Willgerodt* ist das Eigentum »nur eine hinreichende und keine notwendige Bedingung« für eine marktwirtschaftliche Ordnung. Er sieht in der Koordination über den Markt das entscheidende Element einer Marktwirtschaft. »Verstaatlichungen allein ändern ... den gesamtwirtschaftlichen Steuerungsmechanismus noch nicht. Solange die dem Staat gehörenden Unternehmungen selbständig und unabhängig voneinander am Markt auftreten, bleibt das System auf die Koordination über den Markt angewiesen. Erst wenn der Staat seine Befugnisse als Eigentümer dazu benutzt, die ihm gehörenden Unternehmungen nach einem zentralen Plan handeln zu lassen, dessen Mengen- und Wertgrößen gegen die Marktkräfte gerichtet sind – entsteht eine andere Wirtschaftsordnung.« *H. Willgerodt:* Eigentum und Wirtschaftsordnung. In: Wirtschaftspolitische Chronik, 31. Jg., Heft 1 (1982), S. 56.

und der sozialistischen Marktwirtschaft. Dabei ist zu beachten, daß angesichts der verschiedenen Eigentumsformen und der Ausführung der Lenkungssysteme eine Vielzahl von gemischten Wirtschaftsordnungen konstituierbar ist. Die Wirklichkeit zeigt, daß es heute die verschiedenen Formen der Eigentumsordnungen ebenso gibt wie auch die verschiedenen Arten der Steuerung (Mikro-Makrosteuerung, zentral-dezentrale usw.).

Soll eine islamische Wirtschaftsordnung aus den besprochenen Ordnungselementen abgeleitet werden, ist es erforderlich, sich zunächst auf die beiden Kernelemente der Wirtschaftsordnung, wie sie sich aus der islamischen Sicht darstellen, nämlich Eigentum und Allokation, zu beschränken. Durch die Kombination dieser Elemente ist es möglich, über die »Methode der abnehmenden Abstraktion« zu den Mischordnungen zu gelangen, die für die theoretische Einordnung der islamischen Wirtschaft in eine Ordnungstypologie relevant werden können.

II. Die Eigentumsverhältnisse im Islam als Ordnungselement

Wird zunächst das Eigentum als Ordnungselement im Islam betrachtet, so ergibt sich nach der islamischen Lehre folgendes:

1. Generell gilt, daß nach dem Grundsatz des »*Tauhīd*«, das heißt der Einheit und der Allmächtigkeit Gottes, das absolute und oberste Eigentumsrecht Gott vorbehalten bleibt, daß letztlich Gott als Besitzer allen Eigentums anzusehen ist.[16] Dies wird aus mehreren *Suren* des *Korans* und aus der Tradition der *Sunna* abgeleitet.[17] Es soll aber nicht so verstanden werden, als sei das Privateigentum im Islam nicht zulässig. Im Gegenteil: Das Privateigentum wird nicht nur im Koran ausdrücklich erwähnt, sondern ebenfalls auch im *Schariʿa*-Recht nachdrücklich betont.[18] Danach sind alle Güter, die der Mensch durch seine Hand erschaffen oder rechtmäßig erworben hat, sein privates Eigentum. Die Übertragung des individuellen Rechtes auf solche Güter kann ohne seine Einwilligung nicht geschehen. Es ist im

[16] Dies bedeutet nicht das Verbot von Privateigentum des einzelnen, sondern wird vielmehr als ein »religiös-mystischer Gedanke« aufgefaßt, ein Gedanke, »der dem Stifter des Islams dazu diente, einerseits dem Rechte der Moslemen auf ein durch Gnade Gottes verliehenes Gut eine religiöse Weihe zu geben«, andererseits aber auch »dem Beherrscher der Moslemen eine Macht über jedes Land in Form eines Religionsdogmas zu geben«. *Von Tornauw:* Das Eigenthumsrecht, a. a. O., S. 293.

[17] So heißt es im Koran in Sure 63, Vers 7: »Doch Gott verfügt über die Vorräte im Himmel und auf der Erde«, vgl. *Paret:* Der Koran, a. a. O., S. 395.

[18] Vgl. *von Tornauw:* Das Eigenthumsrecht, a. a. O., S. 291.

Schari'a-Recht so tief verankert, daß nicht einmal unter Kriegsrecht das private Eigentumsrecht der Moslems eingeschränkt wird.[19]

2. Wie an früherer Stelle ausgeführt, unterscheidet das islamische Recht zwischen Eigentum an »beweglichen« und an »unbeweglichen« Gütern. Bei den beweglichen Gütern steht das uneingeschränkte Privateigentum – soweit das Gut rechtmäßig erworben wurde – außer jeglichem Zweifel. Bei unbeweglichen Gütern (Grund und Boden) kann es sich jedoch ergeben, daß – bedingt durch die Eroberung neuer Gebiete durch die Moslems – gewisse Einschränkungen des Eigentums eintreten können. Hier wird generell zwar festgestellt, daß gemäß dem koranischen Glaubensbekenntnis Gott als »Herr der Menschen« zu verstehen ist, dem schließlich alles gehört,[20] daß aber gleichzeitig das Recht der Verteilung und Verleihung an Eigentum seinem »Schatten auf Erden«,[21] dem Propheten und dessen Stellvertretern, zu übertragen ist. Da der Prophet und seine rechtmäßigen Stellvertreter gleichzeitig die weltlichen Herrscher des Moslems sind, müssen sie schon aus »staatsökonomischen Rücksichten« das Recht auf Grund- und Bodenbesitz anerkennen.[22]

3. Trotz des im islamischen Recht eindeutig verankerten Rechts auf Privateigentum ist das Fehlen einer »klaren Scheidelinie zwischen öffentlichem und privatem Recht«[23] im klassischen islamischen Staat besonders problematisch. Wenn vom Prinzip des *Masālih* ausgegangen wird, das die geistlichen sowie weltlichen Interessen des Staates durch

[19] Eine Einschränkung unter dem Kriegsrecht besteht nur bei Gütern derjenigen, die durch Waffen bezwungen worden sind. Vgl. *von Tornauw:* Das Eigenthumsrecht, a. a. O., S. 292. Ökonomisch interessant in diesem Zusammenhang ist, daß kein Gläubiger selbst bei einem ihm verpfändeten Gut seine Forderung befriedigen kann, indem er es sich aneignet oder aus seinem Erlös seine Ansprüche befriedigt. »Solange der Pfänder sein Gut dem Gläubiger nicht abtritt, verbleibt es sein Eigentum, und auf diesen Zustand hat auch der Anlauf des Schuldtermins keinen Einfluß, da das Pfand nicht zur Sicherung der Schuld, sondern nur zum Beweis einer zwischen dem Gläubiger und dem Schuldner bestehenden Schuldverbindlichkeit dient.« *Von Tornauw:* Das Eigenthumsrecht, a. a. O., S. 292.

[20] Vgl. Sure 6, Vers 162.

[21] Der Prophet, als Schatten Gottes auf Erden, und die rechtmäßigen Stellvertreter, die Imāme.

[22] Vgl. *von Tornauw:* Das Eigenthumsrecht, a. a. O., S. 294.

[23] *Pröbster:* a. a. O., S. 354.

den Imām berücksichtigt, können trotz grundsätzlicher Anerkennung des Nutzungsrechtes über das Eigentum gewisse Einschränkungen bestehen, die allerdings nicht im Widerspruch zu den Regelungen im *Koran* und in der *Sunna* stehen müssen. Diese Einschränkungen betreffen zum einen den rechtmäßigen Erwerb des Eigentums, dessen Legitimation durch eigene Arbeitsleistung ebenso gegeben ist (das Recht des ersten Besitzes) wie durch Verträge jeder Art, die in Übereinstimmung mit den *Schari'a*-Verordnungen vollzogen worden sind, durch das Erbrecht und durch Verleihung seitens des weltlichen Herrschers.[24] Zum anderen wird eine Einschränkung des Privateigentums mit der Verwendung des Eigentums nach dem Prinzip des *Masālih* begründet. Danach soll die Verwendung des Eigentums über die Befriedigung der individuellen Bedürfnisse hinaus der Gemeinschaft als Ganzes keinen Schaden zufügen. Der soziale Imperativ der Berücksichtigung von Solidarität und Gerechtigkeit in der Gemeinschaft verpflichtet dabei den Eigentümer, bei Gebrauch und Nutzung seines Eigentums dem Prinzip des sozialen Ausgleichs Rechnung zu tragen. Dieser Ausgleich soll nach der islamischen Lehre auf freiwilliger Basis erfolgen.

4. Die Einschränkungen über den Erwerb und die Verwendung des Eigentums haben dazu geführt, daß in den verschiedenen, später entwickelten religiösen und politischen Schulen des Islams individuelles Privateigentum und Vermögen im Prinzip anerkannt werden. Einschränkungen ergeben sich jedoch bei der Wahrnehmung der sozialen Funktionen des Eigentums. Soweit diese Funktionen auf freiwilliger Basis nicht erfüllt werden, wird die Kontrolle des Eigentums durch die Gemeinde oder durch den Staat verlangt. Dabei wird nicht nur auf den *Koran* Bezug genommen,[25] sondern auch auf die *Sunna* und das *Schari'a*-Recht.[26]

[24] Vgl. *von Tornauw:* Das Eigenthumsrecht, a. a. O., S. 334.

[25] Vgl. Sure 92, Verse 8 bis 10.

[26] In diesem Zusammenhang unterstreicht einer der bekanntesten zeitgenössischen Denker des »islamischen Sozialismus«, *M. Al-Schībā'ī*, daß das Recht des Individuums auf Privateigentum durch einige Bedingungen eingeschränkt ist. Grundsätzlich soll das Recht auf Privateigentum durch den Staat gesichert werden. Es hat dabei jedoch eine »soziale Funktion« zu erfüllen und darf nicht als Mittel der »Unterdrückung« und »Ausbeutung« verwendet werden. In solchen Fällen darf nach *Al-Schībā'ī* der Staat eingreifen und das Privateigentumsrecht einschränken. Vgl. *Al-Siba'i:* Islamic Socialism, a. a. O., S. 122 ff.

5. Sicherlich ist es müßig, sich bezüglich des Eigentums an *Produktionsmitteln* auf den *Koran* und auf das *Schari'a*-Recht zu beziehen, denn dieser Begriff hat praktisch erst mit dem Entstehen des Sozialismus im späten 19. Jahrhundert Bedeutung erlangt. Die islamischen Reformatoren *Afghānī*, *'Abduh* und *Riḍā*, die feststellten, daß *Koran* und *Sunna* hierüber nur allgemeine Regeln liefern, versuchten die Frage des Eigentums im Rahmen der Gegebenheiten der sich wandelnden Zeit neu zu interpretieren. Das Kriterium, das ihnen dabei relevant erschien, war die Orientierung am Prinzip des Gemeinwohls *(Maslaha)*. Wenn auch die islamischen Reformatoren nach diesem Prinzip die Einschränkung des Privateigentums oder seine Umwandlung in Gemeineigentum als zulässig erklärten, so bestehen in der islamischen Welt in dieser Hinsicht offenbar immer noch kontroverse Meinungen.

Während sich die traditionell-orthodox orientierten Vertreter der islamischen Wirtschaftslehre grundsätzlich auf Text und Inhalt von *Koran* und *Sunna* berufen und infolge der Unterbindung des *Idjtihād* jegliche Abweichung und Änderung des in der *Sunna* konzipierten individuellen Eigentumsrechts ablehnen, vertreten modernistische Autoren unterschiedlicher intellektueller Prägung (liberale Reformer, Säkularisten) die Umwandlung des Privateigentums in Gemeineigentum, wenn dies das Gemeinwohl erfordert.[27] Der Begriff »Gemeinwohl« ist dabei nicht eindeutig geklärt.[28] Selbst die Vertreter des »arabischen Sozialismus« gehen nicht soweit, Privateigentum völlig abzulehnen. Sie betonen, daß zwar das »ausbeuterische Eigentum« schäd-

[27] Der Sozialreformer *M. Schāltūt*, der 1958 als Rektor der Al-Azhar-Universität nominiert wurde, äußerte sich hierzu wie folgt: »Muslim jurists are unanimous in recognizing the right of authorities to expropriate (land) in order to enlarge the place of prayer (i. e. the jurisdiction of Islam) until the whole world becomes a mosque. They also have the right to act likewise to enlarge a street or any other public service, in the interests of both individuals and the community . . .« *M. Schāltūt:* Socialism and Islam. In: *K. Karpat* (ed.): Political and Social Thought, a. a. O., S. 131.

[28] Die Enteignung des Privateigentums mit entsprechend wertgerechter Entschädigung bezieht sich nach herrschender Ansicht auf die Enteignung von Land zum Zwecke des Baus einer Moschee, einer Schule, gemeinschaftlich genutzter Verkehrswege, Wohlfahrtsheime etc. Der Begriff der »meritorischen Güter«, über die seit einigen Jahren in der ökonomischen Literatur häufiger gesprochen wird, scheint nach modernistischer Auffassung der islamischen Vorstellung über die Güter, die nicht nur die individuellen, sondern primär die Bedürfnisse der Allgemeinheit befriedigen, näher zu kommen.

lich und deshalb in »Gemeineigentum« umzuwandeln sei. Das »produktive Eigentum« im Privatbesitz könne aber durchaus dem Sozialismus arabischer Prägung adäquat sein.[29] Zur Frage, wie weit die »Koexistenz des privaten und gemeinschaftlichen Eigentums« im arabisch-islamischen Sozialismus zu tolerieren sei, und wo die Grenze zwischen den beiden Eigentumskonzepten verläuft, besteht jedoch keine konzeptionelle Klarheit. Dabei werden zwei Eigentumskonzeptionen, die sich vom Sozialismus östlicher Prägung unterscheiden, in der Diskussion des arabisch-islamischen Sozialismus herausgestellt:

a) Die Transformation der Produktionsmittel in öffentliches Eigentum mit der Existenz eines kleinen privaten Sektors.
b) Die Transformation des privaten sowie des staatlichen Eigentums an Produktionsmitteln in gesellschaftliches Eigentum, das heißt die Transformation des öffentlichen Eigentums in die Hände derer, die in direkter Weise am Produktionsprozeß beteiligt sind (Arbeiter und Bauern).[30]

[29] Der bedeutendste Wortführer des »arabischen Sozialismus», *M. H. Haykal*, stellt diese Unterschiede in seinem Artikel, in dem er die Gegenüberstellung zwischen dem Kommunismus und dem arabischen Sozialismus darlegt, wie folgt fest: »For Arab Socialism, with its different point of view, property is of two kinds – that which exploits and that which results from work. Communism affirms: Whoever possesses exploits, he must be eliminated. Arab socialism says: There are proprietors and proprietors. In fact, there is a kind of property that represents the results of work and that cannot be used by the owner to exploit or dominate others. This property is an essential right ... « *Haykal:* Communism and Ourselves, a. a. O., S. 158.

[30] *M. Ibrāhīm,* ein prominenter Vertreter des arabischen Sozialismus und des arabischen Nationalismus, bemerkt hierzu: »Arab socialism views this problem (Transformation des staatlichen Eigentums an Produktionsmitteln in direktes Sozialeigentum, d. Verf.) by first stressing that socialism is not fully achieved by mere nationalization and social control of the productive means. Nationalization is only a step in the direction of socialism. For exploitation to be removed, for social relations to be freed and for democracy to be reinforced, the foundation of socialism must be completely established. This, Arab socialism asserts, can be achieved by transferring the productive means from state into direct social ownership, thus transferring the actual control in the hands of the real producers. This, by definition, means ›self-management‹. By supporting self-management, the necessary quarantees against the problems of bureaucracy have been provided and the freedom in social relations has consequently been furthered. This then is the favorable environment for the true exercise of democracy«. *M. Ibrāhīm:* Arab Socialism in the Making. In: *K. Karpat* (ed.): Political and Social Thought, a. a. O., S. 172 f.

Ferner soll in diesem Zusammenhang erwähnt werden, daß die marxistisch orientierten Vertreter der islamischen Welt im Gleichklang mit der marxistischen Ideologie die Eigentums- und Produktionsverhältnisse in islamischen Ländern als feudalistisch betrachten[31] und ihre Verstaatlichung fordern, ungeachtet dessen, daß der islamspezifische Charakter der Produktionsweise sowohl im Frühislam als auch im islamischen Mittelalter als völlig anders gelagert anzusehen war und sogar heute noch ist.[32]

Die Versuche, bezogen auf das Privateigentum, einen Konsens innerhalb der islamischen Welt zu finden, haben in den islamischen Konferenzen zu keinem klaren Ergebnis geführt.[33] Vielmehr konnte festgestellt werden, daß, obwohl das Privateigentum ein wichtiges Element des islamischen Wirtschaftssystems bleibt, der Staat dennoch die »diskretionäre Macht« hat, den Anteil des öffentlichen Sektors in Übereinstimmung mit dem Wohl und den Bedürfnissen der Gemeinschaft zu variieren.[34]

Ferner wird grundsätzlich betont, daß Bodenschätze und sonstige Naturreichtümer wie Wald, Wasser und Mineralien öffentliches beziehungsweise kollektives Eigentum der Gemeinschaft bilden. Diese Sicht nähert sich mehr der konservativ-traditionellen Richtung und weicht deutlich von der oben angeführten Vorstellung marxistisch-so-

[31] Vgl. *M. Rodinson:* a. a. O., S. 91.

[32] In der Landwirtschaft, in der über 60% der Erwerbstätigen in den Ländern des Mittleren Ostens beschäftigt sind, sind in den zumeist kleineren Betrieben Lohn- und Pachtarbeit üblich.

[33] Der Ansicht derer, die im Privateigentum ein wesentliches Element der islamischen Wirtschaftslehre sehen, die aber gleichzeitig die Solidarität des Eigentümers gegenüber der Gemeinschaft und seine soziale Verantwortung betonen, stand die herrschende Meinung gegenüber, daß der Staat dennoch das Recht zur Enteignung des Privateigentums hat, falls bei der Verwendung des Eigentums Gemeinschaftsinteressen nicht berücksichtigt werden. Dabei beriefen sich diese Vertreter auf die Institution des *Maslaha* und der *Konsultation.* Es wurde ferner festgestellt, daß die Kontrolle aller Ressourcen durch den Staat die Gefahr des Totalitarismus heraufbeschwört und damit zum Verlust der individuellen Freiheit führt. Vgl. *ILLS:* Islam and a New International Economic Order, a. a. O., S. 159.

[34] »While private property is a major element in the islamic economic system, the State nevertheless has considerable discretionary powers and can enlarge or reduce the public sector as it wishes in accordance with the needs of the people. It is the duty of the state to ensure a decent life for all its members and to plan for the future needs of society, possibly through the public sector. Unexploited metals, fire, water, food, public utilities, etc., are all considered public or collective property«. Ebenda.

zialistisch orientierter Vertreter der islamischen Länder ab, die zudem ohnehin Distanz zum islamischen Glauben und besonders zur islamischen Wirtschaftslehre wahren.
Nun kann eine solche Interpretation der *Sunna* durch die einzelnen Schulen nicht als ein Bestandteil des islamischen Rechts angesehen werden, da das Prinzip *Idjmā'* den Konsens aller Schriftgelehrten in der Anwendung einer Auslegung in rechtlicher Hinsicht voraussetzt und diese Übereinstimmung nur einen hypothetischen Grenzfall darstellt.[35] Wenn jedoch auf der anderen Seite das Prinzip des *Istislāh*, das heißt das Urteil, auf dem das öffentliche Interesse beruht, als ergänzende Rechtsquelle des Islams herangezogen wird, so erhält der Umstand, daß sich ein Großteil der Gelehrten aus den islamischen Ländern auch in Fragen des Eigentums auf dieses Prinzip berufen, besondere Bedeutung.
Aus den Ausführungen ergibt sich eindeutig, daß sowohl nach der islamischen Wirtschaftslehre als auch aus der realen Entwicklung der Eigentumsverhältnisse in den islamischen Staaten privates, öffentliches und ebenso Stiftungseigentum existiert, wobei die Priorität des Privateigentums unterstrichen werden muß, da es rechtlich sowohl im *Koran* als auch in der *Sunna* abgesichert ist. Hierdurch wird sowohl die Eigentumsordnung als auch die gesamte islamische Wirtschaftsordnung entscheidend determiniert.

[35] Vgl. hierzu *Khoury:* Das islamische Rechtssystem, a. a. O., S. 18 f.; ferner *Ramadan:* Das islamische Recht, a. a. O., S. 31.

III. Steuerungssysteme als Elemente der Wirtschaftsordnung aus islamischer Sicht

Neben den Eigentumsverhältnissen ist die Lenkung und Steuerung der Wirtschaft ein weiteres entscheidendes Kriterium für die Bestimmung einer Wirtschaftsordnung. Ausschlaggebend ist dabei die Frage, ob die Koordination der Einzelpläne der Wirtschaftssubjekte über den Markt erfolgt (Mikrosteuerung), durch Festlegung globaler beziehungsweise sektoraler Daten der Wirtschaft (Globalsteuerung, Sektoralsteuerung, Makrosteuerung) oder durch die Direktiven einer zentralen Behörde (Zentralplansteuerung).
Bekanntlich sind die Grenzfälle einer Typologie von Wirtschaftsordnungen die freie Verkehrswirtschaft beziehungsweise die völlige individualistische Wirtschaft (Marktwirtschaft) und die völlig zentralgeleitete beziehungsweise kollektivistische Wirtschaft (Zentralverwaltungswirtschaft, Planwirtschaft).
In der Realität existieren jedoch sowohl in westlichen als auch in östlichen Gesellschaften die verschiedensten Mischformen, in denen jeweils die Koordination der Pläne entweder durch den Markt dominiert werden oder durch die staatlichen beziehungsweise zentralplanwirtschaftlichen Direktiven erfolgen.[36]

[36] Soweit die marktwirtschaftliche Selbststeuerung nicht allein ausreicht, um die gesamtwirtschaftlich gesetzten Ziele zu erreichen, wird die Global- bzw. Sektoralsteuerung als unvermeidlich angesehen. *Peters* schlägt deshalb vor, bei der »Charakterisierung der Wirtschaftsordnungen« neben den Koordinierungsmitteln für die alltäglichen Wirtschaftsprozesse – wie z. B. Markt oder Plananweisung – auch jene Koordinierungselemente mit zu berücksichtigen, die auf eine global oder sektoral abgestimmte Beeinflussung der mittel- und langfristigen Wirtschaftsentwicklung abzielen. Vgl. *Peters:* Ansätze, a. a. O., S. 67. Aus der Kombination der jeweils vorherrschenden Pläne mit dem dominierenden Plankoordinationssystem leitet er dann die acht Grundtypen »unvollkommener Wirtschaftsordnungen« ab. Vgl. ebenda, S. 68 ff.

Während die Steuerung der Produktion, des Verbrauchs und der Verteilung in den Marktwirtschaften durch den Markt erfolgt (Preismechanismus) und die einzelnen Wirtschaftssubjekte in ihren Entscheidungen frei bleiben, bestimmt dies in den Zentralverwaltungswirtschaften in erster Linie der Staat durch Anordnungen (Sollziffern, Bezugsscheine usw.), so daß die einzelnen Wirtschaftssubjekte in ihren Entscheidungen von staatlichen Direktiven abhängig sind und somit ein »Objekt staatlichen Wirtschaftsplanes darstellen«.[37]
Weiterhin sind auch Fragen der Informationsgewinnung (wechselseitig in der Marktwirtschaft, einseitig in der Zentralverwaltungswirtschaft) und der Anreize (Gewinn- und Verlustmotiv versus Belohnungs- und Strafprinzip) wesentliche Merkmale dieser beiden extremen Wirtschaftsordnungen.[38]
Die realen Wirtschaftsordnungen sind gekennzeichnet durch eine Mischung sowohl aus marktwirtschaftlichen als auch aus planwirtschaftlichen Allokationsmerkmalen. Zur Analyse einer realen Wirtschaftsordnung ist somit die »Dominanz«[39] beziehungsweise die »Priorität« entweder der marktwirtschaftlichen oder der zentralverwaltungswirtschaftlichen Ausrichtung der Allokationssystematik relevant.
Die Betrachtung der aus der islamischen Wirtschaftslehre und der historisch-realen Ordnung islamischer Staaten entstandenen Steuerungsmerkmale führt zu folgenden Ergebnissen:

1. Zum Grundprinzip der Steuerung und Lenkung der Wirtschaft, das heißt zur Frage einer mehr individualistischen oder mehr kollektivistischen Steuerung, betont die islamische Lehre zunächst eindeutig die Dominanz der privaten Entscheidungen der Wirtschaftssubjekte. Damit wird zwar die staatliche Tätigkeit keineswegs in Frage gestellt, da sich aus der islamischen Doktrin der Einheit von Religion und Staat *(Dīn wa Dawala)* die Eingriffe des Staates in das Wirtschaftsge-

[37] *E. Schneider:* Einführung in die Wirtschaftstheorie, I. Teil, Theorie des Wirtschaftskreislaufs, 12. Aufl., Tübingen 1965, S. 26.

[38] Vgl. *Tuchtfeldt:* Wirtschaftssysteme, a. a. O., S. 332 f.

[39] Die »Dominanz der öffentlichen und privaten Wirtschaftsführung« als »Originär-Kriterium der realen Wirtschaftsordnungen« wird besonders von *Kloten* hervorgehoben, während *Peters* hingegen von der jeweiligen »Dominanz der konstitutiven Ordnungselemente« spricht. Vgl. *Kloten*: Zur Typenlehre, a. a. O., S. 129 bzw. *Peters:* Ansätze, a. a. O., S. 48.

schehen sowohl direkt als auch indirekt ohne weiteres rechtfertigen lassen. Entsprechend dem »individualistischen« Grundzug der arabischen Stämme, in deren Umfeld sich die islamische Religion entwikkelte und die nach ihrer Ausreifung von anderen orientalischen Völkern übernommen wurde, waren jedoch jegliche Entscheidungen – also auch die ökonomischen – dem einzelnen überlassen.

Diese individuelle Freiheit kann allerdings insofern nicht mit der Entscheidungsfreiheit in den westlichen Ländern gleichgesetzt werden, da in den islamischen Staaten die Handlungen der Menschen immer den ethischen Werten des Glaubens, die wiederum durch den Anspruch einer Einheit von Staat und Religion geprägt werden, unterliegen.[40] In Fragen der Entscheidung über Produktion und Verbrauch war der Individualismus – bis auf die einzelnen Verbote, die vornehmlich gesundheitsorientiert waren (Verbot von Alkohol, Schweinefleisch usw.) – zumindest im klassischen Islam nach dem Inhalt der islamischen Lehre voll abgesichert. Der Staat hatte die Aufgaben, für die innere und äußere Sicherheit zu sorgen, die öffentlichen Wege instand und sauber zu halten, die Wasserversorgung der Städte und Gemeinden sicherzustellen, die städtischen Kanäle und Brunnen zu pflegen und die Märkte im Hinblick auf die religiösen Bestimmungen zu beaufsichtigen.[41] Dies sind Aufgaben, die grundsätzlich, auch in einer liberalen Ordnung, der Sicherung der Kollektivbedürfnisse dienen.[42]

Die Betonung der individuellen Freiheit im Islam und die Entscheidung des einzelnen im Produktionsprozeß und im Verbrauch impliziert bei ökonomischem Verhalten eine Anpassung an die Bedingungen des Marktes, was nichts anderes bedeutet, als daß sich die Produzenten am Gewinn orientieren und die Verbraucher bei gegebener Präferenzstruktur den Nutzen maximieren. Dieses Prinzip stellt das Kernelement einer Wettbewerbswirtschaft dar.

[40] Zur Frage des moslemischen Verständnisses von Freiheit und ihrer Bindung an ethische Normen der Religion vgl. besonders *Watt:* Islamic Political Thought, a. a. O.

[41] Ein detailliertes Bild der Wirtschaft im klassischen Islam gibt *Cahen:* Der Islam I, a. a. O., S. 133 f.

[42] Islamische Kritiker der Lehre von *A. Smith* übersehen sehr oft, daß er in seinen Werken die Grenzen der Marktwirtschaft durchaus gesehen und die klassischen Staatsfunktionen (innere und äußere Sicherheit, Infrastrukturleistungen) sehr deutlich unterstrichen hat. Vgl. hierzu *E. Tuchtfeldt:* Über die Staatsfunktionen bei Adam Smith. In: ORDO, Bd. 27 (1976), S. 30 ff.

Selbst wenn im Islam die individuelle Freiheit an ethische Normen gebunden ist, so bedeutet dies dennoch keine grundsätzliche Abkehr von diesem ökonomischen Prinzip. Insofern ist die Vorstellung mancher islamischer Autoren unverständlich, der Islam betone die individuelle Freiheit, lehne jedoch gleichzeitig die Orientierung des Verhaltens am ökonomischen Prinzip ab.[43] Sicherlich spielt hierbei das im Islam betonte Grundaxiom der sozialen Gerechtigkeit und der Solidarität eine Rolle, das von diesen Autoren in den Vordergrund gestellt wird.

Dennoch werden aber die persönliche Freiheit und die individuelle Verantwortung als Hauptwesenszüge moslemischer Glaubensgrundsätze nicht angezweifelt. Die staatliche Einwirkung auf das Verhalten der Individuen sowie die direkte staatliche Wirtschaftstätigkeit sollten im Prinzip die »Second best«-Lösung darstellen.[44]

Die Eingriffe des Staates in das Wirtschaftsgeschehen werden im Islam zum einen aus dem Tatbestand abgeleitet, daß die privaten Handlungen der einzelnen nicht immer mit »religiös-ethischen« Prinzipien zu vereinbaren sind, und daß zum anderen, selbst wenn die Handlungen mit ethischen Normen konform gehen, sich daraus für die Gemeinschaft durchaus Schäden entwickeln könnten.

[43] So beispielsweise die von *Naqvi, Ghazanfer, Qureshi* und einer Reihe anderer, besonders in Pakistan wirkender islamischer Autoren, die aus »ethischer Verpflichtung« des Moslems die Anwendung des wirtschaftlichen Prinzips, insbesondere die Nutzenmaximierung, kritisieren und ablehnen. Vgl. *S. N. H. Naqvi:* Ethical Foundation of Islamic Economics. In: Islamic Studies, Bd. 17 (1978), S. 105 ff; *ders.:* Economics of Human Right: An Islamic Perspective. In: Hamdard Islamicus, Bd. 4 (1981), S. 31 ff.; *S. M. Ghazanfer:* Development, Ethics and Economics: Socio-Economic Justice in Islam. In: Journal of both Asian and Middle Eastern Studies, Bd. 5, Nr. 2 (1981). S. 17 ff; *T. A. Qureshi:* Islam's Concept of Life Regarding Economic Matters. In: Islamic Studies, Bd. 11 (1972), S. 30. In diesem Zusammenhang sei auch auf ähnliche Vorstellungen von *Chapra* hingewiesen, dessen Darlegungen vor allem von *Nienhaus* kritisch besprochen worden sind. Vgl. *U. Chapra:* The Economic System of Islam, Karachi 1971 und *Nienhaus:* Islam und moderne Wirtschaft, a. a. O., S. 135 ff.

[44] Der Islamkenner *Fazlur-Rahman* geht sogar soweit, in Analogie zur Rousseauschen Gesellschaftskritik zu schreiben: » . . . wenn die Bürger der Islamischen Staaten wirkliche Moslems wären, dann wäre offenbar die Notwendigkeit für die Kontrollen durch den Staat verhältnismäßig klein.« *Fazlur-Rahman:* Economic Principles of Islam. In: Islamic Studies, Bd. 8 (1969), S. 1. Diese Betrachtung basiert freilich auf einer utopischen Verherrlichung der die ethischen Normen des Islams befolgenden Moslems. Vgl. ebenda, S. 1 f.

Hingewiesen sei in diesem Zusammenhang auf das Problem negativer »externer Effekte« wirtschaftlicher Tätigkeiten, die zwar in der islamischen Lehre kaum von Bedeutung sind, aus deren Wirkungen sich jedoch staatliche Eingriffe ableiten lassen.[45] Ein weiteres Beispiel ist das aus der Tradition der *Sunna* abgeleitete Verbot der künstlichen Festsetzung der Preise durch monopolistische Praktiken[46] sowie der den Markt »destabilisierenden« Spekulationen.[47] Weiterhin werden die Eingriffe des Staates zur Gewährleistung sozialer Gerechtigkeit und der Sicherung der Kollektivbedürfnisse gerechtfertigt, was ebenfalls mit dem »Wohl der Gemeinde« begründet wird. Daraus ergibt sich die Frage, wie die auf der islamischen Lehre basierende, möglichst freie Gestaltung der Wirtschaftstätigkeit mit dem ebenfalls wichtigen Primat der Sicherung der sozialen Gerechtigkeit und der Solidarität verbunden werden kann.[48]

[45] So etwa beim Bestehen von hoher Machtkonzentration oder bei Entstehen von Umweltbelastung durch wirtschaftliche Tätigkeiten.

[46] Vgl. hierzu beispielsweise *E. H. Tuma:* Early Arab Economic Policies. In: Islamic Studies, Bd. 4, Nr. 1 (1965), S. 13.

[47] Vgl. *Noorzoy:* Islamic Laws on Riba, a. a. O., S. 11.

[48] Es ist erstaunlich, wie wenig bislang in der islamischen Wirtschaftsliteratur die sozialen Komponenten der »sozialen Marktwirtschaft« beachtet worden sind. In der Kritik der »westlichen Ordnungen« gehen die Wissenschaftler moslemischen Glaubens, teilweise von »sozialistischen« Gedanken geprägt, mit der Ordnung der sozialen Marktwirtschaft sehr leichtfertig um, wenn sie sie als »kapitalistisch« und »nicht sozial« bezeichnen. Dabei steht in der »sozialen Marktwirtschaft« die soziale Frage mehr im Vordergrund als in der vage formulierten Forderung der islamischen Lehre. *Müller-Armack* hat dafür den Begriff der »sozialen Irenik« geprägt, die als »Gestaltungsprinzip« für den gesellschaftlichen Bereich der sozialen Marktwirtschaft gelten und gleichrangig mit dem ökonomischen Bereich die Ordnung prägen soll. Dabei ist die soziale Ausgleichsfunktion nicht nur in der staatlichen Sozialpolitik, sondern auch in der sozialen Verantwortlichkeit der einzelnen Marktpartner konkretisiert. Vgl. *A. Müller-Armack:* Soziale Irenik. In: Weltwirtschaftliches Archiv, Bd. 64 (1950), wiederabgedruckt in *A. Müller-Armack:* Religion und Wirtschaft. Berlin, Stuttgart 1981, S. 559 ff. Auf Einzelheiten der von *Müller-Armack* geprägten »Sozialen Marktwirtschaft« kann hier nicht eingegangen werden. Vgl. hierzu *E. Tuchtfeldt:* Grundlagen der Sozialen Marktwirtschaft. In: *F. Schoser, W. Dollinger, E. Tuchtfeldt:* Zwischen Utopie und Realität. Zur Philosophie der Sozialen Marktwirtschaft, Berlin 1982, S. 14 ff.

2. Inwieweit das Prinzip der Freiheit auf den Märkten angewendet werden kann, ist sowohl aus der islamischen Lehre des Privateigentums als auch aus ihren Bestimmungen zur Vertragsfreiheit der Marktpartner abzuleiten. Ohne Markt und Wettbewerb wäre, wie *Nienhaus* bemerkt, Privateigentum in einer arbeitsteiligen Volkswirtschaft sinnlos.[49] Breitgestreutes Privateigentum ist also nur in einer Marktwirtschaft möglich. Dominiert ein solches Privateigentum an den Produktionsmitteln in einer Volkswirtschaft, dann muß es per definitionem eine Marktwirtschaft sein.[50] Das Prinzip der Vertragsfreiheit und der Einhaltung der abgeschlossenen Verträge ist sogar im *Koran* verankert. In der *Sunna* werden zwar wegen der wenig detaillierten beziehungsweise sehr flexibel zu handhabenden Ausführungen des *Korans* Bedingungen für den Vertragsabschluß und seine Erfüllung konkretisiert. Sie gehen aber nicht über die Markteintrittsvoraussetzungen hinaus, die auch in den liberalen Ordnungen zum Selbstverständnis eines funktionierenden freien Marktes gehören.
Aufgrund der Freiheit auf den Märkten, der individuellen Vertragsfreiheit und der Kriterien für das Zustandekommen dieser Abschlüsse läßt sich ableiten, daß die freie Preisbildung auf dem Markt durchaus zum Grundprinzip der islamischen Ordnung gehört. Wenn auch in der Literatur die Aussage des Propheten zitiert wird, daß allein »Gott die Preise« bestimmt,[51] so ist dies lediglich der religiös-mystifizierte Ausdruck dafür, daß die Preise durch die »unsichtbare Hand« des Marktes, das heißt durch das Kräftespiel von Angebot und Nachfrage bestimmt werden.

Eingeschränkt werden kann das Prinzip der freien Preisbildung bei unlauteren Praktiken eines der beteiligten Marktpartner etwa dann, wenn künstliche Angebotseinschränkungen zur Erzielung spekulativer Gewinne erfolgen oder infolge des Prinzips der Vertragsfreiheit die Preise durch Absprachen besonders zwischen den Anbietern (monopolistische und oligopolistische Praktiken usw.) zum Nachteil der

[49] Vgl. *Nienhaus*: Islam, a. a. O., S. 136.
[50] Vgl. *H. Willgerodt:* Privateigentum und Wirtschaftsordnung, a. a. O., S. 51.
[51] Vgl. *Tuma:* Early Arab Economic Policies, a. a. O., S. 13; vgl. ferner *M. A. Sakr:* The Role of State in the Economic System of Islam. In: IILS: Islam and a New International Economic Order, a. a. O., S. 114.

Nachfrager beeinflußt beziehungsweise festgesetzt werden.[52] Trotz der generellen Güterpreisbildung durch die Marktpartner werden aber staatliche Eingriffe in den Preisbildungsprozeß beispielsweise zur Stabilisierung der Märkte und zur Vermeidung sozialer Härten in speziellen Fällen gerechtfertigt.[53]

Tatsächlich haben jedoch die islamischen Staaten historisch betrachtet in das Marktgeschehen wenig eingegriffen, teils aus Gründen der strengen Beibehaltung islamischer Prinzipien, die klare Richtlinien nur für einige wenige Bereiche der Wirtschaft enthalten (Spekulationsverbot, Zinsverbot usw.), teils aber auch wegen der Unkenntnis der mikro- und makroökonomischen Zusammenhänge und der damit verbundenen, potentiell möglichen Verletzungen dieser islamischen Grundsätze.

Modernistische islamische Autoren berufen sich auf die in den westlichen Ländern ausgiebig geführten Diskussionen des »Marktversagens«, das in den modernen arbeitsteiligen Wirtschaften westlicher Prägung ihrer Meinung nach besteht. Ohne jedoch das im Islam betonte Grundprinzip der individuellen Freiheit in Frage zu stellen, leiten sie aus den Grenzen der Marktsteuerung staatliche Korrektur-

52 *Sakr* bezieht sich auf Ausführungen des Imām *Ibn Taimīya,* der bei monopolistischen Praktiken der Anbieter die Festsetzung der Preise durch den Staat aus der Tradition der Sunna ableitet und sich in diesem Zusammenhang auf Imām *S. A. Buchārī* beruft, den in der islamischen Welt anerkannten Herausgeber der Sammlung der *Hadīthe.* Vgl. hierzu *Sakr:* The Role of the State, a. a. O., S. 113 f.

53 Einige Vertreter der traditionalistischen Richtung rechtfertigen Eingriffe des Staates im Preisbildungsprozeß des Marktes sogar über soziale Zwecke hinaus. Sie befürworten eine »gerechte Verteilung« der Löhne und Gewinne und die strukturelle Verschiebung der Relation der privaten und staatlichen Tätigkeit zugunsten des staatlichen Sektors. So z. B. *S. N. H. Naqvi:* Islam Economic System: Fundamental Issues. In: Islamic Studies, Bd. 16 (1977), S. 327 ff. *Ders.:* Ethical Foundation, a. a. O., S. 105 ff. Diese Umverteilung sollte aus Gründen der »ethischen« Verantwortung des einzelnen freiwillig erfolgen. Erstaunlich ist dabei, daß bei islamischen, insbesondere pakistanischen Autoren hierfür pragmatische Soll-Lösungen vorgeschlagen werden, die ohne analytisch-theoretische Begründung einen rein politischen Charakter haben. Vgl. neben den Beiträgen des obengenannten Autors ferner besonders *M. A. Sakr:* The Role of the State, a. a. O., S. 107 f. *Sakr* spricht dabei von der »idealen Investition ökonomischer Ressourcen« und nennt als Beispiel dafür die Herstellung von Gütern und Leistungen, die in erster Linie Basisbedürfnisse befriedigen und arbeitsplatzschaffend sind (Infrastruktur, Wohnungsbau, öffentliche Güter). Vgl. ebenda, S. 106 f.

prinzipien ab, die sie auf Produktion, Verbrauch und insbesondere auf die Verteilung ausdehnen.[54]
In diesem Zusammenhang ist jedoch darauf hinzuweisen, daß sich für die modernen Autoren der islamischen Wirtschaftsordnung die Frage nach der »Systemkonformität« nicht stellt. Dies läßt sich zum einen damit begründen, daß diese Autoren Kenntnisse der modernen Ordnungstheorie, die es besonders im deutschsprachigen Raum gibt, fehlen. Zum anderen weist für sie die Sicherung der vom Islam betonten Maximen der sozialen Gerechtigkeit und Gleichheit eine größere Priorität auf als der mit den ständigen Interventionen des Staates verbundene Verlust von Leistungsfähigkeit und Freiheit. Die Einschränkung der individuellen Freiheit wird also, soweit das primäre Ziel der sozialen Gerechtigkeit und der Gleichheit gefährdet erscheint, bewußt in Kauf genommen, um somit das Gemeinwohl und die Gerechtigkeit zu sichern und zu maximieren, was als eine mit islamischen Werten eher zu vereinbarende Norm betrachtet wird.[55]
Zusammenfassend können aus dem Verständnis der klassisch-orthodoxen Lehre des Islams und ihrem Beitrag zur Verwirklichung einer konkreten Wirtschaftsordnung nur bescheidene Ansätze abgeleitet werden. Offenbar wird auch hier dem individuellen Handeln, verbunden mit sozialer Verantwortlichkeit des einzelnen, ein großer Freiraum belassen.

3. Wird abschließend der *Produktions-*, *Verbrauchs-* und *Verteilungsprozeß* betrachtet, so läßt sich zunächst feststellen, daß aus islamischer Sicht der menschlichen Arbeitsleistung als Produktionsfaktor und als Einkommensquelle im Wirtschaftsprozeß ein besonderer Platz eingeräumt wird. Da die Bildung produktiver Kapitalinvestitionen infolge des Zinsverbots erschwert wird und Kapital als reproduziertes Produktionsmittel in der islamischen Wirtschaftslehre kaum eine Rolle spielt, werden Arbeit und Boden als produktive Quelle der wirtschaftlichen Tätigkeit besonders betont. Beim Faktor Arbeit ge-

[54] So z. B. *S. N. H. Naqvi:* Ethics and Economics. An Islamic Synthesis, Leicester 1980; vgl. *A. Sakr:* The Role of the State, a. a. O., S. 106 f. und S. 110 f. sowie *Chapra:* The Economic System of Islam, a. a. O.

[55] Vgl. hierzu besonders *S. H. N. Naqvi:* Ethical Foundation, a. a. O., S. 105 ff. sowie *ders.*: An Islamic Approach to Economic Development. In: *IILS,* Islam and a New International Economic Order, a. a. O., S. 117 ff.; ferner *Sakr:* The Role of the State, a. a. O., S. 107.

schieht dies um so mehr, da die islamische Ethik die Arbeitsleistung des einzelnen als Quelle des rechtmäßigen Erwerbs von Gütern als individelle Verpflichtung ansieht und das Individuum von daher nicht zu einer Askese im Sinne eines Verzichts auf den Verbrauch irdischer Güter angehalten werden kann.[56]

Sowohl nach der klassischen als auch nach der modernen Interpretation der islamischen Lehre wird ebenso die freie Arbeitsplatz- und Berufswahl der Erwerbspersonen betont, wobei für die Entlohnung abhängig beschäftigter Erwerbspersonen mit Nachdruck die Forderung nach dem »gerechten Lohn« erhoben wird,[57] obwohl Kriterien für seine Definition und Ermittlung fehlen.

In diesem Zusammenhang muß berücksichtigt werden, daß die Vorstellungen von der Freiheit der Arbeitsplatz- und Berufswahl wegen der strukturellen Gegebenheiten des Arbeitsmarktes in den islamischen Ländern sowie wegen der mangelnden Mobilität der Arbeitskräfte und der Bildung einer verhältnismäßig starken Marktmacht auf der Arbeitsnachfrageseite eine inhaltsleere Doktrin bleibt. Da solche Marktmacht einerseits ungenügende Anpassungsmechanismen und andererseits monopolistische Machtpositionen entstehen läßt, erhält das Kriterium der »Gerechtigkeit« des Lohnsatzes eine besondere Relevanz, zumal das individuelle Arbeitsangebot einen anomalen Verlauf zeigt, der besonders in den Entwicklungsländern zur Ausbeutung führen kann.

Auch die islamische Lehre liefert keine entsprechenden Kriterien. Deshalb versuchen die Vertreter der Reislamisierungsbewegung Minimal- und Maximalgrenzen für den Lohn auszuarbeiten. Die untere Lohngrenze soll dabei einen vom Staat bestimmten Lohnsatz darstellen, der das Existenzminimum sichert. Die obere Grenze ist hingegen entweder leistungsorientiert oder knüpft an Gleichheitsvorstellungen in der Gesellschaft an. Welche Probleme eine solche, theoretisch wenig fundierte Vorstellung mit sich bringt, wird vor allem von *Nienhaus* dargestellt, der letztlich den »Mindestlohn« als marktbestimmten gerechten Lohn in Frage stellt.[58]

[56] In verschiedenen Suren des Korans wird der Reichtum der Erde an Gütern erwähnt, deren sich die Menschen in Maßen bedienen sollen. So beispielsweise Sure 2, Vers 168; vgl. *Paret:* Der Koran, a. a. O., S. 27. Eine Verschwendung ist aber untersagt (Sure 5, Vers 87). Vgl. ebenda, S. 88.

[57] Nach *Sakr* soll diese Forderung bereits durch den Propheten über den zweiten Kalifen *'Omar* übermittelt worden sein. Vgl. *Sakr:* The Role of State, a. a. O., S. 114.

[58] Vgl. hierzu besonders *Nienhaus:* Islam und moderne Wirtschaft, a. a. O., S. 144 f.

Auch einflußreiche Vertreter des sogenannten islamischen Sozialismus betonen, daß die freien Entscheidungen der Personen über den Arbeitsplatz und die Berufswahl – soweit sie nicht »betrügerisch, ungerecht und ausbeuterisch« sind – zu den festen Normen der islamischen Lehre gehören.[59] *Al-Schibā'ī* betont sogar die Notwendigkeit der Teilnahme der talentierten Personen an einem »konstruktiven Wettbewerbsprozeß« für Produktionssteigerungen.[60] In ähnlicher Weise unterstreicht *Haykal*, der Chef-Ideologe des »arabischen Sozialismus« der *Nāsser*-Ära, sowohl die Rolle des Individuums, dem er vor dem Staat den Vorrang einräumt,[61] als auch die Bedeutung des nicht ausbeuterischen produktiven Eigentums. Auch die nationalistisch orientierten Vertreter des »Ba'th-Sozialismus« besinnen sich auf die »islamischen« Elemente des Sozialismus, nach denen die Freiheit des Individuums, seine Eigeninitiative sowie das Recht auf Privateigentum unterstrichen werden.[62]

[59] Vgl. *Al-Schibā'ī:* Islamic Socialism, a. a. O., S. 132 f.

[60] Vgl. ebenda, S. 259.

[61] So kritisiert beispielsweise *Haykal* das kommunistische Bild des Individuums äußerst heftig, indem er es als »only a small cog in a huge machine« bezeichnet. Im »arabischen Sozialismus« ist nach *Haykal* das Individuum in seinem Handeln und in seiner Gestaltungsfähigkeit solange frei, wie es nicht »ausbeuterisch« wird. »In Arab socialism, the individual is the only basis of the social structure. There is nothing in it that fetters ambitions .... Arab socialism desires that workers in the factories shall be coproprietors, concerned with profit not only from the viewpoint of production but also from a personal point of view«. *Haykal:* Communism and Ourselves, a. a. O., S. 159.

[62] So beispielsweise vom Theoretiker der *Ba'th*-Partei, *M. 'Aflaq*, der zusammen mit *S. Bitār* die »Arabische Wiederauferstehungsbewegung«, *Ba'th* genannt, gründete. Die *Ba'th*-Bewegung lehnt die »materialistische Konzeption« des Sozialismus generell ab. Ihre Philosophie basiert auf den »geistigen Einflüssen« der islamischen Lehre, wie sie in der arabischen Welt der klassischen Zeit des Islams, insbesondere zur Zeit von *Mohammed* und der vier Kalifen, verbreitet wurden. Die *Ba'th*-Bewegung stellt also theoretisch die personelle Freiheit des Individuums und ihre Gleichheit in den Vordergrund. »Our socialism ... is based on the individual and his personal freedom; it does not allow his individual liberties to be scorned and considers all individuals as equal and a tyrannical dictatorship unnecessary«. *M. 'Aflaq:* The Socialist Ideology of the Bath. In: *Karpat* (ed.): Political and Social Thought, a. a. O., S. 190. Es braucht hier nicht besonders betont zu werden, daß sich, wie bei allen Ideologien, die extreme Freiheit und Gerechtigkeit fordern, die realen Entwicklungen in besonders starkem Maße von der theoretischen Konzeption abheben, wie das Beispiel in einigen Mittelostländern, in denen diese Partei die Führung von Staat und Gesellschaft übernommen hat, zeigt.

Was den Produktionsfaktor *Kapital* angeht, so ist – wenn Kapital als Geldkapital verstanden wird – zunächst seine Produktivfunktion wegen des in der islamischen Lehre umstrittenen Zinsverbots von untergeordneter Bedeutung.[63] Da der Geldhandel in islamischen Staaten in der Regel von Minoritäten und von privilegierten Gruppen teils ohne Anspruch auf ausreichende Rechtssicherheit durchgeführt wurde, war er auf Erzielung von kurzfristigen Erträgen orientiert (Basarkapitalismus). Die langfristigen Anlagen des Geldes beziehungsweise die Investitionen mit langfristigem Ertragscharakter (Industrieanlagen) blieben deshalb von geringer Bedeutung.
Die Produktivfunktion des Kapitals ist jedoch auch in der islamischen Lehre dann unumstritten, wenn die im Islam zulässige Beteiligung des Kapitals an anderen Unternehmungen direkt oder indirekt über den Kapitalmarkt betrachtet wird. Dabei unterliegt die Ertragsrate solcher Investitionen, die dem realen Zins entspricht, einzig und allein den Gegebenheiten des Marktes. Diese Form der Kapitalanlage wurde im klassischen Islam akzeptiert und wird auch in den heutigen, vom liberalen Modernismus geprägten islamischen Staaten propagiert.[64]
Im Grunde verurteilt der Islam den Kapitalbesitz solange nicht, wie es zu keinem Marktungleichgewicht zugunsten der Angebotsseite kommt. Die Bildung eines Monopols auch auf diesem Markt wird sowohl vom klassischen Islam als auch von modernistischen Vertretern des Islams als mit der islamischen Wirtschaftslehre unvereinbar erklärt. Während sich hierbei der orthodoxe Islam auf das generelle Monopolverbot und die damit verbundenen unzulässigen spekulativen Gewinne beruft, sehen die Vertreter des »islamischen« beziehungsweise des »arabischen Sozialismus« in der Konzentration des Kapitals eine »ausbeuterische Funktion« und plädieren für die staatli-

[63] In Wirklichkeit spielte der Zins für die Wirtschaftsentwicklung eine erhebliche Rolle. In keinem islamischen Land konnten Kreditgeschäfte durch ein Zinsverbot unterbunden werden. Was das Zinsverbot bewirken konnte, war jedoch die Verknappung des Geldangebots auf dem Markt, so daß das Zinsniveau in der Regel sehr hoch war. Der Tatbestand, daß der Zins wegen des religiösen Verbotes nicht immer dem Rechtsschutz unterlag, bewirkte eine weitere Erhöhung der Kapitalkosten. Dieser Teil des überhöhten Zinssatzes konnte deshalb auch als eine Art Risikoprämie aufgefaßt werden.

[64] Zu näheren Ausführungen vgl. *A. G. Ghaussy:* Die islamische Wirtschaftsethik und Wirtschaftslehre. In: Jahrbuch für Sozialwissenschaft, Bd. 34 (1983), Heft 3, S. 369 f. und die dort angegebene Literatur.

che Kontrolle beziehungsweise für eine Verstaatlichung des monopolistischen »Großkapitals«. Sie bejahen hingegen kleineren Kapitalbesitz, da sie ihn als eine Notwendigkeit des Wettbewerbsprozesses ansehen. Dies stellt eine Konzeption dar, die sich deutlich vom Sozialismus und Kommunismus westlicher beziehungsweise östlicher Prägung abhebt,[65] da letztere das Kapital als Produktionsfaktor ausschließlich als Staatseigentum betrachten.

Bei der *Verwendung des Einkommens* wird nach islamischer Ordnungsvorstellung die Unabhängigkeit der Wirtschaftssubjekte ähnlich wie beim Produktionsprozeß nicht in Frage gestellt. Grundsätzlich hat das Individuum die Freiheit, das legal erworbene Einkommen nach eigenen Wünschen zu verbrauchen, zu sparen oder zu investieren. Die einzigen Grenzen, die sich hierbei ergeben, leiten sich aus den sozial-ethischen Verpflichtungen des Individuums ab, die es gegenüber der Gesellschaft hat. Danach sind den Individuen Verwendungsformen eindeutig untersagt, die der Gesellschaft oder einzelnen Personen schaden könnten.[66]

Solche ethischen Axiome sind gewiß auch in allen anderen Weltreligionen enthalten. Sie alle haben ähnliche ethische Gebote, die das Leben ihrer jeweiligen Gemeinde ordnen. Im Unterschied zu ihnen ist allerdings die nicht asketische, aber moderate Haltung des Islams hervorzuheben.[67]

Wenn es auch schwierig ist, hieraus ordnungstheoretische Allgemeinaussagen abzuleiten, so kann aus der klassischen islamischen Lehre dennoch gefolgert werden, daß das Individuum im Islam selbst die Verantwortung für die Verwendung seines Einkommens trägt, wobei es im Rahmen des aufgestellten eigenen Konsumplans die eigenen

[65] Vgl. beispielsweise *Al-Schibāʿī:* Islamic Socialism, a. a. O., S. 124 ff.; *Schāltut:* Socialism and Islam, a. a. O., S. 128 ff.; *Haykal:* Communism and Ourselves, a. a. O., S. 158 f.

[66] Dieser Tatbestand leitet sich sowohl aus den verschiedenen Versen des *Korans* ab als auch aus der *Sunna.* »Ihr Menschen, eßt von (alle) dem, was es (an Eßbarem) auf der Erde gibt, soweit es erlaubt und gut ist ....« (Der Koran, Sure 2, Vers 168). Vgl. *Paret:* Der Koran, a. a. O., S. 27. Ferner »Ihr Kinder Adams! Legt bei jeder Kultstätte euren Schmuck an und eßt und trinkt! Und seid (dabei) nicht verschwenderisch ....« (Der Koran, Sure 7, Vers 31). Vgl. ebenda, S. 110.

[67] Vgl. Sure 17, Vers 29, ebenda, S. 198. Diesbezüglich wird häufig auch der Prophet zitiert, der geäußert haben soll, daß »Allah loves to see the results of His beneficence to His servants«. Vgl. *S. Kotb:* Social Justice in Islam, New York 1970, S. 127 und S. 129. Demgegenüber wird aber der verschwenderische Konsum eindeutig abgelehnt.

Wünsche befriedigen kann. Die Konsumdispositionen erfolgen innerhalb der religiös-ethischen Grenzen durch voneinander unabhängige Entscheidungen einer Vielzahl von Haushalten. Daß sich diese Entscheidungen nach den Preisen der zu konsumierenden Güter richten, die sich auf dem Markt bilden beziehungsweise sich geänderten Marktdaten anpassen, ist einleuchtend. Die Zuteilung der Konsumgüter durch den Staat oder auch durch private Organisationsformen (*Waqf*-Stiftungen)[68] einer zentralen Verteilungsstelle ist zwar in der islamischen Lehre nicht untersagt, sie wird aber nur aus ethischen und sozialpolitischen Gründen befürwortet.

Vertreter der modernistischen Lehre des Islams betonen zwar ebenfalls die Freiheit des Konsums, leiten aber aus dem religiösen Verbot des verschwenderischen Konsums eine Einschränkung ab. Solange diese Einschränkung im Sinne eines Einkommensumverteilungsprinzips erfolgt, kann sie ordnungskonform verlaufen. Diese Politik zielt dann auf die Verwirklichung einer gerechten Einkommensverteilung ab. Wenn jedoch die Einschränkung in der Weise erfolgt, daß die Konsumenten bei der Auswahl ihrer Konsumwünsche ihre Entscheidungsfreiheit verlieren (Rationierung, Bezugsscheine), so stellen diese Maßnahmen Interventionen dar, die nicht nur die marktwirtschaftliche Ordnung gefährden, sondern auch gegen islamische Grundsätze verstoßen.

Liberale Modernisten im Islam plädieren für eine im großen und ganzen ordnungskonforme Intervention, um dem Ziel der sozialen Gerechtigkeit zu entsprechen. Verfechter des »arabischen« beziehungsweise »islamischen Sozialismus« lehnen zwar ebenfalls die Abschaffung beziehungsweise eine erhebliche Einschränkung der Konsumfreiheit ab, plädieren aber für eine Verstaatlichung der Produktionsmittel. Der Verbrauchsindividualismus einerseits und eine erhebliche Kontrolle der Produktion andererseits nähern ihre Ordnungsvorstellung der »kooperativen« Ordnungsform an, sprengen damit aber auch die Grenzen der marktwirtschaftlichen Ordnung. Dabei ist zu bemerken, daß einige Vertreter des »arabischen« beziehungsweise »islamischen Sozialismus« im Gegensatz zum Kommunismus und So-

[68] Solche privaten Stiftungen, die durch religiöse Rechtsbestimmungen einen besonderen Schutz genießen, haben in den real existierenden Ordnungen islamischer Länder bei der Erfüllung von Gemeinschaftszwecken eine besondere Rolle gespielt. Zu ihrer Entstehung und ihren Eigentumsverhältnissen vgl. S. 75 ff. dieser Arbeit.

zialismus osteuropäischer Prägung eine direkt durch den Staat geplante Einschränkung des heutigen Konsums zugunsten des zukünftigen Konsums mit dem Ziel, höhere Wachstumsraten zu erreichen, ablehnen.[69] Die Planung im Produktionssektor wird zwar angestrebt, da aber der Konsum der freien Entscheidung der Individuen vorbehalten bleibt, üben die Verbraucher einen erheblichen Einfluß auf die staatliche Produktionsplanungspolitik aus.

Wird nun neben der Produktion und dem Verbrauch die *Distribution* als steuerungspolitisches Kriterium betrachtet, so lassen sich aus der islamischen Lehre hierfür kaum besondere Ansatzpunkte ableiten. Auch bei der Verteilung stehen ethische Axiome wie Gleichheit und Gerechtigkeit im Vordergrund. Diese Axiome im Licht der islamischen Wirtschaftsvorstellung ökonomisch zu interpretieren, bringt erhebliche Probleme mit sich.

In einer rein marktwirtschaftlichen Ordnung bestimmt das Grenzprodukt auch den Preis für die Produktionsfaktoren und deren Einsatz im Produktionsprozeß. Danach bestimmen also die Preise für die Faktorenentgelte (Löhne, Zinsen, Renten, Unternehmergewinne) den Faktoreinsatz und damit die Produktion, aus der letztlich Einkommen resultiert. In der Zentralverwaltungswirtschaft wird hingegen die Produktion vom Staat festgesetzt; das Einkommen der an der Produktion Beteiligten wird dabei zum größten Teil unabhängig von der Produktion vom Staat oder von der zentralen Planungsstelle verteilt.

Geht man davon aus, daß nach der klassischen islamischen Lehre die Produktion von den einzelnen Wirtschaftssubjekten geplant und

[69] Die Einschränkung des heutigen Konsums zugunsten des künftigen Konsums über die staatliche Entwicklungsplanung wird erstens deshalb abgelehnt, weil gegenwärtig das Konsumniveau der Massen sehr niedrig ist und eine zusätzliche Einschränkung mit der Sicherung eines menschenwürdigen Daseins nicht in Einklang gebracht werden kann. Zweitens würde eine solche Einschränkung für die einzelnen ein Opfer bedeuten, das dem Ziel einer humaneren Gestaltung des Lebens, einer besseren Entfaltung der Persönlichkeit und der Freiheit des Individuums entgegensteht. Der Apologet des »arabischen Sozialismus« *Haykal* hebt die diesbezüglichen Unterschiede zwischen »arabischem Sozialismus« und dem Kommunismus sowjetischer Prägung wie folgt hervor: »Communism says that the present does not interest us; we look only toward the future. Arab Socialism says, on the contrary, that the present does interest us .... If the present loses all love of life, the future cannot be created from nothing. Communism says: It is important to sacrifice everything now in order to gain everything tomorrow. Arab socialism says the sacrifice must not exceed its limits, otherwise it will kill the sence of liberty and humanity in the individual.« *Haykal,* Communism and Ourselves, a. a. O., S. 159.

durchgeführt wird, so sind zumindest in bezug auf die funktionelle Verteilung die allgemeingültigen Aussagen der marktwirtschaftlichen Theorie nicht in Frage zu stellen.[70] Sie werden von keiner bestimmten religiösen Etikettierung in besonderer Weise bestimmt und unterliegen den allgemeingültigen ökonomischen Gesetzen. In gleicher Weise kann dies zwar für eine personelle Einkommensverteilung gelten, die sich aus der funktionellen Verteilung unter Berücksichtigung der Eigentums- und Besitzverhältnisse an Produktionsfaktoren, die schließlich für die Einkommensschaffung relevant sind, ableiten läßt.[71] Hierbei können sich erhebliche Unterschiede ergeben, da das Eigentum an Produktionsfaktoren in jeder Gesellschaft unterschiedlich verteilt ist, in extremen Fällen sogar ein Produktionsfaktor unterbeschäftigt ist, demzufolge kein ausreichendes Einkommen erzielt wird, so daß aus wirtschaftspolitischen und sozialpolitischen Gründen eine Umverteilung durch Transferzahlungen – etwa bei Arbeitslosigkeit – notwendig ist.

Diesem personellen Aspekt der Verteilung gelten die im Islam verankerten Grundprinzipien der Solidarität, der sozialen Gerechtigkeit und der Gleichheit, wobei die islamische Lehre zu keiner Zeit so weit gegangen ist, unter Berufung auf diese Grundprinzipien die totale Nivellierung des Einkommens innerhalb der Gesellschaft zu fordern oder zu versuchen, sie auch nur in Ansätzen durchzusetzen. Vielmehr läßt sich sowohl aus dem *Koran* als auch aus der *Sunna* die Forderung nach einer gleichmäßigen Verteilung des Einkommens ebenso ableiten wie eine Rechtfertigung bereits existierender ungleichmäßiger Verteilung.

Was jedoch nach der islamischen Lehre eindeutig abgeleitet werden kann, ist die ethisch-sittliche Verpflichtung der Individuen, für die Sicherung eines Minimums an »sozialer Gerechtigkeit« und für das Gemeinwohl zu sorgen. Dabei erinnert die klassische Lehre an die

[70] Nach der funktionellen Einkommensverteilung werden nur die Anteile der Produktionsfaktoren am Sozialprodukt bestimmt.

[71] Vgl. hierzu im einzelnen *G. Blümle:* Theorie der Einkommensverteilung. Berlin, Heidelberg, New York 1975; *ders.:* Theoretische Ansätze zur Erklärung der personellen Einkommensverteilung. In: *B. Bombach, B. S. Frey, B. Gahlen:* Neue Aspekte der Verteilungstheorie, Tübingen 1974, S. 63 ff.; *B. Külp:* Verteilungstheorie. Stuttgart 1974. Interessante Beiträge zu theoretischen und politischen Aspekten der Einkommensverteilung finden sich ferner in *F. Klauberg* und *H. J. Krupp* (Hrsg.): Einkommensverteilung, Königstein 1981.

Selbstverantwortung und die Verpflichtung durch *Zakāt*, *Saddaqa* und sonstige freiwillige Leistungen sowie an die in der Lehre vorgesehenen Besteuerungen durch den Staat,[72] während die modernistischen Autoren aus der ethisch-sittlichen Verpflichtung weitergehende Interventionen des Staates zur Erreichung von Gleichheit und Gerechtigkeit in der Gesellschaft begründen. Aber auch aus dieser Sicht sind Interventionen, die ordnungspolitische Kriterien der System-Konformität verletzen, kaum ableitbar.[73] Selbst sozialistisch orientierte moslemische Autoren lehnen eine vom Staat oder von einer Zentralstelle durchgeführte umfassende Verteilung ab, um sie mit dem Prinzip der Gleichheit und Gerechtigkeit in Einklang zu bringen.[74] Vielmehr sehen sie in der Umverteilungspolitik die Abschaffung des Mißbrauchs extremer Machtpositionen auf dem Markt ebenso wie die Sicherung des aus der islamischen Religion abgeleiteten Primats der sozialen Gerechtigkeit.

[72] Vgl. hierzu im 1. Teil die Seiten 52 ff. dieser Arbeit.

[73] Selbst der marxistisch orientierte Islamkenner *M. Rodinson* schreibt hierzu: »Der grundsätzliche Widerstand des Islams gegen den Kapitalismus ist ein Mythos, gleichgültig ob diese These in guter oder böser Absicht getragen wird. Auf theoretischer Ebene erhebt die mohammedanische Religion keinen Einspruch gegen die kapitalistische Produktionsweise.« *Rodinson:* Islam, a. a. O., S. 205.

[74] So betonen beispielsweise prominente Ideologen des »islamischen« bzw. »arabischen Sozialismus« im Hinblick auf dieses islamische Idealbild stets den »humanen« Charakter des Islams und des »islamischen« bzw. »arabischen Sozialismus«. So z. B. Al-*Schibāʿī:* Ischtirākijat al-Islam, Kairo o. J.; ferner *M. H. Haykal:* Communism and Ourselves, a. a. O., S. 158 f.; *ders.:* Islamic Socialism, a. a. O., S. 124 f.

IV. Zusammenfassende Beurteilung

Ziel der vorangegangenen Ausführungen war es aufzuzeigen, inwiefern sowohl nach der klassischen islamischen Wirtschaftsauffassung als auch in Anbetracht der mit dem Wandel der Wirtschaftsvorstellungen in der islamischen Welt verbundenen neuen Strömungen eine Wirtschaftsordnung identifiziert werden kann, die das Attribut „islamisch" für sich beanspruchen könnte.

Die sozialreformerischen Vorstellungen der vierziger und fünfziger Jahre sowie das Eindringen des sozialistischen Gedankengutes in die ordnungspolitische Diskussion seit den sechziger Jahren haben dazu geführt, daß in den islamischen Ländern die sozialen Inhalte der islamischen Ordnung für die politische Indoktrination mißbraucht wurden, indem sie leichtfertig mit »Sozialismus« gleichgesetzt und daraus, entsprechend dieser Ideologie und ungeachtet der islamischen Lehrinhalte, die Forderungen nach Umgestaltung der Wirtschaft abgeleitet wurden.

Die islamische Ordnungsvorstellung im Wirtschafts- und Gesellschaftsbereich ist in besonders ausgeprägter Form von einer Dichotomie geprägt. Auf der einen Seite regelt der Islam das Leben in der moslemischen Gemeinschaft und das individuelle Verhalten ihrer Mitglieder bis ins Detail. So werden beispielsweise geistige und rechtliche Rahmenbestimmungen gesetzt, die auch ohne konkrete Wirtschaftsvorstellungen indirekt die entsprechende Ordnung mitbeeinflussen können. Auf der anderen Seite schreibt er für eine konkrete Wirtschaftsordnung kaum Richtlinien vor, die über einige ethisch-sittliche Prinzipien und religiös bestimmte Gebote und Verbote hinausgehen. Das wirtschaftspolitische Ordnungsdenken moderner Prägung ist den Gelehrten islamischer Länder nahezu völlig fremd.

Wenn Rahmenbestimmungen sowie Gebots- und Verbotsgrundsätze näher betrachtet werden, so lassen sich aus der islamischen Lehre allenfalls das Bestreben nach Realisierung beziehungsweise Sicherung des Gemeinwohls sowie andere »nicht operationalisierbare, übergeordnete Staats- und Gesellschaftsziele«, wie Freiheit, Gerechtigkeit, Gleichheit und Sicherheit ableiten, in deren Verwirklichung das *soziale* Element im Islam unterstrichen wird. Diese und andere ethische Werte, die eine »Versittlichung des Wirtschaftlichen« bedeuten, sollen durch das im islamischen Staatsdenken verwurzelte Prinzip der Einheit des »*Dīn wa Dawala*« (Staat und Religion) gewährleisten. Daraus werden dann die Forderungen nach Eingriffen im Sinne von Lenkungen, Beschränkungen und Planungen abgeleitet, um dem sozialen Kerninhalt der islamischen Gesellschaftslehre näherzukommen, ohne dabei jedoch die Freiheit in Frage zu stellen. »Freiheit, Gerechtigkeit und Gleichheit« sind – wie *Müller-Armack* betont – »zweifellos wesensnotwendige Ausprägungen des Sozialen. Kein soziales System vermag auch nur auf einen dieser Werte ganz zu verzichten, ohne die Sittlichkeit in Frage zu stellen. Es ist daher unmöglich, eine zentrale Planbeschränkung auf ein einziges dieser Ziele durchzuführen, ohne in der sozialen Utopie zu landen.“[75]

In diesem Zusammenhang ist es wichtig zu unterstreichen, daß die sozialen Inhalte des Islams auch in der neueren Diskussion des »islamischen Sozialismus« sehr häufig mit dem Sozialismus und Sozialreformismus verwechselt werden. Gegenstand dieser Diskussion ist im wesentlichen die Forderung nach sozialer Besserstellung der ärmsten Bevölkerungsschichten, ohne jedoch die Ordnung des Sozialismus, die sich aus seinen konstitutiven ordnungspolitischen Elementen und seiner politischen Ideologie ergibt, näher zu überprüfen.

Zur Erklärung der Ordnungsgehalte des Islams und zur Kennzeichnung der real-existierenden Wirtschaftsordnungstypen der islamischen Länder wurde versucht, die Eigentumsverhältnisse und Steuerungselemente, die die konstitutiven Kerninhalte einer Ordnung ausmachen, sowohl aus der Sicht der klassischen Lehre des Islams als auch im Hinblick auf die real existierenden Ordnungen und neueren Strömungen zu überprüfen. Während die Eigentumsordnung im Hinblick auf den Systemvergleich der islamischen Länder mit den östli-

[75] *A. Müller-Armack:* Wirtschaftsordnung und Wirtschaftspolitik. Studien und Konzepte zur Sozialen Marktwirtschaft und zur Europäischen Integration. In: *E. Tuchtfeldt* (Hrsg.): Beiträge zur Wirtschaftspolitik, Bd. 4, Freiburg 1966, S. 189.

chen und westlichen Systemen zwar eine besondere Bedeutung erhält, ist sie jedoch nicht in der Lage, die Gestalt der Wirtschaftsordnung hinreichend zu erklären. Aus diesem Grunde war es naheliegend, neben der Eigentumsordnung die allokativen und distributiven Fragen der Steuerung als weitere Kernelemente einer Ordnung aus der Sicht der islamischen Wirtschaftslehren herauszustellen. Diese Elemente spielen für die Erklärung der islamischen Wirtschaftsordnung insofern eine besondere Rolle, als nach der klassisch-orthodoxen islamischen Lehre die Bildung von Konzentration, Marktmacht und Monopolen wegen damit verbundener Ausbeutungsmöglichkeiten von vornherein untersagt ist. Obwohl sich in den real existierenden Ordnungen der islamischen Länder gelegentlich Märkte mit mehr oder weniger hoher Konzentration auf der Angebots- und Nachfrageseite entwickelt haben, blieben sie jedoch in ihren praktischen Auswirkungen nahezu bedeutungslos.[76]
Erst mit dem Eindringen der technisierten modernen Wirtschaftsformen, die zunächst mit der kolonialen Wirtschaft, später mit ausländischen Direktinvestitionen in den vormals traditionell strukturierten Wirtschaften der islamischen Länder einhergingen, bildeten sich quasimonopolistische und oligopolistische Märkte, die jedoch vornehmlich exportorientiert waren.[77]
Aus der Verbindung der Eigentumsverhältnisse mit den allokativen und distributiven Steuerungsverhältnissen lassen sich für eine Ordnungstypologie islamischer Länder folgende Schlüsse ziehen:
1. Nach der klassischen islamischen Lehre ist die Dominanz des Privateigentums unbestritten. Öffentliches Eigentum ist zwar ebenfalls anerkannt, seine Bedeutung ist jedoch gering. Die Lehre geht davon aus, daß die Verwendung des individuellen Eigentums durchaus den persönlichen Nutzen mehren darf, daß sie andererseits jedoch in Einklang mit der sozialen Verpflichtung des einzelnen stehen muß. Die

[76] Selbst der Bodenbesitz konnte wegen der im islamischen Recht vorgesehenen Erbteilung und der damit einhergehenden starken Parzellierung des Bodens kaum zu monopolistischem Besitz führen, wie dies in den westlichen Agrarwirtschaften teilweise der Fall ist, oder in Form von Latifundienbesitz in Lateinamerika oder Großgrundbesitz in vielen Ländern der Dritten Welt beobachtet werden kann.

[77] Dieses Problem ist in der Literatur über die Wirtschaft islamischer Länder ausgiebig diskutiert worden. Aus der Fülle der diesbezüglichen Werke sei besonders hervorgehoben *Z. Y. Hershlag:* Introduction, a. a. O.

Einschränkung des Eigentumsrechts ergibt sich also aus der individuellen und sozialen Verantwortlichkeit des einzelnen gegenüber der Gesellschaft. Auch die Lenkung durch den Markt bei Erhaltung des Wettbewerbs ist als Grundprinzip der allokativen Steuerung ein dominierendes Element des islamischen Wirtschaftssystems. Der Staat sichert die Rahmenordnung der privaten Tätigkeit auf dem Markt, verpflichtet sich gleichzeitig aber auch, diese Tätigkeit wegen ihrer sozialen Auswirkungen einzuschränken, wenn beispielsweise durch Monopolbildung und Machtkonzentration (Monopol- und Spekulationsverbot etc.) die soziale Gerechtigkeit gefährdet oder durch andere Aktivitäten gegen islamische Vorschriften verstoßen wird.
Hieraus ist zu entnehmen, daß die klassisch-islamische Lehre, ihren ethischen Normen entsprechend, Freiwilligkeit, soziale Gerechtigkeit und Solidarität dermaßen stark betont, daß andere konkrete wirtschaftspolitische Ziele eine lediglich untergeordnete Bedeutung erlangen. Insofern kann durchaus gesagt werden, daß die aus den Inhalten der klassischen Lehre abzuleitende Wirtschaftsordnung des Islams weitgehend einer Marktwirtschaft mit dem Imperativ des sozialen Ausgleichs – also der »sozialen Marktwirtschaft« – am nächsten kommt. Die Überbetonung der sozialen Inhalte der islamischen Wirtschaft kann aber mit der »sozialen Marktwirtschaft« nicht gleichgesetzt werden. Denn die »Erfüllung des sozialen Gehaltes der Wirtschaft« bedeutet in der sozialen Marktwirtschaft die Notwendigkeit, soziale Sicherungen in eine staatliche Ordnung einzubeziehen. Der Staat nimmt durch seine Umschichtungen soziale Interventionen vor, die jedoch auf das System der Marktwirtschaft abgestellt werden. Das heißt, daß hinter den Eingriffen der staatlichen Wirtschaftspolitik die Funktionsweise des Marktes sichtbar bleibt, daß diese nicht gestört und, wenn möglich, gar noch verbessert wird.[78] Sowohl die »sozialen Umschichtungen« durch den Staat als auch der Grundsatz der »Marktkonformität« sind Gedanken, die weder in wirtschaftspolitischen Grundsätzen des klassischen noch in den modernistischen Varianten des Islams in der Neuzeit enthalten sind.
Darüber hinaus ist für die Erfüllung des sozialen Gehaltes der »sozialen Marktwirtschaft« die soziale Sicherung durch den Staat in Form einer Reihe von wirtschaftspolitischen Maßnahmen vorgese-

[78] Vgl. *Müller-Armack:* Wirtschaftsordnung, a. a. O., S. 254.

hen, während es in der islamischen Wirtschaftslehre an solchen weitgehenden konkreten Maßnahmenkatalogen fehlt. Die Verpflichtung des Moslems zur Zahlung von *Zakāt*, *Saddaqa* etc. war in der Zeit des klassischen Islams ein erheblicher sozialer Fortschritt. Sie ist heute jedoch nicht in der Lage, den Anforderungen des modernen sozialen Sicherungskomplexes auch nur annähernd gerecht zu werden. Letztlich bleiben die sozialen Gehalte der islamischen Lehre weiterhin eine Utopie, während das Sicherungssystem der »sozialen Marktwirtschaft« eine konkrete Wirklichkeit ist. Gleichwohl bleibt die Analogie mit der »sozialen Marktwirtschaft« insofern bestehen, als die islamische Lehre auf die Freiwilligkeit der Individuen und auf das staatliche Eingriffspinzip abstellt, um den sozialen Ausgleich in der Gesellschaft herbeizuführen und jeglicher ökonomischer Machtkonzentration entgegenzuwirken.
Ordnungspolitisch interessant ist in diesem Zusammenhang die zunehmende Bedeutung des privaten *Waqf*-Besitztums im Islam. Aufgrund ihrer Größe und privaten Wirtschaftsführung einerseits und angesichts ihrer der Förderung des Gemeinwohls dienenden Aufgaben andererseits könnten theoretisch neue Ordnungstypen entstehen, in denen zwar das erwerbswirtschaftliche Streben nach marktwirtschaftlichen Gesetzen vorherrschend bleibt, die Verwendung des Gewinns jedoch primär zur Förderung des Gemeinwohls verpflichtet wird. Seit jeher spielte eine solche Wirtschaftsform, die entsprechend der islamischen Soziallehre die freiwillige soziale Verantwortung des privaten Eigentums in den Vordergrund stellt, als wichtiger Bestandteil der Gesamtordnung in den islamischen Staaten eine erhebliche Rolle.
2. Die modernistischen Vertreter des »arabischen« beziehungsweise des »islamischen Sozialismus«, die sich auf das aus dem islamischen Recht entwickelte Prinzip des *»Istislāh«* beziehungsweise *»Masālih«* berufen, anerkennen zwar das »erarbeitete Privateigentum als essentielles Recht eines jeden Menschen«,[79] lehnen jedoch jegliche Konzentration des Eigentums und Vermögens ab. Für die Steuerung betrachten sie die Eingriffe des Staates als notwendiges Kriterium der

[79] *Haykal:* Communism and Ourselves, a. a. O., S. 158. Vgl. ferner *M. 'Aflaq:* Fi Sabil al-Baath, Beirut 1963, S. 122 ff.; *ders.:* The Socialist Ideology, a. a. O., S. 190 f.; *Ibrahim:* Arab Socialism, a. a. O., S. 206 ff.; *Shaltut:* Socialism and Islam, a. a. O., S. 131 sowie *Al-Schibā'ī:* Islamic Socialism, a. a. O., S. 124 f.

Sicherung des öffentlichen Interesses und des Gemeinwohls, wobei sich für sie die Frage der Marktkonformität gar nicht erst stellt oder von sekundärer Bedeutung bleibt. Aus der Kombination der unterschiedlichen Konzepte für das Eigentum an Produktionsmitteln und hinsichtlich allokativer und distributiver Eingriffe des Staates ergeben sich aus dieser Sicht Mischordnungen, die sich sowohl dem Typus der »kapitalistischen Lenkungswirtschaft« als auch dem der »sozialistischen Marktwirtschaft« nähern, mit ihnen jedoch nicht identisch sind. Betrachtet man den Tatbestand, daß die Vertreter des »arabischen« beziehungsweise »islamischen Sozialismus« übereinstimmend grundsätzlich die individuelle Freiheit anerkennen, darüber hinaus aber gleichzeitig weitgehende Eingriffe in das Marktsystem fordern beziehungsweise Lenkungsfunktionen des Staates hinsichtlich der Sicherung der freien Konsumwahl, der freien Berufswahl, der Förderung der landwirtschaftlichen Kleinbetriebe, des Handels, des Handwerks und der Industrie akzeptieren, so ergeben sich weitere Mischformen der in den islamischen Ländern konkret verbreiteten und angestrebten Wirtschaftsordnungen, deren Vielfalt anhand des theoretischen Modellschemas nicht erfaßt werden kann. Hieraus ergibt sich zunächst, daß »islamischer Sozialismus«, der die wirtschaftlichen Ordnungsvorstellungen einiger arabischer Länder wiedergeben soll, eine Erscheinungsform bleibt, die im Grunde weder mit den Grundsätzen des Islams noch mit denen des Sozialismus zu vereinbaren ist. Nicht selten sind dabei ehemals soziale Kerninhalte der islamischen Lehre zutiefst mißverstanden und in ungerechtfertigter Weise dem Sozialismus gleichgesetzt worden. Zum anderen haben aber auch politische Erwägungen eine wesentliche Rolle gespielt, angesichts der Erstarrung des evolutionären wie revolutionären Charakters des Islams den Wandel der Wirtschafts- und Gesellschaftsordnung mit der Einführung eines propagierten »islamisierten« Sozialismus herbeizuführen, der die Wünsche der Massen der islamischen Bevölkerung zufriedenstellen soll. Ob sich aus den modernistischen Auffassungen des »islamischen Sozialismus« eine »optimale Ordnung« erreichen läßt, in der die Inhalte des sozialistischen Gedankengutes mit denen des Islams vereinigt werden, ist angesichts der tiefen Gegensätze zwischen der Lehre des Islams und der Ideologie des Sozialismus unter der Voraussetzung der Existenz einer pluralistischen Ordnung kaum zu beantworten.

Schon eher lassen sich in dieser Richtung die noch in vager Form verbreiteten Vorstellungen der islamischen Modernisten begründen, nach denen die direkte Kontrolle des Eigentums an Produktionsmitteln nach dem theoretischen Prinzip der direkten Demokratien, die Wirtschaftsführung unabhängig vom staatlichen Einfluß etwa nach dem genossenschaftlichen Prinzip und die Verteilung der Produkte über den Markt erfolgen soll. Damit würde die im Islam anerkannte Verankerung des Privateigentums formaljuristisch nicht in Frage gestellt und der soziale Charakter solcher Selbstverwaltungen mit der »humanen« Gestaltung der Gesellschaft erklärt werden können.[80] Ob allerdings solche Vorstellungen in der islamischen Welt realisiert werden und welche schwierigen ökonomischen Probleme damit verbunden sein können, ist kaum einschätzbar. Diese Organisationsformen sind jedenfalls in konkreter Form in noch keinem islamischen Land auch nur annähernd verwirklicht worden.

3. Noch schwieriger ist eine Aussage über die fundamentalistischen Vorstellungen einer Wirtschaftsordnung zu treffen, wenn die konstitutiven Kernelemente zugrunde gelegt werden sollen.

Entsprechend diesen Elementen ist die fundamentalistische Lehre generell zwischen der klassischen islamischen Lehre und der Lehre der »islamischen Sozialisten« einzuordnen.

Was das Privateigentum anbelangt, so wird es in der Form anerkannt, wie es im *Koran* und im *schi'itischen* Verständnis der *Hadīthe* und der Lehre der *Imāme* verankert ist und deshalb als »göttliches Gesetz« gilt. Dies betrifft insbesondere das »legitim erworbene Einkommen«, dessen Unantastbarkeit besonders deutlich unterstrichen wird. Hingegen wird das private Eigentum an Produktionsmitteln wegen der damit verbundenen potentiellen Ausbeutungsmöglichkeiten abgelehnt. Als gemeinschaftliches Eigentum gelten nach dem *schi'itischen* Fundamentalismus neben natürlichen Ressourcen ebenfalls Großindustrien, Banken und Versicherungen sowie der Verkehrssektor. Auch genossenschaftliches Eigentum wird akzeptiert. Die modernistischen *Schi'a*-Ideologen, wie *Baqer-Sadr*, *Schari'atī* und *Banī-Sadr*, sehen in

[80] Im industriellen Bereich sind ähnliche Wirtschaftsorganisationen aus dem Beispiel des jugoslawischen »Selbstverwaltungsmodells« allgemein bekannt. Ob und inwieweit ein solches ordnungspolitisches Modell der Arbeiterselbstverwaltung mit gesellschaftlichem Eigentum – wie in der Literatur häufig postuliert – »humane Substanz« aufweist, ist in prägnanter Form von *Watrin* analysiert worden. Vgl. *Chr. Watrin:* Gesellschaftliches Eigentum und Arbeiterselbstverwaltung – ein Weg zur Humanisierung der Gesellschaft? In: ORDO, Bd. 26 (1975), S. 80 ff.

diesem Eigentumskonzept einen erfolgversprechenden Weg zur Verwirklichung einer »gerechten« Gesellschaftsordnung.[81]
Die Akzeptanz sowohl von öffentlichem als auch privatem Eigentum ergibt somit letztlich ein gemischtes Lenkungssystem, wonach Markt und Staat Steuerungsfunktionen übernehmen. Darüber hinaus erlaubt die *schi'itische* Staatslehre auch die Kontrolle des Wirtschaftsgeschehens durch das Wächteramt des *Imāms* beziehungsweise des *Faqīh.*
Insgesamt kann daher gesagt werden, daß im *schi'itischen* Fundamentalismus die Vorstellung einer gemischten Wirtschaftsordnung vorherrscht, Wirtschaftslenkung und diskretionärer Interventionismus demzufolge nebeneinander bestehen.

[81] Vgl. hierzu *Katouzian:* Shiism and Islamic Economics, a. a. O., S. 147

Schlußbetrachtung

Wie die Betrachtungen zum Wirtschaftsdenken im Islam und somit zur islamischen Wirtschaftslehre sowie zu den entsprechenden Ordnungsvorstellungen gezeigt haben, ist eine Wirtschaftsordnung, die islamische Grundsätze berücksichtigt, zunächst im wesentlichen vom ideologischen Ansatz her zu erklären. Dieser ergibt sich aus den dogmatischen Inhalten der primären und sekundären Rechtsquellen, die sich im islamischen *Scharī'a*-Recht verfestigt haben.
Wenn auch das als »gottgewollte Ordnung« verstandene islamische Gemeinwesen noch heute als politisch-ideologische Kraft eine erhebliche Faszination auf die Masse der Bevölkerung in den islamischen Staaten ausübt, so ist gleichzeitig zu konstatieren, daß das *Scharī'a*-Recht auch in seiner endgültigen Ausgestaltung kaum Richtlinien enthält, die als Fundament für eine moderne arbeitsteilige Wirtschaft gelten könnten. Um so fataler ist es für die Wirtschaft, aber auch für die anderen Bereiche des Lebens, daß die ursprüngliche Flexibilität des *Scharī'a*-Systems gemäß dem Konsens der Gelehrten (*Idjmā'*) mit der Unterbindung des Prinzips *Idjtihād* verlorenging. *Cahen* ist deshalb zuzustimmen, wenn er die Erstarrung des Islams auch auf diese Umstände zurückführt.[1] Dies wird auch durch das zeitweilige Wiederaufblühen der islamischen Teilreiche einschließlich des islamischen »Osmanenreiches« bestätigt. Denn trotz des großen Reichtums eroberter Gebiete und des Bestehens der Kontrolle über den internationalen Handel wurde keine dynamische Entwicklung, wie sie in der ersten Periode typisch war, erreicht, da die *'Ulamā* durch ihre Machtstellung, ihre Autonomie sowie ihre vielfältigen Privilegien bis zum Ende des 19. Jahrhunderts eine Reformierung des *Scharī'a*-Rechts er-

[1] *Cahen:* Der Islam I, a. a. O., S. 341.

folgreich verhindern konnten. Die Verkrustung der Wirtschaftsstrukturen in den islamischen Ländern wurde besonders deutlich, als die technisch und wirtschaftlich stark überlegen gewordenen europäischen Mächte während des 18. und 19. Jahrhunderts in die islamischen Reiche eindrangen. Die europäische Entwicklung nahm »denen, die ihr nicht zu folgen vermochten, die Möglichkeit einer dauerhaften Selbstbehauptung, und die Konkurrenz und spätere Herrschaft des Abendlandes mußte dem Islam den wirtschaftlichen Ruin bringen und ihn damit auch von seiner kulturellen Höhe herabstürzen".[2]

Wenn auch im Islam die Religion beeindruckende kulturelle Leistungen ermöglichte, so kann doch deren rechtlich-institutionelle Rahmenordnung als Hemmnis für eine moderne wirtschaftliche und technologische Entwicklung angesehen werden. Die offensichtlich einzige Möglichkeit, mit der ökonomischen Entwicklung der westlichen Industriestaaten Schritt zu halten, besteht somit darin, eine generelle Anpassung der Religion an die veränderten sozioökonomischen Gegebenheiten herbeizuführen.

In diesem Zusammenhang wäre die Wiedereinführung des *Idjtihād* als adäquater Ansatz geeignet. Dies wird auch von modernistisch gesinnten Moslemjuristen vertreten. Da aber eine solche Flexibilisierung des *Scharīʿa*-Rechts in der Praxis nicht zu realisieren ist, fordern sie eine stärkere »pragmatische Haltung« der Rechtsgelehrten bei der Konsensfindung sowie Konsultationen zwischen den islamischen Ländern,[3] um Anpassungen an neue Bedingungen zu ermöglichen, insbesondere hinsichtlich der Finanzverfassung, des Geld- und Kreditwesens sowie des Erb- und Eigentumsrechts. Hiervon kann auch das sehr differenziert angewandte Gewohnheitsrecht, in dem Religion, Tradition und Wirtschaft untrennbar verknüpft sind, nicht ausgenommen werden.

Da eine solche Übereinstimmung angesichts der unterschiedlich heftigen Revitalisierungsbestrebungen des Islams in vielen Staaten nicht in Sicht ist, ist das Entstehen zunehmender Diskrepanzen zwischen den vom Islam vorgegebenen rechtlichen Bedingungen und der tatsächlichen Entwicklung, besonders auf dem Gebiet der Wirtschaft, unvermeidlich. Die Überbrückung dieser Kluft wird sicherlich systemin-

[2] Ebenda, S. 110.
[3] Vgl. *Khoury:* Das islamische Rechtssystem, a. a. O., S. 17.

konforme Maßnahmen erfordern. Die Vergangenheit zeigt jedoch, daß gerade systeminkonformes Verhalten, vor allem der am Wirtschaftsprozeß Beteiligten, in der Praxis durchaus gegeben war. Das Eindringen moderner Wissenschaften und neuer Technologien, auf liberalen Ideen aufbauender Gesetzgebungen sowie neuer ökonomischer Vorstellungen bewirkte darüber hinaus Änderungen der sozioökonomischen Strukturen vieler islamischer Staaten. Im Gefolge dieses Wandlungsprozesses kam es zu einer noch stärkeren Verfestigung des bestehenden Dualismus auf wirtschaftlicher und gesellschaftlicher Ebene.

Die Ansätze zur Lösung der daraus entstehenden Probleme können im wesentlichen in drei Kategorien unterteilt werden.

1. Ansätze, die eine Homogenisierung und Modernisierung von Wirtschaft und Gesellschaft islamischer Staaten nach westlichem Muster zum Ziel haben. Beispielsweise wurde im Osmanischen Reich versucht, nicht nur das moderne europäische Wirtschaftsrecht zu übernehmen, sondern auch andere Bereiche, etwa das Zivilrecht, zu reformieren. Mit der Gründung der Türkischen Republik wurde die säkulare Modernisierungspolitik konsequent fortgeführt. Nach dem Vorbild der Türkei wurden in vielen anderen islamischen Staaten ebenfalls Wirtschaft und Gesellschaft, wenn auch in differenzierter Form und unterschiedlicher Intensität, reformiert. Insgesamt blieben diese Bestrebungen jedoch wenig erfolgreich oder lösten sogar Gegenbewegungen aus, wie die Beispiele Afghanistan Ende der zwanziger Jahre, Iran seit Ende der siebziger Jahre sowie in jüngster Zeit Libyen, Sudan und Pakistan deutlich machen. Wenn auch für das Scheitern einer solchen Modernisierungspolitik in den einzelnen islamischen Staaten entsprechend dem ökonomischen Entwicklungsstand unterschiedliche Ursachen bestehen, so gilt dennoch für alle betroffenen Staaten, daß für die Durchsetzung einer raschen säkularen Modernisierung und Industrialisierung keine ausreichende »gesellschaftliche Basis« gegeben war.[4]

2. Ansätze, die eine Homogenisierung und Modernisierung von Wirtschaft und Gesellschaft islamischer Staaten unter Berücksichtigung sozialreformerischer und sozialistischer Ideen zum Ziel haben. Unter der Bezeichnung »arabischer Sozialismus«, »islamischer Sozialismus«

[4] *Tibi:* Die Krise, a. a. O., S. 186.

und »Ba'thismus« wird in den betroffenen Staaten versucht, diese Vorstellungen, die der Tradition moderner Industriegesellschaften entstammen, mit den islamischen Grundwerten und sozialen Bedürfnissen in Einklang zu bringen. Dabei werden die bestehenden Diskrepanzen insbesondere im kulturellen und sozialen Bereich ignoriert. In diesem Zusammenhang ist festzustellen, daß »der Begriff des Sozialismus in der ›Dritten Welt‹ fast immer des konkreten Inhalts überhaupt entbehrt oder an die Verhältnisse einer undifferenzierten Wirtschaft anknüpft und deshalb keinen Bezug auf die Fragen hat, die im ›Westen‹ auf der Tagesordnung stehen«.[5] Tatsächlich beschränkt sich die islamische Vorstellung über den Sozialismus darauf, lediglich die ethischen Axiome der »sozialen Gerechtigkeit« und der »Gleichheit« hervorzuheben. Eine Konkretisierung beziehungsweise Operationalisierung dieser Ziele, die im Prinzip wirtschaftlichen Zielen übergeordnet sind, erfolgt hingegen nicht.

Insofern ist der Bezug auf »sozialistische« Vorstellungen im Grunde lediglich nur damit verbunden, eine Verkürzung des Entwicklungsweges durch die Veränderung festgefügter, nicht immer den Interessen der Allgemeinheit dienender sozioökonomischer Strukturen herbeizuführen. Dabei stehen zum einen die Beseitigung der Armut, für deren Entstehung eine zu starke Berücksichtigung ausländischer Wirtschaftsinteressen verantwortlich gemacht wird, und zum anderen die Schaffung eines Ausgleichs zwischen den traditionellen islamischen Werten und den modernen revolutionär wirkenden Wissenschaften und Technologien im Vordergrund.

Daß trotz des bestehenden tiefen Gegensatzes zwischen Islam und Sozialismus der Begriff »islamischer Sozialismus« Anwendung findet, läßt sich damit erklären, daß hierdurch eine erhebliche Mobilisierung der Bevölkerung für die Akzeptanz der Maßnahmen zur Realisierung der erwähnten Ziele erreicht werden kann. Dabei stützt man sich vor allem auf die vermeintlich mit dem Islam zu vereinbarenden sozialistischen Vorstellungen über »Gleichheit« und »Gerechtigkeit«.

3. Ansätze, die eine Wiedererweckung traditioneller islamischer Werte zum Ziel haben und die somit als Reaktion auf die beiden letztgenannten Alternativen zu verstehen sind. Als Ursache für das Wiedererstarken dieser fundamentalistischen Anschauung in der islamischen

[5] C. *Landauer:* Die linksradikale Romantik, Heustenstamm 1975, S. 102.

Welt können die vielfachen Fehlschläge beziehungsweise wirtschaftlichen Fehlentwicklungen angesehen werden, die von den Fundamentalisten allesamt der Verfolgung der bereits erwähnten Ansätze zugeschrieben werden. Entsprechend sind durch die Revitalisierungsbestrebungen in einigen islamischen Ländern politische Änderungen herbeigeführt worden, die mit den westlichen Vorstellungen von einem modernen Staat nicht vereinbar sind. In diesem Zusammenhang wurde deutlich, daß die fundamentalistische Version des Islams den Staat ausschließlich als ein Gemeinwesen versteht, in dem die »gottgewollte Ordnung«, basierend auf der Unantastbarkeit der *Schari'a*, verwirklicht ist.[6]

Gemäß dieser Auffassung wird von den Fundamentalisten auch auf ökonomischem Gebiet eine Rückbesinnung auf die wirtschaftlichen Inhalte der *Schari'a*-Ordnung gefordert, wobei keine flexible Interpretation der *Schari'a* zugelassen wird. Zu bedenken ist dabei, daß sich das *Schari'a*-System, was die wirtschaftlichen Inhalte anbelangt, auf den *koranischen* Prinzipien aufbaut, die zum Teil zwar eindeutig sind (Zinsverbot, Monopol- und Spekulationsverbot usw.), jedoch auch häufig sehr vage oder umstritten formuliert sind, so zum Beispiel bezüglich der Einführung neuer Steuern, der Sicherung des nach der islamischen Lehre sehr dehnbaren Begriffs des Gemeinwohls und damit auch hinsichtlich möglicher Eingriffe des Staates in die Wirtschaft.

Insgesamt ist daher zu betonen, daß eine Politik, die darauf ausgerichtet ist, die sogenannte »Reislamisierung« auf wirtschaftlichem Gebiet zu verwirklichen, kaum in der Lage sein wird, den vielfachen Aufgaben einer modernen, arbeitsteiligen Wirtschaft gerecht zu werden. Dies gilt sowohl für die Modernisierung einer bislang primitiv ausgestatteten Landwirtschaft als auch für eine forcierte Industrialisierung sowie für den Aufbau eines leistungsfähigen Dienstleistungssektors. Vielmehr sind hierfür ein differenziertes Rechtssystem, eine klar definierte Gesetzgebung sowie letztlich ein flexibles Verwaltungssystem erforderlich.

Die besonderen Entwicklungsprobleme der islamischen Staaten, die sich aus einer unzulänglichen Faktorausstattung, aus der zunehmenden Urbanisierung, begünstigt durch Bevölkerungsexplosion und

[6] Vgl. hierzu auch *T. Nagel:* Liberalismus im Islam – eine Utopie? In: CIVIS – Vierteljahresschrift für freie Bürger in einem freiheitlichen Staat, Nr. 4 (1984), S. 63.

Landflucht, sowie aus Instabilität und Unzuverlässigkeit des Verwaltungsapparates ergeben, erfordern eine breitangelegte Modernisierungspolitik, die in der Lage ist, die notwendigen strukturellen Wirtschaftsgrundlagen in diesen Ländern zu schaffen. Eine Rückkehr zu den reinen Inhalten der orthodoxen Wirtschaftslehre erscheint insofern als ungeeigneter Ansatz, wenn man zudem bedenkt, daß sich auch entgegen den Widerständen der Orthodoxie im Laufe der wirtschaftlichen Entwicklung Strukturen herausgebildet haben, die kaum rückgängig gemacht werden können.

Abschließend ist festzuhalten, daß die Vertreter sowohl des sozialkonservativen Fundamentalismus als auch der sozialreformerischen und sozialistischen Strömungen im Islam davon ausgehen, daß ihre Vorstellungen und Ideologien mit der Sicherung von »sozialer Gerechtigkeit«, von »Gleichheit« und von »Solidarität« gleichzusetzen sind. Daß dies allenfalls für einen »Verteilungsstaat« zutrifft, der auf nahezu unbegrenzte Ressourcen zurückgreifen kann, um eine ständige Nivellierung der permanent auseinanderklaffenden Einkommensunterschiede entweder durch direkte Zuwendungen oder durch indirekte Subventionen herbeizuführen, wird dabei jedoch nicht gesehen. Da aber ein solcher »Verteilungsstaat« Utopie bleibt, können sozialpolitische Reformen zur Erlangung »sozialer Gerechtigkeit« allein über eine vom Staat durchzuführende Umverteilung der wirtschaftlichen Wertschöpfung ermöglicht werden. Es erscheint jedoch höchst fraglich, ob angesichts der zum Teil völlig unzureichenden Produktion bei gleichzeitig bestehender Sozialisation wesentlicher Wirtschaftsbereiche eine solche staatliche Umverteilungspolitik realisiert werden kann. Da die islamische Wirtschaftslehre im Prinzip weder eine Sozialisation kennt noch die Einführung zum Beispiel progressiver Steuern vorsieht, bleibt die Sicherung von »sozialer Gerechtigkeit« und »Gleichheit« lediglich ein »ethisches« Axiom.

Welche der genannten Richtungen auch immer die wirtschaftliche und gesellschaftliche Entwicklung in den islamischen Ländern bestimmen wird, allen Vorstellungen gemeinsam ist der Wunsch, die gegenwärtig bestehende Krisensituation der islamischen Staaten zu überwinden. Hierzu werden Konzepte gesucht, die nicht immer mit den in den europäischen Staaten bestehenden zu vergleichen sind. Welches Ordnungskonzept auch angestrebt wird, seine Verwirklichung wird in jedem Fall von heftigen inneren Auseinandersetzungen sowie von massiven äußeren Konflikten und Spannungen begleitet sein.

Zur Transkription arabischer und persischer Wörter

	Umschrift	Aussprache
ا	ā	erscheint als Verlängerung von a
ب	b	–
پ	p	–
ت	t	–
ث	th	scharfes englisches th
ج	dj	wie englisches g, z. B. bei german
ح	ḥ	starkes, in der Kehle ausgesprochenes h
خ	ch	wie ach
چ	tsch	–
د	d	–
ذ	dh	im arabischen weiches, stimmhaftes d im persischen stimmloses s
ر	r	–
ز	s	stimmloses deutsches s wie Sonne
ژ	š	stimmhaftes sch wie französisch jour
س	s	scharfes s wie essen
ش	sch	–
ص	ṣ	emphatisches s
ض	ḍ	im arabischen emphatisches, dumpfes d im persischen stimmloses, deutsches s
ط	ṭ	emphatisches, dumpfes t

	Umschrift	Aussprache
ظ	ẓ	emphatisches, dumpfes s
ع	‹	stimmhafter Kehllaut
غ	gh	schnarrender Kehllaut zwischen g und r wie französisches René
ف	f	–
ق	q	emphatisches, in der Kehle ausgesprochenes k
ك	k	–
گ	g	–
ل	l	–
م	m	–
ن	n	–
ه ، ه	h	–
و	w, u, ū	wie englisches w, water; ū = langes u
ی	j, i, ī	– ; ī = tiefes i, wie sie
ء	›	fester Stimmeinsatz

Glossarium

Verzeichnis der im Text verwendeten arabisch-persischen Begriffe und Bezeichnungen

ʿAbbāsiden	Eine Kalifatsdynastie, deren Bezeichnung auf *ʿAbbās,* den Onkel des Propheten, zurückgeht. Die ʿAbbāsiden herrschten in der Periode 750–1258 in Baghdād	عباسيه
Achbārīya (Akhbārīya)	Eine traditionalistische Richtung der Zwölferschiʿa, die den als echt anerkannten Akhbār (Mitteilung) der Imāme beim Verständnis des Koran und der Hadithe die vorrangige Bedeutung beimißt	اخباريه
Achlāq	Ethik	اخلاق
ʿAdālat	Gerechtigkeit	عدالت
ʿĀdat	Gewohnheit. Im islamischen Rechtssystem eine ergänzende Rechtsquelle	عادت
Ahl al-Hadith	Bezeichnet die Partei sowie Anhänger, die in islamischen Rechtsfragen ihre Argumentation auf Hadithe (→ Hadith) begründen	اهل الحديث
Ahl al-Kitāb	Anhänger der Schrift. In der islamischen Lehre wird der Begriff jedoch nur für Moslems (Koran), Juden (Thora) und Christen (Bibel) verwendet	اهل الكتاب
Ahl ar-Raʾy (Ashāb ar Ray)	Bezeichnet Leute, die aufgrund ihrer Ausbildung und Argumentationskraft in Fragen des islamischen Rechts zu individueller Urteilsfähigkeit gelangen	اهل الرأى

Ahl as-Sunna wa l-Djamā'a	Anhänger der Sunna (→ Sunna)	اهل السنة و الجماعه
Ahmadiya	Eine umstrittene islamische Sekte, die ihre Lehre auf die Interpretationen des Gholām Ahmad Qādiānī (1839–1908) zurückführt und heute besonders in Pakistan, Indien und Westafrika verbreitet ist	احمديه
Al-Ahrām	Plural von Heram (Pyramide), Name der bekanntesten ägyptischen Tageszeitung	الاهرام
Al-Amr bil Ma'rūf wa al-Nahj'an al-Munkar	Die Befolgung des islamischen Gebots- und Verbotsprinzips	الامر بالمعروف والنهى عن المنكر
Al-Ikhwān al-Muslimun (Ikhwān Muslimin)	Moslembruderschaft. Eine militant-fundamentalistische pan-islamische Bewegung	الاخوان المسلمون (اخوان مسلمين)
'Ālim	Der Wissende, der Kenner, der Gelehrte. Plural 'Ulamā	عالم
Al-Kitāb	Das Buch. Gemeint ist damit der Koran	الكتاب
Ansār	Wörtlich: Helfer, verwendet speziell für die Moslems von Medina, die Mohammed nach der Hidjra in ihrer Stadt aufgenommen und ihm geholfen haben	انصار
'Aqīda (s.) 'Aqā'id (pl.)	Der Glaube, die Glaubenslehre	عقيده ، عقايد
Ashar (al-Azhar)	Wörtlich: die Leuchtende. Name der Universität in Kairo	ازهر
Assassinen	Bezeichnung für Nisār – und Hassan Sabā – Anhänger einer ismā'ilitisch-schi'itischen Sekte, die durch Terrorakte den Sunnismus im Seldjukenreich bekämpfte	حشيشيون
Athnā 'Aschara	Zwölferschi'a. Die Hauptrichtung im heutigen Schi'ismus, die sich zur absoluten Autorität der 12 Imāme bekennt	اثنا عشره
Āyat Āyāt	Zeichen (für die Güte und die Allmacht Gottes); Verse des Korans	آيت ، آيات
Āyatollāh	Zeichen Gottes, Ehrenbezeichnung für die höchsten religiösen Gelehrten im Schi'ismus	آيت الله

Āyatollāh al-ʿUsmā	Der ranghöchste Āyatollāh	آیت الله العظمی
Ayūbi	Die Dynastie der Ayūbiden, eine türkisch-kurdische Abstammung, die 1169 die Fātimiden stürzte und bis zu ihrer Beseitigung durch die Mamluken 1250 herrschte	ایوبی
Bāb	Wörtlich: das Tor. Bezeichnung für den in Schirās geborenen Begründer des Bābismus, Saiyed ʿAlī Mohammad (etwa 1819–1850), aus dessen Lehre sich der Bābismus, später die Bahāʾī-Sekte, entwickelte	باب
Bābismus	Die Lehre des Bāb, Vorläufer der Bahāʾī-Sekte	بابیسم
Bahāʾī	Die aus dem Schiʿismus entstammende Sekte, die sich als eine pazifistische Universalreligion versteht. Der Bahāʾīsmus geht auf die Lehre vom Bābismus (→ Bāb), speziell auf Mirsā Hussein ʿAlī Nūrī Bahāʾullāh (1817–1892) und seinen Sohn ʿAbdul Bahā zurück	بهائي
Baʿth	Wiederauferstehung, Erneuerung	بعث
Baʿthismus	Die Ideologie der in Syrien und im Irak herrschenden Baʿth-Partei	بعثیزم
Bidʿa	Neuerungen, die zumeist als ketzerische Lehren verstanden und vom orthodoxen Islam abgelehnt werden	بدعه
Chalāfat (Kalifat)	Lehre der weltlichen und religiösen Nachfolgeschaft im Islam	خلافت
Charadj (Kharadj)	Grundsteuer. Ursprünglich wurden damit nur die nichtmoslemischen, später jedoch z. T. auch moslemische Grundbesitzer belastet	خرج
Cholafā al-Rāschidūn (Cholafāʾe Rāschidīn)	Die rechtsgeleiteten Kalifen. Die Bezeichnung wird im Sunnismus nur für die ersten 4 Kalifen (Abubakr, Omar, Othman und Ali) verwendet	خلفاء الراشدون خلفای راشدین
Choms	Ein Fünftel. Im schiʿitisch-islamischen Steuersystem speziell die für die Geistlichkeit bestimmten Einnahmen	خمس

Dār-ul-ʿAhd	Länder, die mit den islamischen Staaten Vertragsvereinbarungen unterhalten	دار العهد
Dār-ul-Funūn	Wörtlich: Haus der Wissenschaften. Bezeichnung der Vorläufer der Universität Teheran	دار الفنون
Dār-ul- Ḥarb	Länder, die sich mit dem Islam im Krieg befinden	دار الحرب
Dār-ul-Islām	Länder des Islams, d. h. Länder, in denen der islamische Glaube herrscht und in denen die soziopolitische Ordnung des Islam besteht	دار الاسلام
Devsirme	Knabensteuer. Abgabe von Knaben in den eroberten christlichen Ländern zur Bildung der Janitscharen-Armee im Osmanischen Reich	
Dhimmi	Schutzbefohlener. Bezeichnung für die unter dem Schutz des islamischen Herrschers stehenden Nichtgläubigen	ذمی
Dhāmin (persisch: Sāmin)	Der Garant, speziell: Garantie für die Schuldübernahme bei Verträgen durch einen Dritten	ضامن
Dīn	Glaube	دين
Dīn wa Dawala	Religion und Staat. Gemeint ist i. d. R. die Einheit von Religion und Staat im Islam	دين والدوله
Dīwān	Ursprünglich das Verzeichnis der Soldberechtigten nach einer bestimmten Rangordnung. Später wurden damit auch die Grundbücher und Verzeichnisse der Staatsverwaltung, insbesondere in Finanz- und Steuerangelegenheiten, bezeichnet	ديوان
Dīwān al-Ḍhiāʿ	Buch der Landgüter (Herrschaften)	ديوان الضياع
Dīwān al-Kharādj	Verzeichnis der Grundsteuern	ديوان الخرج
Djihād	Heiliger Krieg. Ein auf dem Koran basierendes Prinzip des Kampfes gegen Ungläubige	جهاد

Djisja	Abgeleitet vom Wort Djasā (Strafe). Spezielle Kopfsteuer, die von den in der islamischen Gemeinschaft lebenden Nichtmoslems zu entrichten war	جزيه
Emānat *(Amānat)*	Treuhänderschaft. System im osmanischen Reich, wonach die Verwaltung des Landes einem Treuhänder übertragen wird, der die Einnahmen des Landes dem Staat überführt	امانت
Faqīh (s.) *Fuqahā (pl.)*	Der qualifizierteste Rechtsgelehrte (→ Schiʿismus)	فقيه فقها
Falsafa	Philosophie	فلسفه
Fātimiden	Eine schiʿitsch-arabische Dynastie, die von 909–1171 in Ägypten herrschte	فاطميان ، فاطميه
Feddāīyīn Chalq	Volksfedāʾiyīn, eine militant-revolutionäre marxistisch-leninistische Guerillagruppe	فدائين خلق
Fetwā	Ein religiöses Rechtsgutachten, das Fragen der religiös-rechtlichen Art durch einen Rechtsgelehrten behandelt und die Grundlage für das religiöse Urteil bildet	فتوى
Fiqh	Die islamische Rechtswissenschaft einschließlich der Kultlehre	فقه
Ghanima	Kriegsbeute	غنيمه
Gharbsādegī	Persischer Ausdruck für Verwestlichung (Okzidentalismus). Im negativen Sinne verwendet als Nachahmung der »dekadenten« und »krankhaften« westlichen Kultur	غرب زادگی
Hadith	Äußerungen des Propheten Mohammed; auch mit der Tradition und Überlieferung des Propheten übersetzt	حديث
Hanafi	Eine der vier bedeutendsten sunnitischen Rechtsschulen, die auf die Lehre und Interpretation Muhammad Aʿsam Abū Hanifā (699–767) und seine Schüler zurückgeht	حنفى
Hisb	Partei, z. B. Hisb-Tudeh, die Tudeh-Partei; Hisb-Baʿth, die Baʿth-Partei	حزب

Hisb Djamhuriat Islāmī	Die Islamische Republikanische Partei (IRP), eine fundamentalistische islamische Partei, die z. Z. die Staatsgewalt im Iran trägt	حزب جمهوريت اسلامى
Hodjat ul-Islām	Ehrentitel für die schiʿitischen Mudjtahids	حجت الاسلام
ʿIbādat (s.) *ʿIbādāt (pl.)*	Gottesdienst, gottesdienstliche Rituale und Handlungen, speziell der Teil im *Scharīʿa*-Recht, der sich mit Glaubenslehren und -kulten befaßt	عبادت عبادات
Idjāb	Angebot bei Vertragsabschlüssen	ايجاب
Idjmāʿ	Übereinstimmung der islamischen Rechtsgelehrten in der Auslegung der islamischen Rechtsfragen (consensus prudentum)	اجماع
Idjtihād	Die selbständige Entscheidung in Fragen des Rechts aufgrund der Interpretation primärer und sekundärer Rechtsquellen	اجتهاد
Iktifā	Genügsamkeit	اكتفا
Iltisām	Ämter- und Steuerpacht. Im Osmanischen Reich eine besondere Form der Steuerpacht innerhalb des »Muqātaʿa«-Systems	التزام
Imām	Vorbeter, Vorsteher, Leiter des Gebets. Religiöser Vorsteher der islamischen Gemeinde. In der schiʿitischen Richtung die rechtmäßigen Nachfolger des Propheten (→ Schiʿa)	امام
Imāmat	Die Lehre der absoluten Autorität und Führung der Gemeinde durch den Imām. Die imamitische Lehre bezeichnet speziell die Lehre der Zwölfer-Schiʿa (12 Imāme)	امامت
Infitāh	Öffnung, speziell: die in Ägypten während der Sadat-Zeit eingeführte Politik, die größere wirtschaftliche und politische Freiheiten zuließ	انفتاح
Iqrār	Anerkennung, Geständnis. Wichtiges Prinzip im islamischen Rechtswesen (Vertragsrecht, Familienrecht, Strafrecht)	اقرار

Iqtāʿ	s. Muqātaʿa	اقطاع
Iqtisād Tauhīdī	Die Wirtschaft der Einheit. Politische und ökonomische Lehre von Abolhassan Banī Sadr	اقتصاد توحيدى
Ischtirākīya	Abgeleitet aus dem Wort Ischtirāk (gemeinsame Teilhabung); wird für den Sozialismus verwendet	اشتراكيه
Islām	Hingabe (an Gott). Die Bezeichnung für die Religion, die durch den Propheten Mohammed (569–632) verbreitet wurde und die totale Hingabe der Gläubigen an den einzigen Gott (Allāh), dem Schöpfer, predigt	اسلام
Ismāʿiliten	Eine schiʿitische Lehre, die Ismāʿil (gest. 760), den als Kind verstorbenen Sohn des 6. Imāms, als »verborgenen« Imām akzeptiert, der eines Tages als Māhdi wiederkehrt. Die Lehre wird daher als Siebener-Schiʿa (Sabiʿiya) bezeichnet	اسماعيليه
Isnād	Dokumente, speziell: nachweisbare Überlieferungsketten der Hadithe	اسناد
Istihsān	Entscheidung nach Gutdünken. Eine ergänzende Rechtsquelle im Schariʿa-System, die von der Hanafitischen Schule benutzt wurde	استيهزان
Istislāh	Rechtsprechung aufgrund des allgemeinen Wohls der Gemeinde. Eine ergänzende Rechtsquelle des Islams, die besonders von der mālikitischen Richtung benutzt wurde	استيصلاح
Kalif (Chalifa)	Stellvertreter. Zunächst als Stellvertreter des Propheten verwendet, dann als Stellvertreter der Stellvertreter des Propheten. Später erhielt das Wort allgemein die Bedeutung des Stellvertreters und Statthalters	خليفه
Madhab	Religiöse Richtung, Rechtsschule, religiöse Sekte	مذهب
Madjlis	Sitzung. Im Iran auch die gängige Bezeichnung für das Parlament	مجلس

Madrassa (s.) *Madāris (pl.)*	Religiöse Schule. Häufig wird der Begriff in Europa unkorrekterweise mit Koranschule übersetzt	مدرسه (مدارس)
Mahdī *(Mehdī)*	Der von Gott Geleitete. Der Erlöser, der in der Endzeit Gerechtigkeit und Frieden wiederherstellen soll. Im Schiʿismus der 12. Imām	مهدی
Mālikī *(Mālikiya)*	Die von Mālik ibn Anas (715–795) und seinen Schülern in Medina gegründete konservative Rechtsschule	مالکیه
Mamluken	Türkische Sklavendynastie, die im arabisch-islamischen Kernland (Syrien, Libyen, Ägypten) von 1250–1517 herrschte	مملوك
Marjaʿe Taqlīd	Im Schiʿismus die letzte bzw. oberste religiöse Autorität bzw. Instanz, deren Lehre befolgt wird	مرجع تقليد
Maschrūtiat	Die konstitutionelle Monarchie, speziell: die konstitutionelle Verfassung des Irans von 1906	مشروطيت
Maslaha (s.) *Masālih (pl.)*	Das Prinzip, wonach die Urteilsfindung in rechtlichen Fragen aufgrund der Berücksichtigung des Allgemeinwohls zulässig und insofern eine Abweichung vom strikten Analogieschluß ist	مصلحه (مصالح)
Megelle *(madjalla)* *(türkisch: Mecelle)*	Das osmanische Zivilrecht, das in der Tanzimatperiode ausgearbeitet, im Jahre 1926 ergänzt und im wesentlichen dem französisch/schweizerischen Zivilrecht entspricht	مجله
Millat *(Millet)*	Nation, Volk. Auch Nationalitäten innerhalb eines islamischen Staates	ملت
Mīrī *Arāsī-Mīrī*	Mīrīland (Kronland). Nach dem osmanischen Bodengesetz Ländereien, die vom Schatzamt verwaltet wurden	میری اراضی میری
Misāha	Vermessung, Besteuerung des Bodens nach seiner Größe und Beschaffenheit	مساحه
Moghol *(Mongolen)*	Volksstämme, die seit Tschangīs Chān über weite Gebiete Asiens und Osteuropas herrschten	مغل

Muʿāmalāt	Teil des Scharīʿa-Systems, der die nicht-religiösen, menschlichen Beziehungen untereinander regelt	معاملات
Muḍāraba	Im Islam erlaubte Geldanlage in Handelsgeschäften (meist als Umgehung des verbotenen reinen Zinsgeschäfts)	مضاربه
Mudjāhidīn	Religiöse Kämpfer	مجاهدين
Mudjāhidīn Chalq	Volksmudjāhidīn. Im Iran eine linksradikale islamische Partei	مجاهدين خلق
Mudjtahid	Ein nach der schiʿitischen Lehre zum Idjtihād berechtigter Theologe (→ Schiʿismus)	مجتهد
Muftī	Ein religiöser Gelehrter an der Spitze der islamischen Rechtsinstitution, der in Detailfragen des islamischen Rechts aufgrund eines religiös-rechtlichen Gutachtens sein Urteil (Fetwā) fällt	مفتى
Muhādjirūn	Auswanderer, speziell: jene Gruppe der ersten Moslems, die zusammen mit Mohammed Mekka verließ (Hidjra 622 v. Chr.)	مهاجرون
Muhtasib	Ein Beamter, der aufgrund seiner richterlichen Befugnisse sowohl über die Einhaltung religiöser Bestimmungen (Scharīʿa) wachte als auch die Aufgaben des Marktinspektors wahrnahm	محتسب
Mulk *(türk. Milk)*	Land, im osmanischen Landgesetz speziell die im privaten Besitz befindlichen Ländereien (Milkland)	ملك
Mullā *(Mollā)*	Islamischer Geistlicher	ملا
Muqāsima	Teilung, speziell: Besteuerung des Bodens nach seiner Qualität und der Art seiner Bewirtschaftung	مقاسمه
Muqātaʿa	Abtrennung, speziell: Abtrennung von Teilen der Einkünfte, die dem Kalifen bzw. dem Sultan zustanden	مقاطعه
Muschāraka	Beteiligungsgeschäft	مشاركه
Mustaḍʿafīn	Die Unterdrückten und Armen, Stadtproletariat	مستضعفين

Muʿtasila (Muʿtaziliten)	Eine sich von den orthodoxen Schulen distanzierende (iʿtisāl) Richtung im Islam, die der Vernunft und Willensfreiheit Vorrang einräumte und insofern auch den Koran nicht als »offenbartes«, sondern als »erschaffenes« Buch interpretierte. Die Anhänger dieser Schule wurden als häretische Sekte in der Zeit des Kalifen Maʾmūn (813–833) bekämpft	معتزله
Nisāb	Mindeststeuersatz im Rahmen der Zakāt-Besteuerung	نصاب
Pahlawī	Eine Dynastie, die von 1925–1979 im Iran herrschte	پهلوی
Pāsdārān	Religionswächter. Religiöse Miliz, die die Machterhaltung der islamischen Fundamentalisten im Iran verteidigt	پاسداران
Qabūl	Akzeptanz bei Vertragsabschlüssen	قبول
Qadjāren	Eine persische Dynastie, die von 1779–1925 im Iran herrschte	قاجاريه
Qānun	Gesetz. Aus dem griechischen Wort »kanon« entnommene Bezeichnung, die zunächst religiös-neutrale Bestimmungen enthielt, später jedoch begrifflich als »Gesetz« verwendet wurde	قانون
Qisilbāsch	Türkisch: Rotköpfe (bezeichnet nach der roten Kopfbedeckung). Stamm, der die Safawīden im Iran zur Macht brachte (→ Safawiden)	قزلباش
Qīyās	Analogieschluß. Sekundäre Rechtsquelle im Schariʿa-System, wonach das Urteilen aufgrund eines aus dem Koran und der Sunna abgeleiteten Präzedenzfalles erlaubt ist	قياس
Qurʾān (Koran)	Heiliges Buch des Moslems, in dem die Offenbarungen Gottes an den Propheten erfaßt sind. Der Koran enthält 114 Suren	قرآن
Raʾīs	Vorsitzender, Präsident, Führer	رئيس

Raʿya	Untertanen, speziell: die nichtmoslemischen, in einzelnen Nationalitäten (→ Millet) zusammengefaßten Untertanen des Sultans im osmanischen Reich	رعيه
Ribā	Verzinsung eines Darlehens, speziell: Verdoppelung eines fälligen Darlehensbetrages bei Nichtzahlung; Wucherzinsen	ربا
Ruhānīyūn	Geistlichkeit, Klerus. Speziell im Iran eine religiöse Schicht, die die geistige Führung beanspruchte	روحانيون
Saddaqa	Almosen	صدقه
Safawiyā (Safawiden)	Eine ursprünglich türkische Dynastie, die in Persien unter Ismāʿīl I (1502–1524) das Reich der Safawiden gründete und in der Folgezeit den Schīʿismus zur Staatsreligion erhob (1500–1722)	صفويه (صفويان)
Saiyed	Arabisch: Herr. Speziell: Bezeichnung für die Nachkommen aus dem Geschlecht des Propheten	سيد
Salāfiya	Eine ursprünglich reformatorische islamische Bewegung, die sich Ende des 19. Jahrhunderts aus den Lehren al-Afghānis, M. ʿAbduhs und R. Ridās entwikkelte, später jedoch in eine streng orthodoxe Lehre umgewandelt wurde	سلافيه
Sānūssīya	Anhänger der mystischen Sānūssī-Bruderschaft, die von Muhammad ibnʿ Alī al-Sānūssī (1787–1859) gegründet wurde und in Libyen bedeutende Machtstellung erlangte	سانوسيه
Sardascht (Zarathustra)	Persischer Religionsstifter, der um die Mitte des siebten vorchristlichen Jahrhunderts geboren wurde und seine Lehre im alten Persien verbreitete	زردشت
Sardaschtī	Zoroastrismus/Zarathustrismus; die Lehre von Zarathustra. Staatsreligion der Achämeniden und Sassaniden im alten Persien	زردشتى
Sāsmān Awqāf	Die Administrationen für religiöse Stiftungen im Iran (→ Waqf)	سازمان اوقاف

Sāssāniden	Eine persische Dynastie, die von 226–652 in Persien herrschte und 652 nach der Schlacht von Qādissiya von den Arabern beseitigt wurde	ساسانیان
Schāfiʿī (Schafiʿiten)	Eine der vier bedeutenden sunnitischen Rechtsschulen, deren Lehre auf die Interpretation von Muhammad ibn Idris al Schāfiʿī (767–820) und seine Schüler zurückgeht	شافعی
Schariʿa	Das islamische Rechtssystem, das islamische Gesetz	شریعه شریعت
Scheich ul-Islām	Das Haupt des Islams. Eigentlich ein Ehrentitel, der dem obersten islamischen Theologen und Rechtsgelehrten verliehen wurde. Im Osmanischen Reich wurde der Scheich ul-Islām (türk. Şeyhülislam) eine Instanz, die über die Schariʿa wachte	شیخ الاسلام
Schiʿa	Anhänger der Partei ʿAlīs (Schiʿat ʿAlī). Eine im Unterschied zu sunnitischen Schulen des Islams heterodoxe Richtung, die in der Person des Kalifen ʿAlī den rechtmäßigen Nachfolger des Propheten sieht (ʿAlī = der 1. Imam). Als Schiʿismis wird die Glaubenslehre der Schiʿa bezeichnet	شیعه
Schūrā	Rat, Konsultativrat. Im Iran und in Afghanistan die Bezeichnung für das Parlament	شوری
Seldjuken (Seldschuken)	Eine türkisch-tatarische Dynastie, die über große Teile des islamischen Kernlandes im 11.–13. Jahrhundert herrschte	سلجوقیان
Sūfī *Sūfismus*	Islamischer Mystizismus, abgeleitet aus dem Wort Sūf = Wolle, das sich auf das Sūfgewand der islamischen Asketen bezog; beinhaltet den Sūfismus, das Leben in strenger Askese und die Hinwendung zur reinen Gottesliebe	صوفی

Sunna	Die Handlungsweise und der Brauch des Propheten; speziell: die Gesamtheit der Worte, Taten und Billigungen des Propheten Mohammed und seiner Gefährten, die verbindliche Präzedenzfälle darstellen. Die Anhänger der Sunna (Ahl as-Sunna wa al-Djamāʿa) werden Sunniten genannt	سنة
Sūq	Arabisch: Markt (Basar)	سوق
Sūra (Sure)	Die einzelnen Kapitel des Korans	سوره
Tafsīr	Kommentare und Erläuterungen zu Koranversen	تفسير
Taldjīya	Ein Steuerpachtsystem, in dem das Land der Protektion einer privilegierten Person unterstellt wurde, die dann die Steuern eintrieb	تلجيه
Tanẓīmāt	Ordnung, speziell: die Periode gesetzgeberischer Reformen im Osmanenreich, die von 1839–1876 den Staat und die Wirtschaft neu ordnen sollte	تنظيمات
Taqīya	Zurückhaltung bzw. Verstellung in einer feindseligen Umwelt, um politische Katastrophen bei der politischen Machterlangung zu verhindern (Bewegung einiger schiʿitischer Sekten)	تقيه
Taqlīd	Blinde Nachahmung; Befolgung der Lehre einer anerkannten Autorität	تقليد
Tarīqa	Die Bewegung eines »mystischen« Islams, die hauptsächlich in Bruderschaften, in regionalen Varianten und mystischen Kulten der Frömmigkeit ihren Ausdruck findet. Tarīqa wird häufig in nicht ganz korrekter Weise mit »Volksislam« bezeichnet	طريقه
Taʿsīa	Schiʿitisches Passionsspiel (Taʿsia wa Rawsa-Chwānī), Passionskult und Prozessionen im Monat Muharram	تعزيه
Tauhīd	Einheit; Glaube an die Einheit Gottes	توحيد
Tiyūl	Traditionelle Lehen in Persien	تيول

Tudeh	Persisch: Masse. Spezielle Bezeichnung für die iranische, sowjetorientierte kommunistische Partei »Hisb Tudeh«	توده
Tūlūniden	Eine Dynastie, die von 868–905 in Ägypten und Syrien herrschte und nach dem Dynastiegründer Ahmad ibn Tūlūn benannt wird	تولونيه
ʿUlamā	Plural von ʿĀlim (der Wissende), die religiösen Gelehrten im Islam	علما
Umaiyāden	Das Kalifat der von Umya (Banū Umya) abgeleiteten Dynastie, die von 661–750 in Damaskus herrschte	امويه
Umma	Die islamische Gemeinde. In engerer Bedeutung die Gemeinde von Mohammed und den vier rechtsgeleiteten Kalifen	امت ، اُمه
ʿUmmāl	Arbeiter; Tabaqāt al ʿUmmāl (pers. Tabaqat ʿAmmāl); wird begrifflich für die Arbeiterklasse verwendet	عمال
ʿUrf	Brauch, Sitte. Eine als ergänzende Quelle des islamischen Rechts anwendbare Rechtspraxis, die sich aufgrund des Sitten- und Gewohnheitsrechts herausgebildet hat	عرف
ʿUrwa al-Wuthqā	Das unauflösliche Band; Name der Zeitschrift, die von den Reformatoren S. J. al-Afghānī und M. ʿAbduh gegründet und zwischen März und Oktober 1884 in Paris publiziert wurde (18 Ausgaben); Neuaufnahme der Veröffentlichung unter demselben Namen hrsg. v. A. Hakīm Tabībī seit 1983 in Genf	عروة الوثقا
Ūsūl al-Fiqh	Grundsätze der Fiqh(→ Fiqh)-Wissenschaft; speziell: die Sammlung von Al-Schāfiʿī, dem Begründer der Schule der Schāfiʿiten	اصول الفقه
Ūsūlia	Eine Richtung der Zwölferschiʿa, die die Fähigkeit zum Idjtihād (→ Idjtihād) nur einem umfassend geschulten Mudjtahid zubilligt. Sie wird deshalb auch »Mudjtahidīa« genannt	اصوليه

ʿUschr	Ein Zehntel. Der islamischen Bevölkerung auferlegte Bodensteuer, die 10 % des Ertrags beträgt	عشر
Wahābiya (Wahābiten)	Die streng konservative Lehre von Muhammad ʿAbdul Wahāb (1703–1792) und seinen Anhängern, die sich an der hanbalitischen Richtung orientiert und heute insbesondere in Saudi-Arabien praktiziert wird	وهابيه
Wahy	Wörtlich: Eingebung. Gängiger Gebrauch für die »Offenbarung« Gottes an den Propheten	وحى
Waqf (pl. Awqāf)	Fromme und religiöse Stiftungen	وقف
Welāyat Faqīh	Stellvertretung des qualifiziertesten Rechtsgelehrten. Ein Konzept im Schiʿismus – vertreten durch Chomeinī und seine Anhänger –, das die Machtausübung des bestqualifiziertesten schiʿitischen Rechtsgelehrten stellvertretend für den Imām zuläßt	ولايت فقيه
Wesīr	Ursprünglich Träger eines bestimmten Amtes, heute die übliche Bezeichnung für die Minister im Kabinett	وزير
Zakāt	Islamische Steuer auf Einkommen und bewegliches Vermögen	ذكاة ، ذكات

Literaturverzeichnis

1. Monographien:

Abrahamian, E.: Iran between two Revolutions, Princeton 1982.
Abrahamian, E.: Iran in Revolution: The Opposition Forces. Middle East Research and Information Reports, No. 75/76, Washington 1979.
Abrahamian, E.: The Social Bases of Iranian Politics 1941–53, Diss., New York 1969.
Adam, J.: Kitab al-Harāǧ, Leiden 1896.
Adams, C. C.: Islam and Modernization in Egypt. A Study of the Modern Reform Movement. Inaugurated by Muhammad ʿAbduh, 2 nd. ed., New York 1968.
ʿAflaq, M.: Fī Sabīl al-Baʿth, Beirut 1963.
Aghnides, M.: Mohammedan Theories of Finance, New York 1916.
Akhavi, S.: Religion and Politics in Contemporary Iran: Clergy-State Relations in the Pahlavi Period, Albany 1980.
Algar, H.: Religion and State in Iran, 1785–1906. The Role of the Ulama in the Qajar Period, Berkeley and Los Angeles 1969.
Algar, H.: Islam and Revolution: Writings and Declarations of Imam Khomeini, Berkeley 1981.
Allen, H. E.: The Turkish Transformation. A Study in Social Religions Development, Chicago 1935.
Amin, G.: Food Supply and Economic Development with Special Reference to Egypt, London 1965.
Amin, G.: The Modernization of Poverty: A Study in the Political Economy of Growth in nine Arab Countries, 1945–1970, Leiden 1974.
Amin, S.: Unequal Development. New York, London 1976.
Amuzegar, J., M. A. Febrat: Economic Development under Dualistic Conditions, Chicago and London 1971.
Anderson, J. N. D.: Islamic Law in the Modern World, New York 1959.
Anderson, J. N. D.: Law Reform in the Muslim World, London 1976.
Antes, P.: Ethik und Politik im Islam, Stuttgart u. a. 1982.
Arberry, A. J.: Sufism: An Account of the Mystic of Islam, London u. a. 1979.
Arberry, A. J.: The Koran Interpreted, London 1955.
Armajani, Y.: Middle East Past and Present, Englewood Cliffs, New Jersey 1970.
Arndt, V. H.: Sozialwissenschaftliche Untersuchungen. Festschrift zum 80. Geburtstag von Gerhard Albrecht, Berlin 1969.
Arnold, T.: The Caliphate, Oxford 1924.
Azsrael, J. (ed.): Soviet Nationality Policies and Practices, New York 1978.
Al-Baghdādī, A. Q.: Usūl ud-Dīn, Istanbul 1928.
Baldwin, G. B.: Planning and Development in Iran, Baltimore 1967.
Banani, A.: The Modernization of Iran. 1924–1941, Stanford 1961.

Banī-Sadr, A.: Iqtesāde Tauhīdī, Teheran 1978.
Bāqer-Sadr, M.: Iqtisāde Mā, Teheran 1961.
Al-Banna, H.: Min al-Qādim: Ittijāj al-Nahdat al-Djadida fi al 'Ālam al-Islāmī, Beirut 1958.
Barral, J. M. (Hrsg.): Hispanica, Leiden 1974.
Baschieruddin, M. A.: Der wirtschaftliche Aufbau der islamischen Gesellschaftsordnung, Hamburg 1951.
Bausani, A.: The Persians: From the Earliest Days to the Twentieth Century, London 1971.
Benedick, R. E.: Industrial Finance in Iran: A Study of Financial Practice in an Underdeveloped Economy, Boston 1964.
Bennigsen, A., M. Broxup: The Islamic Threat to the Soviet State, New York 1983.
Bennigsen, A., S. E. Wimbusch: Muslim National Communism in the Soviet Union, Chicago 1979.
van den Bergh, S.: Averroes' Tahafut al-Tahafut, 2 Bde., London 1954.
Berkes, N.: The Development of Secularism in Turkey, Montreal 1964.
Berkes, N.: Reform in the Ottoman Empire, 1856–76, Princeton 1963.
Berque, J.: Les Arabes d 'hier à demain, Paris 1960.
Bertholet, A. (Hrsg.): Religionsgeschichtliches Lesebuch, Bd. 16., Tübingen 1931.
Bharier, J.: Economic Development in Iran, 1900–1970, London and New York 1971.
Binder, L.: The Emergence of Modern Turkey, London u. a. 1961.
Binder, L.: Iran: Political Development in a Changing Society, Berkeley and Los Angeles 1962.
Binder, L.: Religion and Politics in Pakistan, Berkeley 1961.
Binder, L.: The Ideological Revolution in the Middle East, New York u. a. 1964.
Blümle, G.: Theorie der Einkommensverteilung, Berlin u. a. 1975.
Boeke, J. H.: Economics and Economics Policy of Dual Societies, Harlem 1953.
Boeke, J. H.: Oriental Economics, New York 1947.
Boettcher, E. (Hrsg.): Beiträge zum Vergleich der Wirtschaftssysteme, Berlin 1970.
Bombach, B., B. S. Frey, B. Gahlen (Hrsg.): Neue Aspekte der Verteilungstheorie, Tübingen 1974.
Bonine, M. E., N. R. Keddie (eds.): Modern Iran: The Dialectics of Continuity and Change, Albany 1981.
Bonné, A.: State and Economics in the Middle East: A Society in Tradition, London 1948.
Bosworth, C. E. (ed.): Iran and Islam. In Memory of the Late Vladimir Minorsky, Edinburgh 1971.
Boyle, J. A. (Hrsg.): The Saljuk and Mongol Periods, London 1968.
Bräker, H.: Kommunismus und Islam: Islam und sowjetische Zentral- und Südasien-Politik, Tübingen 1971.
O'Brien, P. K.: The Revolution in Egypt's Economic System, London 1966.
Brokelmann, C.: Geschichte der islamischen Völker, München und Berlin 1939.
Brokelmann, C.: History of the Islam People, London 1949.
Brohi, A. K.: Islam in the Modern World, Lahore 1975.
Browne, E. G.: Materials for the Study of Babi Religion, Cambridge 1918.
Browne, E. G.: The Persian Revolution of 1905–1909, Cambridge 1910.
Al-Buchārī, S.: Kitābal-Djāmi'as-Sahīh, Kairo 1378 (H. Q.).
Al-Buchārī, S.: Traditions of the Sayings and Doings of the Prophet Mohammad as narrated by his Companions, Lahore 1976.
Büren, R.: Die Arabische Sozialistische Union, Opladen 1970.
Büttner, F. (Hrsg.): Reform und Revolution in der islamischen Welt. Von der osmanischen Imperialdoktrin zum arabischen Sozialismus, München 1971.

Cahen, C.: Der Islam I. Vom Ursprung bis zu den Anfängen des Osmanenreiches, Frankfurt 1982.
Cahen, C.: L'élaboration de l'Islam, Paris 1961.
Cahen, C.: Pre-Ottoman Turkey, London 1968.
Calder, N.: The Structure of Authority in Imami Shi'i Jurisprudence, Diss., London 1979.
Chapra, U.: The Economic System of Islam, Karachi 1971.
Chomeinī, A. R. M.: Hokūmate Islāmī, Nedjaf 1971.
Chomeinī, A. R. M.: Der islamische Staat, Berlin 1983.
Choudhury, M. A.: Interest Rate and Intertemporal Efficiency in an Islamic Economy: Issue Revisited, Discussion Paper, International Center for Research in Islamic Economics, King Abdulaziz University, Jeddah o. J.
Choudhury, M. A.: The Rate of Capitalisation in Valuation Models in an Islamic Economy. Paper prepared for the Follow up Seminar on the Monetary and Fiscal Economics of Islam, Islamabad 1981.
Chubin, S.: Soviet Policy towards Iran and the Golf, International Institute for Strategic Studies, London 1980.
Chubin, S., Z. Sepehr: The Foreign Relation of Iran: A Developing State in a Zone of Great Power Conflict, Berkeley and Los Angeles 1974.
Cook, M. A.: Studies on the Economic History of the Middle East, Oxford 1970.
Cooper, C. A., S. S. Alexander (eds.): Economic Development and Population Growth in the Middle East, New York 1972.
Coulson, N. J.: A History of Islamic Law, Edinburgh 1971.
Crane, R. D.: Planning the Future of Saudi-Arabia. A Model for Achieving National Priorities, New York 1978.
Crouchley, A. E.: The Economic Development of Modern Egypt, London 1938.
Cudsi, A. S., H. Dessouki (eds.): Islam and Power, London 1981.
Davison, R. H.: Reform in the Ottoman Empire, 1856–1876, Princeton 1963.
Dekemejian, R. H.: Egypt under Nasir: A Study in Political Dynamics, Albany 1971.
Dennet, D. C.: Conversion and the Poll-tax in early Islam, Cambridge/Mass. 1950.
DeSomogyi, J.: A Short History of Oriental Trade, Hildesheim 1968.
Dodd, C. H.: Democracy and Development in Turkey, Hull 1979.
Dodd, C. H.: Politics and Government in Turkey, Berkeley and Los Angeles 1969.
Duri, A.: Arabische Wirtschaftsgeschichte, Zürich 1979.
The Economist Intelligence Unit: Quarterly Economic Review of Iran, Annual Supplement 1981, London 1981.
The Economist Intelligence Unit: Quarterly Economic Review of Libya, Annual Supplement 1982, London 1982.
Eisenstadt, S. N.: Tradition, Wandel und Modernität, Frankfurt 1979.
Ende, W., U. Steinbach: Der Islam in der Gegenwart, München 1984.
Endress, G.: Einführung in die islamische Geschichte, München 1982.
Esposito, J. L. (ed.): Islam and Development. Religion and Sociopolitical Change, Syracuse 1980.
Eucken, W.: Grundsätze der Wirtschaftspolitik, Tübingen 1952.
Falaturi, A., W. Strolz (Hrsg.): Glauben an den einen Gott, Freiburg 1975.
Fatemi, F. A.: The UdSSR in Iran, South Brunswick 1980.
El-Fathaly, O. J., M. Palmer: Political Development and Social Change in Libya, Lexington, Toronto 1980.
Fathy, B.: Beziehungen zwischen Religion, Wirtschaft und Gesellschaft, erörtert am Beispiel Ägypten, Diss., Mainz 1976.
First, R.: Libya: The Elusive Revolution, Baltimore 1974.

Fischel, W. J.: Jews in the Economic and Political Life of Medieval Islam, New York 1969.
Fischer, M. K. J.: Iran: From Religious Dispute to Revolution, Cambridge/Mass. 1980.
Fischer, S. N.: Evolution in the Middle East: Reform, Revolt and Change, Washington D. C. 1953.
Fischer, S. N.: Social Forces in the Middle East, Ithaka 1955.
Forstner, M.: Islam und Demokratie, CIBEDO-Texte Nr. 9/10, Köln 1981.
Franck, D. S. (Hrsg.): Islam in the Modern World, Washington 1951.
Freedman, R.-O.: Soviet Policy Toward the Middle East, New York 1978.
Friedrich-Ebert-Stiftung (Hrsg.): Iran in der Krise – Weichenstellung für die Zukunft, Bonn 1980.
Friedrich-Ebert-Stiftung: Ursachen und Perspektiven der Entwicklung im Iran, Bonn 1979.
Frye, R. N.: Iran, revised ed., London 1968.
Frye, R. N. (ed.): Islam and the West, Gravenhague 1957.
Gantzel, K. J., H. Mejcher (eds.): Oil, the Middle East, North Africa and the Industrial States, Paderborn 1984.
Ghaussy, A. A.: Der Begriff Philosophie und Wissenschaft bei Al-Fārābī, Al-Kindī und Ibn Sinā, Hamburger Diss., 1959.
Ghaussy, A. G.: Das Genossenschaftswesen in den Entwicklungsländern, Freiburg 1964.
Gibb, H. A. R.: Modern Trends in Islam, Chicago 1947.
Gibb, H. A. R.: Mohammedanism, 2nd. ed., New York 1955.
Gibb, H. A. R., H. Bowen: Islamic Society and the West, Bd. I, New York, London 1950.
Göklap, Z.: Turkish Nationalism and Western Civilization, London 1959.
Goldsmith, R. W.: Financial Structure and Development, New Haven 1969.
Goldziher, J.: Le dogme et la loi de l'Islam, Paris 1920.
Goldziher, G.: Die Richtungen der islamischen Koranauslegung, 2. Aufl., Leiden 1952.
Graham, R.: Iran. Die Illusion der Macht, Frankfurt 1979.
Grenssing, K. (Hrsg.): Religion und Politik im Iran, Frankfurt/M. 1981.
Grunebaum G. E. von: Islam: Essays in the Nature and Growth of a Cultural Tradition, 2nd. ed., London 1961.
Grunebaum, G. E. von (Hrsg.): Der Islam, Bd. II: Die islamischen Reiche nach dem Fall von Konstantinopel, Frankfurt 1971.
Grunebaum, G. E. von: Medieval Islam, 2nd. ed., Chicago 1953.
Gruenbaum, G. E. von: Modern Islam. The Search for Cultural Identity, New York 1964.
Grunebaum, G. E. von: Studien zum Kulturbild und Selbstverständnis des Islams, Zürich 1969.
Gstrein, H.: Marx oder Mohammed? Arabischer Sozialismus und islamische Erneuerung, Würzburg 1979.
Guillaume, A.: The Tradition of Islam. An Introduction to the Hadith Literature, Oxford 1944.
Habib, J. S.: Ibn Saud Warriors of Islam, Leiden 1978.
Halliday, F.: Iran: Dictatorship and Development, New York 1979.
Haim, S., E. Kedouri (eds.): Iran: Toward Modernity, London 1979.
Hairi, A. H.: Schiism and Constitutionalism in Iran, Leiden 1977.
Hakim, K. A.: Islam and Communism, Lahore 1951.
Haller, H.: Finanzpolitik, 2. Aufl., Tübingen, Zürich 1961.
Hamidullah, M.: Der Islam. Geschichte, Religion, Kultur. Islamisches Zentrum Genf, Genf, Paris 1968.

Hamidullah, M.: Introduction to Islam, Hyderabad 1957.
Hamidullah, M.: Muslim Conduct of State, Lahore 1953.
Hammer-Purgstall, J. Frhr. von: Geschichte des Osmanischen Reiches, 10 Bde., Nachdruck, Graz 1963.
Hammond, P. Y., S. S. Alexander (eds.): Political Dynamics in the Middle East, New York 1972.
Hanna, S. A., G. H. Gardner: Arab Socialism. A Documentary Survey, Leiden 1969.
Hans, J.: Dynamik und Dogma im Islam, 2. Aufl., Leiden 1960.
Hans, J.: Homo Oeconomicus Islamicus – Wirtschaftswandel und sozialer Aufbruch im Islam, Klagenfurt 1952.
Hansen, B.: Development and Economic Policy in the UAR (Egypt), Amsterdam 1965.
Harris, C. P.: Nationalism and Revolution in Egypt: The Role of the Muslim Brotherhood, The Hague u. a. 1964.
Harris, G. S.: The Origin of Communism in Turkey, Stanford 1967.
Hassan, A.: The Doctrine of Ijma' in Islam, Islamabad 1976.
Hauer, C. E.: Crisis and Conscience in the Middle East, Chicago 1970.
Hayek, F. A. von: Die Illusion der sozialen Gerechtigkeit, Landsberg 1981.
Henle, H.: Der neue Nahe Osten, Frankfurt 1972.
Hershlag, Z. Y.: Turkey. An Economy in Transition, The Hague 1963.
Hershlag, Z. Y.: Introduction to the Modern Economic History of the Middle East, Leiden 1964 (second revised edition, Leiden 1980).
Heyd, U.: The Foundation of Turkish Nationalism, London 1950.
Hitti, P. K.: History of the Arabs, 2. Aufl., London, New York 1961.
Hodgson, M. G. S.: The Order of the Assassins. The Cambridge History of Iran, Bd. 5, Cambridge 1968.
Hodgson, M. G. S.: The Venture of Islam, Bd. I–III, Chicago 1974.
Holt, P. M. (ed.): Political and Social Change in Modern Egypt, London 1968.
Holt, P. M.: The Cambridge History of Islam, Bd. I–II, Cambridge 1970.
Hottinger, A.: Allah heute, Zürich 1981.
Hottinger, A.: Die Araber. Werden, Wesen, Wandel und Krise des Arabertums, Zürich 1960.
Hourani, A.: Arabic Thought in the Liberal Age 1798–1939, New York, London 1962.
Hunke, S.: Allahs Sonne über dem Abendland, Stuttgart 1975.
Al-Husaīnī, I. M.: Al-Ikhwān al-Muslimūn, Beirut 1952 (2. Aufl., Beirut 1955).
Al-Husaynī, I. M.: The Moslem Brethren. The Greatest of Modern Islamic Movements, Beirut 1956.
International Institute for Labour Studies (ed.): Islam and a New International Economic Order – The Social Dimension, Geneva 1980.
International Labour Organisation: Employment and Income Policies for Iran, Geneva 1973.
Iqbal, M.: The Reconstruction of Religious Thought in Islam, Lahore 1944.
Islamic Council of Europe (Hrsg.): The Muslim and the Future Economic Order, London 1979.
Islamic Council of Europe: Universal Islamic Declaration – Politisch-religiöse Grundsatzerklärung, CIBEDO-Texte, Nr. 4, Köln 1980.
Issawi, C.: Egypt. An Economic and Social Analysis, Oxford 1947.
Issawi, C.: Egypt in Revolution, London 1965.
Issawi, C. (ed.): The Economic History of the Middle East 1800–1914, London 1960.
Issawi, C. (ed.): The Economic History of Iran 1800–1914, Chicago and London 1971.
Abu-Jaber, K. S.: The Arab Ba'th Socialist Party: History, Ideology and Organisation, Syracuse, N. Y. 1966.

Jasani, B.: Socio-Economic Analysis of a Dependent Capitalist State, London o. J.
Juynboll, T. W.: Handbuch des islamischen Gesetzes, Leiden 1910.
Kahllaf, A. W.: Usual al Figh, 7. Aufl., Kairo 1956.
Karpat, K. H. (ed.): Political and Social Thought in the Contemporary Middle East, London 1968, revised and enlarged edition, New York 1982.
Karpat, K. H.: Social Change and Politics in Turkey, Leiden 1973.
Karpat, K. H.: Turkey's Politics, Princeton 1959.
Katouzian, H.: The Political Economy of Modern Iran, London 1981.
Kazemzadeh, F.: Russia and Britain in Persia 1864–1914: A Study in Imperialism, New Haven 1968.
Keddie, N. R.: An Islamic Response to Imperialism: Political and Religious Writings of Sayyid Jamal ad-Din »al-Afghani«, Berkeley, Los Angeles 1968.
Keddie, N. R.: Iran, Religion, Politics and Society, London and Toronto 1980.
Keddie, N. R. (ed.): Religion and Politics in Iran: Schiism from Quietism to Revolution, New Haven and London 1983.
Keddie, N. R.: Religion and Rebellion in Iran: The Tobaco Protest of 1891–1892, London 1966.
Keddie, N. R.: Roots of Revolution. An Interpretive History of Modern Iran, New Haven and London 1981.
Keddie, N. R.: Scholars, Saints and Sufis, Berkeley 1972.
Kedourie, E.: Afghani and Abduh. An Essay on Religious Unbelief and Political Activism in Modern Islam, London 1966.
Kedourie, E., S. Haim (eds.): Towards the Modern Iran, London 1980.
Kerr, M. H.: Islamic Reform: The Political and Legal Theories of Muhammad Abduh and Rashid Reda, Berkeley 1966.
Kerr, M. H.: The Arab Cold War: Gamal 'Abd al-Nasir and his Rivals 1958–1970, 3. Aufl., London 1971.
Khadduri, M.: Modern Libya: A Study in Political Development, Baltimore 1963.
Khadduri, M., H. J. Liebesny (eds.): Law in the Middle East, Washington D. C. 1955.
Khadduri, M., H. J. Liebesny (eds.): Origin and Development of Islamic Law, Washington D. C. 1955.
Ibn-Khaldūn, A. R.: The Muqaddima. An Introduction to History, 3 Bde., London 1958.
Khalid, D.: Reislamisierung und Entwicklungspolitik, Köln 1982.
Khoury, A. T.: Das islamische Rechtssystem, CIBEDO-Texte, Nr. 8, Köln 1980.
Khoury, A. T.: Einführung in die Grundlagen des Islams, Graz 1978.
Klauberg, F., H. J. Krupp (Hrsg.): Einkommensverteilung, Königstein 1981.
Kolarz, W.: Die Religionen in der Sowjetunion, Freiburg u. a. 1963.
Kolms, H.: Finanzwissenschaft, Bd. IV, Berlin 1964.
Kotb, S.: Social Justice in Islam, New York 1970.
Kreiser, K., W. Diem, H. G. Majer: Lexikon der Islamischen Welt, 3. Bde., Stuttgart u. a. 1974.
Kremer, A. von: Kulturgeschichte des Orients unter den Chalifen, Wien 1875.
Kritzeck, J., R. B. Winder (eds.): The World of Islam, London 1959.
Külp, B.: Verteilungstheorie, Stuttgart 1974.
Lacoutre, J., S. Lacoutre: Egypt in Transition, New York 1958.
Lambton, A. K. S.: The Persian Land Reform, 1962–1966, Oxford 1969.
Landau, J. M.: Parliament and Parties in Egypt, Tel Aviv 1953.
Landau, J. M.: Radical Politics in Modern Turkey, Leiden 1974.
Landauer, C.: Die linksradikale Romantik, Hensenstamm 1975.
Laoust, H.: Essai sur les doctrines d'Ibn Taimiya, Kairo 1939.
Laoust, H. Les Schiismes dans l'Islam, Paris 1965.

Laqueur, W. Z.: Communism and Nationalism in the Middle East, London 1957.
Laqueur, W. Z: Middle East in Transition, New York, London 1958.
Laqueur, W. Z.: Nasser's Egypt, London 1956.
Laqueur, W. Z.: The Struggle for the Middle East. The Soviet Union and the Middle East 1958–1970, London 1972.
Lenczowski, G. (ed.): Iran under the Pahlavis, Stanford 1978.
Lenczowski, G.: Russia and the West in Iran, 1918–1948, New York 1949.
Lewis, A.: Theorie des wirtschaftlichen Wachstums, Tübingen 1956.
Lewis, B.: Der Islam von den Anfängen bis zur Erorberung von Konstantinopel, Zürich 1981.
Lewis, B.: Islam in History, New York 1973.
Lewis, B.: The Assassins, London 1967.
Lewis, B.: The Emergence of Modern Turkey, London u. a. 1961.
Lewis, B.: The Middle East and the West, Bloomington/Ind. 1964.
Löschner, H.: Die dogmatischen Grundlagen des schiitischen Rechts, Köln 1971.
Løqqegard, F.: Islamic Taxation in the Classical Period, Copenhagen 1950.
Looney, R.: The Economic Development of Iran: A Recent Survey with Projection to 1981, New York 1973.
Lutfi, O. B.: De l'Action Pénale on Droit Musulman, Paris 1897.
Mac Donald, D. B.: Development of Muslim Ideology, Jurisprudence and Constitutional Theory, repr., Lahore 1960.
Mahdi, M: Die geistigen und sozialen Wandlungen im Nahen Osten, Freiburg 1961.
Mahdi, M: (ed.): Political Philosophy in Islam, Part I, Glencoe 1963.
Malek, A. A.: La Pensée Politique Arabe Contemporaire, Paris 1970.
Mannan, A.: Allocative Efficiency, Decision and Welfare Criteria in an Interest-Free Islamic Economy. Paper for Muslim Institute Course on Key Issues in Islamic Economics, The Muslim Institute, London 1980.
Mansfield, P. (ed.): The Middle East. A Political and Economic Survey, Oxford 1973.
Mardin, S.: The Genesis of Young Ottoman Thought, Princeton 1962.
Maududi, S. A. A.: The Economic Problem of Man and its Islamic Solution, 5th. ed., Lahore 1978.
Maududi, S. A. A.: Weltanschauung und Leben im Islam, Freiburg 1971.
Al-Mawardī, A.: Kitāb al-Ahkām as-Sultānijah, Kairo 1327 (1909).
Mazzani, L.: The Origin of the Safawids: Si'ism, Sufism and the Gulat, Wiesbaden 1972.
McKinnon, R. J.: Money and Capital in Economic Development, Washington D. C. 1973.
Mejcher, H.: Die arabische Welt. Aufbruch in die Moderne, Stuttgart 1976.
Mez, A.: Die Renaissance des Islam, Hildesheim 1968.
Millspaugh, A. C.: The Financial and Economic Situation in Persia 1926, New York 1926.
Minorsky, V. (ed.): Tadhkirat al-Mulk: A Manual of Safawid Administration, London 1943.
Mitchell, R. P.: The Society of the Muslim Brothers, London 1969.
Müller, A.: Der Islam im Morgen- und Abendland, Bd. I, Berlin 1885.
Müller-Armack, A.: Religion und Wirtschaft, Berlin, Stuttgart 1981.
Müller-Armack, A.: Religion und Wirtschaft. Geistesgeschichtliche Hintergründe unserer europäischen Lebensform, 3. unveränderte Aufl., Bern und Stuttgart 1983.
Musgrave, R. A.: The Theory of Public Finance, New York 1959.
Myint, H.: Economic Theory and Underdeveloped Countries, New York u. a. 1971.
Myrdal, G.: Ökonomische Theorie und unterentwickelte Regionen, Stuttgart 1959.

Nagel, T.: Staat und Glaubensgemeinschaft im Islam. Geschichte der Ordnungsvorstellung der Muslime, Bd. I: Von den Anfängen bis ins 13. Jahrhundert, Zürich, München 1981.
Nagel, T.: Staat und Glaubensgemeinschaft im Islam. Geschichte der Ordnungsvorstellung der Muslime, Bd. II: Vom Spätmittelalter bis zur Neuzeit, Zürich, München 1981.
Nasser, A.: The Road to Socialism, Cairo 1965.
Nelson, B.: The Idea of Usury: From Tribal Brotherhood to Universal Otherhood, Princeton 1949.
Nienhaus, V.: Islam und Moderne Wirtschaft. Positionen, Probleme und Perspektiven, Graz u. a. 1982.
Nienhaus, V.: Katholische Social- und islamische Wirtschaftslehre – Gemeinsamkeiten, Unterschiede, Gegensätze, CIBEDO–Texte, Nr. 7, Köln 1981.
Nöldecke, T.: Geschichte des Korans, 2. Aufl., I. Bd., Leipzig 1909.
Nolte, R. H. (ed.): The Modern Middle East, New York 1963.
Nyrop. R. F. u. a.: Area Handbook for Libya, Washington D. C. 1973.
Özbudun, E.: Social Change and Political Participation in Turkey, Princeton 1976.
Pakdaman, H.: Djamal-ed Din Assad Abadi dit Afghani, Paris 1969.
Paret, R.: Der Koran. Kommentar und Konkordanz, 2. Aufl., Stuttgart 1981.
Paret, R.: Der Koran. Übersetzung von Rudi Paret, 2. Aufl., Stuttgart 1980.
Paret, R.: Mohammed und der Koran, 4. Aufl., Stuttgart 1976.
Pearl, D.: A Textbook on Muslim Law, London 1979.
Philby, H. J.: Saudi-Arabien, repr., New York 1972.
Polk, W. R., R. L. Chambers (eds.): Beginnings of Modernization in the Middle East, Chicago and London 1968.
Proctor, J. H. (ed.): Islam and International Relations, London 1965.
Al-Qaddafi, M.: The Green Book, Part I, London 1976.
Al-Qaddafi, M.: The Green Book, Part II, London 1978.
Qureshi, T. A.: Islam and the Theory of Interest, 2nd and revised ed., Lahore 1967.
Fazlur-Rahman: Islamic Methodology in History, Karachi 1965.
Ramadan, S.: Das islamische Recht. Theorie und Praxis, Wiesbaden 1980.
Ramazani, R. K.: Iran's Foreign Policy 1941–1973: A Study of Foreign Policy in Modernizing Nations, Charlottesville 1975.
Ramazani, R. K.: The Foreign Policy of Iran: A Developing Nation in World Affairs, 1500–1941, Charlottesville 1966.
Rawk, M.: Moscow's Moslem Challenge: Soviet Central Asia, New York 1982.
Reuben, L.: The Social Structure of Islam, London 1962.
Richard, Y.: Der verborgene Imam. Die Geschichte des Schiismus im Iran, Berlin 1983.
Richard, Y.: Le Schiʿisme en Iran, Paris 1980.
Rizvi, S. A. A.: Iran: Royalty, Religion and Revolution, Canberra 1980.
Rodinson, M.: Islam und Kapitalismus, Frankfurt 1971.
Roudot, P.: Der Islam. Lehre und Macht einer Weltreligion, Freiburg 1968.
Roudot, P.: Der Islam und die Mohammedaner von heute, Stuttgart 1963.
Rosenthal, E. I. J.: Islam in the Modern National State, Cambridge 1965.
Rühl, A.: Vom Wirtschaftsgeist im Orient, Leipzig 1925.
Rummel, F. von: Die Türkei auf dem Weg nach Europa, München 1972.
Ibn Ruschd: Kitab al-Muqaddimat, Kairo 1325.
Sachau, E.: Mohammedanisches Recht nach Schafiitischer Lehre, Berlin 1897.
Sachau, E.: Zur älteren Geschichte des Mohammedanischen Rechts, Wien 1870.
Sachedina, A. A.: Islamic Messianism: The Idea of the Mehdi in Twelver Islam, Albany 1981.
Said, A. M.: Arab Socialism, London 1972.

Said, A. M.: Covering Islam, New York 1971.
Salem, E. A.: Political Theory and Institutions of the Khawaridgi, Baltimore 1959.
Savory, R. M.: Iran under the Safavids, Cambridge 1980.
Sayigh, R.: Palestinians: From Peasants to Revolutionaries, London 1980.
Schacht, J.: An Introduction to Islamic Law, Oxford 1979.
Schacht, J.: The Origin of Mohammadan Jurisprudence, Oxford 1950.
Schacht, J., E. Bosworth (eds.): The Legacy of Islam, 2nd. ed., Oxford 1974.
Schari'atī, A.: Islāmschināssi, Maschad 1968.
Schari'atī, A.: Marxism and Other Western Fallacies, Berkeley 1980.
Schari'atī, A.: On the Sociology of Islam, Berkeley 1979.
Al-Schibā'i, M.: Ichtirākijat al-Islām, Kairo o. J.
Schimmel, A.: Ibn Chaldun: Ausgewählte Schriften aus der Mugaddima, Tübingen 1951.
Schirāsī, S. S.: Rāh be Suje Bānk Islāmī, Teheran 1974/75.
Schneider, E.: Einführung in die Wirtschaftstheorie, I. Teil, Theorie des Wirtschaftskreislaufes, 12. Aufl., Tübingen 1965.
Schoser, F., W. Dollinger, E. Tuchtfeldt: Zwischen Utopie und Realität. Zur Philosophie der Sozialen Marktwirtschaft, Berlin 1982.
Senghaas, D. (Hrsg.): Peripherer Kapitalismus. Analysen über Abhängigkeit und Unterentwicklung, Frankfurt 1974.
Senghaas, D. (Hrsg.): Weltwirtschaftsordnung und Entwicklungspolitik. Plädoyer für Dissoziation, Frankfurt 1977.
Sepehr, Z.: The Communist Movement in Iran, Berkeley and Los Angeles 1966.
Shater, E. Y.: Iran in the Seventies, New York 1972.
Shaw, S. J.: Between Old and New: The Ottoman Empire under Sultan Selim III, 1789–1807, Cambridge /Mass. 1971.
Shaw, S. J.: The Financial and Administrative Organisation and Development of Ottoman Egypt, 1517–1798, Princeton 1962.
Shuster, W. M.: The Strangling of Persia, New York 1912.
Siddiqi, M. N.: Banking without Interest, Lahore 1973.
Siddiqi, M. N.: Contemporary Literature on Islamic Economics. The Islamic Foundation, Research Report No. 1, Leicester 1978.
Smith, W. C.: Islam in Modern History, Princeton 1957.
Smith, D. E.: Religion and Political Development, Boston 1970.
Stiftung für internationale Entwicklung (Hrsg.): Islamic Banks and Strategies for Economic Cooperation, Baden-Baden 1981.
Tabātabā'ī, M. H. (Hrsg.): Bahs dar Bāra e Marja'iyat wa Rūhānīyat, Teheran 1962.
Tāleqānī, S. M.: Islam wa Mālikīyat, Teheran 1965/66.
Tibi, B.: Die Krise des modernen Islam. Eine vorindustrielle Kultur im wissenschaftlich-technischen Zeitalter, München 1981.
Tibi, B.: Militär und Sozialismus in der Dritten Welt, Frankfurt 1973.
Tismer, A.: Die persische Währungsreform, Teheran 1932.
Tornauw, B. von: Das Moslemische Recht, Leipzig 1855 (Neudruck, Amsterdam 1970).
Trimingham, J. S.: The Sufi Orders in Islam, Oxford 1971.
Tuchtfeldt, E.: Bausteine zur Theorie der Wirtschaftspolitik, Bern, Stuttgart 1983.
Turner, B. S.: Weber and Islam, London 1974.
Tworuschka, M.: Die Rolle des Islam' in den arabischen Staatsverfassungen, Walldorf 1976.
Uzair, M.: Interest–free Banking, Karachi 1978.
Vatikiotis, P. J. (ed.): Egypt since the Revolution, London 1968.
Vatikiotis, P. J. (ed.): Nasser and His Generation, London 1978.

Vatikiotis, P. J. (ed.): The Modern History of Egypt, London 1969.
Vucinich, W. S.: The Ottoman Empire: Its Record and Legacy, Princeton 1965.
Watrin, C., H. Willgerodt, (Hrsg.): Widersprüche der Kapitalismuskritik. Festschrift zum Geburtstag von Alfred Müller-Armack, Bern, Stuttgart 1976.
Watt, W. M.: Free Will and Predestination in Early Islam, London 1948.
Watt, W. M.: Islam and the Integration of Society, London 1961.
Watt, W. M.: Islamic Philosophy and Turkey, Edinburgh 1962.
Watt, W. M.: Islamic Political Thought – The Basic Concepts, Edinburgh 1968.
Watt, W. M.: Mohammad at Mecca, Oxford 1973.
Watt, W. M.: Mohammad at Medina, Oxford 1956.
Watt, W. M. The Formative Periods of Islamic Thought, Edinburgh 1973.
Watt, W. M.: What is Islam?, New York 1979.
Watt, W. M.: A. T. Welch: Der Islam, Bd. I, Stuttgart 1980.
Weber, M.: Gesammelte Aufsätze zur Religionssoziologie, Bd. I: Die protestantische Ethik und der Geist des Kapitalismus, Tübingen 1920.
Wellhausen, J.: Das arabische Reich und sein Sturz, Berlin 1902.
Wellhausen, J.: Die religiös-politischen Oppositionsparteien im alten Islam, Berlin 1901.
Wensinck, A. J.: A Handbook of Early Mohammedan Tradition, Leiden 1927.
Wensinck, A. J., J. H. Kramers: Handwörterbuch des Islam, Amsterdam, Leiden 1976.
Wilbur, D.: Iran, Past and Present, Princeton 1967.
Wohlers-Scharf, T.: Arab and Islamic Banks. New Business Partners For Developing Countries, Paris 1983.
Yayinlari, H.: Der Islam. Geschichte, Religion, Kultur, Genf 1973.
Abu Yūsuf: Kitāb al-Kharadj, Neudruck, Kairo 1928.
Zabih, S.: Irans Revolutionary Upheaval, San Francisco 1979.
Zabih, S.: The Communist Movement in Iran, Berkeley and Los Angeles 1966.
Zayas, F. G. de: The Law and Philiosophy of Zakat, Damascus 1960.
Zikria, N. A.: Les principes de l'Islam et la democratie, Paris 1955.
Zonis, M.: The Political Elite of Iran, Princeton 1971.

2. *Aufsätze*

Aflaq, M.: The Socialist Ideology of the Bath. In: K. Karpat (ed.): Political and Social Thought in the Contemporary Middle East, New York 1982.
Ahmad, K.: Islam and the New World Order. In: Islamic Council of Europe (ed.): The Muslim World and the Future Economic Order, London 1979.
Ahmad, Z.: Nisab of Zakat. In: Islamic Studies, Bd. 20, Nr. 3 (1981).
Akhavi, S.: Shariati's Social Thought. In: N. R. Keddie (ed.): Religion and Politics in Iran, New Haven and London 1983.
Algar, H.: The Oppositional Role of the Ulama in Twentieth-Century Iran. In: N. R. Keddie (ed.): Sholars, Saints and Sufis, Berkeley 1972.
Algar, H.: Zur Frage des Säkularismus in der islamischen Welt. In: A. Falaturi, W. Strolz (Hrsg.): Glauben an den einen Gott, Freiburg 1975.
Alkazaz, A.: Die wirtschaftspolitische Orientierung eines islamischen Staates. In: Friedrich-Ebert-Stiftung (Hrsg.): Ursachen und Perspektiven der Entwicklung im Iran, Bonn 1979.
Amin, G.: The Egyptian Economy and the Revolution. In: P. J. Vatikiotis (ed.): Egypt since the Revolution, London 1968.

Antes, P.: Die Schiiten. Zur Geschichte einer Oppositionsbewegung innerhalb des Islams. In: Stimmen der Zeit, Bd. 197, Jg. 104 (1979).
Al-Araby, M. A.: The Concept of State in Islam: Western und Islamic Concepts of State. In: The Islamic Review, Heft Juli/August (1959).
Aziz, A.: Das Dilemma von Modernismus und Orthodoxie in Pakistan. In: Saeculum, Bd. 18 (1967).
Baer, G.: Social Change in Egypt: 1800–1914. In: P. M. Holt (ed.): Political and Social Change in Modern Egypt, London1968.
Badeau, J. S.: Islam and the Modern Middle East. In: Foreign Affairs, Bd. 38, Nr. 1 (1959).
Al-Banna, H.: Renaissance in the Islamic World. In: K. H. Karpat (ed.): Political and Social Thought in the Contemporary Middle East, New York 1982.
Bausani, A.: Islam: an essential part of Western Culture. In: Studies on Islam, Amsterdam-London 1974.
Bayat, M.: The Case of Ali Schariati. In: S. Haim, E. Kedouri (eds.): Iran: Toward Modernity, London 1979.
Bayat, M.: Islam in Pahlavi and Post-Pahlavi Iran. In: J. L. Esposito (ed.): Islam and Development. Religion and Sociopolitical Change, Syracuse 1980.
Al-Bazzaz, A. R.: Islam and Arab Nationalism. In: K. H. Karpat (ed.): Political and Social Thought in the Contemporary Middle East, New York 1970.
Bennigsen, A.: Mullahs, Mujahidin and Soviet Muslems. In: Problems of Communism, Heft 6, Bd. 33 (1984).
Berkes, N.: Historical Background of Turkish Secularism. In: R. N. Frye (ed.): Islam and the West, Gravenhague 1957.
Berkes, N.: Zia Göklap: His Contribution to Turkish Nationalism. In: The Middle East Journal, Bd. 8 (1954).
Bertier, E.: L'ideologie politique des frères muslmans. In: Orient, Nr. 8 (1958).
Binswanger, K.: Türkei. In: W. Ende, U. Steinbach (Hrsg.): Der Islam in der Gegenwart, München 1984.
Birge, K.: Islam in Modern Turkey. In: Islam and the Modern World, Washington D. C. 1951.
Birken, A.: Saudi-Arabien in der Neuzeit. In: H. Blume (Hrsg.): Saudi-Arabien, Tübingen 1976.
Blümle, G.: Theoretische Ansätze zur Erklärung der personellen Einkommensverteilung. In: B. Bombach, B. S. Frey, B. Gahlen (Hrsg.): Neue Aspekte der Verteilungstheorie, Tübingen 1974.
Bräker, H.: Der Islam im Spannungsverhältnis zwischen Orthodoxie und Säkularismus. In: Ostprobleme, Nr. 14/15, Jg. 1966.
Bräker, H.: Sowjetunion und Volksrepublik China. In: W. Ende, U. Steinbach: Der Islam in der Gegenwart, München 1984.
Bulutoglu, K.: Atatürk and his Economic Policy. In: K. H. Karpat (ed.): Political and Social Thoughts in the Contemporary Middle East, New York 1982.
Büttner, F.: Islamische Reform. In: F. Büttner (Hrsg.): Reform und Revolution in der islamischen Welt. Von der osmanischen Imperialdoktrin zum arabischen Sozialismus, München 1971.
Busse, H.: Tradition und Akkulturation im islamischen Modernismus. In: Saeculum, Vol. 26 (1975).
Charnay, J.-P.: Islamic Culture and Socio-Economic Change. In: Social, Economic and Political Studies of the Middle East, Bd. 4, Leiden 1971.
Choudhury, M. A.: Principles of Islamic Economics. In: Islamic Studies, Bd. XXI, Nr. 2 (1982).

Choudhury, M. A.: The Doctrin of Riba. In: The Journal of Development Studies, Bd. II, Nr. 2 (1980).
Chubin, Sh.: Leftist Forces in Iran. In: Problems of Communism, Bd. 29, Juli-August-Heft (1980).
Cole, J. R.: Imami Jurisprudence and the Role of Ulama: Mortaza Ansari on Emulating the Supreme Exemplar. In: N. R. Keddie (ed.): Religion and Politics in Iran, New Haven and London 1983.
Colombe, M.: La Turquie et l'Islam. In: Revúe Francaise de Science Politique, Bd. V (1955).
Crecelius, D.: Al-Azhar in the Revolution. In: The Middle East Journal, Bd. 20, Nr. 1 (1966).
Crecelius, D.: The Course of Secularization in Modern Egypt. In: J. L. Esposito: Islam and Development. Religion and Sociopolitical Change, Syracuse 1980.
Cummings, J. T., H. Askari, A. Mustafa: Islam and Modern Economic Change. In: J. L. Esposito (ed.): Islam and Development. Religion and Sociopolitical Change, Syracuse 1980.
Dilger, K.: Tendenzen der Rechtsentwicklung. In: W. Ende, U. Steinbach (Hrsg.): Der Islam in der Gegenwart, München 1974.
Eden, D. G.: The Anatomy of the Saudi-Revolution. In: International Journal of Middle East Studies, Nr. 1 (1974).
Ende, W.: Der shiitische Islam als politische Kraft. In: Friedrich-Ebert-Stiftung (Hrsg.): Iran in der Krise – Weichenstellung für die Zukunft, Bonn 1980.
Ende, W.: Der shiitische Islam. In: W. Ende, U. Steinbach: Der Islam in der Gegenwart, München 1984.
Ende, W.: Der shiitische Islam im gesellschaftlichen System Irans. In: Friedrich-Ebert-Stiftung (Hrsg.): Ursachen und Perspektiven der Entwicklung im Iran, Bonn 1979.
Ende, W.: Staatsbildung im Sunnitischen Islam. In: Friedrich-Ebert-Stiftung (Hrsg.): Ursachen und Perspektiven der Entwicklung im Iran, Bonn 1979.
Fakhry, M.: The Theocratic Idea of the Islamic State in Recent Controversies. In: International Affairs, Bd. 30, Nr. 4 (1954).
Faksh, F. A.: Basic Characteristic of an Islamic State. In: Journal of South Asian and Middle Eastern Studies, Bd. V, Nr. 2 (1981).
Falaturi, A.: Der Stellenwert des shiitischen Islam im gesellschaftlichen System Irans. In: Friedrich-Ebert-Stiftung (Hrsg.): Ursachen und Perspektiven der Entwicklung im Iran, Bonn 1979.
Floor, W. M.: The Revolutionary Character of the Ulama: Wishful Thinking or Realities? In: N. R. Keddie (ed.): Religion and Politics in Iran, New Haven and London 1983.
Gardner, G. H., S. A. Hanna: Islamic Socialism. In: Muslim World, Bd. 57 (1967).
Gauhar, A.: The Islamic Concept of World Economic Order. In: Islamic Council of Europe (ed.): The Muslim World and the Future Economic Order, London 1979.
Ghaussy, A. G.: Ansätze einer islamischen Theorie der Wirtschaftsordnung. In: Zeitschrift für Wirtschaftspolitik, Jg. 33, Heft 1 (1984).
Ghaussy, A. G.: Die islamische Wirtschaftsethik und Wirtschaftslehre. In: Jahrbuch für Sozialwissenschaft, Bd. 34, Heft 3 (1983).
Ghaussy, A. G.: The Islamic Economic Ethic and Economics. In: Economics, Vol. 31 (1985).
Ghazanfar, S. M.: Development, Ethics and Economics: Socio-Economic Justice in Islam. In: Journal of South Asian and Middle Eastern Studies, Bd. 5, Nr. 2 (1981).

Gibb, H. A. R.: Constitutional Organization. In: M. Khadduri and H. J. Liebesny (eds.): Origin and Development of Islamic Law, Washington 1955.
Gibb, H. A. R.: Government and Islam under the Early 'Abbāsids. In: C. Cahen (Hrsg.): L'élaboration de l'Islam, Paris 1961.
Gibb, H. A. R.: Social Reform: Factor X. In: W. Z. Laqueur (Hrsg.): The Middle East in Transition, New York 1958.
Gibb, H. A. R.: The Heritage of Islam in the Modern World (I). In: International Journal of the Middle Eastern Studies, Vol. 1, Nr. 1 (1970).
Gibb, H. A. R.: The School of Law and Later Development of Jurisprudence. In: M. Khadduri, H. J. Liebesny (eds.): Law and the Middle East, Washington 1955.
Gran, P.: Political Economy as a Paradigm for the Study of Islamic History. In: International Journal of Middle East Studies, Bd. 11, Nr. 7 (1980).
Gurley, J. G.: Financial Structure and Economic Development. In: Economic Development and Cultural Change, Bd. 15 (1966/67).
Halpern, M.: Transforming the Present: Socialism for the Few, for the Many or for the Aggrandizement of the State? In: Policies of Social Change in the Middle East and North Africa, Princeton 1963.
Hanna, S. A.: Al-Afghani: A Pioneer of Islamic Socialism. In: Muslim World, Bd. LVII (1967).
Hansen, B.: Planning and Economic Growth in UAR (Egypt), 1960–65. In: P. J. Vaitikiotis: Egypt Since the Revolution, London 1968.
Harris, G. S.: The Left in Turkey. In: Problems of Communism, Juli-August-Heft, Jg. 29 (1980).
Hartmann, R.: Die Wahabiten. In: Zeitschrift der Morgenländischen Gesellschaft, Bd. 78 (1924).
Hayek, F. A. von: Arten der Ordnungen. In: ORDO, Bd. 14 (1963).
Haykal, M. H.: Communism and Ourselves. Seven Differences between Communism and Arab Socialism. In: K. H. Karpat (ed.): Political and Social Thought in the Contemporary Middle East, London 1968, revised and enlarged ed., New York 1982.
Haykal, M. H.: Nahnu wa Al-shuyūʿīya: 7 bein Fawāriq wa bein Al-Shuyūʿīya Al-Ishtirakīya Al-Arabia. In: Al-Ahram, 4. 8. 1961.
Hegazy, A. M.: The Promotion of an Equitable World Order – The Muslim Role and Contribution. In: Islamic Council of Europe (ed.): The Muslim World and the Future Economic Order, London 1979.
Higgins, B.: The Dualistic Theory of Underdeveloped Areas. In: Economic Development and Cultural Change, Bd. 4 (1955/56).
Hodgson, M. G. S.: The Role for Islam in World History. In: International Journal of Middle East Studies, Vol. 1, Nr. 1 (1970).
Hottinger, A.: Arab Communism at Low Ebb. In: Problems of Communism, Juli-August-Heft, Bd. 30 (1981).
Hottinger, A.: Tradition als Zuflucht der muslimischen Völker. In: Neue Zürcher Zeitung, 5./6. November 1978.
Hourani, G. F.: The Basis of Authority of Consensus in Sunnite Islam. In: Studia Islamica, Bd. 21 (1964).
Hudson, M. C.: The Palestinians: Retrospect and Prospect. In: Journal of Current History (1980).
Humphreys, R. S.: Islam and Political Values in Saudi Arabia, Egypt und Syria. In: The Middle East Journal, Jg. 33 (1979).
Ibrahim, I. M.: Arab Socialism in the Making. In: K. H. Karpat (ed.): Political and Social Thought in the Contemporary Middle East, London 1968.

Ibrahim, I. M.: Der Aufstieg des Nationalismus. In: F. Büttner (Hrsg.): Reform und Revolution in der islamischen Welt. Von der osmanischen Imperialdoktrin zum arabischen Sozialismus, München 1971.

Inalcik, H.: Capital-Formation in the Ottoman Empire. In: Journal of Economic History, Bd. 19 (1969).

Jäschke, G.: Der Islam in der neuen Türkei. In: Die Welt des Islams, N. S., Bd. I, Leiden 1951.

Kamal, N.: Views of the Egyptian Communists on Sadat's Policies. In: Journal of Palestine Studies, Nr. 4 (1979), sowie in: K. H. Karpat (ed.): Political and Social Thought in the Contemporary Middle East, New York 1982.

Karpat, K. H.: Socialism and the Labor Party of Turkey. In: The Middle East Journal, Bd. 21 (1967).

Karpat, K. H.: The Land Regime, Social Structure and Modernization in the Ottoman Empire. In: W. R. Polk, R. L. Chambers (eds.): Beginnings of Modernization in the Middle East, Chicago and London 1968.

Karpat, K. H.: The Turkish Left. In: Journal of Political History, Bd. 2 (1966).

Karpat, K. H.: Turkish Democray at Impass: Ideology, Party Politics and the Third Military Intervention. In: International Journal of Turkish Studies, Bd. 2 (1981).

Katouzian, H.: Shiism and Islamic Economics. In: N. R. Keddie (ed.): Religion and Politics in Iran, New Haven and London 1983.

Keddie, N. R.: Iran: Change in Islam, Islam and Change. In: International Journal of Middle East Studies, Bd. 11 (1980).

Keddie, N. R.: Iran und Afghanistan. In: G. E. von Grunebaum (Hrsg.): Der Islam II. Die islamischen Reiche nach dem Fall von Konstantinopel, Frankfurt 1971.

Keddie, N. R.: The Roots of the Ulama's Power in Modern Iran. In: Studica Islamica, Bd. 29 (1963).

Kelidar, A.: Ayatolla Khomeīni's Concept of Islamic Government. In: A. S. Cudsi, H. Dessouki (eds.): Islam and Power, London 1981.

Kerr, M. H.: Egyptian Foreign Policy and the Revolution. In: P. J. Vatikiotis (ed.): Egypt since the Revolution, London 1968.

Kerr, M. H.: The Emergence of al Socialist Ideology in Egypt. In: Middle East Journal, Bd. XVI, Nr. 2 (1962).

Khadduri, M.: International Law. In: M. Khadduri, H. J. Liebesny (eds.): Law in the Middle East, Washington 1955.

Khadduri, M.: The Islamic System: Its Competition and Coexistence with Western Systems. In: R. H. Nolte (ed.): The Modern Middle East, New York 1963.

Khalid, D.: Das Phänomen der Re-Islamisierung. In: Außenpolitik, Bd. 4 (1978).

Khalid, D.: Das Wiedererstehen des Islam als Faktor sozialer Umwälzungen. In: Aus Politik und Zeitgeschichte, Bd. 10 (1979).

Khalid, D.: Der Islam als politische Ideologie. In: Friedrich-Ebert-Stiftung (Hrsg.): Ursachen und Perspektiven der Entwicklung im Iran, Bonn 1979.

Khalid, D.: Die politische Rolle des Islam im Vorderen Orient. Einführung und Dokumentation. In: Aktueller Informationsdienst Moderner Orient, Sondernummer 4, Hamburg 1979.

Khalid, D.: Islam und Politik. Erscheinungsformen und Reichweite des Islams heute. In: Der Überblick. Zeitschrift für ökumenische Begegnungen und internationale Zusammenarbeit, 16. Jg., Heft 4 (1980).

Kloten, N.: Zur Typenlehre der Wirtschafts- und Gesellschaftsordnungen. In: ORDO, Bd. 7 (1956).

Knirsch, P.: Bemerkungen zur Methodologie eines Vergleichs von Wirtschaftssystemen. In: E. Boettcher (Hrsg.): Beiträge zum Vergleich der Wirtschaftssysteme, Berlin 1970.

Lacoutre, J. and S.: Revolutionary Tendencies 1952–1959. Not a Real Revolution. In: Dieselben: Egypt in Transition, New York 1958.

Lewis, B.: Communism and Islam. In: International Affairs, Bd. 29 (1954).

Lewis, B.: History-Writing and National Revival in Turkey. In: Middle Eastern Affairs, Bd. 4 (1953).

Lewis, B.: Islamic Revival in Turkey. In: International Affairs, Bd. 27 (1952).

Lewis, B.: The Ottoman Empire in the Mid-Ninteen Century: Review. In: Middle Eastern Studies, Bd. 1 (1965).

Mardin, S.: Libertarian Movement in the Ottoman Empire 1878–1895. In: The Middle East Journal, Vol. 16, Nr. 2 (1962).

Mardin, S.: The Mind of the Turkish Reformer 1700–1900. In: S. A. Hanna, G. H. Gardner: Arab Socialism. A Documentary Survey, Leiden 1969.

Marsot, A. L. S.: Die ostarabische Welt von Ägypten bis zum Irak einschließlich des Sudans. In: G. E. von Grunebaum (Hrsg.): Der Islam II. Die islamischen Reiche nach dem Fall von Konstantinopel, Frankfurt 1971.

Marsot, A. L. S.: The Beginning of Modernization among the Rectors of al-Azkar, 1798–1879. In: W. R. Polk, R. L. Chambers (eds.): Beginning of Modernization in the Middle East. The Nineteenth Century, Chicago and London 1968.

Merad, A.: The Ideologisation of Islam in the Contemporary Muslim World. In: A. S. Cudsi, A. E. H. Dessouki (eds.): Islam and Power, London 1981.

Mommsen, K.: Im Islam leben und sterben wir alle – Goethes Verhältnis zur muslemischen Religion und ihrem Propheten Mohammed. In: Mitteilungen der Alexander von Humboldt-Stiftung, Heft 40 (1980).

Monsawi, G.: Die Stellung Afghanistans in der sowjetischen Mittelostpolitik. In: Wirtschaftspolitische Chronik, Jg. 29, Heft 1 (1980).

Motahharī, M.: Idjtihād dar Islām. In: M. H. Tabātabā'ī (Hrsg.): Bahs dar Bara e Marjaiyat wa Ruhaniyat, Teheran 1962.

Müller-Armack, A.: Soziale Irenik. In: Weltwirtschaftliches Archiv, Bd. 64 (1950).

Müller-Armack, A.: Wirtschaftsordnung und Wirtschaftspolitik. Studien und Konzepte zur Sozialen Marktwirtschaft und zur Europäischen Integration. In: E. Tuchtfeldt (Hrsg.): Beiträge zur Wirtschaftspolitik, Bd. 4, Freiburg 1966.

Nagel, T.: Liberalismus im Islam – eine Utopie? In: CIVIS-Vierteljahresschrift für freie Bürger in einem freiheitlichen Staat, Nr. 4 (1984).

El-Naggar, A.: Islamic Bank. A Model and the Challenge. In: A. Gauhar (ed.): The Challenge of Islam, London 1978.

Naqvi, S. H. N.: An Islamic Approach to Economic Development. In: International Institute for Labour Studies (ed.): Islam and a New International Economic Order – The Social Dimension, Geneva 1980.

Naqvi, S. H. N.: Economics of Human Right: An Islamic Perspective. In: Hamdard Islamicus, Bd. 4 (1981).

Naqvi, S. H. N.: Ethical Foundation of Islamic Economics. In: Islamic Studies, Bd. 17 (1978).

Naqvi, S. H. N.: Islam Economic System: Fundamental Issues. In: Islamic Studies, Bd. 16 (1977).

Nayir, Y. N.: Atatürkism is Secularism. In: K. H. Karpat (ed.): Political and Social Thought in the Contemporary Middle East, revised and enlarged edition, New York 1982.

Nieenwehuize, C. A. O. van: Islam as a Determinant of Middle East Civilization. In: Islam and the Modern Age, Bd. 1 (1970).

Nieenwehuize, C. A. O. van: The Umma. An Analytical Approach. In: Studia Islamica, Bd. 10 (1959).

Nienhaus, V.: Die »islamische Wirtschaftslehre« Politik zwischen Pragmatismus und Utopie. In: Orient, 22. Jg., Nr. 1 (1981).

Nienhaus, V.: Islamische Banken suchen Dialog mit dem Westen. In: Die Industrie, Jg. 81, Nr. 23 (1981).

Nienhaus, V.: Islamische Ökonomik-Entwicklungen, Inhalte und Probleme. In: Wirtschaftspolitische Chronik, 30. Jg., Heft 3 (1981).

Nienhaus, V.: Kredit nach dem Koran. In: Wirtschaftswoche, 25. Jg., Nr. 27 (1981).

Nipperdey, H. C., H. Stumpf: Wirtschaftsrecht. In: Handbuch der Wirtschaftswissenschaften, Bd. II, 2. Aufl., Köln und Opladen 1966.

Nolte, R. H.: Die Zukunft des Panarabismus. In: Europa-Archiv, Jg. 21, Nr. 6 (1966).

Noorzoy, S.: Islamic Laws on Riba and their Economic Implications. In: International Journal of Middle East, Bd. 14, Heft 2 (1982).

Paret, R.: Istihsan and Istislah. In: The Encyclopaedia of Islam, new ed., Leiden u. a. 1960.

Peters, R.: Ordnungstheoretische Ansätze zur Typisierung unvollkommener Wirtschaftsordnungen. In: Hamburger Jahrbuch für Wirtschafts- und Gesellschaftspolitik, 18. Jg. (1973).

Philipp, M. B.: Schiism in Contemporary Iranian Politics: The Case of Ali Shariati. In: E. Kedourie (ed.): Towards the Modern Iran, London 1980.

Pritsch, E.: Die islamische Staatsidee. Ein geschichtlicher Überblick. In: Zeitschrift für vergleichende Rechtswissenschaft, Bd. 53 (1939).

Pröbster, E.: Privateigentum und Kollektiveigentum im Mohammedanischen Liegenschaftsrecht, insbesondere des Maghrib. In: Islamica, Bd. 4/5 (1931).

Qureshi, T. A.: Islam's Concept of Life Regarding Economic Matters. In: Islamic Studies, Bd. 11 (1972).

Qureshi, T. A.: Justice in Islam. In: Islamic Studies, 21. Jg., Nr. 2 (1982).

Fazlur-Rahman: Economic Principles of Islam. In: Islamic Studies, 8. Jg. (1969).

Fazlur-Rahman: Islamic Modernism. Its Scope, Method and Alternatives. In: International Journal of Middle East Studies, Vol. 1 (1970).

Reed, H. A.: Revival of Islam in Secular Turkey. In: Middle Eastern Journal, Bd. 8 (1954).

Reeed, H. A.: The Religious Life of Modern Turkish Muslims. In: R. N. Frye (ed).: Islam and the West, Gravenhague 1957.

Reissner, J.: Libyen und Saudi-Arabien. In: W. Ende, U. Steinbach: Der Islam in der Gegenwart, München 1984.

Reychman, J.: Mohammed der Prophet. In: Ostprobleme. Jg. 18, Nr. 14/15 (1966).

Richard, J.: Ayatollah Kashani: Precursor of the Islamic Republic? In: N. R. Keddie (ed.): Religion and Politics in Iran, New Haven and London 1983.

Rodinson, M: The Political System. In: P. J. Vatikiotis (ed.): Egypt since the Revolution, London 1968.

Rose, G.: Velayat-e Faqih and the Recovery of Islamic Identity in the Thought of Ayatollah Kohmeini. In: N. R. Keddie (ed.): Religion and Politics in Iran, New Havan and London 1983.

Rosenthal, E. I. J.: Politisches Denken im Islam. Die Entwicklung von Averroes bis Ibn Khaldun. In: Saeculum, Bd. 23 (1972).

Rosenthal, E. I. J.: Politisches Denken im Islam. Kalifatstheorie und politische Philosophie. In: Saeculum, Bd. 23 (1972).

Rosenthal, F.: The Muslim Brothers of Egypt. In: The Muslim World, Nr. 37 (1947).

Rustow, D. A.: Politics and Islam in Turkey 1920–1955. In: R. N. Frye (ed.): Islam and the West, Gravenhague 1957.

Rustow, D. A.: Politics and Westernization in the Near East. In: R. H. Nolte (ed.): The Modern Middle East, New York 1963.
Sakr, M. A.: The Role of State in the Economic System of Islam. In: International Institute for Labour Studies (ed.): Islam and a New International Economic Order – The Social Dimension, Geneva 1980.
Salem, E.: Arab Reforms and the Reinterpretation of Islam. In: Muslim World, Bd. 60 (1965).
Samiulla, M.: Prohibition of Riba (Interest) in the Light of Islam.: In: Islamic Studies, Bd. 21, Nr. 2 (1982).
Schacht, J.: Der Islam. Mit Ausschluß des Korans. In: A. Bertholet (Hrsg.), Religionsgeschichtliches Lesebuch, Bd. 16, Tübingen 1931.
Schacht, J.: Islamic Religious Law. In: J. Schacht, E. Bosworth (ed.): The Legacy of Islam, 2nd. ed., Oxford 1974.
Schacht, J.: Pre-Islamic Background and Early Development of Jurisprudence. In: M. Khadduri, H. J. Liebesny (eds.): Law in the Middle East, Washington D.C. 1955.
Schacht, J.: Riba. In: Encyclopaedia of Islam I, 2. Aufl., Leiden and London 1960.
Schacht, J.: The Schools of Law and Later Development of Jurisprudence. In: M. Khadduri, H. J. Liebesny (eds.): Law in the Middle East, Washington D. C. 1955.
Schacht, J.: Zakat. In: Encyclopaedia of Islam, Leiden 1934.
Schaltut, M.: Socialism and Islam. In: K. H. Karpat (Hrsg.): Political and Social Thought in the Contemporary Middle East, London 1968.
Shanneik, Gh.: Die Modernisierung des traditionellen politischen Systems in Saudi-Arabien. In: Orient 21. Jg., Nr. 3 (1980).
Shanneik, Gh.: Politischer Wandel und die Entwicklung der öffentlichen Verwaltung in Saudi-Arabien seit 1953. In: Orient, 21. Jg., Nr. 9 (1980).
Sharabi, H. B.: The Transformation of Ideology in the Arab world. In: The Middle East Journal, Bd. 19, Nr. 4 (1965).
Shaw, S. J.: Das Osmanische Reich und die moderne Türkei. In: G. E. von Grunebaum (Hrsg.): Der Islam II. Die islamischen Reiche nach dem Fall von Konstantinopel, Frankfurt 1971.
Shepard, W. E.: A Modernist View of Islam and Other Religions, In: The Muslim World, Bd. 65, Nr. 2 (1979).
Al-Siba'i, M.: Islamic Socialism. In: K. H. Karpat (ed.): Political and Social Thoughts in the Contemporary Middle East, New York 1982.
Singer, H. W.: Dualism Revisited: A New Approach to the Problem of the Dual Society in Developing Countries. In: Journal of Development Studies, Bd. 7 (1970).
Sivers, P. von: Die Imperialdoktrin des Osmanischen Reiches 1596–1878. In: F. Büttner (Hrsg.): Reform und Revolution in der islamischen Welt, München 1971.
Smith, W. C.: Modern Turkey: Islamic Reformation? In: Islamic Culture, Bd. 25 (1951).
Steinbach, U.: Iran. In: W. Ende, U. Steinbach (Hrsg.): Der Islam in der Gegenwart, München 1984.
Steinbach, U.: Reislamisierung – Fortschritt ins Goldene Zeitalter? In: Orient, Heft 3 (1980).
Stetter, E.: Wirtschaftspolitische Orientierung der Islamischen Republik. In: Friedrich-Ebert-Stiftung (Hrsg.): Ursachen und Perspektiven der Entwicklung im Iran, Bonn 1979.
Strothmann, R.: Schiiten und Charidschiten. In: Handbuch der Orientalistik, Bd. 8, Leiden, Köln 1961.

Abu-Suleyman, A. H. A.: The Theory of the Economics of Islam. In: Contemporary Aspects of Economic Thinking in Islam – Proceedings of the Third East Coast Regional Conference of the Muslim Students Association of the USA and Canada, o. O. 1968.

Tabari, A.: The Role of Clergy in Modern Iranian Politics. In: N. R. Keddie (ed.): Religion and Politics in Iran, New Haven and London 1983.

Thalheim, K. C.: Systemtypische Merkmale von Wirtschaftsordnungen. In: V. H. Arndt (Hrsg.): Sozialwissenschaftliche Untersuchungen. Festschrift zum 80. Geburtstag von Gerhard Albrecht, Berlin 1969.

Thomas, L. V.: Recent Development in Turkish Islam. In: Middle East Journal, Bd. 6 (1952).

Thomas, L. V.: Turkish Islam. In: Muslim World, Bd. 47 (1954).

Tibi, B.: Islam and Secularization. In: Archiv für Rechts- und Sozialphilosophie, Bd. 66 (1980).

Tornauw, B. von: Das Eigenthumsrecht nach moslemischem Recht. In: Zeitschrift der deutschen morgenländischen Gesellschaft, Bd. 36 (1882).

Tuchtfeldt, E.: Der »Interventionskapitalismus« – Eine gemischte Wirtschaftsordnung. Bemerkungen zur systematischen Erfassung konkreter Wirtschaftsordnungen. In: C. Watrin, H. Willgerodt (Hrsg.): Widersprüche der Kapitalismuskritik. Festschrift zum Geburtstag von Alfred Müller-Armack, Bern, Stuttgart 1976.

Tuchtfeldt, E.: Der Wandel des Gerechtigkeitsbegriffes. In: Mitteilungen der Gesellschaft der Freunde der Universität Mannheim e. V., Jg. 33, Nr. 2 (1984).

Tuchtfeldt, E.: Freiheit und Gleichheit. In: Hamburger Jahrbuch für Wirtschafts- und Gesellschaftspolitik, 27. Jg. (1982).

Tuchtfeldt. E.: Die philosophischen Grundlagen der Sozialen Marktwirtschaft. In: F. Schoser, W. Dollinger, E. Tuchtfeldt: Zwischen Utopie und Realität. Zur Philosophie der Sozialen Marktwirtschaft, Berlin 1982.

Tuchtfeldt, E.: Über die Staatsfunktionen bei Adam Smith. In: ORDO, Bd. 27 (1976).

Tuchtfeldt, E.: Wirtschaftssysteme. In: Handwörterbuch der Wirtschaftswissenschaften (HdWW), Stuttgart u. a. 1981.

Tuma, E. H.: Early Arab Economic Policies. In: Islamic Studies, Bd. 4, Nr. 1 (1965).

Uzair, M.: Some Conceptual and Practical Aspects of Interest-Free-Banking. In: Islamic Studies, Bd. 15 (1976).

Vasey-Fitzgerald, S. G.: Nature and Source of the Schariah. In: M. Khadduri, H. Liebesny (eds.): Law in the Middle East, Washington 1955.

Watrin, C.: Gesellschaftliches Eigentum und Arbeiterselbstverwaltung – ein Weg zur Humanisierung der Gesellschaft? In: ORDO, Bd. 26 (1975).

Watrin, C.: Wirtschaftsordnung und Christliche Soziallehre. In: Wirtschaftspolitische Chronik, 31. Jg., Heft 1 (1982).

Watt, W. M.: The closing the door of igtihad. In: J. M. Barral (Hrsg.): Hispanica, Leiden 1974.

Watt, W. M.: The Significance of the Early Stages of Imami Schiism. In: N. R. Keddie (ed.): Religion and Politics in Iran, New Haven and London 1983.

Weber, M.: Die protestantische Ethik und der Geist des Kapitalismus. In: M. Weber: Gesammelte Aufsätze zur Religionssoziologie, Bd. I, Tübingen 1920.

Wesson, R.: Checklist of Communist Parties, 1982. In: Problems of Communism, Jg. 32, März-April-Heft (1983).

Willgerodt, H.: Eigentum und Wirtschaftsordnung. In: Wirtschaftspolitische Chronik, 31. Jg., Heft 1 (1982).

Wohlers-Scharf, T., V. Nienhaus: Arab and Islamic Banks, Petrocapital and Development. In: Orient, Jg. 23, Nr. 2 (1982).

Yasseen, Sh. Sh.: Woman in Islamic Society – Social, Economic and Legal Rights. In: IILS: Islam and a New International Economic Order – The Social Dimension, Geneva 1980.
Ziadeh, F. J.: Urf and Law in Islam. In: J. Kritzeck, R. B. Winder (eds.): The World of Islam, London 1959.

3. Berichte, Dokumentationen und Statistiken

Bank of Libya: Annual Report, Tripoli, 1970 und folgende.
The Constitution of the Bath-Party. In: The Middle East Journal, Bd. 13 (1959).
International Bank for Reconstruction and Development (ed.): The Economic Development of Libya, Baltimore 1960.
International Bank for Reconstruction and Development (ed.): The World Bank Atlas, Washington 1977.
Islamic Council of Europe: Universal Islamic Declaration, London 1980.
Der Koran: Übersetzung von Rudi Paret, 2. Aufl., Stuttgart 1980.
o. V.: Constitution of the Islamic Republic of Iran. In: Teheran Times, 18. November bis 3. Dezember 1979.
o. V.: La Legislation Turque, Constantinople 1929.
UAR – Information Department: National Charter of Socialist Action, Cairo 1962.

Personenregister

Sachregister

Beiträge zur Wirtschaftspolitik

Herausgegeben von Prof. Dr. Egon Tuchtfeldt

Band 1 PETER MEYER-DOHM
Sozialökonomische Aspekte der Konsumfreiheit
1965. 419 Seiten. Ln. Fr./DM 29,–

Band 2 A. GHANIE GHAUSSY
Das Genossenschaftswesen in den Entwicklungsländern
1964. 341 Seiten, Ln. Fr./DM 24,–

Band 3 EUGEN BÖHLER
Der Mythus der Wirtschaft und Wissenschaft
1965. 580 Seiten, Ln. Fr./DM 32,–

Band 4 ALFRED MÜLLER-ARMACK
Wirtschaftsordnung und Wirtschaftspolitik
2. Aufl. 1976. 472 Seiten, kart. Fr./DM 28,–

Band 5 KARLHEINZ KLEPS
Langfristige Wirtschaftspolitik in Westeuropa. Die neuen wirtschaftspolitischen Konzeptionen und ihre Problematik
2. Aufl. 1969. 524 Seiten, Ln. Fr./DM 39,–

Band 6 WILLY MEYER
Wettbewerbsverzerrungen im internationalen Handel
1967. 299 Seiten, Ln. Fr./DM 24,–

Band 7 ERNST DÜRR
Probleme der Konjunkturpolitik
Mit einem Vorwort von Alfred Müller-Armack
1968. 309 Seiten, Ln. Fr./DM 29,–, kart. Fr./DM 19,–

Band 8 JAN TINBERGEN
Wirtschaftspolitik (Economic Policy: Principles and Design)
1968. 362 Seiten, Ln. Fr./DM 29,–, 2. Aufl. 1972, kart. Fr./DM 19,–

Band 9 HANS-GÜNTER KRÜSSELBERG
Marktwirtschaft und ökonomische Theorie. Ein Beitrag zur Theorie der Wirtschaftspolitik
1969. 328 Seiten, Ln. Fr./DM 29,–

Band 10 EGON GÖRGENS
Wettbewerb und Wirtschaftswachstum
Mit einem Vorwort von Ernst Dürr
1969. 288 Seiten, Ln. Fr./DM 24,–

Band 11 KLAUS WIENERS
Geldpolitik und Wirtschaftswachstum
Mit einem Vorwort von Ernst Dürr
1969. 228 Seiten, Ln. Fr./DM 23,–

Band 12 HELGA LUCKENBACH
Wirtschaftswachstum und internationaler Handel
1970. 195 Seiten, Ln. Fr./DM 24,–

Band 13 REINHOLD BISKUP
Sowjetpolitik und Entwicklungsländer
Mit einem Vorwort von Ludwig Erhard
1970. 212 Seiten, Ln. Fr./DM 27,–

Band 14 MATTHIAS F. STEINMANN
Massenmedien und Werbung
1971. 454 Seiten, Ln. Fr./DM 52,–

Band 15 HANS-RUDOLF PETERS
Grundzüge sektoraler Wirtschaftspolitik
1971. 240 Seiten, Ln. Fr./DM 39,–, 2. Aufl. 1975, kart. Fr./DM 24,–

Band 16 HANS WILLGERODT und Mitarbeiter
Wege und Irrwege zur europäischen Währungsunion
1972. 334 Seiten, Ln. Fr./DM 29,–

Band 17 HANS-HERMANN HÖHMANN, MICHAEL C. KASER und KARL C. THALHEIM (Hrsg.)
Die Wirtschaftsordnungen Osteuropas im Wandel – Ergebnisse und Probleme der Wirtschaftsreformen, 2 Bände
Bd. I: Länderberichte: Ausmaß und Bedeutung der institutionellen Veränderungen
Bd. II: Analysen wirtschaftlicher Teilordnungen: Funktionswandel der Systemelemente
1972. 334 und 429 Seiten. Ln. zusammen Fr./DM 68,–

Band 18 HANS-RIMBERT HEMMER
Strukturprobleme des Wirtschaftswachstums
1972. 228 Seiten, Ln. Fr./DM 24,–

Band 19 AXEL GLÖGGLER
Die Liquiditätstheorie des Geldes
1972. 272 Seiten, Ln. Fr./DM 24,–

Band 20 EGON TUCHTFELDT (Hrsg.)
Soziale Marktwirtschaft im Wandel
1973. 256 Seiten, Ln. Fr./DM 49,–, kart. Fr./DM 27,–

Band 21 RONALD CLAPHAM
Marktwirtschaft in Entwicklungsländern
1973. 240 Seiten, Ln. Fr./DM 29,–

Band 22 EWALD NOWOTNY
Wirtschaftspolitik und Umweltschutz
1974. 347 Seiten, Ln. Fr./DM 58,–, kart. Fr./DM 36,–

Band 23 JOACHIM KLAUS
Stadtentwicklungspolitik
1977. 260 Seiten, Ln. Fr./DM 34,–, kart. Fr./DM 24,–

Band 24 ERNST DÜRR
Wachstumspolitik
1977. 362 Seiten, Ln. Fr./DM 48,–, kart. Fr./DM 28,–

Band 25 HEIKO KÖRNER, PETER MEYER-DOHM, EGON TUCHTFELDT und CHRISTIAN UHLIG (Hrsg.)
Wirtschaftspolitik – Wissenschaft und politische Aufgabe (Festgabe zum 65. Geburtstag von Karl Schiller)
1976. 576 Seiten, Ln. Fr./DM 48,–

Band 26 KLAUS LOMPE
Gesellschaftspolitik und Planung
2. Aufl. 1976. 356 Seiten, kart. Fr./DM 28,–

Band 27 HELMUT KRAUCH (Hrsg.)
Systemanalyse in Regierung und Verwaltung
1972. 340 Seiten, Ln. Fr./DM 53,–,
2. Aufl. 1976, kart. Fr./DM 28,–

Band 28 BEAT GERBER
Stabilitätspolitik. Vollbeschäftigung, Preisniveaustabilität und Zahlungsbilanzgleichgewicht im wirtschaftlichen Spannungsfeld
1976. 296 Seiten, kart. Fr./DM 29,–

Band 29 ARNIM BECHMANN
Nutzwertanalyse, Bewertungstheorie und Planung
1978. 361 Seiten, kart. Fr./DM 34,–

Band 30 GERD-KLAUS KALTENBRUNNER (Hrsg.)
Rekonstruktion des Konservatismus
3. Aufl. 1978, 614 Seiten, Ln. Fr./DM 53,–, kart. Fr./DM 29,–

Band 31 C. WEST CHURCHMAN
Philosophie des Managements. Ethik von Gesamtsystemen und gesellschaftliche Planung
1973. 251 Seiten, Ln. Fr. 29,–/DM 32,–, 2. Aufl. 1980,
kart. Fr. 19,–/DM 22,–

Band 32 ALFRED MÜLLER-ARMACK
Diagnose unserer Gegenwart. Zu Bestimmung unseres geistesgeschichtlichen Standorts
2. Aufl. 1981. X + 391 Seiten, kart. Fr. 25,50/DM 28,–

Band 33 ALFRED MÜLLER-ARMACK
Religion und Wirtschaft. Geistesgeschichtliche Hintergründe unserer europäischen Lebensform
3. Aufl. 1981. XVI + 605 Seiten, kart. Fr. 25,50/DM 28,–

Band 34 ALFRED MÜLLER-ARMACK
Genealogie der Sozialen Marktwirtschaft. Frühschriften und weiterführende Konzepte
2. Aufl. 1981. 342 Seiten, kart. Fr. 25,50/DM 28,–

Band 35 JÜRG R. ZELLER
Nationale Rohstoffpolitik
1981. 357 Seiten, kart. Fr. 48,–/DM 54,–

Band 36 HANS-JOACHIM HOFMANN
Die Evolution von Marktstukturen. Eine theoretische und empirische Untersuchung zur Entwicklung
der horizontalen Unternehmungskonzentration
1981. 248 Seiten, kart. Fr. 58,–/DM 68,–

Band 37 REINHOLD BISKUP, ERNST DÜRR und SANTIAGO GARCIA ECHEVARRIA (Hrsg.)
Spanien und die Europäischen Gemeinschaften
1982. 315 Seiten, kart. Fr. 32,–/DM 38,–

Band 38 FRANÇOIS PERROUX
Wirtschaft und Macht
Mit einem Geleitwort von Fritz Neumark
1983. 171 Seiten, kart. Fr. 38,–/DM 46,–

UNIVERSITÄTSBIBLIOTHEK WIRTSCHAFTSUNIVERSITÄT WIEN

Band 39 REINHOLD BISKUP (Hrsg.)
Schweiz – Bundesrepublik Deutschland
2. Aufl. 1985. 350 Seiten, kart. Fr. 25,–/DM 29,–

Band 40 EGON TUCHTFELDT
Bausteine zur Theorie der Wirtschaftspolitik
Herausgegeben und eingeleitet von Ernst Dürr und Hugo Sieber
1983. 435 Seiten, Ln. Fr. 26,–/DM 31,–

Band 41 MANFRED SPIEKER
Legitimationsprobleme des Sozialstaats
1985. 393 Seiten, kart. Fr. 32,–/DM 38,–

Band 42 A. GHANIE GHAUSSY
Das Wirtschaftsdenken im Islam
1986. 328 Seiten, Ln. Fr. 36,–/DM 42,–

Band 43 STEFAN GRAF BETHLEN und ANDREAS MÜLLER-ARMACK (Hrsg.)
Vollbeschäftigung – eine Utopie?
1986. Etwa 300 Seiten, kart. etwa Fr. 40,–/etwa DM 48,–

Band 44 HEIKO KÖRNER und CHRISTIAN UHLIG
Die Zukunft der Globalsteuerung
Karl Schiller zum 75. Geburtstag gewidmet
1986. Etwa 240 Seiten, Ln. etwa Fr. 28,–/etwa DM 34,–

ALFRED MÜLLER-ARMACK
Ausgewählte Werke: die Bände 4, 32, 33 und 34 in einer Kassette 1981.
Fr. 86,–/DM 95,–

Weitere Bände in Vorbereitung

Verlag Paul Haupt Bern und Stuttgart